JN089740

1日1話、

藤尾秀昭 監

読めば心が熱くなる365人の生き方の教科書

Learn the style of the 365 professionals

致知出版社

人生で真剣勝負した人の言葉は、詩人の言葉のように光る

1日1話、読めば心が熱くなる365人の生き方の教科書＊目次

1月 January

2月 February

3月

March

4月 *April*

5月 *May*

6月 *June*

7月 July

8月 *August*

9月 *September*

10月

October

11月
November

12月 *December*

※本書は月刊『致知』のインタビューや対談記事、もしくは弊社書籍の一部を抜粋し、再構成したもので、内容は掲載当時のものです。

※登場人物の肩書は原則として『致知』掲載当時のものとしましたが、発言者のご意向等により、一部変更した箇所がございます。

※掲載にあたり、一部、加筆・修正等を行った箇所がございます。

※本書の中には、今日的な観点からすると、一部、差別的な語句や表現が含まれていますが、登場者の息遣いや、話の趣旨を損なうことがないよう、原文のまま収載しました。

装幀・本文デザイン――秦 浩司

1月 *January*

五木寛之（作家）
稲盛和夫（京セラ名誉会長）
浅利慶太（劇団四季芸術総監督）
桂 歌丸（落語家）
宇津木妙子（全日本女子ソフトボール監督・日立&ルネサス高崎女子ソフトボール部総監督）
瀬戸内寂聴（作家）
柳井 正（ファーストリテイリング社長）
森 進一（歌手）
松井守男（画家）
渡部昇一（上智大学名誉教授）
道場六三郎（銀座ろくさん亭主人）
山崎直子（宇宙飛行士）
野村忠宏（柔道家）
佐々木 洋（花巻東高等学校硬式野球部監督）
鈴木宣之（ビー・ティー・アール社長）
小林研一郎（指揮者）
比屋根 毅（エーデルワイス会長）
宮本 輝（作家）
中村芝翫〈七代目〉（歌舞伎俳優・人間国宝）
大橋秀行（大橋ボクシングジム会長）
谷井昭雄（パナソニック特別顧問）
平尾誠二（神戸製鋼ラグビー部ゼネラルマネージャー）
相田一人（相田みつを美術館館長）
永守重信（日本電産社長）
三遊亭圓歌〈四代目〉（落語家）
米長邦雄（日本将棋連盟会長・永世棋聖）
藤田喬平（ガラス造形作家）
長渕 剛（シンガー・ソングライター）
岸田周三（レストラン　カンテサンスシェフ）
小川三夫（鵤工舎棟梁）
宮脇 昭（横浜国立大学名誉教授・国際生態学センター研究所長）

1月1日

人生の闇を照らしてくれる光

五木寛之　作家

Hiroyuki Itsuki

僕は子供の頃にこんな体験をしたことがあります。昼なお暗き杉林の中の道を真夜中に一人で歩かされたんです。人が亡くなりまして、それを山を越えて隣の集落に知らせてこいといわれましてね。その道は右側が断崖になっていて、下のほうに渓流が流れている。左側もほんの狭い幅の道しかなくて、一歩踏み外したり土が崩れたりしたら転落するかもしれない。昼間歩いても足がすくんで前に出ないような道です。

その道を深夜に提灯をつけて行かなければならなかったんです。歩いても歩いても道の先に明かりは見えない。叫びそうになるのを必死でこらえて、震えながら歩いていきました。

中学一年の時ですが、父親の里と母親の里とが山を隔てた集落だったんです。その真ん中に深い山があって、それを越えていくと隣の村まで三、四時間で行けるのですが、夜だと五、六時間かかるんです。真っ暗で、下から渓流の音が聞こえてくるのですが、断崖ですからね。落ちたら命はない。一歩踏み出すのも恐くてなかなか踏み出せないんです。

その時、ちょうど雲が切れて月の光で道が淡く照らされました。ああ、こういう道になっているのか、これなら左端に寄って山際を手さぐりで歩いていけば絶対に落ちないなとわかりました。やがて、先の集落の灯りも見えてきました。すると、距離が縮まったわけでもなければ背負っている荷物が軽くなったわけでもない、道が広くなったわけでもないのに、とたんに安心して歩けるようになったんです。あのときの心強さといったらなかったですね。

仏教は、そういう闇を照らしてくれる光の役目かもしれません。世の中の闇や心の闇を、淡い光でもいいから、ほんの一瞬でもいいから、照らしてくれる。その光が射してくれれば安心できる。仏教というのはそういう光なのだと思うんです。

親鸞も、仏というのは「姿形もおあしませず」といっています。仏像のように形があることが大切なのではなくて、最終的には仏というのは光である、光明なのであるということです。世の中を照らしてくれる光明、世の中の闇を、心の闇を照らしてくれるかすかな光です。そんなかすかな光があれば十分なんです。

それだけでも、「あそこに小さな火が見える、あの村まで行けばいいんだ」と気持ちが落ち着いてくる。それだけでも楽になります。そういう闇を照らしてくれる光というものを僕は宗教に求めたいんですね。

よくいうのですが、宗教を信じたとしても、それによって背負った荷物が軽くなったりはしません。病気が治るということもないし、貧しい人が金持ちになるわけでもない。ただ、安心が得られる。それは闇が照らされて行く手の道が「見える」ということだと思うんです。

1月2日

人生で一番大事なもの

稲盛和夫
京セラ名誉会長
Kazuo Inamori

世のため人のために尽くすことが人間として大切だと思っていますので、勝算があるわけではないけれども、必死に頑張ってみようと思ってお引き受けしました。結果として、JALは二千億円に迫る利益を出す会社へと生まれ変わり、再上場を果たすことができたわけです。着任してみますと、JALは役所と同じでした。東大をはじめ優秀な一流大学を出た幹部十名くらいで構成される企画部というところがありまして、そこがすべての経営方針を決めて、あらゆる指示が出されていく。その連中は現場経験のない人間ばかりだったもんですから、私は企画部を廃止して、現場で働いたことのある人たちを幹部に引き上げました。その典型がパイロット出身の植木君を社長に抜擢したことです。そういう中で、私は従業員の皆さんに一所懸命いろいろな話をしました。特に、JALは倒産後も便の運航を止めることなく、更生に入りましたから、倒産したことを実感できていなかったり、潰れても誰かが何とかしてくれるという意識の従業員が多かったんです。ですから、「私はたまたまお世話にきたけれども、皆さんが目覚めて立ち上がり、自分たちで会社を立て直そうとしなければ誰もできませんよ」と、再建の主役は自分自身であるという当事者意識を植えつけていきました。

あの頃は毎日夜九時、十時まで食事を取らずに仕事をして、終わった後に近くのコンビニに行って、おにぎりを二つ買ってホテルの部屋で食べるというのが普通でしたね。また、会議の場も真剣勝負でした。幹部から個別の案件について提案を受ける時、私は資料の中身はもちろんのこと、その人間の心意気もよく見ていました。気迫や情熱のない者に対しては最初の数分で「もう帰りなさい。君の話には魂がこもっていない。私と刺し違えるつもりで来なさい」と突き返すこともありました。

やっぱり人生で一番大事なものというのは、一つは、どんな環境にあろうとも真面目に一所懸命生きること。私が京セラや第二電電をつくり、JALを再建し、素晴らしいことをやったと多くの方々から称賛していただきますが、ただ一つだけ自分を褒めるとすれば、どんな逆境であろうと不平不満を言わず、慢心をせず、いま目の前に与えられた仕事、それが些細な仕事であっても、全身全霊を打ち込んで、真剣に一所懸命努力を続けたことです。全生命を懸ける努力、世界中の誰にも負けない努力をしていけば、必ず時間と共に大発展を遂げていくものと信じて疑いません。

それともう一つは、人間は常に「自分がよくなりたい」という思いを本能として持っていますけれども、やはり利他の心、皆を幸せにしてあげたいということを強く自分に意識して、それを心の中に描いて生きていくことです。いくら知性を駆使し、策を弄しても、自分だけよければいいという低次元の思いがベースにあるのなら、神様の助けはおろか、周囲の協力も得られず、様々な障害に遭遇し、挫折してしまうでしょう。「他に善かれかし」と願う邪心のない美しい思いにこそ、周囲はもとより神様も味方し、成功へと導かれるのです。

1月3日

十年間辛抱できますか

浅利慶太　劇団四季芸術総監督

Keita Asari

要は自分の生き様ですよ。自分の生き様を正せば、その人の話を聞いて育ってくれるんですね。それを「こうやって育てよう」と技術論ばかりに終始する。植物だってほとんど自生で、ちょっと整えるだけでしょう。学校も家庭も社会全体が、あまりにも技術的に捉えすぎると思います。

僕は防空壕の中で縮こまりながら生きてきた世代です。終戦の年は中学一年生で戦後の大混乱期です。育てられたという意識はないし、時代の激動に対応して自分が必死になって生きて、育ってきたという感じですね。だから四季での僕の指導はまさに体当たりですよ。思ったこともズバズバ言うし。ただ、基本だけはみっちり教育する。

ヤンキースの松井秀喜君でも、見ていると基本通りにやっていますよ。アメリカに行ってバッティングの基本をもう一度、自分の体に叩き込んでいるのでしょうね。あのくらいのプロフェッショナルでも一番必要なのは、やはり基本なんです。演劇でもそれができていない子は伸びない。ただ、好きなだけという子は稽古が辛くなるとすぐに辞めてしまいます。伸びるのは、逆に根性を持って自分の夢を実現しようとするタイプでしょう。

僕はオーディションの時に「十年間辛抱できますか」と質問します。誰もが「できる」と答える。でも、実際は一年以内に多くの子が辞めていってしまいます。俳優とは人それぞれで伸びるテンポが違うので、自分だけの時計を持たないといけないんです。ところが「私はなぜあの人のようになれないのだろう」とついつい他人の時計を覗いて、自分を見失ってしまうんですね。

逆に、不器用でも十年から十五年やっていると自然にテクニックが身に付いて上手くなっていくものです。二枚目でなくて声もいまひとつで、身体能力も高くなくて、あるのは根性だけという子でも、十年地道にやると結構いいバイプレーヤーになります。しかも器用でない分苦労し、人格的に深みが出てくる。ですから、訓練に耐える力も、じっと待つことができる力も、芝居を愛し続ける資質もすべて才能なんです。

先日も新入団員たちを前に話をしたのですが、「君たちはいままでは公平に扱われる社会で育ってきた。だが、これからは違う。四季の敷居をまたいだ途端に不公平な社会に入ったんだ。競争社会の中でこれからは扱われるんだよ」と。僕は何でも育ててやるという戦後教育の公平感は間違いだと思うし、それは恐るべきことですよ。社会環境が豊かすぎるのもいいことばかりではない。優しい環境を与えてやれば人が育つというのは誤解ではないでしょうか。「好きなだけの子は伸びない」という話とは、いささか矛盾するようですが、「好きこそものの上手なれ」という言葉もあるくらいで、やはり情熱でしょうね。情熱を持った人間が何かを創り出していく。あるいは狂熱といってもいいかもしれない。不可能と思われることでも、それに執着する強い情熱ですね。

1月4日

いま辞めないんだったら生涯続けろ

桂 歌丸
落語家
Utamaru Katsura

私は昭和十一年生まれですが、小学校四年生の時に噺家(はなしか)になろうと決意しました。戦後は何もない時代で、笑いに飢えていたわけですよ。唯一あったのがラジオ、そこで週二回くらい寄席(よせ)の番組がありましてね。昭和の名人たちが聴衆をドッと笑わせている。それを聞いて、「ああ、これだな」「俺の進む道は噺家以外にない」と思いました。もう一途でしたね。あとは何にも考えなかった。

私は三歳の時に父親を亡くし、母親とも離れて暮らしていたものですから、祖母に育てられたんですね。それで祖母に「小学校を卒業したら噺家になりたい」と言ったら、「みっともないから中学だけは行ってくれ」と。それで嫌々学校に通っていましたが、宿題もやらずに落語に夢中になっていましてね。結局、卒業を待たず、中学三年の時に噺家になっちゃったんです。

古今亭今輔(ここんていいますけ)師匠のところに入門したのは、昭和二十六年の十一月でした。で、翌年の四月一日から正式に落語芸術協会の会員になり、前座となったわけです。

その頃は前座が舞台脇(わき)で時間を調整する役をしていましたので、この人に長くやってもらいたいなと思ったら、「師匠、すみません。時間がちょっと余ってますから」と言うんです。そうすると、長くやってくれますのでね。で、逆にこの人に長く喋られると終わるのが遅くなるからという場合には、こっちで時間を詰めちゃう。

それから、どうしても聞きたい噺ってあるじゃないですか。だけど、やってくれるかどうか分かりませんので、しょうがないから「あのー、お客様が師匠に○○をやってもらいたいと言っていますけども」と。すると、「そうかい」と言って、やってくれる。本当はお客様ではなくて、自分が聞きたいだけ。それでじーっと聞いていました。しかし、いまはそういうことをする前座さんっていないですね。とにかく決まったことをきちんとやっていくという人が多い。つまらないなと思いますけどね。

また、堪(こら)え性(しょう)もあまりないですね。だから、若い前座さんたちに最初に言うことは、「辞めるんだったらいま辞めろ。いま辞めないんだったら生涯続けろ」。それだけです。私なんかも随分苦しい思いをし、貧乏もしましたけれども、やっぱり辞めようと思ったことはなかったですね。いま苦しいけれども、この先に光があるとずっと思っていました。

ただね、若い方々の批判ばかりするつもりはなくて、若い方々の噺を聞いていますと、すごい勉強になりますね。「なるほど。こういうやり方もあったのか」とか、「私だったらこうやるな」とか。そういう気づきがあります。だから、私はトリで喋ることが多いですけど、できる限り最初から楽屋にいて、みんなの噺を聞くようにしているんです。未熟な方は未熟な方で魅力がありますよ。

1月5日

生きることは自分との闘い

宇津木妙子
全日本女子ソフトボール監督
日立&ルネサス高崎女子ソフトボール部総監督
Taeko Utsugi

矛盾するかもしれないけど、自分さえよければ何してもいい、という考えは大嫌いです。でも、「自分が頑張らなければチームは強くならない」と一人ひとりが自分を鍛えていくことが大事だと思います。その時、一人で頑張るのは辛いけど、チームで切磋琢磨すれば頑張れる。その姿が、ベテランがそこまでやるなら、と若手の発奮につながるんだよ。

なんで自分はこんなに頑張るのかなと思う時がある。心ないことを言われたり、いやな思いをすることがたくさんある。体もボロボロで、なんでここまでしてソフトボールをやらなきゃいけないのかなと思う時、浮かんでくるのは選手たちの顔なんです。この選手たちのために逃げちゃダメだ。金メダルを目指し、頑張っているこの子たちのためにもっといい指導者にならなければと、自分に鞭を打っているんです。

最近よく、「オリンピックを楽しみたい」とか「ゲームを楽しむ」という言葉を耳にするけど、ちょっと違うんじゃないかなと感じます。どうも逃げのニュアンスが含まれている気がする。本気で金メダルを目指し、勝ちにいくなら「楽しみ」より「苦しみ」のほうが断然大きいですよ。それでも勝ちたいから戦いに挑むのです。

代表監督に就任する時、「全責任を負うから全権を任せてほしい」と協会に言いました。それは裏返せば「責任を取る代わりに、口出しするな」ということになる。そう言った手前、必ず実績を出さなければいけないと自分に言い聞かせて頑張ってきた。その重責、プレッシャーは言葉にできないほど苦しかったし。でも、その苦しさに負けない人がプロじゃないかと私は思うんです。

苦しさに負けない。それは自分に負けないことだと思います。私のソフトボール人生を振り返れば、まさに自分との闘いでした。悔しい、負けないんだと執念を燃やしていたけど、負けたくない相手は自分でした。人じゃない。弱い自分、くじけそうになる自分に、もう一人の自分が「頑張れ、頑張れ」と言い続けてきた。

生きるって、最後は自分ですよ。夫もいるし、親もきょうだいも、友人もいる。みんな励ましてくれるし、勇気づけてくれるけど、私にはなれない。踏ん張って、最後に頑張るのは自分なんです。だから生きることは自分との闘いだと思っています。私はこれまで手本もなく、体当たりでチームをつくってきたから、必ずしも自分のやり方が正しいとは思っていません。だから麗華をはじめ、これから指導者を目指す選手には、私の真似はしなくていいと言いたい。もちろん人から学ぶ部分もたくさんあるけど、麗華には自分を持って宇津木麗華らしい監督になってほしいな。

勝負の世界は勝たなければ意味がありません。監督は勝つための指導をしなければいけないけど、それ以前に人を指導しているということを忘れないでほしいと思います。選手を育てながら自分も育てられていることを分かって、いい指導者になってほしいです。

一期一会

瀬戸内寂聴　作家

Jyakucho Setouchi

人を愛することは本当に喜びだけど、喜びの何倍か苦しみですものね。その意味では、いまが一番自由。自分の心から解き放たれたって感じで。私は出家してから一瞬も、後悔したことはないです。しまったと思ったことない。他のことじゃ、年がら年中、しまったと思うことはありますが、出家したことに対しては一度もない。これは本当に有り難いことですね。

出家したって、腹の立つことも不合理なことも起こります。そのときに、昔だったら、いちいち、カーッとしてた。いまはね「これは仏がいま、私にこういうふうにする方がいいと思うから与えてくれてるんだ」というふうに思えるんです。

そうすると楽ですよ、とても。以前は自分の力を信じてきましたから、小説家になれたのも、私に才能があったからだとか、努力したからだ、運があるんだとか、自分というものに対して、非常に自信を持ってました。だけど、そんなものは何もないんでね。結局、それはみなさまに、そういうふうにさしてもらったんだって思えるようになった。いま、とても不景気なのに私の本が売れるのも、それは私の力じゃなく、そういうふうにしてくれるんだって思えます。

だから、私は小説を書いていますが、もし、それがいけないなら、私がジタバタしないでも、仏、もしくは超越者が私の頭を破壊するとか、腕を折るとか、自然に向こうからしてくれると思うんです。だから、ちっともジタバタしない。

私は今東光先生とのご縁で天台宗に入ったのですが、今先生をすごい人だなと思ったのは晩年、ガンだと自覚してからも立派でしてね。ちっともあわてなかったです。「自分のおいしいところを食べて太りやがったんだから、手術したガンを持ってこい。焼鳥にして食ってやる」って、冗談をいって。我々仏教者は生死を見極めるというのが根源なんですが、今先生は本当に生死を見極めていたと思います。

一期一会という言葉がありますが、私は日常、そう思っていますよ。例えば、きょう、私たちがそれこそなんの因縁だか、お会いしましたでしょ。だけどこれで別れた後、どうなるかわからないでしょ。だから、私たちは会って別れた瞬間、それは永別だと思うのです、間違いないんです。

だけど誰もそう思わないのね。私は講演に行くと、よく奥さんたちに「亭主が会社に行くときに帰ってくると思うな」というんですよ。そう思うと、行ってらっしゃいって言葉が違うっていうんですよ。必ず帰ってくると思うから、疎(おろそ)かにするんで、もう会えないんじゃないかと思えば、その時その時、一生懸命に愛しますよ。そうでしょ。そういうふうに考えてほしいって、講演するんです。

1月7日

独立自尊の商売人になれ

柳井 正　ファーストリテイリング社長

Tadashi Yanai

事業というものは、ある意味では早い者勝ちですからね。ほとんどの人が同じようなことを考えているんですけど、百人いたら九十九人は本気で実行していないんです。百人のうちの一人になろうと思わない限り、事業というものはうまくいかないと思うんです。

リスクというものは逃げれば逃げるほど向こうからやって来るんです。リスクを本当にコントロールしようと思ったら、リスクはこれだとはっきりとわかって、それをコントロールするためにどういうことをやったらいいのかということを、自分のこととして考えない限りコントロールできない。そのリスクを人に押しつけていたら、人はそのリスクを自分のことではないのでコントロールしない。当たり前のことですよね。

いまはそうでもないですけど、上場するまではずっと自己資本比率が十何パーセントだったんです。十パーセントあるかないかという状況だったので、一シーズン棒に振ると、もうつぶれてしまうんです。そういう企業だったので、リスクがコントロールできない限り、生き残っていけなかったんです。

リスクをコントロールしようと思ったら、自分のリスクだと思ってそれをコントロールしようと思わない限りコントロールできない。しかし、一般の小売業の人は自分のリスクを他の人に転嫁することによってリスクを免除してもらおうと思っているんです。それをやると当然なんですけど、他人に転嫁した分のリスク料が商品に加算されるので原価が高くなってしまう。だから、小売業は儲からないんです。

一般の小売業の人にとって、商品は全部メーカーのものなんですね。自分には責任がない、と。メーカーの商品と思っているから、自分で工夫して儲けようとも思わない。悪い商品を作ったら、それはメーカーの責任だとリスクを転嫁してしまう。それでは商品を右から左へ流すだけで低いマージンしかとれない。だから、儲からないんです。

しかし、自分で買って売っている以上は、それは自分の商品なんですね。自分の商品だと思ったら、そこにいろいろな工夫が生まれてくるんです。

僕が社員に要求することは、自分で自分のサイクルを回せということです。商売がおもしろいのは、自分で計画して、自分で実行して反省し、この次はもっとこういうふうにうまくやろうと自分でサイクルを回すことができるからです。それを人によって回されたり、人の指示でやったら、これほどおもしろくないものはないんです。

うちの社員には、「独立自尊の商売人になれ」と言っているんです。自分を尊敬しようと思ったら、自分で自分をコントロールできるようでないと、自分を尊敬できません。僕は日本を駄目にした元凶は、やはりサラリーマン社会じゃないかと思うんです。それも大会社の安定サラリーマン。いまこそ昔の自営業者の精神に戻るべきです。松下幸之助さんも言っているでしょう、社員稼業をするように、と。

1月8日

「おふくろさん」の教え

森進一　歌手

Shinichi Mori

幸運は思わぬところからやってくるもので、新人作曲家の猪俣(いのまた)公章さんの曲を売り込むためのそのデモテープが、私のレコードデビューにもつながることになったのです。ビクターに持ち込まれたそのテープが流れると、「曲もいいが、これを唄っているやつもおもしろいじゃないか」となったわけです。私は十八歳でした——。

デビュー曲「女のためいき」は、おかげさまで大ヒットになりました。NHKの紅白歌合戦に出場できたのはデビュー三年目でした。本当にうれしかった。これでなんとか自分のポジションをつかむことができたと思いました。家族を東京に呼んで、一緒に暮らせるかもしれない。やっとそんな気持ちになれたのは、あのときでした。

翌年、念願かなって母と妹弟を呼び寄せ、借家ながらも東京での一家そろっての生活をスタートさせることができました。母にはこれまで苦労した分を取り返してもらおう。私たち家族の本当の生活はこれから始まる——そんな喜びでいっぱいでした。

しかし、その生活が母の大きな負担になるなどとは、夢にも思わないことでした。母は長い苦労のせいでリウマチを患い、東京の水にも慣れにくかったのか、精神的にも不安定になっていました。私と恋愛関係にあり結婚も約束していたという女性が現れ、裁判になったことも、母の心をさらに不安定にさせたようでした。もちろん、私自身にはまったく身に覚えのない訴えで、裁判でも正当な決着がつけられたのですが、その間のマスコミ騒動が母には耐えられなかったのかもしれません。

母が自らの命を絶ったのは、一緒に暮らせるようになって、わずか二年後のことでした。私はその知らせを公演先の長崎で聞きました。

底無しの沼にどこまでも沈み込んでいくような、頭の芯がしんしんと冷え込んでいくような、それでいて胸をかきむしって叫びたいような、あのときの気持ちをどう表現すればいいのか分かりません。

けれど、東京に戻るわけにはいきません。私の歌を待っていてくださるお客様がいます。その日のコンサートで泣きながら唄った「おふくろさん」は、それ以来、母の命、そして私の命を込めた「おふくろさん」になりました。

もっともっと親孝行したいと思っていた矢先に母を失った衝撃は、私にとって例えようもなく大きなものでした。悲しさ、悔しさ、無念さが入りまじり、無気力な日々が続きました。けれど私には妹と弟がいました。妹には幸せな結婚をさせて、弟は医者にする。それが母の望みでした。弟は病身の母を見ながら育ち、「人さまのお役に立つ人になるんだよ」と口癖のように言っていた母の言葉を聞き、医師を志望するようになったのです。

ここで私がだめになってしまうわけにはいかない。妹と弟の存在がようやく私を支えてくれたのでした。

1月9日

ピカソからの忠言

松井守男　画家

Morio Matsui

出る杭は打たれるという格言はパリでも通用するんです。美術学校で頭角を現してくると、嫉妬や憎悪がすごい。しかもギロチンの国だから、並みじゃない凄まじさです。私は姦計にはまって、美術学校にいられなくなってしまったんです。

美術学校のフランス人の同級生が、教授のサンジェ先生はおまえを気に入っているから、おまえの言うことは聞くだろう、質問したいことがあるので手紙を書いてくれという。私は手紙を書くほどにフランス語はまだ熟達していなかったが、文章は自分が書くからサインだけしてくれればいいという。私も幼稚だったんですね。チラリとも疑わずサインしてしまった。数日して、サンジェ先生から烈火の如き怒りの手紙が来ましてね。明日から学校に来るなというわけです。後で分かったのだが、同級生が書いた手紙にはサンジェ先生への批判が書いてあったんですね。私は美術学校から放り出されたわけです。

後で事情が分かって、サンジェ先生にピニョンという友人がいるんだが、このピニョンが、いまとなっては学校に戻すわけにはいかないが、お詫びに何かプレゼントしたいという。プレゼントならピカソに会わせてくれと私は言いました。というのは、ピカソが生涯で最も愛した女性はピニョンの奥さんで、だから、ピニョンはピカソに影響力があるのを知っていたんです。でも、まさか会えるとは思っていませんでした。

私がパリに行った動機の最大のものは、そこにピカソがいたからです。画家というのは、例えばシャガールのように自分の画風を確立すると、それだけでいくのがほとんどです。だが、ピカソは違う。具象から始まって、青の時代があり、キュービズムの時期がありというふうに、画風を変えて求めるものを追求していく。その自由奔放さに憧れていたから、念願がかなって胸が震えました。

日本じゃ考えられないでしょうね。無名の若者なんか洟も引っかけない。そのほうが逆に権威がつくというのが日本の画壇ですから。号何万円という上にあぐらをかき、一つひとつの作品に自分を懸けて真剣勝負をしていない。それが日本の巨匠の姿です。だから日本の絵は国内でしか通用しないし、世界の舞台では五流六流扱いしかされないんです。

私が会ったのは亡くなる数年前で、もう九十を越えていましたが、目に力があるというのか光があるというのか、いや、そんな言い方は平凡すぎますね。こいつはいつか自分を追い越すかもしれないという、熱っぽい真剣勝負の目でした。そして私に言ったんです。

「おまえは私のような画家になれる。だが、ピカソになると思うな。ほかの誰にもなると思うな。松井守男になれ」と。こんな言葉をもらって、エネルギーが湧かないはずがありません。美術学校を追い出されたことが、私にエネルギーをもたらすことになった。

1月10日

運と勉強

渡部昇一
上智大学名誉教授
Shoichi Watanabe

　大学の夏休みに実家に帰ったら親父が失業していたんですよ。翌年からの授業料の目途がつきませんから、絶体絶命。これはね、特待生になって授業料免除になるしか仕方ないんです。朝五時頃に起きて、水を被って一所懸命勉強しました。すると、二年生の時に、アメリカ留学の話があるんですよ。私は英文科で一番の成績でしたから、当然自分が行けると思ったのですが、選ばれませんでした。それは私が貧乏で、友達と遊びに行くこともできず、洋服も戦時中のものを着ていましたから、アメリカ人の先生が、渡部は勉強ができても、American way of life、つまり社交性がない、と認めてくれなかったんですね。

　とはいえ、お金もないですし、しょうがないやと、特待生になり続けるために三年生、四年生と、百点を取る努力だけを一所懸命やったわけです。

　その頃、ある英語の老大家の先生がいまして「英語学はイギリスよりドイツのほうが五十年進んでいる」ってことでした。それで私はびっくりして、英語の科目の比重が非常に重い中で、ドイツ語も取りました。それを私は四年間続けて、大学院に進んでもドイツ語の勉強だけはやめなかったんですね。

　続けていくうちにね、英語も大変ですから、ドイツ語の辞書を引くのが嫌になって、簡単にやる方法はないかと古本屋で見つけたのがスマイルズの『Self-Help』のドイツ語訳の本。『自助論』とも訳されますが、英語のほうは丁寧に読んでいましたから、これを並べて読めば辞書を引かなくても済むんじゃないかと思ったんですね。それから、毎晩十分、十五分ぐらい比べて読んでいたわけです。そして大学院を卒業して助手になって、ある雑務で大学院長に呼ばれた際に、その人はドイツ人でしたけど、「君、ドイツ語もやっていたね。これを訳してみたまえ」と雑誌を出されたんです。それで見たら不思議なことに、昨夜読んだ『Self-Help』にあった、普通には訳せない難しい接続詞がそこに出ていた。だから、完璧に訳せたわけです。そしたら、「君、ドイツ語できるから、ドイツに留学するか」と。それでドイツ留学が決まっちゃったんですよ。

　六年以上、誰からも褒められずぽつらぽつらやっていて、ゆうべ見た単語が出された。これは確率では説明できません。一つひとつの地道な努力が、不思議な具合に偶然繋がって生きてくるんですよ。まぁ、天から梯子が下りてきたような感じなんですな。天というのは不思議でね、一度梯子を下ろすと、下ろす癖がつくんです。それで天から下りてくる梯子ですけど、ただコツコツ勉強をやればいいというのでは、不十分だと思うんですね。それで付け加えれば、虫のいいことを考えなさいと。コツコツやると憂鬱になる人がいるんです。神様はね、憂鬱な人が嫌いなんですよ。だから、虫のいいことを考えてね、好きなことをコツコツやりなさいと。しかし、自分の仕事をさぼっては駄目だ。普通の仕事は人一倍やりながら、内発的にやるものがあったならば、やりなさいよと言っているんですね。

1月11日

使われやすい人間になれ

道場六三郎　銀座ろくさん亭主人

Rokusaburo Michiba

ある時、近所の魚屋の親父さんが病気に罹り、「手伝ってほしい」と声が掛かります。子供の頃から家業を手伝っていたものの、活発だった私には、一切埃を立てずにずっと座って作業をする仕事が性に合わず、元気のいい魚屋に憧れて働き始めました。十七歳の時のことです。

魚屋といってもただ魚を売るだけではありません。仕出しもしていたため、魚をおろして刺身にしたり串焼きにしたりと、見よう見まねで包丁を使っていきました。二年が経った頃、仕入れ先の旅館のチーフから、「六ちゃん、早く手に職をつけたほうがいいよ」との助言を受け、私は料理人になれば食べるのには困らないだろうと思い、本格的に料理の世界に身を投ずる決意をしたのです。

地元の調理師会の会長さんに頼んで紹介状を書いてもらい、その方の弟分が経営する東京・銀座の「くろかべ」という日本料理店で働くことになりました。母親としては、周りから嫌われたり、いじめに遭ったりすることが一番心配だったのでしょう。家を出る私に、「六ちゃん、人に可愛がってもらえるようにせないかん」と言葉を掛けてくれました。

実際、「くろかべ」にいた一年余りの間、店の親父さんや先輩、お客様から随分可愛がられましたが、それはひとえに両親の教育のおかげです。両親は浄土真宗の信仰に篤く、事あるごとに礼儀や作法、人としての生き方を説いてくれました。両親から受けた教えの数々は、紛れもなく私の財産となっています。

「何も分からないうちは我を出してはいけない。鴨居と障子がうまく組み合わさってスムーズに開け閉めができる。それが合わなくなれば、障子の枠を削る。上の鴨居を削る人はいない。だから、鴨居がお店のご主人で、六ちゃんは障子だ。我を削っていくのが道理というものだよ」

「親や先生のいる前では真面目にやって、見ていないと手を抜く人がいるけど、とにかく神仏は全部見てござる。だから、陰日向があってはいけない。どんな時も一所懸命やらなきゃいけないよ」

これらの言葉に従って、朝一番に店に来て先輩の白衣と靴を用意しておいたり、ボロボロになった高下駄を修繕したり、あるいは、親父さんから「ガス台が汚いから綺麗にしろ」と言われれば、翌朝四時まで徹底的に磨いてピカピカにしたり……。どうやったら親父さんや先輩が喜んでくれるかということを常に考え、身を粉にして仕事に打ち込みました。

そうやっていると、思いがけず先輩が料理のレシピノートを見せてくれたり、新しい仕事を回してくれるようになり、どんどん料理の腕を磨くことができたのです。

上の人から「あれをやれ、これをやれ」と言ってもらえる存在になれば、様々な仕事を経験でき、使われながらにして引き上げてもらうことができる。ゆえに、仕事をする上で最も大事なのは「可愛がられる人間、使われやすい人間になること」に他なりません。

1月12日

まず自分の中の感情に打ち克て

山崎直子 宇宙飛行士
Naoko Yamazaki

訓練しても実際に宇宙に行ける保証は全くないわけです。ゴールの見えない中でずっとマラソンを続けているような日々でしたね。それでも最初の数年はまだよかったのですが、これが四年、五年と経ってくると、本当に宇宙に行けるのだろうか、訓練を続けていて意味があるのだろうか、という不安が頭をもたげてくるようになりました。

特に四年目の二〇〇三年、スペースシャトル・コロンビア号が空中分解をする大きな事故が起きて、宇宙計画自体が不透明になってしまったんです。この事故では一緒に訓練をしていた仲間七人が亡くなったこともあって、しばらくは呆然としていました。私は長女を出産した後で育児休暇中でしたが、保育園入園も決まってそろそろ訓練に復帰しようか、と思っていた矢先の大事故でした。

アメリカの宇宙船が飛べないということで訓練計画も大きく変わりましてね。私は長女を日本に残して急遽ロシアに行き、さらにアメリカに移って訓練を続けたんです。飛べるのかな、飛べないのかなと思いながら、それでも訓練だけは重ねていきました。このように自分の力だけではどうしようもない壁に直面した時に励まされ、支えになったのは、高校の担任の小田川恭子先生が紹介してくださったある言葉だったんです。

二十世紀のアメリカの神学者ラインホールド・ニーバーが一九四三年、小さな教会で説教した時の祈りの言葉です。

神よ、変えることのできるものについて、それを変えるだけの勇気をわれらに与えたまえ。変えることのできないものについては、それを受けいれるだけの冷静さを与えたまえ。そして、変えることのできるものと、変えることのできないものとを、識別する知恵を与えたまえ。

高校時代、この言葉をたまたま日記に書き残していて、大人になってそれを読み返した時、大きな力をもらいました。いま自分ができること、変えられることが何かあるはずで、それをやっていくことで一歩一歩道に近づいていけるのかなと。実際、私は「おまえたちが訓練するスペースシャトルは飛ばないよ」と何度も言われてきました。しかし、飛べるチャンスが一%でもあるかもしれないと信じてやってきたんです。

ロシアでのサバイバル訓練の時などによく言われたのですが、何かをやり続けようと思う場合、一番のネックになるのは自分の感情だというんです。壁にぶつかって「嫌だ」「できるわけない」と思っても、いざやってみたら結構やり遂げられたりする。だから大切なのはまず自分の中の感情に打ち克つことだと。

とはいっても、規模が大きくなればなるほど一人でやれることは限られていますから、次にはやはり幅広い意味で協調することが大事だと思います。時に競争もあり、切磋琢磨もありなのですが、一つの目標が見えてきた時にはお互いに協調することでしょうね。

1月13日

真に強くなるための練習

野村忠宏　柔道家

Tadahiro Nomura

毎日のように厳しい練習を課されていると、強くなるための練習をしているはずが、いつの間にか練習をこなすための練習になっていく。自分では追い込んでいるつもりが、「あと何分で終わるか、あと何本残っているか」ということを常に計算しながら、淡々と頑張るようになる。

天理大学二年生の時に、師範の細川伸二先生に突かれたのはまさにそこだった。

「そんなもん、ほんまに強くなる練習じゃないぞ」「おまえがもし本当に上を目指すのであれば、残り時間のことを気にするな」

そして細川先生は、こう付け加えられた。

「一本目から試合のことを念頭に行け。もし途中で苦しくなって、もう動けない、これ以上できないと思ったら休んでもいい。だから最初から試合をするつもりで集中してやれ」と。

オリンピックチャンピオンから直々に言葉をいただけたことは、僕にとって大きな喜びとなる。そしてその喜びは、練習の取り組み姿勢まで大きく変えていった。それまでの僕は、やる気の出ない日や気分が何となく乗らない日には、先生から一番遠いところで練習をしていた。少しでも先生の目の届かないところでと思うのだが、サボって先生の顔色を窺う選手ほど、広い視野で道場を見ている先生と目が合う。そういった経験は誰にでもあるのではないだろうか。

細川先生からアドバイスをいただいたことを機に、僕はその姿勢を一変させた。その日を境に常に先生の目の前で練習をすることにしたのだ。それは単に先生に見てもらおうというのではなく、自分の練習を見せつけてやろうと思ったからに他ならない。次の乱取り練習の日には、一本目から飛ばしていった。試合と全く同じ状況をつくるのは難しいが、試合のつもりで一本一本すべてを出し切ろうと必死に臨んだ。当然、体にかかる負荷も相当なものとなる。とにかく先のことは考えずに続けていくと、早くも五本目か六本目あたりで「もうこれ以上無理だ」という瞬間が訪れた。もうすべて出し切った、やり切ったと。

「もうこれ以上できません」

そう訴え出た。先生は僕の練習状況を目の前で見てくれているわけだから、当然聞き入れてくれるだろう。ちょっと休ませてくれるだろう。僕はそう信じて疑わなかった。ところが返ってきた答えは「なんやおまえは。おまえはそんなもんか」という厳しいひと言だった。

一瞬動揺が走ったが、次の瞬間には「なにくそ」という意地で僕は練習を続けた。するとどうだろう。体はふらふらだったが、まだ練習を続けられるではないか。自分が限界だと思っていたものは、あくまで自分でつくったものにすぎなかったのだ。

自分の中に残された、自分でも気づかないような微かなエネルギーを振り絞ってやる練習、それこそが強くなるための練習であり、試合に勝つための練習なのだということを、僕はこの時に細川先生との短いやり取りの中で教えていただいたのだった。

1月14日

大谷翔平と菊池雄星に教えた目標設定術

佐々木 洋
花巻東高等学校硬式野球部監督
Hiroshi Sasaki

岩手の田舎に育ちましたから、遊びも野球くらいしかなくて、周りに導かれるように自然に野球を始めました。甲子園に出場してプロか社会人で活躍したいと思っていましたが、結局選手として花を咲かせることはできなくて、大学の時に戦力外で二年生の時に寮を出されました。初めての一人暮らしに最初は心を躍らせていたんですが、家具を揃え、テレビのスイッチを入れた途端、急に虚しくなったんです。

悩んだ挙げ句に、それまで活字を見るのも嫌だったんですが、答えを求めて初めて本屋に行きましてね。そこで目に留まったのがナポレオン・ヒルの『思考は現実化する』という本でした。そんなわけないだろうと思いながら手に取ったんですが、ページをめくるうちに、自分はそれまで大切なことを教わっていなかったことを痛感したんです。それまで「夢を持て」「目標を持て」と散々言われてきたんですが、ではどうやって夢や目標を立てたらよいのかということについては、何も教わっていなかったんです。

類書を片っ端から読んだら書かれていることは同じで、数値で具体的に表すこと、期限を決めること、ワクワクする内容であること、紙に書き出すことなどが大事だと分かってきました。それで、野球選手としてはダメだったけれども指導者として成功したいと思って、「二十八歳で最年少監督として甲子園に出る」と書いたんです。そうしたらいろんな巡り合わせの中で花巻東の監督に就任することができて、本当に二十八歳で甲子園に出場することができたんです。

ですから生徒にも、夢は必ず叶うとハッキリ言うんです。具体的に立てて具体的に行動していけば、必ず夢に近づくんだと。

大谷翔平が入部してきた時は、「先輩の雄星さんみたいになりたい」と言っていました。私は、夢というのは掲げたところより少し下で実現するような感覚があるので、「それでは菊池以下になってしまう。菊池を越えると言え」と指導しました。当時、菊池の投げる球は百五十五キロくらい出ていましたから、絶対に百六十キロ出せると暗示をかけましてね。

ただ、実際に目標を書く時に、百六十キロと書いたら百五十八キロになってしまうと心配していたのですが、大谷はもう目標の立て方を心得てくれていて、百六十三キロと書いてありました。

菊池も大谷も、入部してきた時から間違いなくプロに行ける選手でした。そんな逸材が名もない私の所へ来てくれたわけですから、私も生半可な指導をするわけにはいきません。自分自身にプレッシャーをかけるために、ドラフト一位で送り出せなければ監督を辞めると宣言したんです。それを確実にするために、その上のメジャーへ送り出すという目標を掲げて二人と共有していました。不思議なことに、その夢もどんどん近づいて、いまでは二人とも海を渡っています。彼らはたまたま海を渡ったのではなくて、高校の時に自ら思い描き、自らの脚で海を渡ったと思うんです。

1月
15日

男なら一つの道を行け——我が子イチローへの教え

鈴木宣之 ビー・ティー・アール社長

Nobuyuki Suzuki

私はどちらかというと、イチローは褒めて育てたというか、欠点を突くより、長所を大いに伸ばすほうだったと思います。いいところに目をつけて、そして子どもにやりがいを与えるというやり方。

常に自分が一番いい選手だと思いなさい。だけど有頂天になってはいけないよ。いつも態度は控えめにしなさいと教えてきました。

具体的には、私の高校時代の野球部の同期を例に挙げていましたね。私は中高一貫の進学校に通っていて、野球部に入っていたといっても、それこそ遊びのような部活動でした。その中に一人うまいやつがいて、彼は大学では慶應の野球部でレギュラーになった。中高と六年間、遊んでいるような野球をやっていても、六大学でレギュラーを取れるくらいだから、よっぽどセンスがあったんです。

彼がもしも強豪校で真剣に野球をやっていたら絶対にプロになれたと思いますが、私から見たらその彼の高校三年生の時点よりも、小学校四年生の時点でのイチローのほうが、すべてにおいてセンスが上回っていたんです。

だから「お父さんの同期の高木君はプロ野球選手になれるようなセンスを持っていたけど、高校三年生の時の高木君よりもいまのイチローのほうがすごいよ。だから絶対にプロ野球選手になれるよ」と言い続けました。

それと併せて、時々一緒にお風呂に入りながら、

「いいか、イチロー、男というものはな、何でもかんでもできるというわけにはいかない。一つのことに集中し、それを極める。たくさんの道ではなく、一本の道をどこまでも進んでいけば、その道はやがてあらゆる道に通じるんだぞ。一つのことを成し遂げた人のことは、人は必ず認めてくれる。迷わないで一つの道を行け。一つの生き方を貫くことが一番価値のあることだから、好きなことをどこまでもやってみることだ」

と教えてきました。

1月16日

指揮者は楽譜を見てはいけない

小林研一郎　指揮者

Kenichiro Kobayashi

幸いなことに僕はこの年になってもひたむきさというものがあるんです。まだまだバラ色の人生なんですね。

僕はいろいろなオーケストラで指揮をしていますが、一人ひとりの顔をじっと見ていなくては指揮ができないんです。指揮者の中にはメンバーを見なくても指揮ができるという人がいるかもしれませんが、僕にはできません。となると、楽譜を見ることができないわけですから、全楽器の楽譜を全部覚えなきゃいけない。先日もある地方の交響楽団の演奏会があったのですが、地方ですから何となくほのぼのとした空気が漂っている。そういう雰囲気を覆すためにも、僕は事前にメンバーのネームリストをいただき、楽譜をすべて覚えた上で練習に臨むんです。

演奏の途中、僕は指揮を止めることがあります。しかし、そこで一人ひとりを注意することはしません。そういうことをするとその人が受けるショックが周りにも伝わって、決していい演奏にはならないからです。

ただ、止める時には全員がハッとするような、炎になれるような、そんな言葉を発しなくてはいけません。そして、その時、指揮者は決して楽譜を見ちゃいけないんです。楽譜を捲る僅か〇・一秒という時間が彼らの意識を大きく後退させてしまうことがある。団員の顔を見ながら「すみません。では五百九十四小節からお願いできませんか」。これって効くんですね。

そのようなニュアンスで僕はこの年齢になっても「失敗しても皆が許してくれるだろう」という甘えを一切はねのけて、まさに太平洋の真っ只中に一人でボートを漕ぎ出しているわけです。後戻りもできない、前に進むこともできない。そこにはただ死が待っている。そういう世界で生きているわけです。

1月17日

ソニー創業者・盛田昭夫から教わったこと

比屋根 毅

エーデルワイス会長

Tsuyoshi Hiyane

僕が九州のロイヤルの役員をしている時に、ソニーの盛田昭夫さんが役員を前に小講演をされたことがあるんです。盛田さんはロイヤルの創業者・江頭匡一さんと昵懇で特別顧問か何かをしておられまして、この日は僕も役員を前に営業報告をする機会がありました。

夜、役員会を終えてホテルのバーに行ったら、盛田さんが飲んでおられました。結構酔っておられましてね。僕が「お部屋までご案内します」と申し上げたら、「酔ってないから大丈夫だ」と。でもなんとなく千鳥足でしたからご案内したんですよ。

部屋の前まで来ると、「入りたまえ」と言われまして「きょうのあなたの営業報告。あんな格好をつけた報告じゃ駄目だね。あなたは自分を出していない。自分の考えを自分の言葉で話さなきゃ駄目だ」と。言われてみれば、僕はたくさんの役員を意識して原稿どおりにしゃべっていたんです。

それから二人でシャンパンを飲みながら、盛田さんは「ところで僕の人生も、よく恥をかいたんだよ。君ね、恥をかくことを恐れたら大物にならないよ」と話を始められました。

そしてアメリカでの苦労を振り返られたんです。ソニーなど誰も知らない時代にアメリカに行って記者会見を開いた。「世界のソニーになる」と原稿を読んでいたら五十人ほどいた記者たちが次々に去っていき十人くらいになった。それから自分たちは「よし英語を勉強するぞ。世界のソニーになるぞ」と奮起して、いまのソニーを築き上げられたというんです。「だから大きなことを言いなさい」と教えられました。この一言も僕を変えましたね。

僕なんか大学を出ていないし、なんとなくコンプレックスがありますでしょう。しかし「努力しなさい。経営も勉強も、なんでも努力したらできるんだ。あなたはいいものを持っているんだから」と励ましてくださった。その恩に報いるため、盛田さんのお葬式には一番に駆けつけたんです。

僕は非常に幸運な星の下に生まれている。能力はないけれどもいろいろな人の助けがあっていまがある。その意味では僕は感謝を忘れたことはありません。

僕みたいな人間が、あんな偉大な方に言葉をいただけるわけですからね。いま考えると、千鳥足で危ないと思ってお連れしたのがよかった。ただ真っすぐ部屋に帰られていたら、こういうご縁はありませんでした。

1月18日

一遍、谷へ下りないと次の峰には行けない

宮本 輝　作家

Teru Miyamoto

小説を書いている間、パニック障害はしょっちゅう起こっていました。なので、もう一生治らんのかなと思っていました。三十代半ばに、ものすごく発作がきつくなって、白い物と先の尖った物に恐怖を感じるようになったんです。原稿用紙、白いでしょ。万年筆、先が尖っているでしょ。もう仕事にならないんですよ。

それで知り合いの紹介で京都の精神科医に診てもらった。その方は僕の状態を気遣って、わざわざ往診してくれたんです。僕の子供時代のことから一番悲しかった出来事、あるいは家庭の環境、いろんなことを聞いてくれて、結論は「典型的な不安神経症です」と。

で、「モーツァルトもアインシュタインもそうでした」と天才の名前ばっかり出てくる。「これは天才が罹（かか）る病気です。だから、これが治ったら、宮本さんは小説書けなくなります」と。「だけど、症状が起こった時は辛いですから、その時はこの薬を飲んでください」と言ってもらったのが、最初に会社の診療所の医者から処方された薬と同じものだったんです。

パニック障害が治ったなと自覚したのは、六十二歳か六十三歳の時ですね。だから、三十年近く付き合ってきたわけです。

どうして自分はこんな病気に罹ったのか、小学生でも一人で電車に乗っているのに、いい歳して乗れない情けなさ。それから一日に何回、死の恐怖を感じるか、それが何十年続いてきたか。毎日死というものに直面してくると、なぜ五歳で死ぬ人と百歳まで生きる人がいるのか、その違いは何なのか、という死生観に行き着く。それが小説を書く上での土台をつくったと思います。

発作が起きると分かっていて電車に乗るって、ものすごく勇気が要りますよ。その勇気はどこから出てくると思います？　自然には出てきませんよ。自分の心から絞り出してくるんですよ。そうすると心の力のすごさを自覚せざるを得ない。心の力がすべてを変えていくんです。

それと、悪いことが起こるのは思いがけない善いことが訪れるために必要な前段階なんです。一つの山の頂上からさらに高い山へ登ろうという時に、直線の道はないですから、一遍その山を下りなければいけません。ただ、下りることがどれほど辛いことか、頂上にいる時には分からないんですよ。想像を絶したものがある。

だけど、そこでのたうち回りながらも乗り越えて、また麓（ふもと）から山頂に辿（たど）り着いた時に、やっぱり最初の時とは違う大きな境涯（きょうがい）が培（つちか）われていると思うんですよ。一遍、谷へ下りないと、次の峰には行けない。これは道理であり、僕の命そのものが感じたことですね。

1月19日

人の三倍やるには志がいる

七代目 中村芝翫
歌舞伎俳優・人間国宝

Shikan Nakamura

戦中、おやじは芝から疎開し、神奈川県の鵠沼（くげぬま）に移り住みました。おやじの稽古はいつも朝七時からでしたから、私もそれについて鵠沼の家に住み込んで教わった時期もあります。

朝の七時から九時か、九時半まで。それが私とおやじ二人だけの稽古の時間です。しかし不意に人が入ってくると、それがいやで、おやじはもう稽古をつけてくれようとはしません。そこでその日の稽古は打ち切りになってしまいます。だから、稽古の途中で誰かが入ってくることが、当時は一番怖かった。おやじに叱られるより怖かったものです。

おやじはよく「人の三倍やれ」と言いました。「おう、稽古しているか?」と聞かれ、「はい。人の倍やっています」というのじゃダメだと。人の倍というのは何かの勢いでやれてしまうことがある。しかし、三倍やるには志がなければできない、と言うのです。

実際、おやじは二十四時間芸のことを考え、すべてを芸に結び付けようとしていました。例えば、酒を飲むのも芸のため。酔った時の手のつき方はどうなのか、千鳥足になった時の足取りはどうなのかを、自分の体に覚えさせるために飲むのが役者の飲み方と言っていました。だから、自分を失うほど酔ってしまう人もまた、嫌っていました。

逆にこんなことが何の役に立つのかと思ったことが、とても役に立ったことがありました。鵠沼の向こうのほうに畑地が広がっていました。麦秋（ばくしゅう）になると黄金色に染まり、お百姓さんが刈り取った麦を畑に敷き並べ、麦打ちをします。当時は脱穀機（だっこく）などは使いません。竿（さお）の先にくるくる回転する棒を取りつけ、竿を一振りするごとに棒を一回転させて、ばったんばったんと麦を叩（たた）いて脱穀するのです。

「あれをやってみろ」

とおやじが言いました。

お百姓さんが苦もなくやっているのです。できないはずがありません。頼んでやらせてもらいました。ところが、見るとやるとは大違い。竿の先の棒がうまく回ってくれないのです。回るようになっても、竿の一振りと棒の回転がなかなか合いません。随分時間がかかりましたが、最後にはうまくやれるようになりました。

それからかなり時が経ってからです。坪内逍遥（しょうよう）作『役の行者（えんのぎょうじゃ）』で私は行者の姉の役がつきました。これに麦打ちの場面があるのです。舞台でばったんばったん音が出ては困るから、音が少ないように細工した小道具ですが、あの麦打ちの竿です。私は苦もなく竿の先の棒を回して、麦打ちを演じることができました。

「なんでもやっておけ、やったことを身体に覚えさせておけ。それが役者の宝になる」

そう言っていたおやじの言葉が、身に沁（し）みたことでした。

1月20日

ここ一番で負ける理由

大橋秀行　大橋ボクシングジム会長

Hideyuki Ohashi

ボクシングの場合は、先輩から「かわいがられる」っていうことはあまりないですね。親方のように辛く苦しい修業時代というのはなかったのですが、ボクシングで何が苦しいっていえば減量ですね。

僕は小学生の頃から世界チャンピオンを目指していたので、引退するまでずっと一日一食で通しました。

食べるのは晩だけです。学校では給食も食べないし水も飲まないから、先生が随分心配されて親やジムに相談していました。「これは自分の夢のためにやっているんだから」と説得するのが、大変だったと言えば大変でした。

ただ最後に世界チャンピオンの座を奪われた試合の時は、何も飲んだり食べたりしていないのに直前に体重が五百グラム増えていたんです。おかしいな、なぜだろうと悩んでいたら、当時の付き人が「夜、突然起きて便所の水を飲んでいた。それはもう止められなかった」と教えてくれました。いままでそんな夢遊病（むゆうびょう）のような状態になったことがなかったからすごくショックを受けて、もう限界だなと悟りました。

試合当日にオーバーしたら失格になりますから、前日はバンテージで自分の手を縛って動かないようにして寝ました。そしてその試合を最後に引退したんです。

プロでの通算成績は二十四戦して、十九勝五敗です。ただ、若い頃は「ここぞ」という時に限ってなぜか負けてしまうことが多かったんです。高校二年でインターハイで優勝したのに三年生の時は連覇できなかったし、大学の時もオリンピック最終選考会でいつも勝っている相手に負けて出場できなかった。プロになっても、いきなり連勝して「百五十年に一人の天才」とか持ち上げられながらも、大事な試合では負けてしまうんです。

それで、「なぜだ、なぜだ」と冷静に自己分析してみたら、負ける前はいつも監督とかジムの会長に対して不満を持っていたんです。

勝ち続けてくるとどうしてもうぬぼれが出てきて、自分の力で強くなったと勘違いしてしまうんですね。だから、「なんだよ、アイツ」とか「教え方が悪いんだよ」と周囲に不平不満が出てきたところで負けていることに気づいたんです。負けるのは周囲が悪いんじゃなくて自分が悪いんだと考えを改め、周りに対して感謝を持って接すると、やっぱり自分が変わっていきました。

1月21日

君、製品を抱いて寝たことがあるか？

谷井昭雄
パナソニック特別顧問

Akio Tanii

私が事業報告で最初に松下幸之助会長にお会いした時、言われたことが二つありました。

ひととおり事業部長の説明が終わった後、私に「君、技術屋か」と聞かれてこうおっしゃったんです。

「最近、松下の各工場で一所懸命品質管理を勉強して、いいものをつくろうと頑張ってくれているけれども、君、品質管理も大事だけれども、もっと大事なのは〝人質管理〟やで」と。

松下会長は、松下電器は人をつくる会社だとおっしゃっていたけれども、人に対する思いというのは一貫していて、それを若い技術者に「人質管理」という言葉で諭されたのだと思うんです。

その時はまだ、その言葉に込められた意味を深く理解できるほどの立場でもなかったけれども、後々あぁこういうことだな、これを言っていたんだなと体験を通じて実感できるようになりました。とりわけ失敗した時にはズシンと響いてきたものです。

それからもう一つ、

「君、製品を抱いて寝たことがあるか？」

と。あまりに突拍子もない問い掛けなので答えに窮していると、

「君な、製品を抱いて寝たらな、製品がもの言うてくれるんや」

とおっしゃいました。そこまでの気持ちで製品を開発すれば、ここはもっとこうすべきだということを、製品が語ってくれるかの如くに悟ることができるはずだと。そこまでいかなければ本当の製品というものはできないということを教えてくださったわけです。

最初に聞いたこの二つの言葉は非常に印象に残っていますね。

叱られた話をしましょうか。私が担当していたビデオテープレコーダーの事業部は、私が着任する前の昭和四十二年頃にできたんですが、苦労すれどもなかなか売り物にならないんですね。私が事業部長に就任した四十七年までずっと赤字でした。

それで四十九年頃、幸之助創業者に呼ばれました。「君、どうかね」と。もちろん創業者はすでに事情はご存じなわけですけれどもね。私は、一所懸命頑張っておりますが、残念ながら赤字で苦労しておりますと申し上げたら、

「君、赤字というのはな、人間の体で言うたら血を流してるんや」

と。そして、

「血、流れっぱなしやったら君、どうなると思う？」

と聞かれるんです。どう答えたものか分からないままに、

「死んでしまいます」

と答えると「そやろ」と。

「血が止まらんかったら死んでしまうやろ。そしたら血を止めないかんな」

と。それだけなんです。私はまだ役員でも何でもなかったから非常に優しい言い方をされた。優しい言い方だったけれども、言葉は厳しかったからこたえましたね。

1月22日

人間の力は、出し切らないと増えない

平尾誠二
神戸製鋼ラグビー部ゼネラルマネージャー

Seiji Hirao

とにかくラグビーに夢中になっていたので、高校に入る時も、自分がラグビーをする上で一番いい環境を求めて、山口良治（よしはる）先生のいる伏見に入ったんです。

当時の伏見は、まだ全国大会に一度も出ていませんでしたが、山口先生の名はかなり知られていました。僕は、既に強くなっているところに入るよりも、これから伸びるところで自由にやらせてもらうほうが自分の性に合っていると考えて、伏見を選んだんです。

自分で決めて入ったわけですから、ラグビーに集中せざるを得ませんでしたが、正直言って一年の時は、練習がいやでいやで辞めようかと思っていました。やっぱりきつかったです。

五月ぐらいになると、自信をなくして体調を崩してしまいました。先生に相談しに行ったら、よく話を聞いてくれて休ませてくれました。おかげで、なんで自分はここへ来たのか、と原点に返って自分を見つめ直す時間を持てて、もう一度立ち向かおうという気になりました。

立ち直るまでにかかったのは、ほんの二、三日でした。その間に、一気にパッと変わったんです。それでたまたまいい具合に波に乗ることができて、チームも強くなり、二年で初めて全国大会でベスト8入りし、キャプテンを務めた三年で一気に日本一になったんです。まだ十分な実力がないところから、短期間のうちに上り詰めて、端から端まで経験できたのが非常によかったですね。

山口先生の指導は厳しかったですね。そんな中で印象に残っているのは、よく人間の力の話をしてくださっていたことです。非常にいい話で、いまでも僕は大切にしているんです。

僕らが三年の頃にはすごく強いチームになっていて、どことやっても勝っていました。前半で点差が四、五十点開いたりするので、つい手を抜いたり、気を抜いたりするんですが、それでも余裕で勝ってしまう。すると先生は、ハーフタイムの時にえらい怒るわけですよ。「なめてんのか！」と。そしてこんな話をよくされたんです。

人間の力は、全部出し切らないと増えない。だから、余すことなく使わなければいけないのだと。いま十ある力を全部出し切ったら、十・〇〇一ぐらいになる。次の試合でその十・〇〇一を全部出したら十・〇〇二というふうに力が増えていく。出し切らずに溜（た）めたら逆に減ってしまうんだと。そして最後の締めくくりに、「それがお金と違うところだ」と。

1月23日

プロとアマチュアとの絶対差

相田一人

相田みつを美術館館長

Kazuhito Aida

当時私たちは八畳間に間借りをしていました。「いい仕事をするためにはいい仕事場が必要だ」というのが父・みつをの口癖で、一家四人が八畳間に住んでいるのに三十畳ぐらいのアトリエの設計図を描いていました。

それがひょんなことから実現してしまいます。間借りをしていた隣の土地が空いて、ファンだった方の援助もあって、そこにアトリエが建つことになったのです。ほぼ父の理想に近いアトリエでしたが、家族のほうは相変わらず八畳間に住んでいました。母方の人たちには父一人が贅沢をしているように見えますから、何かといわれたそうですが、そのときも母が父への全面的な理解を示したのです。

そんな生活の中でも、父は勉強のための投資は厭いませんでした。昔はいい時代で、本屋もつけで本を売ってくれましたが、つけの額が足利市で父がナンバーワンだったそうです。そのつけも母が苦しい生活の中から工面して払っていたのだと思います。

東京で展覧会があると、「いつもいいものに接していなくてはいけない」といって頻繁に出掛け、家にお金があろうがなかろうがまったく気にしません。そして感激して展覧会から帰ってくると、それを母に延々と語ります。母は米も買えなくてどうしようかと思案しているのですが、そんなことには一向構わず滔々としゃべるのだそうです。その情熱に気おされて、母はお金がないということをいいそびれてしまったということです。

作品には画仙紙という中国製の紙を使います。非常に高価な紙で、それを一反、二反という単位で買いますが、一つの作品を書くために何百枚も使ってしまうことがあります。お金に換算すると、一晩で何万円分も使ってしまうことになります。結果的には一枚を除いて残りは全部反古です。

母が、前に書き損じた紙の余白のところを練習に使ってはどうかというと、父は「練習用の紙というものはない。何百枚書いても一枚ずつが本番で、一枚ずつが真剣勝負なんだ」といっていました。仕事に対する態度は若いころも晩年も変わりがありませんでした。夕方からアトリエに入り、調子がいいと徹夜をして書き続けました。夜、仕事をするのは雑音が少ないからだといっていました。

仕事を始めると私も妹も決してアトリエには近づきません。子煩悩で昼間は私たちをかわいがってくれましたが、夜になると一変してしまいます。父がアトリエに入ったら行ってはいけないといわれていましたが、足を踏み入れると恐ろしくなるような緊張感があって、いわれていなくても近づける雰囲気ではありませんでした。食事の時間が来ると母が声を掛けますが、興が乗っているときはまったく顔を見ません。疲れるとゴロンと横になって、指で天井に字を書いていました。「何をしてるの？」と私が尋ねると「プロというのは寝ても覚めても仕事のことを考えている。生活すべてが仕事。そこがアマチュアとの絶対差だ」と。リラックスしている時でも、頭の中は書のことでいっぱいだったようです。

会社がおかしくなる六つの要因

永守重信 日本電産社長

Shigenobu Nagamori

日本電産本社の一階奥に設置しているプレハブ建屋は、創業当時に作業場として使っていたものですが、あれをご覧になった方の反応は半分半分に分かれるのです。涙を流さんばかりに感動される方と、本社ビルの一番いい場所になんであんな汚いものを置くのだという方がいらっしゃって、おもしろいですよ。

私としては、創業期のあの厳しい時期を乗り越えてきたからこそ、ここまでこられたわけでね。辛い時にそこへ行くと、あの時の苦しさに比べたらこんなものは大したことはないなと思い直して、また元気を取り戻せるのです。

新入社員にも入社時に必ず見せますし、落ち込んでいる幹部がいたら、ちょっと見てこいと言うのです。一番怖いのは、後から入ってくる幹部が昔の苦労を経験していないために、一流企業に入ってきたような感覚で振る舞うことです。そういう人たちには口で言っても伝わりませんから、プレハブ建屋を見せるのが一番いいのですよ。

そこは建物だけではなしに、当初からの記録もたくさん残っていて、私自身が現場で懸命に仕事をする様子も残っている。それを見ると皆ハッとするのです。逆に、それを見ても感激しない人は、最初から採用しないほうがいいです。

やっぱり考え方が一致していないと今後のグローバルな戦いは勝てません。ただ頭がいいとか、経験が豊富だとかいうだけではダメで、本当にその会社が好きだという人が集まってこないとしらけてしまいますね。

だから私は採用担当者に言うのです。最近は一流大学からどんどん入社してくるようになったけれども気をつけろよと。一番大事なのは、日本電産という会社が好きだという人間、よく働くこの会社で自分も一緒に頑張りたいという人間が集まってくることだと。一所懸命働くところから始まった会社なのに、ただ有名で給料も高いから入りたいとか、役員として入ってきて威張り散らすような気持ちでやられると、会社なんてあっという間に沈んでいくのですね。

だいたい会社がおかしくなる要因を六つ挙げよと言われたら、一番はマンネリでしょう。それから油断、そして驕り。人間はすぐこういう躓きをするのですが、この段階はまだ元に戻せるのです。その次が妥協。震災がきたのだからしょうがない、円高だからしょうがないと妥協する。これはもうさらに落ち込みますね。次は怠慢です。頑張っても怠けても給料は一緒じゃないかとかね。そして最後は諦めです。そんなこと言ったってできません、という考えがはびこってきた時は末期症状ですね。最初の三つはそんな大敵ではないけれども、後の三つに陥ったらもう取り返しがつきません。

1月25日

うさぎはなぜかめに負けたのか

四代目 三遊亭圓歌 落語家

Enka Sanyutei

私が、笑いを交えながら人生や経営、子育てなどについて、私なりの考えを盛り込んだ、いまの落語や講演のスタイルを確立したきっかけを与えてもらったのは、遠縁に当たるジュポン化粧品本舗の故養田実社長です。養田社長は若いころ、柳亭痴楽師匠に弟子入りし、落語家を目指した経歴の持ち主だけに、私の気持ちをよく理解してもらい、「これからの時代、落語だけで食べていくのは難しいから、半分は落語、半分は講演にして企業を回ってみたらどうか」と、いろいろな異業種交流会などに連れていってくださったのです。

私はここで学んだ多くの経営者の言葉や、本で読んだ中村天風、森信三、石川洋といった先哲の言葉にヒントを得ながら、それをどう落語家の自分なりに消化し、人々を笑わせ、元気づけていけるかということに知恵を絞りました。古典落語を基礎にこれらを取り入れた私の芸風の確立は、すなわち私の人生観の確立でもありました。

養田社長から教わった忘れられない話があります。私が真打ちになったのは昭和六十二年五月。林家こぶ平さんと一緒の昇進でした。真打ちが発表されると、二人がいる部屋に一斉にマスコミが押し寄せたのです。ところが、フラッシュを浴びたのはこぶ平さんだけ。数メートル横に私がいたのですが、どこの社も見向いてもくれませんでした。考えてみれば、こぶ平さんは正蔵、三平と続いたサラブレッド、一方の私は、いわば落語界には何の縁もない田舎生まれ、田舎育ちの駄馬でした。

私はくやしくて涙を抑えられなくなって走って外に飛び出し、電車に乗りました。そこに偶然にも養田社長がいたのです。「歌さん、浮かぬ顔してどうしたんだ」と聞かれ、私は理由を話しました。すると養田社長はこう切り出したのです。「うさぎとかめの童話があるだろう。うさぎは、どうしてのろまなかめに負けたのか。言ってごらん」私は答えました。「うさぎにはいつでも勝てると油断があったのです。人生は油断をしてはいけないという戒めです」と。

養田社長は「本当にそう思っていたのか。零点の答えだ」と語気を強めて、静かにこのように話したのです。

「かめにとって相手はうさぎでもライオンでも何でもよかったはずだ。なぜならかめは一遍も相手を見ていないんだよ。かめは旗の立っている頂上、つまり人生の目標だけを見つめて歩き続けた。一方のうさぎはどうだ、絶えずかめのことばかり気にして、大切な人生の目標をたった一度も考えることをしなかったんだよ。君の人生目標は、こぶ平君ではないはずだ。賢いかめになって歩き続けなさい」

さらに養田社長は言葉を続けました。「どんな急な坂道があっても止まってはだめだよ。苦しいときにはああ何と有り難い急な坂道なんだ、この坂道は俺を鍛えてくれているではないか、と感謝しなさい。有り難いというのは難が有るから有り難いんだよ」と。私は社長のこの一言で迷いが吹っ切れたのです。そして、自分の人生の目標に向かって黙々と歩き続けよう、と思ったのです。

1月26日

誇るべき栄光の一手を捨てる時

米長邦雄　日本将棋連盟会長・永世棋聖

Kunio Yonenaga

私は棋士の中では少々変わった経歴なんですよ。プロ棋士の成長をグラフにすると、早い人で二十歳くらいでタイトルを取ります。それから四十歳くらいまでは横ばいか、あるいは少し向上するのですが、四十歳からは下がる一方。体力や記憶力が落ちていくことが自分でも分かるんです。

ただ、我々の世界で一番困るのは、突然引退することができないんですね。タイトルを持ったまま「これで失礼します」というわけにはいきません。必ず挑戦者が出てきて、タイトルを奪われる。その次は予選から出るわけですが、その予選でもボコボコに負ける。年を取ると、なんであんなのに負けるのかなと、自分でも不思議になるんですね。

そこで私は若い棋士を集めて研究会を開き、彼らに教えてもらうことにしたのです。教えてもらうというのは非常に大事なことで、これがよかったんですよ。おそらくスポーツにも当てはまると思いますが、こういう場面ではこの技を使うという、癖というか定石（じょうせき）があるんですね。概（おおむ）ねそれはかつて自分がその新手を編み出したとか、必勝パターンだったとか、誇るべき栄光の一手なんです。

ところが、その当時は新手であっても、数年のうちに研究され尽くして、もはや成立しなくなっている。

「先生、十年前はそれはいい手でしたが、いまこの局面はこの手でないとダメです」「いや、そんなはずはない」「いや、いまはその手は通用しません」と。

そうやって若い人たちと一緒にやっているうちに、気づきました。この局面にきたらこの一手で勝てると自分では思っているのに、なぜかうまくいかない。それは体力や思考力が落ちたと思っていたが、そうじゃないんだと。実は十八番の得意技を持っていたことが、よくなかったのです。それで一度自分を白紙に戻すことにしました。

〝若い人と付き合う三原則〟というのがありましてね、「威張らない」「お説教しない」「勘定を払う」。

そうやって若い人たちの話を聞いて、研究結果を学んで、同じように勉強したら「脳ダコ」ができましたよ。バレーなどでも練習をしすぎると手にマメとかタコとかできるでしょう。若手が一日平均六、七時間将棋の研究をしているというから、私も同じようにやってみたんです。

プロになってからは研究よりも実際の対局のほうが多くなり、対局の後はむしろ将棋から離れるような生活を送ってきましたから、四十過ぎて急に勉強を始めたら、脳みそにもタコができたんですよ。多分、前頭葉のあたりです。おかげで四十歳から五十歳ちょっとまで成長しました。だから名人のタイトルを取ったのは五十歳の時です。棋士では珍しいケースです。

やっぱり自分の十八番の戦法を捨てるのは相当勇気の要ることですが、その誇るべきものを手放した時、また新しいものを得られるのではないかと思います。

1月27日

幸運の鳩は誰の人生にも必ず三遍は来る

藤田喬平 ガラス造形作家

Kyohei Fujita

人間だから、ある程度楽をしたいと思うでしょ。ぼくもそうだった。でも、ぼくが十八歳のときに母親が四十七歳の若さで死んだ。ぼくはこれがとてもショックでした。そして、人生は短い、これは大変なことだと思ったんです。五十歳ぐらいまで生きて、自分の思う通りに、やりたいことをとことんやってみようと考えた。純粋に自分がどう生きたいかということを思っていたほうがいい。自分がしたいことを生涯かけてしないと、死ぬときに後悔したんじゃしょうがないから。

もう一人、染織家の長浜重太郎さんとの出会いも大きかった。この人はガラスとは全然関係ない人だけれども、ぼくは戦後すぐ、美校の友人に誘われて、会うことができた。実に豪快で、無類の酒飲みで、気性も激しい人でした。日展にも出さない在野(ざいや)の作家だったので、有名にはならなかったが、自らの芸術というものについてまったく妥協を許さない人でしたよ。この人の「男は腕一本、マラ一本」という言葉が強烈に焼き付いている。いまは要領のいい人ばかりで、こういう人はいないでしょうね。

ガラス工芸というのは非常に結果が出るのが早いんだ。せっかちでぐずぐずするのが嫌いなぼくの性格からしても、ガラスは自分に向いていると感じますよ。でも、気持ちに少し余裕が出てきたのは、十五、六年前かな。終戦後、ガラス工芸を始めて四十年間はしんどかった。六十代半ばまでは、まだ倒れたら危ない、という思うが常にありましたね。

でも、いつも、何かいい話がくるんじゃないかという期待感はありました。だから、朝夕、郵便受けを見るのが楽しみでしたね。私の人生にはきついこともいっぱいあったが、でもとてもおもしろかったね。

だから、これはぼくの持論なんですが、天に鳩(はと)が回っている。その鳩がときどき人の肩に止まるんです。その止まったときがすごいんです。ただね、止まっているのに気がつかないと駄目なんです。余程注意してないと、知らぬ間に飛んでいってしまう。それは誰の人生にもあるはずなんです。幸運の鳩は誰の人生にも必ず三遍は来る。その三遍のチャンスをつかまないといけない。

そのためには、絶えず自分の仕事を夢中で勉強しておかなきゃ駄目です。そうしないと来ても対応できない。来たときに対応できるような構えをしていれば、これは来るんです。だから一所懸命仕事に打ち込んでいると、そろそろ来そうだな、という感じがつかめるんだよ。ぼくの肩には、これまで二度、鳩が止まってくれた。もう一回くらい、大きなチャンスが訪れる気がしています。

1月
28日

自分の限界を超える条件

長渕 剛
シンガー・ソングライター

Tsuyoshi Nagabuchi

結局のところ聞き手がいなきゃ存在理由がないし、悩んでいる人や生きづらさを感じている人に向けて作詞をしたり歌を歌ったりしている気持ちは当然ある。自己満足だけで終わっちゃ具合が悪い。

これはいまでこそ語れることだが、東日本大震災から一か月後の四月十六日に、壊滅的な被害を受けた航空自衛隊松島基地を訪れ、約千五百人の隊員を前に激励ライブを決行した時もそうだった。十年前の三月十一日、街ごと呑み込む大津波に加えて福島第一原発の爆発事故が起こり、僕自身も恐怖の真っ只中に突き落とされた。同時に、心にメラメラと燃えてきたものがある。それは「何か俺にできないか?　と答えを探し当てたい」ということだ。

まず家族を鹿児島に避難させ、友達が師範を務める新極真会空手新保道場で、稽古をしながら考えていたが、答えは見つからない。テレビをつけると恐ろしい映像やニュースばかり流れて嫌になる。そんなある日、新保師範が「とりあえずスクワット千回やりませんか。やれば何か答えが出ますから」と言ってきた。「はっ?　何言ってんだ」と思ったが、約四十分かけて千回やり切った。表向きは「こんなんやったってしょうがねぇや」という素振りを見せながらも、内心、「俺、結構できたな」と嬉しくなり、次の日もその次の日もスクワットを千回やった。すると、三日目に三十八度七分の高熱が出た。その時、師範はこう言った。「出たでしょ答え。熱が出たじゃないですか」。最初は「おまえ、頓智やってんじゃねぇ」と思ったが、その状況下ではすごい気づきを得たように感じた。

そして、パッとテレビを見た時に、「松島基地に行こう!」と思い立ったのである。そこからは様々な人のご縁が繋がり、嘘みたいにとんとん拍子で事が運んだ。大げさに聞こえるかもしれないが、「命懸けで闘ってる奴らん中に行くなら、腹切る覚悟で突っ込まなきゃ。これで彼らの拳が上がらなかったら、俺は終わりだ、歌い手として失格だ」と覚悟を決め、ガンガン体を鍛えて、張りをつくって、ギターを持ってバコーンと松島基地へ向かった。その時思い出したのは、「目の前に倒れている人間がいた場合に、知らん顔する人間と手を差し伸べる人間、どっちが美しいかと考える間もなく、手を差し伸べるのが人間なんだ」という稲盛和夫名誉会長（京セラ）の言葉だった。そういった教えが僕の潜在意識の中に打ち込まれていたのかもしれない。

現在のコロナ禍でも、ただ漠然とマスコミの情報を鵜呑みにし、疲弊したり手をこまねいたりするんじゃなく、そこから真実を見つけ出し、隙の中に入り込み、それぞれの立場で何かしら貢献する。そのほうが僕は好きだ。

感染が拡大し始めた二〇二〇年三月の時点で、既に僕は「歌わなきゃ」という意識になっていた。怖いとか言っている場合じゃない。そんなものを跳ね除けて前進する力、あれこれ考えるよりも先に行動している。それが、稲盛名誉会長がおっしゃる「誰かのためにと思った時、自分の限界を超えられる」ということだと思う。

1月29日

逆算式目標設定術

岸田周三　レストラン　カンテサンスシェフ

Shuzo Kishida

母が料理好きでしたから、いつの間にか調理を手伝うようになっていましたね。高校卒業後は迷わず料理の世界に入りまして、最初に修業させていただいたのが、三重の志摩観光ホテル「ラ・メール」でした。有名な高橋忠之シェフの下で、四年間学ばせていただきました。高橋シェフからは、いろいろな言葉をいただいたんですけど、「三十歳までに料理長になりなさいよ」と繰り返し僕たちにおっしゃっていたのを覚えています。

実際、シェフご自身も三十歳までに料理長になった方なんですね。この一言に僕は大きな刺激を受けまして、三十歳から逆算して自分の目標を設定したんです。三十歳でシェフになるには二十六歳でパリに行く。二十六歳でパリに行くには二十四歳から語学を勉強する……。「ラ・メール」では三重の特産である伊勢エビやアワビを食材に使ったフレンチがお客様に大変人気があるのですが、僕はもっとベーシックなフレンチを追求してみたいと思うようになっていました。

ただ一気にフランスには行けないので、まずは日本で、と考えたんです。休みのたびに上京し、東京のフレンチレストランの料理を食べ歩くようになりました。

ある時、僕が理想とした伝統的なフレンチの店に出合い、食事を終えたその場で「ここで働かせてください」とお願いしたことがあります。もちろん、あっさり断られてしまいましたが、何度もその店のシェフに電話をしたら、「二か月後に欠員が出るのでその時になったら面接してもいい」と。僕が三重のホテルに「二か月後に辞めます」と伝えたのは、この返事を聞いてすぐでした。

採用が決まってもいない段階でしたが、面接日には荷物をまとめ、引っ越し業者の方に「住所は覚えていないので、明日連絡する」と伝えました。やはり決意を貫くには自分をとことん追い込むことが大切だと思います。

「いつかあんなことをしたい」という漠然としたイメージだけでは、いつまでたっても進展はないわけです。大きな目標を持つと同時に、ではその目標達成のために何をするかという一歩先、二歩先のことが明確にイメージできるようにすることが必要なんじゃないかって思いますね。

不器用の一心に勝る名人なし

小川三夫
鵤工舎棟梁

Mitsuo Ogawa

私はいま、徒弟制度による寺社建築会社「鵤工舎」で三十人の若者たちと暮らしていますが、初めてここへ来た子が先輩のためにできることといったら、飯炊きと掃除ぐらいです。新しく来た子が一人で飯炊きをし、それが終わると今度は工場に来て、ひたすら掃除をする。その何か月もの間、先輩たちが鉋で柱を削っているのを見て、あぁ、自分もあんなふうに削りたい、削りたいと思う。そして本当に削りたくて堪らなくなった頃を見計らって「削ってみぃ」と、鉋を貸してやるんですよ。そこまで待たなくちゃダメなんです。

その時に、こっちは自分の持っている鉋の、一番いいのを貸してやらなきゃダメなんです。そうすると、削る、削る、削る。柱が薄い板になってしまうぐらいに、嬉しがって削ります。その夜から、人が変わったように刃物研ぎを始めますよ。でもうちに来て、鉋とはこういうもんだぞ、こうやって削るんだ、なんて初めから教えても、削れるもんじゃないですよ。そうすると、削れないことが重荷になって、辛くてしょうがない。本人が削りたいと思うところまで待ってやる、その我慢比べが大変なんです。

いまの企業なんかは、即戦力を求めますから、初めっから何でもかんでも教え込むでしょう。うちは全然教えないですよ。

しかし教えてもらわずに悶々とやっていて、五、六年たった頃に、「こんなやり方もあるんと違うか」ぐらいの言葉をかけると、その一言が十にも百にもなって、パーンと開くんです。そこから一気ですよ。結果的に、十年先の伸びが全然違いますね。

器用な子は早く上達する。でもすぐ慢心して落っこちたり、また上がったりで波を打ってばかりです。不器用な子は、初めはなかなか芽が出なくても、何かを機にコツを掴んだ時は、そこからクックックと伸びるね。

だから「不器用の一心」というのがいいですね。西岡常一棟梁も「不器用の一心に勝る名人なし」と言っていました。器用な子はその器用さに溺れる。何でもすぐ分かった気になるから、考えが浅い。

普通であればそれでいいんですよ。しかし我々のように、途轍もなく大きなものをつくるとか、そういう重い仕事を背負わされた時に潰れちゃうんです。器用、不器用といっても、十年ぐらいの修業をやるのであれば、そんなに大差はありません。でも器用な子はそこまでいられない。大体においてそういうことがありますね。

うちにも五年ほど前までは、弟子入りを志願してくる子が年に三百人ほどいましてね。その中で採るのは二人ぐらいなんですが、母親が「うちの子は手先が器用だから、向いていると思います」と言ってくるケースがあります。でも、何の訓練もしていないのに器用な子と言われるのは、単に頭のつくりが器用なんですよ。それはそんなに褒められたことじゃないですね。そうやって考えると、能力のある子はダメです。

1月31日

命を懸ける気になれば何でもできる

宮脇 昭
横浜国立大学名誉教授・国際生態学センター研究所長
Akira Miyawaki

一九九〇年に完成した編著『日本植生誌』は全十巻合わせて三十五キロ、六千ページ。日本列島すべての植生と再生のシナリオの現存ならびに潜在自然植生図が書かれています。もちろん一人ではできませんから、地方の各大学の教授たちにも手伝ってもらいましたが、「宮脇の頼みなら」と快く手伝ってくれました。まあ、これ以上のものはコンピュータを駆使しても、あと五十年はできないでしょうね。私はこれを足で歩いてまとめました。

人間は本気になれば大抵のことはできます。命を懸ける気になれば何でもできる。うまくいかないとかとりこぼしがあるというのは、油断しているか、あるいは手を抜いているかです。本気になれば、人間によってつくられた半砂漠だって森に変えることができる。私はそう信じています。

世界中で市民の皆さんと木を植えていると、なぜあなたは自分とは関係のない土地や他人のために必死になって木を植えるのか、そんなことをしてもあなたのためにはならないだろう、とよく聞かれます。

人間とは実に弱い生き物なんですね。食物連鎖のトップに位置し、おいしいものを食べて、動植物を支配したような気になって威張っていますが、その人間こそが自然に寄生しなければ生きてはいけないのです。環境を守る、木を植えるということは、決して「自然がかわいそう」とか「野鳥が泣いている」ということではなく、あなたが、そしてあなたの愛する人たちが、遺伝子を伝えていくためにやらなければならないことなのです。

もっとも、そういう使命感だけではなく、私は「木を植えること」が飽きないんですよね。これまで何百回、何千回と森づくりや植樹祭の指導をしてきましたが、そのたびに新しい問題点が、新しい魅力が、新しい奥深さがある。昔「恋はいつでも初舞台」という歌があったけど、私は恋はよく分かりませんが、森つくりは何百回やっても飽きませんな。

よくマスコミなどが、地球上の自然があと十年しか持たない、二十年しか持たないと言いますね。例えば、劇場で近松門左衛門の心中物語を観ているとします。自分は冷暖房完備の席にいて命の危険などないから、雪の中で心中していく人たちに酔いしれ、悲劇も楽しめるかもしれない。しかし、この地球上でわれわれ人間が主役で繰り広げている真実のドラマは、決して悲劇であってはならない。人間は滅びてはダメなんです。生き延びなければダメなんですよ。いまならまだできる。まだ間に合うのです。一人が何億本も木を植えることは難しいが、六十億人の人が一本ずつ植えればできるでしょう。

だから私は絶対に悲観はしません。七十六年も生きてきたから、苦しいことも哀しいこともあったと思います。しかし私は過去は振り返りません。後には絶対戻らない。未来に希望を持ちながら、命が続く限り木を植えていきます。

2月 *February*

井村雅代（アーティスティックスイミング日本代表ヘッドコーチ）
岩井　虔（PHP研究所客員・元専務）
林　南八（元トヨタ自動車技監）
髙嶋　仁（智辯学園和歌山高等学校硬式野球部監督）
内田勝規（東武百貨店池袋店 販売推進部 催促部 催事企画担当 エグゼクティブバイヤー）
田中健一（東レインターナショナル元社長）
原田隆史（原田教育研究所社長）
横田南嶺（臨済宗円覚寺派管長）
金澤泰子（書家）
福島令子（「指点字」考案者）
山本益博（料理評論家）
前原正浩（日本卓球協会副会長）
内藤多四郎（日本建築積算協会元副会長）
澄川喜一（彫刻家・東京藝術大学元学長）
加藤一二三（将棋棋士）
永田勝太郎（公益財団法人国際全人医療研究所理事長）
幸田露伴（小説家・随筆家・考証家）
陳　建一（四川飯店オーナーシェフ）
米倉　満（理容「米倉」社長）
稲田　明（帝京豊郷台柔道館館長）
矢野弘典（中日本高速道路顧問）
津田　晃（野村證券元専務・日本ベンチャーキャピタル元社長）
山口由美子（不登校を考える親の会「ほっとケーキ」代表）
田下昌明（医療法人歓生会豊岡中央病院会長）
藤原てい（作家）
山本　亮（ワイエルフォレスト会長）
門馬敬治（東海大学付属相模高等学校硬式野球部監督）
藤元聡一（東福岡高等学校バレーボール部監督）

2月1日

一ミリの努力、一秒の努力の積み重ね

井村雅代
アーティスティックスイミング日本代表ヘッドコーチ
Masayo Imura

オリンピック本番の一か月前には、過労を防ぐために練習量をうんと減らすんですが、それまではとにかく選手たちを練習漬けにしました。一般の人は一週間に五日、六日働いて休みますが、下手な選手は他の人と同じように休んではダメです。上手な人が寝ている間も練習する以外に上手になる方法はないんです。だから彼女たちには八日から十日に一日休ませました。十日に一日の時はさすがの私も辛かったです。選手たちはもっともっと辛かったと思います。私たちはそういう練習をしてきたんです。

私が練習中に最も使った言葉は「無理をしなさい」という言葉でした。いまの日本の企業で「無理をしなさい」って言ったら大変なことになるようですが、そんなことを言っている場合じゃないんです。下手な子は無理をする以外に強くする方法なんかありません。「無理をしなさい」「力を出しなさい」。これはいまも私が一番使っている言葉です。彼女たちには何とか私の思いを分かってもらおうと思ってたくさんの話をしました。プールサイドのホワイトボードに言葉を書いては消し、書いては消して話を聞かせました。例えば「練習は嘘をつかない」「自分の可能性を信じなさい」。自分の可能性はこんなもんだろうと小さく見積もりがちだけれど、他人はもっと高く評価してくれている。だから自分はもっとできるんだ、可能性があるんだと言いました。

「頑張って当たり前」。どんな質の頑張りをするかによって結果は変わるのです。それから「心技体」の話もしました。スポーツでは心技体の三つを揃えようとしますが、心技体なんか滅多に揃いません。だから、きょうの自分には何が欠けているか自分と語り合いなさい。そして他の二つでそれを補いなさいと言いました。「私はもう限界です」と言う選手には、「限界ってどこにあるの？　指さしてごらん」と言うと、はたと気がつきます。限界を決めているのは自分。限界なんてありません。

「一ミリの努力」という話もしました。きょう垂直跳びで四十センチ跳べた選手に、いきなり五十センチ跳びなさいと言ったら、ハードルが高いと思うんですね。そこで、あなたは明日四十センチと一ミリ跳びなさいと目標を設定してあげる。たった一ミリだったら跳ぶ自信はあります。目標を達成する達成感と喜びも得られます。次の日にはさらにもう一ミリ高く目標を設定してあげる。それを続けることによって、三か月と十日後には五十センチ跳べるようになっているんです。

オリンピックに出てメダルを取る。そういう大きな目標は持たなくてはなりません。けれどももう一つ日々の目標がいるんです。日々の目標とは、一歩前への努力で叶えられる目標。そんな小さな目標にも、大きな目標と同じだけの価値があるという話を選手たちにしました。毎日毎日進化していくことが大事なんだ、一ミリの努力、一秒の努力の積み重ねが大事なんだと繰り返し言って聞かせました。選手たちも、「一日一ミリだけ、一歩だけ前へ行けばいいんですね。それなら私たちにもできます」と理解してくれました。

2月2日

質問の手を挙げたら昇格――松下幸之助の判断基準

岩井 虔
PHP研究所客員・元専務
Ken Iwai

実は松下幸之助さんが八十歳を超えられた頃「岩井君、素直な心の教科書を持ってきてくれんか」とおっしゃったんです。

「参考書ならたくさんありますが、教科書はありません」と答えると、少し表情を曇らせて、「わしなぁ、いろんな一流の人物とお会いする。一流といわれる人に会うたらな、共通点があるんや。それは何か。素直な心を大事にするという、その一点なんや。幸いわしも素直な心を大事にしようと思い、皆にも言い続けてきた。ところが……」と、きたんですね。「わし自身が最近、素直になれんのや。平常心を持てと言いながら心が落ち着かん。人の長所を見よと言いながら、社員の短所ばかり見てしまう。君、助けてほしいんや。すまんがな、素直な心になるための百カ条、つくってんか」

そこでまずPHPの所員、さらに松下電器グループの社員にも協力を呼び掛け、「どうすれば素直な心になれるか」という提言募集を行ったんです。すると約二万件の提言が集まりました。

その中から百カ条を抜き出して、研究員で解説をつけていくように言われましたが、「君らの文章は理屈っぽい」と、なかなか気に入ってくださらない。いったん保留にしようかとなった時、一人の研究員が「所長(幸之助氏)、私たちはとらわれているんじゃないでしょうか。所長は百カ条をつくれと言われ、我われが無理に解説をつけようとしている。いままでは所長の発言からまとめてきたのに、借り物の言葉から先にまとめようとしていることが間違いなんじゃないですか」と言ったんです。

幸之助さんは少し考えておられましたが「君、そう思うか。よし、もう一遍、一からやろう」と言われてつくったのが、『素直な心になるために』という本なんです。

もう一つ申し上げたいのが、「質問の手を挙げたら昇格」というお話です。ある時、幸之助さんは「わしは創業期から従業員によう話をしたもんや。その後で時間があれば〝なんぞ質問ないか〟と聞くようにしていた。そしてパッと手の挙がる従業員の名前を覚えておく」と言われました。「覚えてどうなさるんですか」と聞くと「昇格」とおっしゃったんです。

まさか、冗談だと思うでしょう? するとこんな説明をしてくださったんですね。

「わしは現場の情報を皆から得たくて聞いている。でも、もう一つ理由があるんやで。それは何か? 誰が松下を継いでくれるか、経営の幹部になってくれるか。後継者を求めているんや。わしが質問ないかと言った時にパッと反応できるためには、まず問題意識が必要や。また皆からええ格好しいと冷やかされるし、勇気も要る。でもわしが『質問ないか』と言った時に、これを絶好のチャンスと受け止めて行動で示せる、そういう逞しい人材を後継者にせずして会社の発展はない」と言うんですね。ニコニコと質問をしながらも、内心ではそういう考えを持ちながら行動されていたことにハッと目の覚める思いがしました。

2月3日

「知識」を与える前に「意識」を植えつけろ

林 南八
元トヨタ自動車技監
Nanpachi Hayashi

素質はみんないいものを持ってるんです。ダメな人間っていうのは絶対にいない。ただ、幼少の頃からどんな人に囲まれてきたか、どこでどういう体験を積んできたかっていうのは大事でね。会社においては上司との出逢いが明暗を分けます。部下をその気にさせるいい上司に恵まれた人は伸びていく。そういう意味で、ある時大野耐一（たいいち）さんから教わったリーダーの心得は強烈に心に残っています。

僕が課長になった時、ちょうど大野さんのカバン持ち兼ボディーガードでご自宅まで車で迎えに行ったことがあります。助手席に座っていたんですが、「林君、遠慮せんでええ。後ろに来い」と。

それで後部座席に並ぶと、「今度課長になったんだな」と。「ありがとうございます」と言うと、「課長になることがありがたいかどうか、わしはよう知らんけど、課長というのは管理職だな。君は管理とは何と心得る?」と。

禅問答のようですが、汗をかきながら思いつくことを述べたら、「君の言ったことはな、管理とは言わん。そういうくだらんことは監視と言うんだ。そんなことをやらんでも、皆が同じ方向に自発的に走っていくように仕向けることが管理なんだ」と。

で、最後に「分かるか」と聞かれたので、「分かりました」って答えたら、「ふざけたことを言うな。分かったかどうかはおまえの行動を見て、わしが決める。分かったか!」「分かりました」「まだ分かっとらん!」って。最後は「やってみます」と答えて、ようやく「うん」と言ってもらいました。

でも、自分がダメだと思い込んじゃってる人を導くのはなかなか大変です。そういう人には小さな成功体験を一つずつ積ませるしかありません。

最近は人財育成などと言って、どこの企業も人事が張り切ってますけど、教育なんかやったって人は育たない。知識は一人が百人、千人に対して教育できる。でも、意識はマンツーマンで教えるしかないんです。

大野さんが「知識を与える前に意識を植えつけろ」とよく言ってたように、知識を先に教えると、「あっ、それ知ってます」と頭でっかちな人間になっちゃう。反対に意識をまず植えつけてから知識を教えると、どんどん仕事ができるようになっていくんです。

その一方で、上司の指導をどう受け止めるかという部下の心構えも重要だと思います。やっぱり受け手の姿勢として求められるのは「なにくそ魂」ですね。「なにくそ、負けてたまるか」って気持ちを持つようになると伸びる。最終的に、自分の芽は自分で開かなきゃいけないんです。

2月4日

教えるよりも感じさせる

髙嶋 仁
智辯学園和歌山高等学校硬式野球部監督
Hitoshi Takashima

僕が和歌山に来た前年の五十四年というのは和歌山県立箕島高校が春、夏の甲子園を連破した年なんです。一方、自分のところはキャッチボールもまともにできない。体力づくりのトレーニングをやったら、みんな十分間でへたってしまう。いやあ、えらいところに来たな。これは甲子園に出るのに二十年かかるなと思いました。

ただ、実際には丸六年です。二十年かかるところをなんとか短縮しようと二つ方法を考えたんです。

一つは「教えるよりも感じさせる」ということ。このくらいのレベルの選手にいくら技術を教えても消化吸収できないだろう、それなら自分の肌で感じさせたほうが早いなと思ったんです。要は強いところとゲームをやって、こてんぱんにやられれば、何かを感じるだろうと。

ところが県内の強い高校はどこも相手をしてくれない。「智辯といったら奈良やろう。和歌山にもあるの?」という返事でね。「覚えとけよ、何年かしてうちが強くなった時に練習試合を申し込んできても断ったるからな」という気持ちです。

それで和歌山の学校は諦めて、奈良の頃に付き合いのあった四国の学校に電話をしました。まず徳島の強豪・池田高校の蔦文也監督に電話をしたら「すぐに来い」と。でも、練習試合をしたら案の定ボロ負けです。もうね、三十何点とられるんですよ。

和歌山に帰ってくるまで三時間くらいかかるんですが、何人かは途中で悔し泣きしていました。「なんで同じ高校生でこんなんなるねん?」と。その姿を見た時に、「あっ、これで甲子園は行けるな」と思いました。

ボロボロに負けて帰ってきた次の日にミーティングをしたんです。そこで「ホームランを打つにはこういうトレーニングが必要や」「速いボールを打つにはこういうトレーニングをせなあかんで」と話すと、あとは放っておいても自主的にやり始める。悔しさを覚えると自分で走り出すものなんです。するとグーンと伸びてくる。

それで一か月たった頃にまた練習試合をやると、今度は取られても十何点です。それでうちも何点か取るから差が縮まってくる。それから一か月練習してまた試合をすると、今度はいい試合になる。

二か月ほどでチームはがらっと変わりました。下手とか上手よりも、いかに心の部分が大切かということですね。

もう一つの方法はテレビ中継を利用していい選手を集めようと考えました。夏の地方大会はテレビ中継が一回戦からある。だから「なんとかベスト4に入ろう」と。すると四回テレビに映るんです。それを見て「智辯という新しくできた学校は結構やるな」と思ってくれる中学生が絶対におる、と思ったのです。

実際、和歌山大会で三年目にベスト4に入ったら、それを見た子らが翌年入学してきました。そして、その子らが上級生になった時に智辯和歌山で初めて甲子園に出るんですよ。思ったとおりでした。

2月5日

これぞ、新潟展

内田勝規
東武百貨店池袋店 販売推進部 催事部 催事企画担当
エグゼクティブバイヤー
Katsunori Uchida

新潟の物産展を行う際に目をつけたのが、当時幻の銘酒といわれていた八海醸造の「八海山」です。僕はこのお酒をなんとか出品してもらおうと会社について詳しく調査をしたんですね。すると昔、業績が悪化し、金融関係からことごとくそっぽを向かれた時期のあることが分かりました。僕はこの時、誰が支援したのかを調べ、遂にその人物を突き止めました。そして彼に一緒に新潟までついてきてもらったんです。

会長の南雲和雄さんに会うと「あんたらの希望は何だ」と聞くから、僕は「八海山を三千本出してください」と言いました。これには向こうも一瞬息を呑んだんですが、分かったと約束してくれたんですよ。

ところが帰り際に「内田さん、今度一人で来い」と南雲さんに耳打ちされたので、その後、一人で行きましたらね。机をバーンッ!!と叩かれて「汚い手を使いやがって！　おまえは許せない。きょうは一日拘束だ」と言われたんです。しばらくすると「ところでおまえ、酒飲めるのか」と聞かれたんですが、僕、まるで飲めないんですよ。で、お酒を注いでくれたんですが、もう頭痛くてわんわんしてて、嫌だなぁと思っていたら、向こうのほうで奥さんが泣いてるんです。なんで泣いてるのかな、と思いながら南雲さんのほうをふっと見たら、その顔色が、真っ黒だったことに気づいたんです。……肝臓がんだったんですよ。

でも南雲さんはその肝臓がんをおして、僕と一晩中飲んでくれて、酒づくりに懸けてきた思いを一所懸命語り続けてくれたんですね。僕は胸が痛んでしょうがなかったけれど、会社に帰ってきて社員から「新潟展のポスター、どうします？」と聞かれた時に、これ一本でいく、と八海山の一升瓶一本で、ポスターを作ったんですよ。「これぞ、新潟展」というコピーをつけて。そのポスターが出来上がって南雲さんの所に持って行ったら、もう南雲さん、泣き出して「母ちゃん、母ちゃん！　内田が冥途の土産を持って来たぞ」と言って喜んでくれたんですね。

それで新潟展が無事成功して、お礼を言わなきゃなと思っていた矢先に、南雲さん、亡くなってしまったんですね。お葬式に行ったら、駅に凄まじい人だかりができていて、結局、お焼香もできずじまい。遠くから手を合わせて帰ったんですが、気持ちはモヤモヤしたままでした。

それで何か月かたって、もう一回お線香だけ上げに行こうと思って、行ったんですよ。そしたら奥さんが覚えていてくれて、「さぁ上がってって」と言うから、部屋に入らせてもらいました。すると、仏壇の横に「これぞ、新潟展」のポスターが貼ってあったんです。その時にね、この時にね……、僕がこれから物産展をやっていくのに、いろんなことを教えてくれたな、と思って。僕がなんでそこまで取引先のために、銀行の面倒を見たりするんだ、と思われるかもしれませんが、作り手の気持ち、ちゃんと理解しながら物を紹介していかなかったら、お客さんに伝わるわけねぇだろう、って。

2月6日

文句を言う暇があったら勉強しろ

田中健一
東レインターナショナル元社長
Kenichi Tanaka

私に目覚めるきっかけを与えてくださったのが、二十代後半に仕えた十歳年上の課長であった。しばしば酒にも付き合わされ、怪気炎を上げる彼の姿を当時の私は側でうんざりしながら見ていた。何か凄いお話をされていることは感じていたが、それをキャッチできるだけの問題意識がなかったのである。あの時のお話を少しでもメモしておけば、いまどれほど役立っただろうかと悔やまれてならない。それほど才気溢れる方だった。

ある日、その課長の自宅にお邪魔して飲んでいた時、私は「いつ営業に出してくれるんですか」とつい愚痴をこぼした。すると彼は、ガラガラッと傍らの押し入れの戸を開き、置かれていた木箱を開けて見せてくれた。木箱の中にはびっしりとノートが詰め込まれており、その数は恐らく百冊は下らなかったであろう。

「お前は俺がいつも大ボラ吹いていると思っているだろう。しかし俺の話はこういうものに裏付けられているんだ」

促されて開いてみると、まず課長自ら描いた紡績機の設計図が目に飛び込んできた。そればかりではない、化学から経済まで、あらゆる分野についての図や数字がびっしりと書き込まれており、彼がこれまでどれほど勉強を重ねてきたかが一目で分かった。私は雷に打たれたようなショックを受けた。

課長は私におっしゃった。

「いいか、自分たちがつくったものが、どこへ売られて何に変わり、最終的にどういう形で消費されるのか。そこにそれぞれどんな問題があるのか、分からなければ商売はできない。文句を言う暇があったら勉強しろ」

酔いは一瞬で覚めた。

あの時目覚めたおかげで、私は他社との交渉の際、例えば原料が足りないという話になった時など、どのくらい原料があればどれだけ製品をつくれるか、その場でサッと化学式を描いて計算することができる。相手も本気になって考えてくれるから、話が実質的に進むようになる。

二十代の終わりにニューヨーク勤務になった時も、まだ一ドル＝三百六十円で日本品がコスト競争力があった上に、私が商談で細かいことまで即答して先方の必要性に具体的に対応できることが評価され、面白いようにお客様が増えた。日本の工場でアメリカ向けに生産される製品の半分くらいを出していたほどで、会社での評価云々よりも、とにかく商売が面白くて、面白くて、一心不乱に働いた。

2月7日

私を目覚めさせた母の一喝

原田隆史　原田教育研究所社長
Takashi Harada

奈良教育大学で中学の体育教師の免許を取得し、初めに赴任したのは大阪市最大のマンモス校でした。生徒千六百名、教職員百名。体育の教師だけでも僕を含めて八名もいる学校です。当時は非常に荒れていて、生徒の服装は乱れ、校内には煙草の吸い殻が落ちており、僕も初日からえらい目に遭いました。グラウンドから校舎に入ろうとした瞬間、三階の窓から僕を目がけて椅子が落ちてきたのです。間一髪で当たらずに済んだものの、当たっていたら当然死んでいた。そういう悪事を平気で働く生徒がいたのです。

授業以前に生徒たちの生活態度を直さなければならない。そう考え、登校時に校門に立ち服装チェックをし、反抗的に向かってくる生徒に対しては真正面から厳しく向き合い続けるうちに、徐々に校風に変化を感じていきました。

ところが赴任三年目、二十五歳の時、僕の教師人生を揺るがす大事件が起きました。受け持っていた生徒が、あろうことか両親によって殺されてしまったのです。少年の家庭内暴力に思い悩んだ末に、少年が寝ている間に両親が殺めてしまったという悲劇……。この衝撃的な事件はマスコミでも大きく報じられ、「教師や学校は何をやっていたのだ」と集中砲火を浴びました。

その結果、落ち着きを見せ始めていた学校が再び地獄のようになりました。生徒たちが学校のガラスを割る、教室にペンキをぶちまける。女性の先生が殴られる。多くの先生がストレスで学校に来られなくなりました。そして遂に、僕も髪の毛が抜けてしまい、三十八度の高熱が出てしまったのです。

フラフラになりながら自宅に戻り、母に学校を休む旨を告げました。母もこの惨状を知っていたため、当然僕は優しい言葉を掛けてもらえると期待していたわけです。ところが母はなぜか、黒のマジックペンを持ってくるではありませんか。そして、そのマジックペンで塗り始めたのです、僕の髪が抜けたその箇所を。

びっくりして言葉も出ませんでした。恐る恐る顔を上げると母は涙を流しながら言いました。

「あんたは教師を辞めようとしているやろ？　顔に書いてある。あんた、よう聞きや。辛いことがあったからといって仕事を変えたところで、新しいプラスの芽が出るのか？　違うやろ。自分を変えなさい。自分を変えない限り、仕事を変えても一緒やで」

母の泣き顔を見たのは後にも先にもこの時だけです。普段はマザー・テレサのように優しかった母の一喝で覚醒し、一念発起して再び教師の仕事に向き合うことができました。

やはり、困難に直面した時に優しい言葉を掛けても人は育ちません。厳しくも本気で向き合ってこそ成長を遂げ本物になるのです。

この出来事が私の教師としての原点であり、母は最大の教師です。

2月8日

三喚の声——耳に聞こえる老師の声

横田南嶺
臨済宗円覚寺派管長
Nanrei Yokota

師の通夜の晩とその前日の晩は、一人でご遺体のおそばに布団を敷いて、ご遺体をお守りさせていただいた。侍者を勤めていた頃はよくお伴をさせてもらって、いろんな旅館や宿で休ませていただき、時には同じ部屋でお休みさせてもらうこともあった。そんな時に老師よりも早く起きると、老師を起こしてしまうので駄目だ。かといって老師が起きられてから起きるようでは、これまたお叱りを受ける。そこで起きていながら、なお布団の中でじっとしていて、老師のお目覚めになるのを待つのだ。寝返りを打って老師がお目覚めになるという、まさにその瞬間にこちらも起きてご挨拶をして、お手洗いに行かれている間にお布団をあげて、お茶の支度をする。

ご遺体のおそばで布団を敷いて寝ていると、老師がお目覚めになるのではないかと気になって何度も目が覚めた。未明、いつしか布団の中で、お目覚めを待っている心境になっていた。もちろんのこと、老師はお目覚めになることはなく、そぼ降る雨の中、静かに夜が明けた。

思えば、お亡くなりになる三日ほど前から、ご容態がすぐれず、いつ何があってもおかしくないと覚悟した。お亡くなりになるその日、お昼過ぎに、ふと気になってご様子を伺いに行こうと思い立った。老師は最後まで円覚寺内の庵でお休みになっていた。ちょうど自室を出ようとした時に、今容態がおかしいのですぐに来てほしいと連絡が入った。こちらは今まさに行こうとしていたところなので、すぐに駆け足で参上した。駆けつけて、すぐに医師に来てもらって、臨終に立ち会うことができたのだ。まさに息を引き取ろうとしたその時間に、こちらも駆けつけようとしたのは、自室にいる私の耳に、ふと老師のお声が聞こえたように思われたからだ。

「おい、でかけるぞ」「はい」

三十年来お仕えした日々は、「三度喚ばれ、三度応じる」、ただその連続であったと思う。老師が私に背いたのか、また老師のご好意にこちらが背いたのか、そのようなことを詮索する暇も無く、ただ無心に返事をして駆けつけてきただけであった。

大相撲で力士が全力でぶつかり合う。そんな激しさが禅の修行にもある。禅問答などはその類いである。全力でぶつかり合えるのは、崩れることのない土俵があるからだ。老師と私と、三十年来、背かれたと思うことは数知れず、こちらも背いたと思われたであろう。しかし、それでも全力でぶつかり合えたのは、お互いに信じ合っていた土俵があったのだと、師の棺を蓋って気がついた。信が土俵なのだ。

思えば、わが師も、その師であった朝比奈宗源老師に多年お仕えされてきたのであった。朝比奈老師がお亡くなりになった後に、老師は「耳底なお存す、三喚の声」という漢詩を残されている。わが耳には今もなお師が喚んでいる「三喚の声」が残っているというのだ。老師をお送りして、もう喚ばれることがなくなったのかと思ったが、私には今も耳に老師の喚ぶ声が聞こえてくる。そのたびに、私はただ無心に「はい」と応じるのみなのである。

2月9日

十歳で挑んだ般若心経

金澤泰子　書家

Yasuko Kanazawa

私はいまとなってみれば、翔子はダウン症でよかったんじゃないかと思います。この世に生まれてきてくれた。それだけで十分なのに、自分が望む子じゃなかったから苦しかったんだなって。

実は翔子が生まれる時、仮死状態で敗血症を起こしていたため、主人には病院側から交換輸血の必要性が説明されていました。「ダウン症を持って生まれた子だから、交換輸血してまで助けるのはどうだろうか」と言われたそうです。

その時に主人は「主よ、あなたの挑戦を受けます」と言って翔子の命を助けた。その話を私の脇で能天気に話しているんですよね。私は殺してあげなくってはいけない、と思っているのに、どうして助けちゃったの？　と思っていたんですが。

それから三年ぐらいがたった時、主人は「僕が翔子を助けたことを、やっとありがとうと言える日がきたね」と言ってましたから、すべて分かっていたんでしょう。主人は翔子が十四歳の時に心臓発作で亡くなってしまいましたが、いまは「ありがとう」と言いたいです。

翔子は最初、小学校の普通学級に入っていたんですが、四年生に上がる時、担任の先生から「もう預かれない」と言われたんです。それで私、またダーンと落ち込んだんですが、でもすごいと思うんですね、人生は。

というのは、その時に学校も休んだのであまりにも膨大な時間があるので、翔子に般若心経を書かせようと思ったんです。普通に考えれば絶対無理ですよね。大人でもなかなかうまく書けないのに、それを十歳の、しかも障がいの子に。でもやろうと決心して、毎晩私が罫線を引き、来る日も来る日も挑みました。

それで私も自分の子だから、容赦なく叱り飛ばしてしまうんです。「なんでいま頃、こんなこともできないの！」って。翔子は叱られることがとっても辛いわけですよ。

翔子は決して親を悲しませたくないし、親が嫌がることは絶対言わないんです。だから本当に毎晩涙を流しながらだったんですが、遂に二百七十二文字の心経を十組（三千字位）を書き上げた後、翔子は畳に両手をついて「ありがとうございました」と言ったんです。

翔子の場合は、すべてにおいてそうですね。誰が教えたわけでもないのに「ありがとう」って言う。例えば「暑い、寒い」も皆に心配をかけると思って言わないし、そういう感謝の念とか、人を喜ばせたい、悲しませたくないという気持ちが人一倍強い。翔子には知的障がいがあって、名誉心や競争心がないから、人を妬んだり、羨んだりすることもない。だからその分、心や魂が汚れていない。そういう翔子の姿を見ながら教えられたのは、愛情こそが人間の根本であり、本質なんだということでした。

2月10日

世界初の「指点字」は台所から生まれた

福島令子　「指点字」考案者

Reiko Fukushima

私は息子の智の耳がまだ聞こえていた頃、点字のタイプライターを覚えてほしいと頼まれて、あの子との手紙や点訳はタイプライターで行うようにしていたんです。で、智の耳の調子が悪くなってきた帰省中、復学した際に人との会話をスムーズにする方法はないかと考えてたんですが、一所懸命考えてる時には浮かばないんですよね。

そんなある日のことでした。私が台所で片付けをしていた時、智が「お母ちゃん、何をグズグズしとるんや。もうすぐ医者へ行く時間やぞ」と文句を言って入ってきたんです。私は何を小癪な、自分も一所懸命しとるのにと思ってね。

でも言い返そうにも、台所にはタイプライターもない。その時に、智の手に字を書いてもいいし、耳のそばで怒鳴ってもいいけど、ふっとね、あ……、いつもタイプライターを打つのと同じように、智の指を叩いてみたらどうかなって。

点字は六つの点で成り立っているので、点字タイプのキーも六つあります。それで、智の両手の指三本ずつ、合計六本に「タイプのつもりですよ」という意味を込めて、ポンポンポンポンポンポンと、初めに私の指でタッチをしました。それからゆっくりと、

「さ　と　し　わ　か　る　か」

と打ったんです。そしたら智がね、さっきまで怒ってたのに、ふっと笑ってね、「あぁ、分かるでぇ」と言った。

私、嬉しかってね、その時、ほんとに……。ヘレン・ケラーがサリヴァン先生との出会いをきっかけに「ウォーター」という言葉を学ぶ素晴らしい場面があるけれど、ここは狭い台所。でもそれが始まりだった。

ただ、最初のうちは街中で智に言葉を伝える時、智の指に「指点字」を使って指を叩くと、「やめてくれ。僕のこの耳に話してくれ!」と言って嫌がったの。でも、智がいくら嫌がっても、私は智との会話は「指点字」でしたんですよ。一か月以上はしてたと思います。

そしてそれが、まさかこんなに役に立つことになるとは、智本人も気がつかなかった。

私は智が高等部三年に盲ろう学生として復学する前に「智はいま、〝指点字〟という方法で会話をしています」と寄宿舎へ通知をしておいたんです。復学した時、友達がワァーッとあの子の元に寄ってきて、智の指に、

「お　い　ど　う　し　て　た　の　だ　め　し　で　も　く　い　に　い　こ　う　か」

と打ってくれたんですって。

智は母親がするのはうるさいなといつも思っていたのに、友達がしてくれて、それが自分に通じた。私はそれを横から見てるでしょ。そしたら顔がワッと赤くなって、その頰が少しだけ緩んだ。その時に、智は「あぁ、やったるで」と思ったって言うのよ。これやったらやっていけるって。その時、初めて「指点字」に光が差したの。

2月11日

イチロー選手はなぜルーティンを大事にするのか

山本益博　料理評論家
Masuhiro Yamamoto

イチロー選手は「普段の自分でいることが僕の支え」という。ヒットを量産するから好調、何打席もヒットが出ないから不調というのでは、自分のバッティングはできないのだという。それはあくまでも他人の評価であって、たとえ二、三試合ノーヒットで終わっても、バッティングの「感覚」さえ残っていれば心配することはない、と言い切っている。

よくないのは、何打席もヒットが出ないことを次の打席にまで持ち込むこと。そのために、いつも平静、冷静でいられる「普段の自分」を保っておかなければならないのだと。

九年間（二〇一〇年当時）イチロー選手の動きを逐一見て、まず感嘆するのは、すべての所作が計ったように同じであることだ。例えば、試合開始で守備につく時、ベンチから飛び出してきた彼は必ず十九歩から二十歩目にファールラインの白線を越える。そして自分の守備位置のライト方向へ走るが、いつも四十歩目で走りを緩め、十五歩くらい歩いて定位置につく。

打撃でも、バッターボックスに入って構えるまでの一連のセレモニーはあまりにも有名である。スポーツライターであり、かつて新体操でオリンピックに出場した山﨑浩子さんは、新聞のコラムに興味深いことを書いていた。

「実は私も現役時代、出番が近づいてトレーニングウェアーからレオタードになる時には、下のウェアーの右足から脱ぐというふうに、脱ぎ方からたたみ方からいつも一緒だった。またフロアーに入る時も決まって右足から。これはジンクスの類ではなく、いつも同じ行動をとることで、自分なりのリズムを作り出していたのである」

この話からも、オリンピックやメジャーリーグといった世界最高峰の舞台で一流の選手が鎬を削る時、最も大切なのは「いつもの自分である」ということ。おそらくどの選手も自分なりの約束事があるのだろう。そしてその手順を踏むことで、「いつもの自分である」とセルフコントロールしているに違いない。

イチロー選手に関していえば、それはグラウンドを離れてからも徹底している。密着番組で話題になったが、イチロー選手は本拠地・シアトルで試合がある時の朝食は、必ず奥さんがつくった「カレーライス」と決めている。他の球場で試合がある時は「チーズピザ」だそうだ。

これは何もイチロー選手がただカレーやピザを好きだからではない（もちろん好きな食べ物ではあると思うが）。曰く「試合中に何か異変を感じた時、食事を言い訳にしたくないから」。そこまで自己管理を徹底しているのだ。

普通の人間ならそんなに毎日同じものを食べていたら飽きがこようものだが、それ以上に「ヒットを打ちたい」という思いが強いのだろう。とにかく心身ともに「普段の自分」でいることがイチロー選手の信条なのである。

2月12日

卓球日本代表をいかに強化したか

前原正浩　日本卓球協会副会長

Masahiro Maehara

卓球は一九八八年のソウル五輪から五輪競技になったんですけど、それが決まった頃から どの国も強化費をつけるようになり、日本は立ち遅れていました。一九八五年の世界選手権でメダルを取って以降、十五年間団体戦のメダルから遠のいていたんです。僕は代表監督として、二〇〇〇年の世界選手権男子団体で銅メダル獲得に貢献したものの、翌年に史上最低の男子十四位という無惨な結果を出してしまいました。

その頃、JOCからゴールドプランを策定せよとのお達しがありましてね。強化予算をつけるから、金メダルを取れるようなプランをつくりなさいと。いくつかの競技団体が選ばれた中に卓球も入っていたわけですが、日本卓球協会の理事会で「どうしたらいいか」という話が出た時、僕は「やります」と言って、競技者育成プログラム作成担当となりました。

まず何をやったかというと、二〇〇一年十月に小学生の日本代表であるホープスナショナルチームを当時の監督・宮崎義仁さんと一緒になって結成しました。あと、競技者育成委員会を設置し、二〇〇二年から年に一回、二泊三日の研修合宿を実施。これは小学生対象の全日本選手権でベスト16に入った選手と、その手前で負けたけれどもすごくパワーがあるとかすごくスピードがあるとか、キラリと光る才能を持つ将来性のある選手を数名加え、男女約二十名ずつを選抜して行います。

そして、小学生の選手だけを集めて合宿しても効果が薄いので、やっぱり指導者を変えないと選手を育てることはできない。普段、選手の身近にいる大人にもそこで勉強してもらう必要があると思ったので、指導者もしくは保護者がペアになって参加することを必須にしたんです。

いかに初期設定が大事かということです。僕も現役時代、世界で戦いましたけど、構造からして欠陥車なんですよ。フォアハンドは攻撃的な半面、バックハンドが弱い。だから、中国のトップ選手と戦ったら、弱点を突かれてもう白旗を掲げるしかありません。

そういう意味で、小学生の男女約二十名ずつのトップ選手を集めて何を教えたかというと、第一に「技術」、世界に通用するプレースタイルを叩き込む。

第二に「フィジカル」、発育発達の段階に合わせてどういう身体トレーニングをすればよいかを学ぶ。

第三に「メンタル」、都合が悪くなった時にすぐキレるのではなく、その状況を耐え忍び、平常心を保つ心を育む。

第四に「栄養指導」、好きな食べ物だけを偏食する子供が多い中で、アスリートとして栄養補給の観点からバランスのよい食事を取る。

これら四つのプログラムに関してそれぞれ専門の方を講師に招き、朝九時から夜九時まで実技と講義を徹底的に伝えました。

2月13日

東京タワーはかくて完成した

内藤多四郎
日本建築積算協会元副会長
Tashiro Naito

一九五七年、東京タワーの設計者として、父・内藤多仲に白羽の矢が立ちます。産経新聞社社長で、時の国会議員だった前田久吉から、「エッフェル塔の三百二十メートルを凌ぐ世界一高い電波塔ができないか」と要望があったのです。地震と台風が多発し、敗戦から立ち直り切っていない日本で、そんなことが可能なのか。関係者の誰もが心配しましたが、父はそれを「鉄塔造りは、私に課せられた宿縁」と快諾するのです。

この時、父七十歳。四十五年間勤めた早稲田大学を退職し、名誉教授となったばかりでした。父はすぐさま基本設計に入り、同時に二人の教え子に声をかけ、共に構想を練っていきます。前例のないタワーであり、膨大な計算が必要でした。驚くべきことの一つは、それを電卓やコンピュータではなく、恩師の佐野先生にもらった小さな計算尺を使ってすべて自分の手で行っていった点です。

いまならこんな計算もすぐできると思われるでしょう。しかし、電卓があればできるわけでもないのです。東京タワーに求められる役割は、テレビ局が増え電波が錯綜する時代に、関東一円に安定したテレビ電波を流すこと。そのためには前例のない高さの塔を建て、同時に揺れを最低限に抑える必要がありました。加えて、戦後間もない東京で鉄を大量に揃えるのは大変難しかったのです。

これではタワーがつくれません。そこで父が打ち出したのは、過去に地震や台風を乗り切った塔の構造を踏まえ、鉄をエッフェル塔の半分以下にする案でした。教え子たちが驚く中、様々な揺れや風に耐え得る部材の強度を割り出すべく膨大な計算に入ります。耐震構造理論を打ち立て、知悉していた父だからできた提案でした。

当初はアンテナも含めた高さは三百八十メートルと予定されていましたが、それでは先端のアンテナが揺れすぎるため、結果として誰もが知る三百三十三メートルの高さに落ち着きました。設計はやり直しとなり、描かれた図面は三か月で一万枚に及んでいます。この時、学生だった私も一所懸命、構造計算書の清書を手伝ったことをいまも懐かしく思い出します。そうして一九五八年、多くの人が待ち望んだ夢のタワーが完成したのでした。

様々な困難を乗り越えて、努力を重ねてきた人生でしたが、父は決してその苦労を表に出さない人でした。東京タワー完成の六年後、日本の建築界への貢献、功績が認められ、勲二等旭日重光章を受章します。こういう時ばかりは普段は寡黙な父も、親戚一同を集め、大いに感謝を伝えていました。授章式の後には、郷里・山梨へ車を走らせ、若き日に学資の援助を受けた恩人の家を訪れています。

「積み重ね
つみ重ねても
またつみかさね」

八十四年の天寿を全うした父が晩年したためた揮毫では、この言葉が厳正な漢字からだんだんと末広がりのひらがなに変わっています。父の生活全般で徹底していた生き方が表れているようです。

2月14日

東京スカイツリーの発想源

澄川喜一　彫刻家・東京藝術大学元学長

Kiichi Sumikawa

東京スカイツリーの足元は三角形で、それをそのままずうっと上げると三角のままですが、実際には途中から丸くしてあるんです。円形にするために三点を絞り込んでいくと、そりのある形ができます。また三角がだんだんだんだん丸くなっていくところは膨らんで見えるんですが、そこは「起り（むくり）」といいます。

だから左右対称に見える場所は三か所しかなくて、少し横にずれると形が変わって見えます。見る場所によっては傾いて見えたりもする。だから写真を撮る人は一周しないと全景が分からないんです。

そういう不思議さを秘めているところが魅力なんです。絵でも音楽でもそう。いいものは不思議な感じがするでしょう。そこに魅力があるんですよ。

そもそも、日本の建築物のそりというのは非常に綺麗（きれい）なんです。だから僕は、法隆寺とか飛鳥の木造建築なんかは凄いアイデアの宝庫だと思って学んできました。そういう先人の残してくれたいいものを学ばないと、自分のような凡人には優れた着想は生まれないし、すぐ種切れしてしまうんです。

スカイツリーにも昔の建築から学んだことが生かされているのですが、法隆寺の五重塔の心柱（しんばしら）工法というのがありまして、構想段階から設計の超ベテランの方とも、これは心柱工法しかないということで話が一致していたんです。五重塔は木を組んでしなるようにつくってあって、中心の心柱と違う動きをするために地震が起きても倒れないんです。

構造的に説明しますと、心柱が先ず真ん中を貫いているんですね。その周りには四天（してん）柱（ばしら）という四本の柱、さらにその外側に十二本の側柱（がわばしら）が立っているんですが、こうもり傘の骨が傘の先でくっついているのと同じように、スカイツリーの四天柱も側柱も、てっぺん以外の部分は全部心柱から離れています。そのため心柱と周りが別々の動きをすることで免震と制震の役割を果たしているのです。

五重塔の心柱も一番上の屋根の部分しか周りとくっついていなくて、揺れがきても柔軟に動いているんです。僕はその構造は人体と一緒だと言っているんです。

人間の体というのは物凄く上手くできていて、二百六個の骨を輪ゴムみたいな筋肉が束ねて動いているわけです。腰から下がとても頑丈で、腹の周りは背骨だけで自由に屈伸運動や回転運動ができる。そして一番上の頭が重いからバランスが取れて倒れにくい。これが五重塔の構造にとてもよく似ていて、そういう構造がスカイツリーにも応用されたんです。

2月15日

忍耐は練達を生じ、練達は希望を生ず

加藤一二三　将棋棋士

Hifumi Kato

二十四歳の時にスランプに陥り将棋の世界には偶然ではなく一番良い手を指していけば確実に勝てる世界があるということに気づきました。同様に人生においても確かなものがきっとあるんじゃないかと思ったんです。別に仏教でも神道でも何でもよかったのですが、私は西洋のクラシック音楽が好きだったのでキリスト教を勉強しようと思ったんです。

二十四歳の時に教会の門を叩きまして、実際に洗礼を受けたのは昭和四十五年、三十歳のときでした。洗礼を受けても二年ぐらいは対局の前にお祈りをすることはありませんでした。それは自分なりに努力していれば神様にお祈りしなくてもいいと思っていたからです。しかし、やっぱりお祈りをしたほうがいいと考え直して、四十七年のある対局の前日に近くの教会で四時間お祈りをしたんですね。その翌日の対局はとても意気軒昂(けんこう)でよい将棋が指せて勝てたものですから、それ以来、対局の前には必ずお祈りをするようになったのです。そして、その後も勝ち続けて、とうとう翌四十八年の名人戦の挑戦者になりました。中原名人に挑戦して四連敗した、二度目の名人戦だったのですが、この時も「ぜひ名人にしてください」と神様にお祈りをしました。しかし、結果は私の四連敗で名人になれませんでした。考えてみれば、それまでの対戦成績は私の一勝十九敗ですから、中原さんが勝つのは当然なんですね。でも、負けた直後に今回は負けたけれども、近い将来にたぶん名人になれるだろうという予感がしたんです。

どうしてそんなに楽観的になれるのかと聞かれるのですが、キリスト教の信仰と関係があるのかもしれません。信仰をするということは、神様を認める、つまり人間を超える存在を認めるということです。その神様の御手の中に生かされていると感じた時、人はすべてを神様に任せるという気持ちが起こってくるんです。そうなると誠実に毎日を精いっぱい生きているならば、たとえすぐには効果はなくても、いつか必ず神様が自分の希望とか願いを叶えてくださるであろう、と思えるようになる。神様から見て、その人にとって一番いいときに願いを叶えてくださるというのがキリスト教の信仰です。

だから挫折とか失敗とか苦しみにやけっぱちにならないで、耐えていきましょうと。私の場合には九年後に名人になり、願いが叶えられたわけですが、この九年が長いか短いかは私にはわかりません。中には神様に二十年も、三十年も願い続けていらっしゃる方もいます。願いがいつ叶えられるかは人間にはわからない。しかし神様はその人にとって一番相応(ふさわ)しい時に必ず願いを叶えてくださると信じることができれば、人々は辛苦に耐えていくことができるのです。

キリスト教の最高の徳は忍耐だといわれています。新約聖書の「ローマ人への手紙」の中で聖パウロは次のように言っています。「艱(かん)難(なん)は忍耐を生じ、忍耐は練達を生じ、練達は希望を生ず」。失敗とか挫折とか、思うようにいかないことがあるからこそ、人間は成熟し、人格的にも深みが増していくんですね。

2月16日

フランクルの楽観主義精神

永田勝太郎　公益財団法人国際全人医療研究所理事長
Katsutaro Nagata

ヴィクトール・フランクル先生がアウシュビッツ収容所で家族全員を殺され、いつガス室に行けと言われるかもしれない中を生き抜けたのは、基本的に楽観主義者だったということ。逆に悲観的な人は死んでいったということでしょう。例えば何月何日に米軍が救出に来るという噂が流れる。皆いよいよ助かるかもしれないと心がざわめく。ところがその日が来ても何も起こらなかった時、ガクッときてバタバタと人が死んでいった。

ところがフランクル先生はそんな期待はしていません。例えばこんなエピソードがあります。彼が収容所の中で何かミスをやった。それを見ていたナチスの将校が彼の頰を思い切りぶん殴ったんです。その拍子に眼鏡が吹っ飛んで地面に落ち、レンズが割れてしまった。その割れた眼鏡を拾い上げながら彼は思った。「もしここを出られて収容所体験を本にできたら、この割れた眼鏡を表紙にしよう」と。だから彼の初版本の表紙には、その割れた眼鏡の絵が使われているんですよ。とにかくそのくらいに彼は楽観的で強かだった。

またアウシュビッツでチフスに罹った先生は高熱を発しました。本人は医者だから自分の予後が分かる。今夜もし寝てしまったら、私は明日の朝、死体になっているだろう、と。だから自分の脚をつねりながら、眠らないようにしていたというんです。

一方、頭の中では何を考えていたかというと、自分は米軍に救出されてウィーンへ帰る。そして『一精神医学者の収容所体験』という本を書き上げ、それが世界的なベストセラーになってカーネギーホールに呼ばれると考えた。そのホールを埋め尽くす聴衆を前に講演を終え、大喝采を受けている自分の姿を想像していたというんです。今夜死ぬかもしれないという、その最中にですよ。

僕は「よい妄想」というのは、実は大事ではないかと思います。だって、すべてを奪われて何にもない状態でしょう。挙げ句の果てにガス室に入れられて、いつ殺されるかもしれないという恐怖感があるわけですから。

しかしたとえいかなる極限状況に置かれても、人間の心は自由だと。目をつむれば精神は花園に遊ぶことができるとフランクル先生は述べていますが、そのとおりですよね。確かに妄想かもしれませんが、最後の瞬間まで諦めず希望にしがみつくことが大事だと思うんです。

2月17日

「惜福」の工夫

幸田露伴　小説家・随筆家・考証家

Rohan Koda

幸福か、不幸かというのも、風が順風か逆風かと同じ。つまりは主観による判断で、どちらかに定まっているわけではありません。とはいうものの、世の中のたいていの人にとって、「幸福」と考える状態と、「不幸」と考える状態は一致しています。

そこで「幸福を得る人」と「そうでない人」を比べてみると、その間には微妙な行動の違いがあるようです。

第一に、幸福に合う人を見ると、多くは「惜福（せきふく）」の工夫がある人であり、そうでない不運の人を見れば、十人のうち八、九人までは少しも「惜福」の工夫がない人です。

福を惜しむ人が必ずしも福に遭うわけではありませんが、どうも「惜福の工夫」と「幸福」の間には、決して無視できない関係があるように思います。

「惜福」とは何かと言うと、福を使い尽くし、取り尽くしてしまわないようにすることです。

たとえば手元に百円（今の十万円くらい）をもっていたとして、これをすべて使い果たし、半文銭（五円くらい）すら残らないようでは「惜福の工夫がない」と言えます。つまり、必要なもの以外には使わず、無駄なことに浪費しないのが「惜福」なのです。

たとえば私が、母親から新しい衣服を贈られたとしたとしましょう。その服がとてもお洒落（しゃれ）で着やすいうえに、暖かいのにも感激して、古い服がまだ破れてもいないのにこの服ばかりを着続けてしまう。古い服は衣類かごの中でカビや埃にまみれ、新しい服は早くも着くずれて、折り目も見えないようになってしまう……というのが、「惜福の工夫がない」ということになります。

母親の恩に感謝し、新しい服をみだりに着用することはせず、古い服が破れていないならばそちらを普段着にして、新しい服は冠婚葬祭のようなフォーマルな場所で着るようにする。すると古い服は古い服としてその役割を果たし、新しい服も新しい服として、活躍の機会を得ることになります。

他人の前では清潔な格好ができ、相手への敬意も損ねない。自分にとっても「普通の日も特別な日も同じ一張羅（いっちょうら）」という、寒々しい状態にならなくて済む。このようにすることを「福を惜しむ」と言うのです。

（現代語訳）

2月18日

あなた、彼女つくれ、いま

陳建一　四川飯店オーナーシェフ
Kenichi Chin

親父が日本に来た頃は中国の調味料なんてまだなかったから、豆板醤にしても、日本の食材だけで全部自分でつくっていた。それに親父は日本人の口に合うように、味も少し変えたの。例えば、本場の四川麻婆豆腐は口が曲がるくらい辛いから、そのままだと日本人の味覚にはなかなか合わないでしょ。親父は本場の味にこだわるよりも、日本人が喜ぶ料理をつくろうとした。その土地で生活する人の味覚を素早く察知して、絶妙な匙加減でその土地に合う料理をつくる。それがよい料理人だというのが親父の考えだった。親父が言ってましたよ、「料理人、腕だけでなく、料理アタマを使うことが大事ね」って。

僕は何の迷いもなく、料理人になろうと思った。なんせ僕は小さい時から食べるのが好きだったから。それに親父が調理場で料理をつくるシーンをずっと見ていたでしょ。とにかく格好よかったから、僕の憧れだった。それで大学を卒業してすぐ、親父の店に入って修業を始めたの。

親父は、厨房では弟子たちに対して厳しかったけど、僕に対してはめちゃくちゃ甘かった。もう大変なもんですよ。こっちが気を遣うくらい。例えば、ある日突然、調理場のポジションがポンと上がってる。本当なら最初は洗い場から始まって、一つずつ経験を積ませていくシステムなのに、早く僕に料理を覚えさせたいものだからいきなり上げる。

料理長はうちの親父の手前、「そんな甘い考えじゃダメですよ」なんてこと、畏れ多くて絶対に言えない。しょうがないから家に帰ると、僕が親父に向かって言うの。「一つずつポジションを経験していかないと、後で困るのは俺だからね。ダメだよ、そんなことしちゃ」って。ただ、料理に関しては余計な説明は一切なくて、見て覚えろと。理論的な人ではなくて、感覚の人だったから、鍋の振り方とか、食材を入れる順番やタイミングなんかは見て盗むしかない。だからいつも必死で親父の手元を見つめてた。自ずとそういう勉強の仕方をせざるを得なかったというのがあったかな。

いくらレシピどおりにつくったからって、それだけで親父の味になるわけじゃない。じゃあ、どうすればうまい料理がつくれるのか。うちの親父が大事にしていたのは、とにかく目の前の料理を一所懸命にやる、それだけだった。「自分がおいしいと思うもの、気持ちを込めてつくりなさい。そうすればお客さんも必ずおいしいと思う」って。でもその「気持ちを込めて」っていうのは口で言うのは簡単だけど、実際に毎日やるのは本当に大変。それをどこまで本気でできるか。だって人間なんだから、時には気持ちが乗らない日だって当然あるんだからさ。親父はよく若い料理人に「あなた、彼女つくれ、いま」って言ってたけど、要は自分にとって大事な人に料理をつくるつもりで毎回やりなさいってこと。料理は技術的なことも大事だけど、一番大事なのは心の問題なんだよね。

業即信仰

米倉 満
理容「米倉」社長
Mitsuru Yonekura

私が理容師としてまだ駆け出しの頃、祖父の鞄持ちとして熊本県の阿蘇まで赴いたことがありました。現地では松下電器の代理店を集めた年に一度の大会が開催されており、祖父はそこに招かれたのでした。

宿泊先でのことです。二人きりになった晩、祖父は堰を切ったように自らの歩みを語り始めました。既に晩年を迎えていた祖父は、特別に私に伝えたいという思いがあったのでしょう。その中にはこんな話がありました。

祖父の母は大変信仰心の厚い方で、「おまえの守り本尊は観音様であるから、毎月十八日はお参りに行きなさい」と言われた祖父は母の言いつけをよく守っていました。ところがある月の十八日の朝、祖父は寝坊をしてしまい、慌ててお参りを済ませるも開店時間に間に合わないことがありました。

ちょうどその時分に店を訪れた松竹の大谷竹次郎氏は祖父の不在を知り、後日改めて来店された際、開口一番こう聞かれました。「君は何か自信をなくしたことでもあるのか」と。

祖父が驚いて聞き直すと、大谷氏は観音様にお参りに行くことそれ自体はよいが、開店中に主人が留守とはどういうことか。お客様に不自由をさせて、ご利益などあるだろうかと懇々と諭され、最後に「客商売は、客が店の信者なのだ」とおっしゃったそうです。

祖父は我が身を恥じたといいます。お客様を差し置いて観音様をいくら拝んでも、ご利益などあろうものかと。そして理容業という生業に打ち込むことが、そのまま信仰になりうるのだという確信を得たのでした。業即信仰。祖父はこの時の教訓をこの四文字に込めたのです。

このことに関連して、世の中にある無数の業には、それ自体に良し悪しがあるわけではなく、その業を行う者の人格のいかんによって良し悪しが決まる。それゆえに理容師は、理容の技術を磨き高めることはもちろん、教養を身につけ、お客様と誠実に相対する中で、理容師的人格を高めることの大切さも訓えられました。

また祖父は、日頃から「毎日が開業日」と口癖のように言っていたことを思い出します。店というのは古くなると惰性に流れだらしなくなるから、毎日が開業日のように新鮮な気持ちで場を清めれば、自然と仕事に励む気分が湧き上がってくるというのです。

理容「米倉」は四年前に創業九十周年を迎え、その間祖父の業に対する信仰心の如き思いは父、叔父を経て四代目である私へと受け継がれてきました。

業を高めることが、そのまま自己を高めることになる——。これが理容師として、四十年間歩み続けてきた私の実感です。業即信仰という祖父の祈るような仕事に対する姿勢を胸に、理容師として生涯を全うできるようこれからも一途に歩み続けたいと思います。

2月20日

谷亮子選手の才能を開花させたもの

稲田 明
帝京豊郷台柔道館館長
Akira Inada

私は福岡県警にいた二十七歳の時、東福岡柔道教室を始めたんですが、十年が経って全国少年大会にも出られるようになった昭和五十八年に、彼女（谷亮子さん）はお母さんに手を引かれて道場へ来ました。当時七歳でしたが、まだ五つくらいかなと思うくらい体が小さくて、柔道は全然やったことがないと。

三つ上のお兄ちゃんがいましたからその見学に連れてこられたのだと思いますが、柔道着を着せてみると、その着こなしが実にうまいんですね。試しに受け身を教えてみたら非常にもの分かりがよく、この子、何かあるかもな、と思いながら最初は見ていました。

私は子供が成長していく上で、指導よりもアドバイスが大事だと思うんですが、最初に言ったのは「おまえは体が人一倍小さいのだから、三倍の努力をしなさい」ということでした。

二つ目は「柔道に限らず、一度やろうと決めたら最後までとことんやり通しなさい」と。するとと本人も聴く耳を持っているというか、そういう器があったんでしょうね。のみ込みが早いんですよ。

学校へ行く前の朝練でも皆より一時間も前に道場に来て、掃除をしたり、ゴムチューブを引いたりして練習が始まるのを待っている。まだ小学校の二年生ですよ。

練習中も絶対に手を抜かないし、小学生の部が終わった後も一人居残り練習をし、高校生と同じように、夜十時半までトレーニングをして帰る。それくらいの努力を小さな頃からしていました。

それでも、小学校の時はまだ体が小さくてもやれたんですが、中学生になると体が小さ過ぎて団体戦には使えません。

そうすると、いままで一時間早く出てきていたのがだんだん遅くなり、どうしたのかなと思って本人に尋ねました。すると「ピアノと習字を習っている」と言ったもんだから、「おまえ何を考えてるんや！　ピアノや習字には五輪はないんやぞ。どれか一つにしろ。でないと三つとも全部ダメになってしまう」と言いました。その日はもうポロポロ涙を流して帰りましたが、明くる日にはケロッとした顔で一番に来て「柔道を頑張ります」と言ってくれました。

マスコミに注目され始めたきっかけですが、年に一回、世界の強豪が集まる福岡国際女子柔道選手権に中学三年の時、選ばれまして、無敵の強さを誇っていたイギリスのブリッグス選手に勝ってしまったんです。その時に偶然流行(はや)っていた『ＹＡＷＡＲＡ！』という漫画の主人公と谷のイメージが重なるということで、一遍にマスコミが騒ぎ出したんです。

普通の選手だったらそこで天狗になって潰(つぶ)れてしまいますよね。ところがあの子はマスコミの力を自分の力にできるようなセンスを持っているんです。これだけ頑張ったら、これだけ周りの人が騒いでくれるんだと。よし、もうちょっと頑張らないといけない、そういう気持ちになったんだと思います。それからのあの子の柔道はガラッと変わりましたね。

2月21日

土光敏夫の訓戒――青草も燃える

矢野弘典
中日本高速道路顧問

Hironori Yano

私の人生を支えた信条の一つに「青草も燃える」という言葉があります。青草というのは夏に茂る草のことです。冬の乾燥した草とは違って水分をたっぷり含んでいるため簡単には燃えません。しかし、その青草も火種が強ければ一挙に灰になります。これは土光敏夫さんがご自宅の庭で畑づくりを続けながら、実感として得られた言葉です。つまり、自分の火種が強ければどんな困難をも克服することができる。相手を変えようと思えば、まず自分が変わらなければならないという意味です。

私は昭和三十八年に大学を出てすぐ東芝に入社し、川崎にあるトランジスタ工場に配属されました。当時東芝は経営難に陥っており、その再建を任せられた土光さんが社長に就任したのは昭和四十年のことです。それから八年後、私の人生を変える大きな転機が訪れます。東芝の子会社の朝日木工という会社が業績不振に陥り、これを残すか潰すかが本社の大問題になっていました。役職もない一担当者である私が会社の行く末を決める案の作成を命ぜられ、何日も徹夜して報告書を作成しました。当然社長への説明は担当役員がやってくれるだろうと思い、検討案を上司に渡して私は事を終えたつもりでいました。

ところが、報告当日になって急に担当役員に呼び出され、私が直接説明するようにと言われたのです。応接室に入ると大きな長机があって奥に土光さんが座っており、両側には片方に常務、部長、課長が、その反対側には副社長三人が並んでいました。私が一番手前、土光さんの向かいに座ると土光さんはジーッと私の顔を見ました。その眼差しは眼光炯々、恐怖ではなく畏敬の念を感じさせる眼でした。

私が説明を始めると一転、腕組みをし目を閉じ黙って聞いていました。私が、この会社は残して再建すべきであると述べ、再建策についての説明を終えると、今度はバッと目を開けて深く頷き「よし」と一言。これで一諾決裁を得て、その後間もなく私は社長付として出向を命ぜられたのです。その時、土光さんから餞の言葉としていただいたのがこの「青草も燃える」でした。

私が出向した時、朝日木工は労使関係が悪化し社員の心は荒廃して訴訟も頻発していました。そんな状況ですから三十二歳の若造があれこれと言っても誰も言うことなど聞きません。私は新社長とともに和解交渉を徹夜でやり、十三件の訴訟すべてを一応和解に漕ぎ着けることができました。しかし敷地は草が茫々と生え、建物は落書きがいっぱい、窓ガラスは割れまるで廃墟のようでした。何より会社への不信感、憎しみは癒えることなくどうにもならない状態でした。さらに追い討ちをかけるように頼りの社長が着任後ふた月を経ずして四月にがんで倒れ、八月には亡くなってしまったのです。当座は相談する人もなくまさに孤軍奮闘の日々でした。そうした折にハッと土光さんのこの言葉を思い出したのです。まるで「君の火種が弱いんだ。悪いのは社員じゃない、君が悪い。君が変わらなければ会社は変わらない」という土光さんの声が聞こえてくるかのようでした。

2月22日

営業の三つのポイント

津田 晃
野村證券元専務・日本ベンチャーキャピタル元社長
Akira Tsuda

営業とは何だろうか。私は三つのポイントがあると考えている。

まず押さえなければならないのは、給料についての認識である。辞書には事業主が使用人に対して払う報酬とあり、給料は会社からもらっているという認識が一般的だが、それは間違いである。給料はお客様からいただくものである。

二つ目は、営業とは単に物を売りさばくことではない。お客様の問題を解決するソリューション・ビジネスであることを心得なければならない。

ドラッカーは企業の目的を顧客の創造と説いているが、これは営業にそのまま当てはまる定義である。駅前に立って一万円札を九千五百円で売ればどんどん売れるだろう。しかし一万円札を一万十円で売るのが営業である。そのためにはその価格に納得していただけるだけの付加価値をお客様に提供しなければならないのである。

三つ目は継続力である。将棋で前人未踏の七冠を成し遂げた羽生善治氏は、「才能とは情熱や努力を継続できる力」とおっしゃっている。営業もコツコツと弛まぬ努力を続けた者こそが勝利を掴む。そこへプラス・ワンの努力を加えると、成功はより確かなものになる。

例えばきょう予定していた十本の電話をかけ終え、さて帰ろうかという時に思い直してもう一本かけてみる。そのもう一本で注文がとれたりするものなのだ。一週間で五本、ひと月で二十本、プラス・ワンの努力の積み重ねは、いずれ大きな財産となって返ってくる。

一所懸命努力していると、いろんな壁にもぶつかるだろう。しかしそこで立ち止まって悩んでいても物事は解決しない。行動してこそ物事は前へ動き出すものだ。そして迷ったらしんどいほうの道を選ぶこと。これを若い頃から鉄則としてきたことで、実力も養われ、運も味方にすることができた。

全力疾走ができるのは若いうちだけ。このことを自覚して、とにかく自分の仕事に精一杯打ち込んでほしい。自分の入りたい会社に入れなくとも悩むことはない。実際、その会社が将来にわたって存続する保証はまったくないのだ。就社ではなく、本来の意味での就職へと頭を切り替え、縁あって入った会社で、与えられた職に全力を尽くし、その職においては一日も早くプロの域に達することである。

私の義父は丁稚奉公からたたき上げて青果業で成功を収め、群馬県の業界理事長まで務めた人物だった。義父と酒を飲むと、いつも壊れたテープレコーダーのごとく「上見て励め、下見て暮らせ」と繰り返し言い聞かされた。理想を高く掲げ、辛い時には自分より苦しい立場の人を思って気持ちを切り替え、頑張ってほしいとの願いであった。その後決まって言われたのが次の言葉だった。「励みこそ生きる道。怠りこそは死の道なり。勤しみ励む者は死することなく、怠りに耽る者はよし命ありとも既に死せるなり」

2月
23日

刃で刺されても恨むな。恨みは我が身をも焦がす

山口由美子　不登校を考える親の会「ほっとケーキ」代表

Yumiko Yamaguchi

二〇〇五年、西鉄バスジャック事件から五年がたち、教官が「いまなら」と判断され、私は少年との面会が実現しました。そして彼に「誰からも分かってもらえず、つらかったんだね」と伝えました。彼もまた私に心からの謝罪を述べてくれたと思っています。

その後、彼は出所したと聞いています。今後もう二度と罪を犯さず一生を送ってほしい。それでこそ、私の傷も、被害に遭われた塚本達子先生（幼児教室主宰者）の死も生きるのではないかと思うのです。

事件から二十年以上がたちますが、その後も少年犯罪は後を絶たず、抑止力として少年法の刑を重くしたり、適用年齢を下げようという動きがあります。しかし、そういう子どもたちを生み出しているのは、ほかならぬ我々大人社会です。大人が変わらず、ただ刑を重くしても、何の解決にもならないと思うのです。

私自身、事件に遭って、ようやく子どもたちがありのままにいてくれることに深い感謝の気持ちを抱けるようになりました。

娘の不登校を受け入れたといっても、学校に通う息子たちには普通の社会生活の中で頑張ってほしいと思っていたのも事実です。

しかし、事件後は、子どもたちがそこにいてくれて自分の話をしてくれる。それに「そうだね」と頷けることが何より嬉しい。「お母さん変わった。いまのお母さんには何でも話せる」と息子に言われ、初めて自分の変化に気づきました。

何年も塚本先生に学びながら、事件に遭ってようやく先生の教えを真に理解できたのです。このような別れになりましたが、やっと先生のもとを卒業したんだなと思います。

死後、塚本先生は私やご遺族に一つの言葉を残されました。

「たとえ刃で刺されても恨むな。恨みは我が身をも焦がす」

これは事故の直後に、先生のご子息が「母の財布に入っていたおみくじの言葉です」と言って教えてくれたものでした。「母は遺された者たちの心のありようまで示唆して逝ってくれました」とおっしゃった時、あの日の先生の驚いた様子を思い出し、もしかしたら先生はきょうここで、ご自分の命が尽きることを察知したのかもしれない。そう思いました。

少年によって深い傷を負い、いまも傷あとや後遺症が残る私が、恨むどころか、少年のほうが被害者だと主張するのを聞いて、「山口さんは強い」とおっしゃる方もいます。しかし「恨みは我が身をも焦がす」という言葉を思うと、実は私は楽な生き方を選んだのではないかと思うのです。

そして、すべての出来事には意味がある。事件もまた、私にとっては必要な出来事だったと受け止めています。

2月24日

人間はなぜ子を産み、育てるのか

田下昌明　医療法人歓生会豊岡中央病院会長
Masaaki Tashimo

子育ては乳児期から始まるのではありません。母親の胎内にいる時からスタートしているのです。胎教も重要ですが、それは方法です。もっと根本的なものですね。最近は出生前心理学として、この方面の研究もだいぶ進んでいますよ。

妊婦は四つのタイプに分けられるんですね。

①妊婦自身も周囲の人たちも妊娠、出産を喜んでいる。

②妊婦自身は喜んでいるが、周囲は歓迎していない。

③周囲は歓迎しているが、妊婦自身は産みたくない。

④妊婦も周囲も歓迎していない。

この四つです。これ以外はありません。ザルツブルグ大学教授のゲルハルト・ロットマン博士はこの四タイプの妊婦から生まれた子どもを調査し、次のような結果を得ました。

①の子は肉体的精神的に健康です。また妊娠経過がよく、出産の苦痛も少ないんです。②の子は二面的な価値観にとらわれる。つまり、裏表のある人間になるということです。それに胃腸に問題のある子が目立つ。③は早産や低体重児の割合が高い。④の子は感受性に乏しく、無気力な子が多い。

私も調べましたが、ロットマン博士の結論にはまったく同感です。

母から子へのインフォメーションの方法は三通りあります。胎生四か月で目、耳、口、舌といった器官が全部完成し、五感が機能するんです。感覚を通して伝わってくる。それからホルモンですね。お母さんが戦慄を覚える、悲しい思いをする。そういう時に分泌されるホルモンが胎児に影響する。三つ目は波動とでも言えばいいのか、お母さんに共感するものが胎児には備わっているんですよ。

お母さんの考えていること、感じていることを胎児はみんな分かっている。それを受け止め、人格の最も土台となるものをつくり始めているんです。

人間はなぜ子を産み、育てるのか。考えてごらんなさい。たくさんの先祖がいて、生命が脈々と受け継がれてきて、自分はここにいるわけです。先祖の誰か一人が欠けても、自分はいなかった。この事実が人間はなぜ子を産み、育てるのかの答えです。

私たちは誰もが継承されていく生命のつながりの中に存在するんですね。つまり、生まれてくる子は自分の子であるが、自分一人のものではない。たくさんいる先祖のものだということです。生命が受け継がれていくというのは、文化や伝統が継承されるということです。自分が先祖から受け継いだものをわが子に渡していくんです。

それを原点にすると、生まれた子どもがどういう人間になってほしいかはおのずと明確でしょう。生命のつながりの中で先祖から継承されるものを受け取り、それを次に渡していくにふさわしい人格。これは別の言い方をすれば、徳のある人格ということです。そういう徳を備えた人間になってほしいということです。その根本を培うのが乳幼児期の子育てなんですね。

2月25日

喜びと悲しみはあざなえる縄のごとし

藤原てい 作家

Tei Fujiwara

満洲からの逃避行の途中で一番先に首をつったのは、ソ連兵に強制連行されることもなく残された年寄りの男たち。次に、井戸に飛び込んだのは、独身女性、最後に残るのは、いつも私たち母親でしたね。食べるものもなく、栄養失調で腸の膨らんだ不憫(ふびん)な子どもたちを、生かすも殺すも紙一重の気持ちなんですね。どうせ死ぬものなら、いっそ自分の手で……、と。でも、子どもを殺す親は、その瞬間、狂ってましたね。

間もなくまた残留孤児の方が来られるようですが、おいでなさっても、母親に会えるケースはほんのわずかでしょうね。残留孤児の親はね、ほとんどいない、死んでいるんですよ、現地で。私はいくつも現場で見てるわけですが、親が非常に重い病気になってるんです。その時すでにね。栄養失調。激しいですよ。その上に、発疹(はっしん)チフス。シラミに食われた病気ね。この二つが重なると、もう、まず死が目の前に迫ってきている状態なんです。

親も当然、死を覚悟してる。せめて子どもだけは命を取り留めてやりたい。それで、「自分はもう命は長くない。せめてこの子だけは助けてやってくれ」、そういう祈りのような気持ちで、中国人に、売る、あるいはあげる。

それで、孤児の方々は比較的体に傷を持ってるんです。それも大きな傷を、火傷とか小指の先がないとかね、それは、親がわざわざ付けたんですよ。自分と同じに、目印として。万が一、いつの日か、この地球上で生きて再び会えたら、これを照らし合わせて親子を名乗ろうじゃないか。そう祈ったんでしょうね。で、「どうか、この子を預かってくれ」、と。そんな気持ちでお願いしているわけです。親は子を助けるために捨て、助けるために売って、自分一人で死んでいった。残念なことに、孤児の方々は、そのことをあまりご存じないようですけどね。

どんな人でも、人生生きていく上で楽しいことばかりあろうはずがないですからね。喜びと悲しみというのは、あざなえる縄のごとしといいましてね、喜びの日と悲しみの日が、ほとんど等分量で織りなして過ぎていくのが、人生だと私は思っております。

ですから、一つひとつ、まいってないで、それを乗り越えるという根性、私が持って生まれた性格がある程度プラスになっていると思いますね。それは先天的なもので、もう一つは後天的なものです。貧しい家に生まれて、そして小さいころから家の手伝いをし、やがて女学生ぐらいになったときには、私が家をしょって立ってるんだという気持ちでした。

2月26日

死にものぐるいで働きなさい

山本 亮
ワイエルフォレスト会長

Akira Yamamoto

私は大分県の半農半漁の家に八人きょうだいの四番目として生まれました。貧しかったし、両親は大変な苦労をして私たちを育ててくれました。それを見ているものだから、進学は諦め、中学を出ると地域で一番大きい材木屋に番頭見習いとして就職したんです。

就職する時に、親父はこう言うんですね。「亮、学校は授業料を納めて勉強するところだ。しかし、会社はおまえみたいな子でも給料を払って人生、仕事を教えてくれる。お金をいただいて勉強できるんだよ。何もできない間はお荷物なのだから、死にものぐるいで働きなさい」と。その言葉が心に焼き付いて、夢中で働きました。

それから、休みの日に家にいると「なんで休んだんか？　日曜でも仕事がないはずがない。上司に休んでいいか必ず聞きなさい」と、こう言うんですよ。次の土曜日、上司に話すと「明日は休みだろ。何を馬鹿なことを聞くか」と笑われましてね。

ところが、そのことが社長の耳に入った。社長は何か感じるものがあったんでしょうね。それから時々、日曜日に一緒にトラックで山林を見に連れていってくれるようになりました。木の値踏みというのは凄く難しいんです。「おい山本、あの木なんぼか」と聞かれて答えると「馬鹿たれ、あの木は、そんな安い値段じゃないぞ」。そんなふうに叱られながらも目にかけてもらい、同期の連中と比べて、いつの間にか一歩抜きん出るようになりました。

まだ、リフトなんかない時代です。山の木を切り倒して製材したり、重たい材木を肩に担いで船に積み込んだり、あちこち血だらけになりながらの大変な仕事でしたけれども、一端の材木屋になろうという志があるものですから、目の色は違っていたと思います。そのうち、私にしか任せてもらえない仕事もたくさん出てきましたね。

2月27日

「本気ですか」と私に詰め寄った選手

門馬敬治
東海大学付属相模高等学校硬式野球部監督
Keiji Monma

二〇一〇年でしたけど、僕は一度、選手に詰め寄られたことがあります。

ある練習試合の後で「おまえら本気でやらないんだったら、もう練習するな」と怒って立ち上がって監督室に戻った時、キャプテンがやってきて「僕は勝ちたいんです。だから相模(さがみ)に来たんです。練習に出てください」と。「そうか、分かった」と言ってグラウンドに向かおうとすると、彼がパッと私の前に立ちはだかりましてね。「本気ですか」と詰め寄ったんですよ。「僕は監督が本気には見えない」って。

東海大相模はよく甲子園に行っているイメージがありますでしょう？　だけど選抜には出ていても、夏の甲子園に三十三年間行けなかった時期があるんです。二〇一〇年、うちは春の選抜で優勝候補の筆頭だったのですが一回戦負けをしました。僕がキャプテンに詰め寄られたのは、その後しばらくして行われた練習試合の後でした。

キャプテンの言葉で僕の魂に火がつきまして、三年生だけを集めて猛練習をしました。僕も三年生も全員泣きながら練習しました。変わったのはその瞬間ですね。三十三年の殻を破って夏の甲子園に出場できたんです。優勝こそ逃しましたが、この年は決勝まで進むことができました。

だから僕は人間は本気になった瞬間、どんな局面でも乗り越えられる、その時、人間同士の本当の関わり合いができると信じています。大人になると、どこかうまくやろうとして、なかなか本気さは出せない。ところが、子供たちの本気さはとてつもないパワーを発揮するんです。

もう一つ印象的な話があって、二〇一〇年の県大会では、レギュラーの子二人が怪我(けが)をして出られなくなりました。その時、二年半一度もレギュラーになれず試合にも出たことがない子がレギュラーとして大活躍しました。夏の甲子園で一桁の背番号をつけて頑張ったんです。レギュラーになれなくても、練習をとことんまでやる子でしたね。室内練習場に蒲団(ふとん)を持っていって寝ていたと言っています。

2月28日

理不尽を呑み込む力

藤元聡一
東福岡高等学校バレーボール部監督
Soichi Fujimoto

赴任当時の東福岡は県大会はおろか、地区大会で一～二回戦の状況でしたので、失うものは何もありませんでした。なおかつ四十一校不合格通知をもらった後の念願の高校バレーボールの指導者だったので、とにかく恩返しのつもりで練習、練習、また練習の毎日でした。夜九時に体育館の電気が消えた後も、外のグラウンドに車を持ってきてライトをアップにして練習していました。当時、短時間の集中練習のほうが効果的という流れがありましたが、僕は百本の集中より、千本やったほうが勝つと自分に言い聞かせて練習量で勝負しました。これは二十六歳とまだ若かったからできたことかもしれません。

科学的といわれるいろいろな練習法を取り入れながら、飽きないように練習を工夫することも大切ですが、飽きるほどの練習を飽きない心でやり抜く、ということのほうが、もっと大切だと身をもって学び、僕なりのスタイルが確立されていきました。

最初の頃、あまりの厳しさに三十五人ほどいた部員が五人にまで減ったことがあります。それでも残った選手たちは必死でついてきてくれましたね。最初は地区一回戦で敗退していたのが地区のベスト8に残るようになり、次の代は県のベスト4に入りと、監督三年目には全国大会に初出場できたんです。

苦しい時ほど人間の本性が出るという話は本当ですね。僕はこれを性根(しょうね)と言っているのですが、苦しい場面に出くわした時に、逃げる者、投げ出す者、嘘をつく者、人のせいにする者、グッと堪(こら)える者、いろいろですが、グッと堪えながらも周囲に対する慮(おもんぱか)りができてこそ周囲を感化できるし、そういう立ち居振る舞いができる人間を中心にチームの絆が生まれてくるように思うんです。僕は練習を通してこの積極的忍耐心を育てることをとても大切にしているのですが、そのために僕自身がトラブルメーカーとなって部員の前に壁として立ちはだかっていきます。

人間は自分の理解を超えると理不尽に感じるものだと思います。また、人は〝頭で理解〟し、〝心で納得〟するものだとも思っています。例えば練習中、何を言われているのか頭では理解できるけど何となく腑(ふ)に落ちない、納得できないという子がいるとしますよね。逆に頭ではよく分からないけど、おやじの言うことだからやるしかないかと自分に言い聞かせてやり切る子がいます。どちらの子が最終的に伸びるかというと間違いなく後者なんです。

この〝理不尽を呑み込む力〟も非常に大事な力の一つと考えています。なので僕は苦しい場面をつくる時、あえて言葉で説明することはしません。苦しい場面を乗り越えるのに言葉で多く説明してあげないといけない選手は、心の距離が遠い子であるように思います。

それはバレーボールに限ったことではないと思います。社会の大海原に出ると、学生時代とは比べものにならないくらいの厳しさ、理不尽な出来事が待ち受けています。その意味でも僕のスタイルはそのためのよきリハーサルになるのではないかと考えているんです。

3月

March

篠沢秀夫（学習院大学名誉教授）
長野安恒（声楽家）
境野勝悟（東洋思想家）
島田久仁彦（国際ネゴシエーター）
長井鞠子（サイマル・インターナショナル専属会議通訳者）
里岡美津奈（人材育成コンサルタント）
榊 莫山（書家）
青山俊董（愛知専門尼僧堂堂頭）
鈴木鎮一（公益社団法人才能教育研究会会長）
田辺昇一（タナベ経営創業者）
松野三枝子（農漁業レストラン松野や店主）
西澤潤一（東北大学学長）
広岡達朗（野球解説者）
佐藤文悟（元歯科医）
西端春枝（真宗大谷派浄信寺副住職）
宮尾舜助（石坂泰三元秘書）
栗田大輔（明治大学サッカー部監督）
安藤忠雄（建築家）
中條高德（アサヒビール名誉顧問）
貴城けい（女優）
安井義博（ブラザー工業会長）
坂村真民（仏教詩人）
王 貞治（福岡ダイエーホークス監督）
渕上貴美子（杉並学院中学高等学校合唱部指揮者）
張 富士夫（トヨタ自動車相談役）
吉田栄勝（一志ジュニアレスリング教室代表）
渡辺 尚（元パソナキャリア社長）
岡村美穂子（大谷大学元講師）
片田敏孝（群馬大学大学院教授）
玄侑宗久（作家・福聚寺住職）
日野久三郎（弁護士）

3月1日

昨日の敵は今日の友

篠沢秀夫
学習院大学名誉教授
Hideo Shinozawa

中学からフランス研究を志した私は、大学と大学院を通じてフランス文学を学び、仏政府給費留学試験を受けてパリ大学への留学が決まりました。大学院修了後すぐに結婚した妻の宏子とともに、新婚旅行のように訪れた初めてのフランス。二十代の後半を過ごしたパリでの生活はしかし、振り返るのも辛いものとなったのです。

昭和三十七年の夏、休暇を利用してローマに行く旅路でのことでした。ブルゴーニュ地方の入り口、サンスの町を抜けたところで、私の運転していた車が事故を起こしたのです。

同乗していた妻は即死でした。事故の原因については語ることができません。ショックによる逆行性健忘症というらしく、現場の遥か手前を走っている記憶しかないのです。私は腸が破裂して開腹手術を受け、一か月の入院の後、ただちに留学生活を打ち切って日本に帰国しました。事故の衝撃はあまりにも大きく、数年間はこのことについて話題にすることすらできませんでした。

帰国して三年後に結婚したのが、いまの妻の礼子です。礼子は私のことを「辛い目に遭ったのに、朗らかで偉いと思った」と言い、宏子との間に生まれた四歳の息子の玄を引き取って育ててくれました。

礼子と結婚してからの十年間は、新妻を愛し、玄を護り、二人の息子をもうけ、自分の生活の土台を築くことに中心がありました。それが宏子の死を乗り越えることになったのです。

玄はすらりとした美しい少年に育ちました。昭和五十年、十五歳の誕生日を十月に控えた玄は、バスケットボール部の合宿で九十九里浜に向かいました。八月の海は波が高いと思い、出立前に「海には入るなよ」と注意しました。それが最後の別れとなるとは想像もせずに。

「ちょっとだけ」と先生にせがんで海に入った生徒たち全員が高波にのまれ、玄だけ行方不明となってしまった——。その報せを受けて現場に駆けつけると、土地の人が火のついた線香の束を砂浜に何本も立てていました。「お父さん、どうぞ」と差し出された一本を受け取ることはできませんでした。まだ希望を失いたくなかったのです。

数日待機した後、玄の遺体はやっと九十九里浜の波打ち際に上がりました。波音の響く古寺で夜を明かし、玄の棺桶の蓋の上で死亡証明書に記入しながら、あたかも戦争の前線にいるような気がしてなりませんでした。戦場においては、戦死者数を調べ、生存者数を確認し、前進すると聞きます。「人生は戦いだ」との凄まじいまでの実感が押し寄せました。

玄の死について、十年間は個人的な場でも触れることができませんでした。それが、自分が六十を越える頃からは、語ることが供養と感じられるようになりました。

「昨日の敵は今日の友」。それまで戦ってきた悲しみを、友とできるようになったのです。

3月2日

人生を変えたロングフェローの詩

長野安恒　声楽家

Yasutsune Nagano

私は小学校五年生の時、突然、バセドー病になりました。当時は治療法不明で、いくら食べても痩せ細り、毎日怯(おび)えていました。もう地獄でしたね。こんな思いをするぐらいなら死んだほうがマシだと、教会に向かって石を投げたこともあります。そんな時、先人たちが残してくれた言葉に救われました。

石川啄木の歌に「**はづれまで一度ゆきたしと／思ひゐし／かの病院の長廊下かな。**」とありますが、病院の廊下って本当に長いんです。廊下の突き当たりから先へは、病人は出ていくことができないからです。だからこの歌が身に染みて分かるんです。他にも「**東海の小島の磯の白砂(しらすな)に／われ泣きぬれて／蟹とたはむる**」。私のいた病院は海辺の崖の上に建っていて、砂浜へ下りる抜道がありました。私は食事時間以外は逃げるように浜辺に行き、毎日ボーッと海鳥などを見ながら「**潮かをる北の浜辺の／砂山のかの浜薔薇(はまなす)よ／今年(いま)も咲けるや**」などの歌を思い浮かべていました。

またその頃読んだのが、若山牧水の歌です。「**幾山河越えさり行かば寂しさの終(は)てなむ国ぞ今日も旅ゆく**」など幼心にも堪らなく沁みました。そして後に私の生きる糧となった牧水の歌が「**けふもまたこころの鉦(かね)をうち鳴しうち鳴しつつあくがれて行く**」です。病気でも心だけは自由でいたい。心の鉦を打ち鳴らし打ち鳴らしつつ……、これだ、これしかないと思いました。その後、もう一人、ロングフェローという詩人に出会いました。これは私が二十歳の頃に学んだ詩ですが、彼は「人生の詩篇」で次のようなことを述べています。

「Tell me not, in mournful numbers 悲しげな歌を聴かせないでくれ。人生は虚しい夢ではないのだ。眠っている魂にとっては虚しい夢かもしれないが、目覚めた魂にとって人生は現実そのものである。その人生の成否を決めるものは、その人の心の中に熱情が燃えているかどうかである。あなたの心臓は絶えず死に向かって葬送行進曲を打ち鳴らしている。だからと言ってあなたは黙って屠り場(ほふ)に引かれていく家畜のようであってはならない。あなたは人生の英雄であれ。戦うのだ」と。

ではなんのために、何を目指して戦うのか。彼は時間というものを砂浜に例えてこう言います。「時の砂上に足跡を記せ。それは時間とともに波が消してしまうかもしれないが、あなたと同じように人生の大海原で難破して傷ついた人が、それを見てもう一度生きる勇気を奮い起こせる様な足跡を。そのためにあなたは生きているのだ」

これだ、これで生きようと決心しました。その詩はこう締め括られてありました。「だからいまどんな状況であったとしても虚しい夢を明日に繋ぐのではない。いま、いま行動せよ。明日はいまより一歩でも先へ進んだ自分を見つけられるよう、いまを生きるのだ。努力しようではないか。精いっぱい努力しよう。そして祈りつつ待つことを学ぼう」

言葉の力に圧倒され、涙が止まりませんでした。では自分の記すべき足跡とはなんなのでしょう。まだ見つけきれてはいません。しかし、生きている限り心の鉦は鳴らし続けるつもりです。

3月3日

「お母さん」という言葉の由来

境野勝悟 東洋思想家

Katsunori Sakaino

小学生時代、「ただいま」と家に帰ってお母さんがいるときは僕はいつでも「お母さん、何かないの?」と聞きました。すると、母は「おまえは人の顔さえ見れば食い物のことばっかり言って、食いしん坊だね。そこに、ほら、芋があるよ」って言う。そういうときは決まって、きのうふかしたさつま芋が目ざるの中に入っていました。

かかっているふきんを取ると、芋はいつもひゃーッと冷たいんです。だけれども、お母さんのそばで食う芋は不思議にあたたかかった。これは、もしかすると女性には理解できないかもしれないけれども、男性にはわかってもらえると思います。お母さんや妻が家にいると黙っていても明るいのです。あたたかいのです。それで、わたくしたち男は自分の妻に対して、「日身(カミ)」に「さん」をつけて「日身(カミ)さん」と言ったんです。丁寧なところでは、これに「お」をつけて「お日身(カミ)さん」といったんですよ。

何でしょうか。この「日身(カミ)」という意味は?

「カ」は古い言葉では「カカ」といいました。もっと古い言葉では「カアカア」といった。さらに古い言葉では「カッカッ」といったんです。「カカ」「カアカア」「カッカッ」。これが「カ」となるんですね。

「ミ」というのは、わたくしたちの身体という意味です。ですから、「日身(カミ)」とは、わたくしたちの身体は「カカ」の身体である、「カアカア」の身体である、「カッカッ」の身体であるという意味なんです。

では、「カカ」「カアカア」「カッカッ」という音は、古代では一体何を意味したのでしょうか。「カッカッ」というのは、太陽が燃えている様子を表す擬態語でした。

「カッカッ」とは、実は太陽のことを指したのですね。「カアカア」「カカ」という音も同様です。つまり、わたくしたちの体、わたくしたちの命は太陽の命の身体であるということを、「日・身(カミ)」(太陽の身体)といったんです。「カミ」の「カ」に「日」という漢字が当てられているのを見れば、「カ」が太陽のことを意味しているということがよくわかるでしょう。

「日身(カミ)」とは、太陽の体、太陽の身体という意味だったのです。お母さんはいつも明るくて、あたたかくて、しかも朝、昼、晩、と食事をつくってくださって、わたくしたちの生命を育ててくださいます。わたくしたちの身体を産んでくださいます。母親というのはわたくしたちを産み、その上私たちを育ててくれます。母親は太陽さんのような恵みの力によってわたくしたちを世話してくれる。母親はまさに太陽さんそのものだということから、母親のことをむかしは「お日身(カミ)さん」といったのです。

子供たちは、この古い言葉の「カカ」をとって、「カカさま」といった。この「カカ」の「カ」が残って、「おカあさん」という。「おカあさん」の「カ」は、太陽です。

母親を敬愛する教育を怠って、思いやりの深い、温かい日本人は、苦しみます。

3月4日

人間として正しいか、正しくないか

島田久仁彦
国際ネゴシエーター
Kunihiko Shimada

私が交渉や調停を行う際、まず心掛けているのが「とことん相手の話を聴く」ということです。交渉のプロと聞くと、一方的に相手を捲し立てて説き伏せる、そんなイメージを持っている方がいらっしゃるかもしれません。

しかし、交渉や調停における最重要事項は、とにかく相手に喋ってもらうこと。その中で「相手が何をあえて言わないでおこうとしているか」を探り出し、そこの本音をいかに引き出せるか、にあります。そのため、私はひとたび質問を投げかけるとニコニコしながら黙って聞き役に徹するようにしていました。

同時に、「相手の立場を理解し、尊重する」ことも重要なことだと思います。

戦闘地に行くと、当然交渉相手は軍服を着ています。そこへ国連の水色のバッジを胸につけたスーツ姿の若造がやってくる。現地の人たちがそんな人間をすぐに受け入れるか、答えはノーです。

とはいえ、仕事なのでスーツで行かざるを得ませんが、私はスーツのまま地べたにも座りますし、場合によっては「僕その服持ってないからちょうだいよ」と言って着替えたりもしました。格好だけではありません。軍隊のランチを一緒に食べて、ここでもとにかく相手の話を聴く。とりわけ、この戦いに懸けている思いや祖国に残してきている家族や恋人のこと、彼らのそういう苦労話を聴いて一緒に涙を流すことも少なくありませんでした。

そうやって心底同じ目線に立って接していると、仲間意識を持ってくれるようになり、「こいつに任せたら何か状況を打開してくれるんじゃないか」と信頼を得ることができるのです。

我われ紛争調停官は、その背後に何百万人、何千万人もの人の命を預かっているのです。自分の口先一つ、行動一つで、その人たちの命を生かしもすれば殺しもする。だからこそ、一人でも不条理な形で傷つけたり、命を失うことがないよう、ベストを尽くす。いかなる決断を下すか、どんな合意を取りつけるか、とことん考え抜く。

私が決断を下す上で拠りどころとしていたのは、

「人間として正しいか、正しくないか」

という倫理観でした。それが私の揺るぎない信念です。確かに、関わる案件や一緒に仕事をする相手によって、柔軟に対応していくことは大事です。あらゆる状況をできるだけ正しく読み解いて、決定を下す。

ただ、自分自身のコアにある信念は決して曲げるべきではありません。そして、一度出した決定は絶対に変えない。自分が導き出したものに対してはすべての責任を負う。それを貫き通せない人間はリーダーにはなれません。

準備と努力は裏切らない

長井鞠子　サイマル・インターナショナル専属会議通訳者

Mariko Nagai

あれはたしか四十歳くらいの時だったと思うんですけど、あるシンポジウムで同時通訳の仕事があったんです。私が担当する人の原稿は四十ページにも及ぶ長文でした。でも、その人の持ち時間は二十五分だったんです。だから、私はそれを見た時に、原稿通りには絶対読まないと思ったし、全く知らない話ではないから、ザーッと斜め読みしただけで本番に臨みました。いま振り返ると、それが甘かったんですね。油断していたんです。

その人はどうしたかといったら、持ち時間なんて無視して、四十分くらい喋ったんです。それも原稿をほとんど飛ばさないで、ものすごく早口で。その時の通訳は自分でも情けないくらい、大失敗に終わってしまいました。

後日、クライアントからサイマルにクレームが入りました。「長井の通訳はできていなかった」と。もうショックでしたね。それまでそんなこと言われたことがなかったから。さらに、ちょうどその頃、離婚も経験したんです。

立て続けにショックなことが重なり、悔しいような悲しいような寂しいような、何とも言えない気持ちでした。ただ、それでも次の日には別な仕事がありますから、いつまでも打ちひしがれてはいられません。

そこで支えとなったのは母の言葉です。ちょうど私の誕生日に仙台に住む母から一通の手紙が届いたんです。そこには水遊びをする少女が写った新聞記事の切り抜きが添えられて、こう書き記されていました。

「あなたの子ども時代を思わせる写真が載っていたので送ります。一人真っ先に濡れるのも構わず、一心に突き進んでいる姿といい、まさに鞠子(まりこ)そのもの。他の子どもたちは後ろのほうでウジウジしているのです。頑張れ鞠子!!」

当時ももちろんこの言葉には励まされたんですけど、数年前、部屋の片づけをしていた拍子にこの手紙が出てきて、読み返したらもう涙滂沱(ぼうだ)ですよ。その頃、母は亡くなっていましたから余計に感動してしまって……。母の偉大さと愛情の深さを改めて実感した瞬間でした。

あの大失敗でちょっとでも準備を疎(おろそ)かにしたらとんでもないしっぺ返しを食らうということを身に沁(し)みて感じました。逆に万全を期せばいい結果が出ることが多い。ですから、あの日以来きょうまで、手を抜いた準備をしたことは一回たりともありません。

「準備と努力は裏切らない」

これは私が四十年以上、通訳の仕事を積み重ねてきた中で実感していることです。

3月6日

チャンスを呼ぶ三つの習慣

里岡美津奈　人財育成コンサルタント

Mitsuna Satooka

入社九年目、平成六年に転機が訪れました。この年に全日空が初めて、皇族の方々や国賓クラスのお客様だけを接遇する客室乗務員の訓練制度をつくったんですけど、呑気(のんき)な性格の私がその第一期生に選ばれたんです。

決して他のCA（キャビンアテンダント）と比べて美しいわけでもなく、出身校がいいわけでもないのに、どうして選ばれたんだろうと。自信が持てなかったので上司に聞きに行ったんです、私を選んでくださった理由を。スラスラとこんなところが選ばれた理由ですよと言われるのかと思いきや、上司が「うーん」ってすごい悩むんですよ。

「でも、何かありますよね」って聞いたら「……あまりミスがないよね」と。私の周りのCAもミスしてないなと思って、「その他には何かないですか」って聞いたら、「いつも笑顔だよね」と。いや、皆だいたい笑顔だよなと思って、もう一回食い下がると、すごい悩んで、「いつもきちんとしてるね」と。

そこでさすがの私もこれ以上突っ込んでも出てこないなと諦めて、「ああ、そうですか。精いっぱい頑張らせていただきます。ありがとうございました」と言って退室しました。がっかりしながらも上司の言葉を振り返る中で、私はすごいことに気づいたんです。というのは、その言葉の中に同じ単語がついていたんですね、「いつも」っていう。

いつも笑顔でいつも身嗜(みだしな)みが整っている。これは点数が読める人なんだろうと思ったんです。

調子がいい時は百二十点のパフォーマンスが出せるけど、調子が悪い時は五十点しか出せないというムラッ気のある人と、私のように百二十点は出せないけど、調子の波がなくどんな時でも八十点を出せる人。自分が経営者だったら、どっちを天皇陛下の担当につけますかと。やっぱり点数の読める人、安定感のある人ですよね。

私は上司の言葉をきっかけに、そこが自分の強みなんだと気づくことができ、以来、「いつも」ということを意識して継続するようになったんです。

特に心掛けてきたことは三つあって、「いつも笑顔でいる」「いつも身嗜みを整えておく」、そしてもう一つは、「いつも相手の期待より少し上を目指す」。この三つをモットーに、周囲から里岡さんに頼んでよかったと思われる仕事を目指していきました。

3月7日

墨は二十年でやっと一人前

榊 莫山　書家

Bakuzan Sakaki

油絵とか彫刻はその日、出来がよくなくても、また削り取って直すことができるけれども、墨だけは修正がきかん。わしら、一発勝負や。やり直しのきかん勝負です。走り高跳びでも一発勝負、相撲取りも一発勝負でしょ。何度も睨み合って、仕切り直して、あの間に緊張と緊張のぶつかり合うタイミングが生まれると、僕は思うのやな。

　これが書の場合は、つまり相手は紙であり、硯であり、筆である。それを使って相撲を取らな、ならんわけやから、こっちが余程、うまいこと使ってやらんと駄目なんです。硯は硯でいい具合に磨ってほしい、墨は墨で硯の上でいい状態で磨ってほしいということを思うていると思うんです。

　墨、硯、筆、紙という「文房四宝」を墨の芸術はもっとも大事にせなあかんのです。その微妙な出会いによって、墨の黒は、変幻自在にその色調を変えますからね。

　その意味では、これは彫刻家でも一緒ですが、道具に使われる、という気もないとあかん。こっちがいつも司るのではなしに、紙とか墨とか向こうの状態を見てやって、こっちが使われてみるとか、向こうに合わせてやるとか。

　墨は二十年でやっと一人前、三十から五十年が働き盛り、百年もたってしまうと、そろそろ寿命やいうことやな。僕は毎年奈良の墨屋に墨取ってもらっているけど、今年の春も大きなやつが二つ出てきますのや。

　ところが、これが一人前になった色を見てから死のう思ったら、わし、九十六まで行ってしまう。墨のために長生きせんならん。

　四十年、五十年たった墨が出ると、大阪の道具屋がいうてくれるわけ。なんぼ上等に保存してあっても、そういうのは黴みたいなものが生えて汚いのや。それ買うて、特急電車に乗るわな。電車の中でそれを一時間ぐらいずっとハンカチで拭いてやるんです。そうしたら、上野に帰ってくるころには、ぴかぴかとはいわんけど、腕白坊主風呂入れて、白粉つけてやったくらいになりますな。

　彫刻家の平櫛田中という先生がいてな、書と一緒や。ええ木いうのは枯らして枯らして、ええ状態まで枯らした木やないと、ええ作品が生まれんの。八十、九十のときに百二十まで使う材料の木を買うてあったわ。悠長ゆうより、ロマンやな。ものすごい話やと、いまだに思いますわ。

3月8日

悲しみ、苦しみは仏様からのプレゼント

青山俊董　愛知専門尼僧堂堂頭
Shundo Aoyama

悲しみ、苦しみは「アンテナを立てよ」という仏様からのプレゼントだと私は思います。アンテナさえ立てていれば、必要とする人や物事に瞬間にでも出会えるし、立てなければ生涯一緒にいたって真に出会うことも、そこから教えを得ることもない。

そういう意味で、私の心に残っている出会いを一つご紹介しましょう。

随分前になりますが、奈良へお話をしに行った時に、ちょっと時間が取れたので久々に法隆寺を訪ねたんです。古い塀に沿って南大門のほうへ歩いていると、小学校の修学旅行生たちの集団が急ぎ足で私を追い越していく。不意に一人の女の子が列を抜けて、私に丁寧に合掌をして頭を下げてくれたんです。「あっ！」と思って、咄嗟に私も合掌をお返ししながら思ったんです。

「昔から〝親の言うとおりにはならないが、親のするとおりになる〟と言われてきたが、どういうご家庭で育った娘さんだろう。法隆寺へ来て、この娘さんに会えてよかったな」と。法隆寺は千五百年の歴史を持っておりますが、どちらかといえば過去形。いまの娘さんの合掌は瞬間ではあっても生演奏ですからね。

大変印象に残ったものですから、後に私の法話をCDにする際に、そのことにも触れました。そうしたら、あれはいまから何年前になりますかな、講演会でお話をして会場を出たところで、四十代くらいの奥様が眼にいっぱい涙を溜めて握手を求めてこられて、「三十三年前に、先生に法隆寺で合掌をさせていただいた者です。ずっとお目にかかりたいと念じておりました」と。もうびっくりしました。

たまたま雑誌の連載記事で私のことを知って、CDを求めて聴いたらその話が出てきたので、「これ私っ！」って躍り上がったっていうんです。

あの時、南大門の前を皆で移動していると、一人の尼僧が歩いていて、七色に輝いて見えたと。追い越してはいけないと思ったけど、一人止まるわけにもいかないので、「すみません、お先に失礼します」という思いで合掌をしたら、にっこり微笑んで合掌を返された。「そのお顔をしばらく拝んでいたいと思いつつ、心を残して走り去りました。それから三十年、ずっとずっとずっとお会いしたいと念じ続けておりました」と言うんです。

その方はいま、国際的なフルート奏者として活躍なさっていますが、まさにアンテナが立っていた。それから三十三年再会を願い続けたということ。願いの相続です。それによって見事に再会が果たされた。出会いというのは本当に不思議なものですね。

3月9日

一生の運命を左右する重大な能力

鈴木鎮一
公益社団法人才能教育研究会会長
Shinichi Suzuki

私はアメリカのお母さんにも日本のお母さんにもね、「あなたは素晴らしい教育者ですねえ」っていうとね、「何でございますか?」って聞かれるんです。で、「いや、あなたのお子さんをあんなに自由自在に日本語をしゃべれる人間にお育てになった。だから、あなたは素晴らしい教育者ですよ」というんです。そんなこと、気が付いた人、一人もいないですよ。でもね、これが教育の一番うまいやり方なんですよ。これを私が発見したのは、いまから五十五、六年前なんですが、どの子も四、五歳で立派に喋る。三千、四千の言葉を六歳ぐらいで喋っているんです。

こんな高い能力をみんな持っているのに、どうして一般の教育では「この子は駄目だ」というのか。これは教育が間違っているんだ、と気がついたわけです。本当に頭が悪ければ、その子どもたちはそんな高度な能力に育つことはできないはずですからね。で、私は早速母語の教育の条件について研究を始めました。

その結果、母語の教育では、能力を身に付けさせつつ、次第に能力を高めてゆく能力づくりの教育が行われているために、どの子も、優れた母語を喋る高い能力に育っていくということがわかった。

例えば、言葉が三つ四つ喋れるようになれば、お母さんはその三つ四つの言葉を喋らせながら、毎日話したりしている。そしてその三つ四つの言葉の毎日の訓練から、赤ちゃんには喋る能力が次第に身に付いていって、能力が高くなると、赤ちゃんは次の言葉を加えて、五つ、六つの言葉を喋り始め、毎日それを喋らせていると、能力が高まり、身に付き、知らん間に言葉は十になり十五になっていくわけですね。そのようにしてだんだん言葉を加えていって、喋る言葉の数も能力に従って、だんだん多くなっていくんです。それを毎日訓練して喋るので、加速的に多くの言葉を自由自在に喋れる能力になり、五歳、六歳ごろには三千、四千の言葉を自由自在に喋れる驚くべき高い能力に、どの子も育っていく。これが能力を身に付けてどの子も高い能力に育ってゆく教育法の秘訣でもあるのです。

このことに気がついた私は、直ちに幼児のバイオリンの音楽教育に取り入れていって、今日(こんにち)のスズキ・メソードがあるわけです。繰り返し、繰り返すことによって何事も身につく、能力となる。この鉄則を生かすことですね。

誰にも、それぞれに短所があります。その短所の中で、一番共通して多い短所は、「やるべきだと思いながら、ただちにスタートしない」ことです。すぐに行動に移す——これは人の一生の運命を左右するほど重大な能力です。この能力もまた、やることによってしか、つくれません。やり抜こうと決心する人はたくさんいます。誰でも決心することはできる。しかし、本当にやり抜く人は実に少ない。決心はしたがやらない。やっても、まもなくやめてしまう。それこそ、多くの人が経験して、よく知っていることです。どんなことでも、成功する道、ことの成否は、やり抜くかどうかだけにかかっているともいえるでしょうね。

優秀な大将は味方の長所と敵の弱点を知る

田辺昇一　タナベ経営創業者
Shoichi Tanabe

実際、伸びない会社というのはトップが自分に厳しくない。部下にたいしては百点取れと責める。自分に対しては五十点でね。これじゃ、部下はついてこない。

〝身正しければ令せずとも行う、身正しからざれば、令すとも行わず〟という言葉がありますが、トップの姿勢が悪ければ、いくら命令したって、ついてこないですよ。二号を囲ったりね、家族で食べた夕食代を会社の経費から落とすなんていうトップは問題外ですがね。そんな会社は、みんなつぶれてる。

例えば東京へ行って水を飲んだらお金を取られた。東京というのは水飲んでもお金取られるから暮らしにくいと考えるか、水でも商売になるなあ、と考えるかですね。時間でも、「もう、五分しかない」というのと、「まだ、五分ある」というのでは全然違います。「もう」か「まだ」の差は大きい。それを知ってるか、どうか。

主婦で言えば、月末に財布の中を見て、「あ、まだ三千円ある」と思う奥さんと「もう、三千円しかない」と嘆く奥さんがいる。前の奥さんは三千円でそれなりに夕食を盛り立てるでしょうが、あとの奥さんはあなたの月給が悪いからというような食卓を作ることになる。たった「二字」の差ですが、その姿勢、心構えには雲泥(うんでい)の差がありますね。

会社というのは集団心理なんです。そこのトップが、「ああもうだめだな、今日もだめだ」といってたら先から負けてしまいますよ。

私は赤字会社をたくさん立て直しましたが、優秀なるオン大将は味方の長所と敵の弱点を知る。愚将(ぐしょう)は味方の欠点と、敵の長所におびえます。その差ですね。優秀なる大将は、どんなに行きづまったときでも、考えつめれば道は必ずある、ということを知ってます。だから客観的条件に対して、どういう主体的努力をするかを考える。それがいい〝結果〟をもたらすわけです。

苦境に立った時は、プラスサイドから見直してみることですね。健康がある、よい女房がいる、とか。プラスの面を数えて、そのプラス要因を拾い集めて、戦力として最大限に活用することですよ。

逆に順境の時は、マイナス要因を調べて、逆境に備える心構えをする。これが将の取るべき態度でしょう。

困難を嘆いてちゃ、知恵はでてきませんからね。もうだめだといったら、知恵は湧いて来ない。だから、私なんか、裸一貫からやってきましたが、問題が難しくなると。ファイトが出るんです。いよいよ、自分の力を試すチャンスだ、と。

それをね、学者とか評論家は行動せざる世界にいるから、客観的条件、悪いことばかりいうわけですよ。私はね、困難に直面した時、自分の中から、どんな新しい能力を引き出していくか、そういうつもりで向かっていきましたね。

忘れ得ぬあの日のこと

松野三枝子
農漁家レストラン松野や店主
Mieko Matsuno

あの日のことは忘れもしません。二週間ぶりに点滴の針を抜いてお風呂に入れることになり、一人で浴槽に浸かっていた時でした。十四時四十六分、激しい揺れが襲い、湯船の中でグルングルンと引っ掻き回されました。

私は昭和三十五年、小学校一年生の頃に三陸海岸を襲ったチリ地震の津波で三歳だった妹と祖母を亡くしています。その経験があったため、地震が来た瞬間、海から四百メートルしか離れていない病院の三階にいた自分は助からないと半ば諦めました。

ところが最後のダダンッという大きな揺れによって、私はお湯と共に廊下に放り出されたのです。たまたま看護師さんが私を見つけてくれ、必死にバスタオルを一枚体に巻きつけ、二人で屋上めがけて走りました。窓から外の様子を見ると、五メートルはあった防潮堤の上に、真っ黒い津波が押し寄せるのが見えました。病院は市内で比較的高い建物だったため、近所の方も避難してきており、院内は大混雑。何とか非常階段に辿り着き、三段目に足を掛けた時でした。ゴゴーッという恐ろしい音と共にものすごい勢いの水が押し寄せてきたのです。私は上にいた方に手を引っ張っていただき、間一髪で水に呑まれずにすみましたが、すぐ後ろにいた方や点滴を刺したまま階段にうずくまっていた方が、まるでぬいぐるみのように軽々と、一瞬にして水の中に消えていきました……。

やっとのことで屋上に辿り着いたものの、助かったことに安堵する間もありませんでした。目の前でどんどんと人が流され亡くなっていくのです。ある若い男の子がガスボンベに必死にしがみついたまま病院のすぐ横に流されてきました。「助けてくれ!!」と大声で叫んでいるのが聞こえます。でも、屋上から手を伸ばしても届かない。しばらくすると濁流の中でガスボンベが垂直に立ってしまい、重さで沈み始めました。その男の子は叫びながら最後の最後まで手を伸ばしてもがいていましたが、ガスボンベと共に沈んでいきました。

その後間もなく、真っ赤な軽自動車が内陸に向かって病院の前を流れてきました。見ると若い女の子がハンドルを必死に掴みながら号泣している。おそらくエンジンが故障し、ドアも窓も開かないのでしょう。屋上にいた人たちと、山まで流されて木の枝に引っかからないかと祈りましたが、引き水になった時、その赤い車が今度は海に向かって流れていきました。皆、助けられるものなら助け出したかったはずです。でも何もできなかった……。防潮堤の上まで車が流されたその瞬間、パシャンと海に消えていきました。屋上にはただ虚しく、幾人もの人が「わーっ」と叫ぶ声だけが響き渡りました。

こんな若い子たちが流され死んでいく。そんなことが許されていいはずがない。薬漬けで末期がんの自分があの子たちの身代わりにならなくちゃ……。泣いている私に、看護師長さんはぴしゃりと言いました。「松野さん、泣いている暇はないんだよ！　私たちは神様から生かされた。助かった私たちは生きなければならないのよ」と。

3月12日

偉大な発明・発見の源泉となるもの

西澤潤一
東北大学学長
Junichi Nishizawa

研究で一番大切なのは、謙虚に忍耐強く何が本当かを追求することでしょうね。先覚者の偉大な発見、発明というものには慎重に対応はしますが、しかし、どこかに理解できないところがあったら、謙虚に忍耐強く実験をして、本当のところを追求することです。

一番悪いのは、自分で疑問に思っていながら、立派な先覚者が研究したことなのだから、その定義に合わないのは自分のほうがおかしいと簡単に処理してしまうことです。サイエンスというのは偉大な人の考えをうのみにすることではなく、自ら現場に立ち、自然現象を謙虚に研究するということなのです。日本の科学者はここを勘違いして、欧米の科学者の文献や発見にのみ気を取られすぎるのではないでしょうか。自ら実験をしなければ、何が本当なのかわかるわけがない。独創的な技術開発の決め手というのは、やはり、文献による勉強と自らの実験でしょうね。

華々しい発明物語などというものは私のような愚鈍な男には不向きとしかいいようがない。独創技術というのは、地味で地道な土方のような忍耐強さからようやく発現すると思っているからです。万里の長城を築くように、アホのようになって、とことん物事にこだわり、考え抜き、気の遠くなるような実験をこつこつと積み重ねるところからしか生まれない。私の生き方というのはそういうものなのです。

二十四、五歳の頃東北大学の生理学を担当していた藤田尚明さんが言っておられた。「日本では、頭のよいということを、頭の回転が速いという意味で使っています。でも、頭のよさには、もうひとつ別な側面があります。それは、〝頭が強い〟ということです」

この言葉を聞いた時、私は頭はいいほうでないから、せめて、「強い」くらいにはなりたいものだと思った。そのためにはスポーツ選手が自分の体を鍛え抜き、見違えるような筋力を作りあげていくように、自分は頭をいじめ抜くことだと考えたものでした。

私の経験から言えば、どんな大きな発明といえども、常にそれほど大きな飛躍があるものではない。ごくごく些細(ささい)な段差に気づいて、それを超えることができるかどうかで、後になって決定的な違いが出てくる。普通の人はこの僅かな差に気づかずに見逃してしまうか、気づいていても忍耐強く成し遂げようとしない。そして、その注意力というものは、現場でどれだけ試行錯誤を重ねてきたか、ということで修練(しゅうれん)されるのではないか、と私は思いますね。不審な現象に出くわしたなら、まず、原点に立ち返る。そして、疑いのない事実や理屈によってのみ説明を試みる。不完全であれば、不備な部分について実験をし、その実験結果が指し示してくれるところに則って、法則や原理を整理し、現象を説明し直してみること。その訓練の積み重ねが多ければ多いほど、緊迫したつばぜり合いに耐えて、目の前の事象を見逃さず、誤らず、判断できるようになるのです。それによって他の人よりもいち早く「わずかな差」を超えることができるのだろうと思う。発明・発見とはそうしたところから生まれるものなのです。

3月13日

細胞が記憶するまで練習する

広岡達朗　野球解説者

Tatsuro Hirooka

これは私の持論ですが、基本をそれこそ体の細胞が暗記するまで練習する。頭で「分かっています」では駄目なんです。細胞が記憶するまで練習をやれば、必ず人は育ちます。

監督になって、ある日、トレーナーが、「監督、これ以上やるとほとんどがパンクします。だから手を抜いていいですか」と言ってきたので、「ならん。手を抜いて、いままでどれだけ成績が上がった。ビリじゃないか。全員がパンクしてもビリはビリ、思いっきりやってくれ」と言ったんです。

このトレーナーが、監督はこんなことを言ったと選手に喋ったものだから、選手たちは「俺たちをバカにしやがって」と怒った。でも、ぼくの計算では、それだけシャカリキにやっている時には、パンクしないんですよ。油断した時にするんです。そうしたらみんな頑張って、その年は見事に優勝してくれました。

ヤクルトは昭和五十二年に二位、五十三年に優勝しましたが、その時の名ショートが水谷です。そうやって選手が育ってくると、やはり人間は育つとますます自信を深めました。ただし、それにはどうしたら答えが出るかという方程式を教えなければいけない。そのために「この子にはどの言葉がよいだろうか、この子はこの言葉でいこう」とその選手に合った具体的な言葉で教えていく。天風(てんぷう)理論でいえば、肉体の法則、心の法則です。

巨人（読売巨人軍）のように優秀な選手をどんどん入れて、選手同士を競争させて勝っていくチームなら、人を育てる必要はそれほどないかもしれない。だが、弱いチームの指導者となると、人を育てなければいかんわけですよ。そうすると「君たちね、あの選手はおまえたちより上手だ。しかし、永久ということはないんだよ。そのためにはこういうことをしたら、あそこまで楽に行けるんだよ」というような話法に変わるんですね。

3月14日

仕事の手は決して緩めてはいけない

佐藤文悟 元歯科医

Bungo Sato

今年、齢百三になる私を、一人の歯科医が訪ねてきた。娘が今度、歯医者になりました、と言う。私はそれはめでたいと言いながら、こんなことを述べた。「お嬢さんをあなたより一段高いレベルの歯科に勤めさせ、親のことを批判しつつ彼女が正しい道を歩めるよう、そして本人には悟られぬよう遠くからそっと見守ってあげてください」

すると後日、そのお嬢さんが挨拶にみえた。私は「あなたはよい職業を選ばれた。職場へ入ったなら、自分の師と仰ぐ先生の生活態度を問うのではなく、仕事に臨まれる姿勢、それを精一杯学んでください」と言い、餞の言葉とした。

人の仕事ぶりというものは、上の人も見ていれば、下の人も見ている。一人でしているような物事でも必ず誰かが見ている。時には喜びに頬を緩めることもあるだろう。ただし、仕事の手だけは決して決して最後まで緩めてはいけない。私はそう自分に言い聞かせてきた。

明治三十七年、新潟の田舎に生まれた私は、生来学問好きな性質で、勉強はいくらしても倦むことがなかった。しかし家は貧しい農家で、中学へ進学できる望みなどない。担任の教師が、この子を進学させてやってくれと頼みにいらしたこともあるが、父は「我が家より格式のある御宅でさえ中学へはやっていない。うちの息子だけやるのでは筋が通らない」と聞く耳を持たなかった。

それでも学問に対する欲求はやみ難く、ほぼ家出同然の状態で故郷を後に上京した。母はそんな私のために上等な着物を織り、出掛ける前にそっと渡してくれた。私が実業家の家へ書生に入ることができたのはこのためである。後になって奥様から「まだ幼くて暮らしも豊かには見えないのに、着物だけはずいぶんと良い物を着ている。きっと愛情深く育てられたのだろう、と思った」という話を聞いた。

入学した開成中学では学費を自分で稼ぎながら、懸命に学業に励んだ。進学したのは日本大学歯学部の夜学で、昼間は仕事をしながら深夜まで黙々と勉強を続けた。

貧乏であっても学問に食らいつき、どうしても一人前にならねばならぬと覚悟をすれば、それなりにモノにはなるものらしい。尊敬する川合渉校長から「日大で最高の勉強家だ」とお褒めの言葉をいただいたほど、夜も寝ずに勉強した。

わき目も振らず一心に学問に取り組んだのが良かったのだろう。治術の実習では、私の元へ診察を申し出る患者と同級生が後を絶たず、やがて日大の総代を務めることになった。卒業時には褒美として、大の大人が三人がかりでも動かせないような立派な診療台をいただき、生涯をこの仕事に捧げようと決意した。

家が貧しくなかったなら、私はあれほどまで熱心に勉強に励んだだろうか。それを思う時、貧乏であったことが、あるいは私の人生を幸せへと導いてくれたのではないかという気がするのである。

3月15日

人間は何でこの世に生まれてくるか知っているか

西端春枝　真宗大谷派淨信寺副住職

Harue Nishibata

一燈園の三上和志先生は警察関係の病院に招かれて入院中の人々や職員に話をされました。院長室に戻ると院長がお礼を述べた後に「実は余命十日の十八歳の卯一という少年がいます。不幸な環境で育ったこともあり、暴言を吐き皆に嫌われています。しかも開放性の結核なので一人隔離されて病室にいるのですが、せめて先ほどのようなお話を十分でも二十分でもしてやってもらえませんか」とお願いされました。二人は少年の部屋に入ります。院長はマスクにガウンの完全防御、三上先生は粗末な作務衣のままです。卯一は院長が「気分はどうか」と声を掛けても「うるせえ」と地の底からの声を出し相手にしようとしません。二人が諦めて部屋を出ようとした時、卯一と三上先生の目が合うんですね。その目は燃えるような人恋しい、孤独のどん底にいる目でした。先生は病気が感染することを覚悟で卯一を一晩看病させてほしいと頼みます。三上先生は荒れ狂っていた卯一をなだめながら骨と皮ばかりになった足をさすり始めました。

やがて卯一は自分が生まれる前に父親が逃げたこと、母親は産後すぐに亡くなったこと、神社で寝ては賽銭を盗んで食い繋ぐ生活を続けてきたことなどを話し始めるんです。そして一晩中足をさすり続ける先生に「おっさんの手、お母さんみたいやな」と言うんですね。

そのうちに粥を食わせてくれるよう頼みます。生ぬるいお粥さんが梅干しと一緒に置かれている。幾匙か口にした後、卯一は言うんです。「もうええ。おっさんもお腹空いたやろ。俺の残り食うてくれ」と。しかし結核患者が口にしたものです。先生は「一晩くらい食べなくてもいい」「そんな言わんと食うてくれ」「いい、いい」「おっさん、食えや」「私はお腹が空いていない」……次第に卯一の声の調子が変わっていくんですね。「親切そうにしているけど、おまえの真心はほんまか」と。先生は長い長い合掌をして粥をいただかれるんです。「我が子であればと思おうとするけど思えない」と先生は講演でおっしゃっていました。卯一が「長いこと拝むんやな、おっさん」と言ったと聞いて私はゾクッとしました。私もその場にいれば同じだったはずですから。粥を食べた先生に卯一は「おっさん、笑わへんか」と聞きます。「なんや、言うてみい」「いや、笑うやろ」「笑わへん」「それなら言うぞ。一回でいい。おっとうと呼ばせてくれ」一回は小さい声で「おっとう」、二回目には少し大きな声で、三回目にはありったけの声で「おっとーう！」と叫んで声を上げて泣き崩れたそうです。

先生も一緒に泣かれて「人間は何でこの世に生まれてくるか知っているか。人に喜んでもらうために生まれてくるんやよ」と諭されるんですね。そうしたら卯一が「おっさん、俺の話も聞いてくれ。おっさんあっちこっちに講演に行くやろ？　親を大事に思わん者が哀れな最期を遂げた、と俺の話をしてほしい」と頼みます。二人はそこで別れるのですが、卯一は「おっさーん」「おっさーん」といつまでも呼び続け、その直後にお浄土に帰っていくんですね。顔には静かに笑みを浮かべ、手は合掌していたといいます。

3月16日

石坂泰三の座右の銘──無事是貴人

宮尾舜助 石坂泰三元秘書

Shunsuke Miyao

東芝を立て直した石坂泰三(たいぞう)さんの手腕は、経団連会長時代もいかんなく発揮されました。当時、日本経済界に自由化を求める外国の声はピークに達していました。国際競争による生存の危機を感じた金融機関、自動車業界をはじめ国内の産業界はおしなべて大反対でした。しかし石坂さんは「外の風に当たってこそ強くなるんだ。自由化なしに日本の将来はない」と貿易や資本の自由化を堂々と主張。運動の先頭に立って政府を強く後押しされるのです。これが今日(こんにち)の経済成長に繋がったことは申し上げるまでもないでしょう。

昭和四十三年暮れ、日本の外貨準備高が二十億ドルを割る事態が起きました。日本経済危うしと新聞各紙が連日一面トップで報じ、国内が大騒ぎとなりました。そういう中、一人泰然(たいぜん)と構える人がいました。ほかならぬ石坂さんです。「日本ほどの技術力、経済力を有する国が、たかが二十億ドル程度の外貨準備高で我慢していると思うか？　見ていたまえ。じきに六十億ドル、八十億ドルになる。君たちつまらぬことで騒ぐんじゃないよ」

石坂さんと新聞報道のどちらの予想が的中したか。これも申すまでもありません。

このように石坂さんは、卓越した決断力と実行力、先見力で国家レベルの困難な課題を克服した稀有(けう)の財界人でしたが、もう一つ、その国際性も大きな魅力でした。外国の事情に通じ語学が堪能(たんのう)なこともちろんですが、何より海外の財界人たちの信頼が厚いのです。サンフランシスコの産業界のリーダーが、「日本の経済人を何人か知っているが、石坂さんは素晴らしい人だ。彼の傍(そば)にいると格別に話をしなくても彼の考えが伝わってくる。彼は考えていることと口に出して話すことが完全に一致している。だから安心できる」とおっしゃったことがありました。

思うに石坂さんのそういう人間性は幼少期から培われたものなのではないでしょうか。生活は決して豊かでなかったものの、学問好きの両親から四書五経(ししょごきょう)を教わり、青少年期は明治のよき旧制高校の校風の中、古典などに親しんで人格の基礎を培われました。さらに第一生命時代に創始者の矢野社長が海外留学を含め、石坂さんにできるだけ多くの社外の団体や会合への参加を促したことも、その後の財界活動や国際人としての視野に大きな影響を与えました。東芝時代は大変な困難の中、体を張って道をひらくことでビジネス哲学を体得されています。これらが真面目で素直、勉強好きという石坂さんの素地と相俟(あいま)って、財界総理と言われるほどの人物となり、困難な事業を花ひらかせたに違いありません。

晩年の石坂さんは数々の古典の書写を通して自分を見つめるのが日課でした。その中で好んで書いた言葉があります。座右の銘ともしていた「無事是貴人(ぶじこれきにん)」です。何事もないのが最上の人生という、困難に挑み続けた石坂さんの人生とはおよそ対照的な言葉のようですが、そこには無事であれ有事であれ、それを成長の糧として自らを鍛錬(たんれん)し進歩向上を続けた石坂さんの深い満足感が表現されているようにも感じます。

3月17日

勝者のメンタリティー

栗田大輔　明治大学サッカー部監督

Daisuke Kurita

高卒でプロに進む選手もいる中で、明治大学に進学したからには、求められるレベルが変わってきます。大学はそもそも自主的に学ぶ場であり、学生の本分は勉強です。従って、授業の出席や単位に関しては厳しく指導しています。学費を授業数で割ると、一つの授業は三千五百～四千円ほど。学生たちはちょっと疲れると授業をサボりがちですが、それは両親が必死に働いたお金をどぶに捨てるも同然。大学に進学しサッカーができていることなど、当たり前に思いがちのことにも感謝を忘れず、自分がなぜ明治大学に来たのかを自分自身に問いただし、大学四年間の意味を自分なりに考え、日々努力を積み重ねられる選手は必ず自分の手で人生を切り拓いていきます。

こうした私の思いや部の方針は、日々の練習やミーティングだけでなく、企業の経営計画発表会のように年度始めに語る場を設け、毎年繰り返し伝えています。

とはいえ、いくら人間性を磨いたところで、実力が伴わなければ元も子もありません。長年指導していると、こういう時に勝ち、こういう時には負けるという法則が肌感覚で分かるようになってきました。それを私は勝者のメンタリティーと表現しています。

一、チームに迷いがないこと。

全員の矢印が同じ目標に向かい、オン・ザ・ピッチ（コート上）だけでなく、オフ・ザ・ピッチでも日本一を追求し、どのチームよりも厳しく皆が集中力を高めているチームは絶対に負けません。

二、よい準備ができていること。

目標から逆算して今週やるべきことが明確になっているか、試合を想定して練習できているか。意識のレベルとスキルが揃った時は、試合前から勝利の確信を得ることがあり、ロスタイムでの逆転や交代選手の大活躍など、奇跡のようなことが連発するから不思議なものです。

選手にはよく「才能×努力×考え方」と伝えます。どんなに才能があってもその人が天狗になって自分の実力を過信したり、妬みや僻み、愚痴をこぼしていれば実力は絶対に伸びません。これは多くの先人が証明しているところです。努力は目には見えませんし、努力自体は「足し算」で、日々積み重ねるしかありません。それでもある時急に成長し、気づきを得て道が開けるのは、それまでの努力が才能や考え方と掛け合わさり、相乗効果が生まれるからです。

日々の努力と共に、私が大切にしているのが目標に対してやり切る力です。皆が夢や目標を持ち、「頑張ります」と口にはするものの、実際に毎日突き詰めた努力ができている人は案外多くありません。一日二十四時間は誰にも平等だからこそ、自分の人生をコーディネートする力を早くから身につけてほしいと願っています。また、才能のある人や周囲と比較しても意味がないので、過去の自分と比べて努力すること。努力にゴールはなく、満足したらそこで終わりだというのは、サッカーに限らずどの世界でも共通です。

3月18日

リーダーは時速百五十キロで全力疾走せよ

安藤忠雄　建築家

Tadao Ando

車の運転でもそうですが、ノロノロ運転していたら眠くなってぶつかりますけど、時速百五十キロで走っていれば居眠り運転なんかしないでしょう。

これは大企業でも、二十五人ほどの私の事務所でも同じで、リーダーは目標を明確にして、それに向けて可能な限り全力疾走していれば、緊張感があるからそんなに失敗しないと思うんです。

やっぱり居眠りができるような中途半端な走り方では駄目です。

時速六十キロ程度では油断が生まれます。百二十キロとか百五十キロとかの、どう見てもスピードオーバーであるという速度で走るべきです。

ぶつかったら終わる、と周りは忠告するかもしれませんが、突出するから必死な姿が見えます。よい仕事をするぞ、責任ある仕事をするぞ、と決心して本気で前を行くリーダーにこそ人はついていくものです。

特に若い人には、本気で仕事をするとはどういうことかを体感するためにも、全力疾走するリーダーになれと僕は言いたいですね。

僕は天職ということをあまり意識したことはありませんが、自分なりに納得できる仕事ができて、前進していければいいなと思いますね。そのことを通じて、やっぱり自分自身が生きているという、自分の存在を示していける仕事をやりたいと思っています。

頭の中にボウッと浮かんだイメージが、仕事を通してだんだん形をとってくる。そのことを通して、自分の存在を表現していきたいと思いますね。

皆さんから、うまく宝を探していい仕事ばかり来ますねと言われますが、目の前に宝があっても探せない人もいます。だから、出合った仕事をいい仕事にしていかなければいかんと思うんですね。

結構たくさん仕事は来るんです。だけど考えてみたら、三十代の終わりに日本建築学会賞をもらった「住吉(すみよし)の長屋(ながや)」というのは、延べ床面積たかだか二十坪くらいの家ですよ。普通はそんな小さな家はやらないですね。ですが、そういう小さな仕事でもいい仕事に仕立てていく努力が要ると思うんです。

3月19日

おふくろのおしめ

中條高徳　アサヒビール名誉顧問

Takanori Nakajyo

平成十七年、大庄社長・平辰さんのお母さんが天寿を全うされてこの世を去られた。この時のご挨拶のエッセンスをありのままにお伝えする。

「私たち兄弟は佐渡に生まれ、島で育ち、十八歳の頃上京しました。亡くなった母は現代版『おしん』かもしれません。祖父に子供がなかったので、末弟（私の父）が世継ぎとされ、父は海軍の軍人でしたので、船に乗っており、婿殿不在の平家に嫁いだのが母の八重でした。（中略）母は、子供たちのおしめ（おむつ）を古着の布の切れ端で縫い、汚れたおしめは、凍りつく川に運び、洗ってくれました。

冬の雪の降る日でした。母のその手は、あかぎれで割れ、腫れ上がっていました。血の出てくる割れ口には、ご飯粒を詰めることで耐えていました。そんな手であっても、「子供には少しでも温かいおしめを……」と赤ん坊が汚したおしめを洗ってコタツで温めておいてくれました。

食事をしながら、子供におっぱいを飲ませている時など、ビリビリと下痢のうんちをし、抱っこしている母の腿が熱くなってくると、食事を中座して、そのおしめをはずし、下痢でただれたお尻を、母は舌で舐め取っては吐き出し、吐き出しながらコタツで温めてあったおしめを取り換えるのでした。いまのように柔らかい紙はなく、紙といえば新聞紙くらいのものでした。また、柔らかい布もなく、おしめも布を縫い合わせているので、それで拭けば赤ん坊のお尻はさらに赤く腫れ上がってしまいます。母は、『子供が痛かろう』と自分の舌で、その下痢のうんちを舐めて拭き取り、その口で再び食事を摂ることも度々ありました。母は毎朝四時に起き、十二人の家族の朝食を作りました。そのまな板のトントンという音で私は目を覚ます毎日でした。

朝食が済むと肥料の糞尿を大きな細長い肥桶に入れ、天秤棒で担ぎ、一時間もかかる蛇の多い山道を、山の田や畑に運んでいきました。足をすべらせ肥桶ごと倒れ、うんちだらけになった思い出もあります。

野良仕事は、夜八時、九時に終わることも多く、常に星を見なければ家に帰ることはありませんでした。母が上京する時には、足が悪いのを忘れたかのように、米だ芋だと重いのにもかかわらず持ってきてもくれました。昭和五十七年、やる気地蔵を祀った『やる気茶屋』を始めた時、五十キロもある石の地蔵さんを背負って佐渡からやってきてくれて、びっくりしました。

母が死を覚悟した時だと思われますが、私に話しかけてきたことがありました。

『私はもう畑にも出られん。田圃にも行けん。仕事が出来なければ、人のためにならん。たとえ我が子であっても迷惑はかけたくない』と言い、その後自らの食を細めて〝水〟のみとし、大樹が枯れるが如く心臓を静かに止めていったのだと思います。

美しい　死にかた求め　自らの
食を細めて　枯れていく

偉大なる母に、無償の愛の尊さと大将の道をお教えいただきました」（原文まま）

3月20日

ブスの25箇条――宝塚歌劇団の伝説の教え

貴城けい　女優

Kei Takashiro

私が宝塚歌劇団を退団する一年ほど前だったと思います。ある時期から歌劇団の人なら誰もが目にする場所に貼り出された一枚の紙。そこには「ブスの25箇条」とありました。

いつ、誰が、何のために貼ったのか、誰に聞いても分かりません（しかもいまは外されているというから、ますますナゾです）。しかし、誰もがその貼り紙の前で足を止め、見入っていました。

「こうするとブスになる」という、この二十五の戒めは、何も女性だけを対象としたものではなく、人間としてのあるべき姿を逆説的に示したものではないかと思います。そして延いてはそれが人から愛され、運を呼び込むための資質といえるのではないでしょうか。

《ブスの25箇条》

・笑顔がない
・お礼を言わない
・おいしいと言わない
・目が輝いていない
・精気がない
・いつも口がへの字の形をしている
・自信がない
・希望や信念がない
・自分がブスであることを知らない
・声が小さくイジケている
・自分が最も正しいと信じ込んでいる
・グチをこぼす
・他人をうらむ
・責任転嫁がうまい
・いつも周囲が悪いと思っている
・他人にシットする
・他人につくさない
・他人を信じない
・謙虚さがなくゴウマンである
・人のアドバイスや忠告を受け入れない
・なんでもないことにキズつく
・悲観的に物事を考える
・問題意識を持っていない
・存在自体が周囲を暗くする
・人生においても仕事においても意欲がない

夢や願望といった壮大なことではなくとも、「人としてよく生きたい、美しく生きたい」という思いは、誰しもに共通したものだと思います。なんでもいいのですが、例えばこの「ブスの25箇条」を読んで、まずは「自分ってどうなんだろう」と振り返ってみることが第一歩ではないかと思います。

最初はすべて当てはまっていてもいいのです。「よし、一つずつクリアしていこう」と決意し、実践する。そしてそれを継続した人のみが成功し、必然的に運をつかむ人になるのではないかと思います。

一日でクリアできる人もいれば、十年かかる人もいるでしょう。しかし、自分の歩幅に合わせて、少しずつでも前進していくことが、結果としてその人の人間力となり、魅力となる。そうなれば、運のほうから自分のところへやってくるのではないかと思っています。

3月21日

仕事は自らつくり出していくもの

安井義博　ブラザー工業会長

Yoshihiro Yasui

四十年前の日本は高度成長期でミシンも造れば売れる時代でした。確かに業績は堅調だったのですが、当時のブラザーには生産技術部はあっても、研究開発部や技術部がなかったんです。例えばブラザーはその頃からミシン以外にもタイプライター、家電など多角化を進めていたのですが、ミシンという伝統の生産技術では神様のような存在がいても、研究開発プロセスは標準化されていなかった。つまり開発管理が行われていなかった。どのタイミングで研究開発をして、企画会議を開いてそれをもとにどのように試作をして量産試作、生産に入るかといったステップがバラバラで明確ではなかったんです。

ちょうど私が入社して間もなく同期入社の人事、営業、技術などの有志が集まって「いちゃもん会」というグループができましてね、会社の悪いところ、足りないところを提言する、いい意味でのいちゃもんをつけようというわけです。そこで私も会社の理解を得て開発の標準化を提言していったんですが、その時、参考にしたのがアメリカでの体験だったんです。ケーススタディーで覚えたものよりも、実際、友達や知人の紹介で百五十近くの生産現場や流通、研究所など様々な業種を見ながら、日本では考えられないスーパーマーケットの流通機構や販売システムに学ぶところが多かったですね。暇な時は一人カフェテリアに入って、店員の動きや自動食器洗い機の仕組みを、じっくりと観察したものです。帰国した私は、米国流の販売システムの導入などを次々に提言していきました。

若い時から、仕事は与えられるものではなく自らつくり出していくものという意識を持っていましたね。それで、自分が与えられた仕事は、決められた時間の八割で終わらせるよう、工夫してスピードアップを図ってきたんです。皆夜の九時、十時まで残業していたのですが、私はまだ若かったですからね。正直言ってデートもしたいし、好きなスキーもやりたい。そこで自分の仕事は早く終わらせて残りの時間で自分のしたい仕事をしようと思ったんです。その一つが、設計でよく使う計算を表にまとめたことでしょう。ギアの歯車一つにしても、設計図を書く時は、大変細かい計算が必要になるんです。しかし、高機能計算機がなかった当時は、設計者が手回し計算機を使って、いちいち計算をしなくてはいけなかった。その時間を短縮できれば、設計者は本来の仕事にもっと集中できるだろうと、よく使う計算だけを表にまとめたわけです。与えられた仕事ではないので私がやる必要はなかったのですが、皆が効率的に仕事ができれば、とそう思ってやったことなんです。

時間管理という面でも父親は大変厳しい人でしたね。例えば、食事の時間に遅れようものならこっぴどく叱られました。こっちにも仕事があるわけですが、言い訳は通じない。「駄目だ。約束した以上は守れ。人間であれば、二十四時間は誰もが皆平等に与えられている。時間は遅れたら借りができる。しかも、その借りは絶対に返すことができない」。そう教えられました。

3月22日

私が詩を書く理由

坂村真民　仏教詩人

Shinmin Sakamura

私が詩を書くのは、母の大恩を思うたび、詩に精進（しょうじん）することによって、少しでも恩を返したいからです。

母に関して、私にはいまだに忘れられない夢のような美しい思い出があります。それは、まだ幼い私をおんぶした母が、田んぼの中にある共同墓地に行き、「乳が多くて」「乳が出てきて」といいながら、乳も飲めずに死んでいった童男、童女の墓石に白い乳をしぼってはかけ、しぼってはかけて拝んでいる姿です。体格のよかった母は、私の妹に飲ませて、なお余りあるほど乳が出ていたんでしょうね。本当にたらちねの母という言葉通りの大きい乳でした。

私が三歳くらいの時のことです。私はいまでも、その墓地で、おふくろが乳をかけて回っている姿がはっきり浮かんできます。

「これはなあ、乳も飲まんで死んでいった子よ。だから、乳を飲ませてあげるのよ」

というて。私は、母がよう四歳の私を連れていってくれたと思うんです。私が今日信仰をしっかりと持つことができたのは、深く掘り下げていくと、ここに行き着く。だから、私は若い母親たちに必ず、いうんです。こういうことは見たことも聞いたこともないだろうが、しなさいや、と。そしたら、子どもが見とる。それだけ見せたら、あと、しつけもなにも要らん、と。

だから、幼い子になにを刻みつけてくれるかということ、三つ子の魂の中に、なにを注ぎ込んだかということです。

母との最後は「木葉（このは）」という小さな駅で、私を見送ってくれたときです。そのときはこれが最後とは思っていませんでしたが、列車が来るまでベンチに一緒に腰をかけてた。私たちの前に、老夫婦が腰かけてました。

私は四国に帰ったら、当分来れないから、いろんな話をしよったら、母が私をつつくんです。

「黙っとれ、向かいの夫婦の話を聞くんだ」

と。それは、その老夫婦が、娘が離婚されて帰ってくる、そのつらさを二人で話しよるんですね。そういう人たちの話、世の中のいろんな人の苦しみ悩みに耳を傾けるんだ、と。しんみり聞いとくんや、と。

これも、おふくろがぼくに最後に示した教えです。大慈大悲（だいじだいひ）というのはこれだと思いましたね。そういうおふくろは、やっぱり偉いなあと思いましたね。

3月23日

荒川道場の日々を支えたもの

王 貞治
福岡ダイエーホークス監督

Sadaharu Oh

荒川博さんの所へなぜ行くようになったかというと、この人の言う通りにやっていれば打てるようになれると信じられたからですね。打てるようになりたいという強い思い、そして打てるようになれそうだというものがあったからこそ毎日行けたんだと思うんです。

後楽園で試合があるというとグラウンドに行く前に荒川さんの家に寄って素振りして、で、荒川さんと一緒に野球場に行く。試合が終わるとまた荒川さんの家に寄って素振りをする。「きょうはこれまで」と言われるまで黙々と素振りを続けましたね。急に用事ができて荒川さんが出かけてしまっても、帰ってくるまで一時間でも二時間でも素振りを続けた。それほど荒川さんを信頼していました。肉体的には苦しいこともありましたけれど、精神的には、こうやっていけば打てるようになれるんだと信じていましたから、継続ができたんだと思います。

一人で道を切り開く人の場合でも、そのきっかけはどなたかから与えられているわけですよね。私の場合は中学のときに荒川さんに出会って、その後も不思議といろいろご縁があって、ジャイアンツでそれこそ鍛錬の世界に入るくらいの稽古をしていただいた。野球選手なら誰でもバットスイングの練習はしますが、そんなものは単なる自己満足程度というか、そこら辺を撫でている程度の練習です。ところが荒川さんのは気を緩めたら怪我をしそうな稽古です。真剣勝負という感じでやりました。ですから真冬でもちょっとやるとすぐ汗が吹き出ました。

しかし自分がいま教える立場になってわかるんですが、荒川さんが一番大変だったと思います。教える側であれだけの情熱を持って日々選手とともに鍛錬できるという人はそうなかなかいないです。ですからいい師匠を持って感謝しています。荒川さんとの出会いがなかったら私の野球界での成績はなかったと思います。

私のホームランの記録を、周りの方はすごいなあとおっしゃってくださいますが、打てるようになりますと不思議でも何でもない、当たり前のことなんです。そんなことは口では言いませんでしたが、気持ちの中では、自分のできることは全然不思議じゃない。自分がそのレベルに達すると当たり前のことになる。そして、今度はもっと遠くへ飛ばしたいし、もっと数も打ちたいという欲が出てくるわけです。

しかし前年にホームラン王になっても翌年にはまたゼロからのスタートですから、今年も打てるだろうかという不安が常にある。世間は今年も王はホームラン王を取るだろうと思っているわけです。皆さんの期待が大きければ大きいほど不安も大きいんですね。だからまた練習をやる。自然に練習をやるようになる。いい結果が出れば出るほど、いい方へいい方へ回っていくわけです。苦しいと思いながらやっていた練習も当たり前のことになりますし、いい結果が出だすと楽しいものになっていくんですね。

3月24日

小児末期がん患者への涙の演奏会

渕上貴美子
杉並学院中学高等学校合唱部指揮者
Kimiko Fuchigami

小児科の末期がん患者の病棟に演奏をしに行った時のことです。寒い時期だったんですが、扉を開けると、物凄く暑くて、狭い部屋だったんです。目の前には、本当にこの子がもうがんなんだろうか、と思うような赤ちゃんから、放射線で髪の毛がぼさぼさになってしまっている子、頬（ほお）全体が陥没（かんぼつ）して顔が半分ない子だとか、そんな状態の子たちがたくさん……。

その子たちの前で、私たちは部屋の隅っこのほうにへばりつくように立ちました。敷かれたホットカーペットの上には、お母さん方も座っていたり、廊下にはドクターや看護師さんの姿も見えました。私は壁の一番端に行って、指揮棒を振ったんですが、もう涙が止まらなくて、本当に……。私の目の前で、お母さんが乳飲み子をギューッと抱えながら、涙をポロポロ零（こぼ）すんですよね。あぁ、自分の子はこんなに大きくなるまで育つことができないんだ、とか、いろいろ思われたんじゃないかと思うんですが、看護師さんもドクターも皆泣いていらして、泣いていなかったのは、当のがんの子供たちだけで。私も我慢しなくちゃ、と思うんですが、もう悲しくて悲しくて、生徒たちも涙をポロポロ零しながら、でも必死に笑顔をつくって、一所懸命歌って。

そしたら歌が終わった後に、髪の毛のない子や顔の陥没した子たちが「お姉ちゃんたち、どうして泣いてるの」って言うんです。看護師さんが「あなたたちがあんまり一所懸命聴いてくれるから、お姉ちゃんたち感動しちゃったのよ。楽しかった?」と尋ねました。するとその中の一人が「すごく楽しかったぁ。大きくなったらお姉ちゃんと一緒に歌いたい」って、もう私、本当に胸が張り裂けそうで……。その時に、心から、あぁ歌は素晴らしいと思いましたし、いま生きていて、自分のできることを一所懸命やることが、どんなに大切なことかをすごく強く感じました。

その帰りの電車の中で生徒から「先生、あんなに皆を悲しませちゃって、私たちが合唱をしに行ったことは本当によかったんでしょうか」と聞かれたんです。何しろあの場にいた大人たちがあまりにも涙を流していましたから。その時に私は「うん、よかったんだよ。たぶん、お母さんも、病院の先生も、看護師さんも、皆悲しくて、もう泣きたくて、泣きたくてね。でも、いま一所懸命生きている子たちの前で泣けないでしょ? それを、あなたたちの歌で感動したふりをしてね、思いっきり泣くことができたからよかったのよ。明日からまた笑顔で頑張っていけると思う」と言ったんです。すると生徒が「そうか。じゃあ私たちの歌で少しは楽になったのかな?」と言うから「そうよ。そして歌を聴いていた子たちが『お姉ちゃんと一緒に歌いたい』と言った。生きよう、って。いや、生きるということは分からないかもしれないし、もしかしたら一か月後には命がない体かもしれないけれど、少しでも希望を持って生きようとしたということは、素晴らしいことだから」と話して、お互いに感動しながら学校に戻ったことがあるんです。

3月25日

「なぜ？」を五回繰り返せ

張富士夫
トヨタ自動車相談役
Fujio Cho

現場では、まず疑問を持てとも教わりました。そのために、「なぜ?」を五回繰り返す訓練を徹底的にさせられました。

大野耐一（たいいち）も鈴村喜久雄も、何かトラブルが発生して報告に行くと、決して「あぁ、そうか」では済ませてくれないんですね。「昨日は予定の台数を造ることができませんでした」と言うと「なぜだ?」。「この機械が故障したからです」「なぜだ?」。「油漏れがしたらしいです」「なぜだ?」。そのへんからもう分からなくなって口ごもっていると「馬鹿もん!」と雷が落ちるんです。

仕方がないから今度は故障した機械の所へ行って、「なぜボルトが緩んだんだ?」「なぜ油が漏れたんだ?」と、「なぜ?」を五回、六回と繰り返すうちに、「そうか、ここがまずかったのか」と真因に辿り着く。そこで手を打つと、二度と同じトラブルは起きないわけです。

一番まずいのは、ボルトが緩んでいるのを見つけた時に、ただ締め直しただけで済ませてしまうことです。「なぜだ?」と追及して真因を解消していないと、後でまた緩んで油漏れを繰り返してしまい、大目玉を食らうわけです。

若い頃に大野や鈴村からうるさく言われ続けたおかげで、最低五回は「なぜ?」を繰り返すのが私の癖（くせ）になってしまいました。これは仕事に限らず、例えばお腹が痛い時に「なぜ?」を繰り返して、健康のことをいろいろ考えるようにもなりました。社長に就任した時も従業員に、各々（おのおの）の職場で「なぜ?」を繰り返して真因を突き止めることの重要性をお話ししました。

3月
26日

負けた子の分まで勝たなきゃいけない

吉田栄勝
一志ジュニアレスリング教室代表
Eikatsu Yoshida

私は娘の沙保里によくこんな話をしてきました。「もしおまえが途中で負けてしまったら、おまえに負けた子がまた泣いてしまうぞ。だからおまえに負けた子の分まで勝たなきゃいけない」と。

一方、女房は二〇〇八年に連勝記録が百十九で途切れた時「いままでおまえが勝たせてもらったその裏で、他の子は皆泣いていたんだよ。一度負けたくらいでクヨクヨするな」と言いました。連勝の記録ももちろん大事ですが、やっぱり人間、負ける悔しさというのを覚えていってこそ、本当の成長へと繋がるのだと思います。

詰まるところ、よい指導者とは、選手の気持ちになっていまこの子は何を考え、何を求めているかがしっかり分かる人と言えるのかもしれません。

練習で手を抜くと、どうしても試合の時、自分自身に負けてしまうんですよね。相手を前にして、あぁ、この子強いなと思ったら、もうその途端ぐちゃぐちゃになってしまう。

だから私は練習の時、相手がいくら強くて大きくても「怖くないっ、下がるな！」と言うんです。体にグッと力を入れて踏ん張ることを覚えろ、と。

自分より大きな体だとそれだけで勝てないと弱気になる子が多いんですが、そうじゃない。大きかったら大きいなりの弱点があるから、それを自分でうまく見つけなさい。小さくても小さいなりのいいところがあるから、それを自分で見つけなさい、とにかく一分一秒でも力を抜いたらダメだ、全身全力を振り絞れなければ、試合には勝てないよって。

3月27日

人生で成功する人、失敗する人

渡辺 尚 元パソナキャリア社長

Takashi Watanabe

私はベンチャー立ち上げの頃からカウンセラーとして五千人を超えるベテランビジネスマンと面談を重ねる中で、仕事や人生に成功する人、失敗する人には驚くほど共通した点があることに気づきました。

一つは会社や上司への愚痴、悪口、不平不満などマイナス言葉、否定語の多い人は人生でも仕事でも決してうまくいかないという点です。よい大学を卒業し一流企業に籍を置きながら、レールを外れ辞めざるを得なくなる人の中には、マイナス言葉のオンパレードという人が少なくないのです。自分の損得にこだわる傾向にある人も、長期的に見たらうまくいっていません。

すぐに次の就職先が決まったとしても、その方が以前と変わらないマイナス言葉のままだと、短期間で辞めることになってしまいます。理想的な仕事に恵まれても、その環境の中で愚痴や不満のネタを見つけ、同じことを繰り返すからです。

一方、再就職に限らず物事が順調にいく人は、その多くが感謝や褒め言葉のようなプラスの言葉を発し、周囲を和ませる明るい雰囲気の持ち主です。

このように考えると、人間は普段思っているとおり、発している言葉どおりの人生を送ると言ってよいかもしれません。これは決して精神世界の話ではなく、お会いする方の言動や履歴書、職務経歴書を見るうちに、私が強く感じた、ある種の法則のようなものなのです。

私たちは自分の心を変えようと思っても、なかなかうまくいきませんが、習慣を改めることは可能です。人生や仕事を幸せに導く第一歩は言葉を変えることであり、再就職支援で重要視するところです。

ところが、マイナス言葉ばかり発している方は、自分でなかなかそれに気づきません。しかし、なかなか就職が決まらず何度も挫折を経験する中で、謙虚になっていかれるケースを数多く見てきました。物事を謙虚に受け止めるようになることで、知らず知らずのうちにネガティブな考えやマイナスの言葉遣いが変化し、そのことが人生の転機となり、新しい職場で活躍されるのです。

3月28日

一歩一歩上がれば何でもないぞ

岡村美穂子　大谷大学元講師

Mihoko Okamura

鈴木大拙（だいせつ）先生が私たちに伝えようとされたメッセージの一つは、人間には「計らい」即ち「作為的な自我の働き」があることを知ることではないでしょうか。私たちは自我の働きで自分で自分を小さな枠に閉じ込めて不自由にしてしまいます。そしてどうにもならなくなってもがき苦しみます。

だけど、これがまさに人生の矛盾なのでしょうけど、その枠がないと本当の自由が分からなくなってしまいますよね。

自我をなくすには、まず必死になることだと私は思います。「自分はなぜこのような未熟な人間なのだろうか」と深く反省して苦しまないと、自我を超えようという気持ちは湧き起こってはきません。

そのように考えると大拙先生は九十五歳で亡くなるまで「願」に生き抜かれた方でした。「まだまだだぞ」という言葉を最後の最後まで使っていらして……。

先生が亡くなるまでお住まいになっていた鎌倉の松ケ岡文庫に行くには百三十段の高い石段を上らなくてはいけません。先生も九十歳を超えられて、新聞記者の皆さんが見える度に「大変でしょう」と心配されるんですが、先生は「いや、一歩一歩上がれば何でもないぞ。一歩一歩努力すれば、いつの間にか高いところでも上がっている」と。これは無心についておっしゃった言葉です。

だから、下にいるのに上のほうばかり眺めてね、「上るのは難しい」と思って動かないでいる人と、大拙先生のように一歩一歩静かに進んでいこうとする人がいるわけです。私は大拙先生のそういうお姿を理想として歩んでいきたいと思っています。

3月29日

避難三原則――釜石の奇跡はかくて起こった

片田敏孝
群馬大学大学院教授

Toshitaka Katada

釜石で行った防災教育で、特に重きを置いたのが〝自然に向かい合う姿勢〟を子供たちに与えるということである。そして彼らに伝えたのが、次に挙げる避難三原則だった。

一つ目は「想定にとらわれるな」。端的に言えば、ハザードマップ（災害予測図）を信じるなということである。最初に取り組みを始めた鵜住居小学校は、マップ上では浸水想定区域外にあったため、子供たちは「自分の家は安全だ」「この学校も大丈夫だ」と安堵していた。しかし、災害時に非常に多いのは、マップの想定に基づいた行動を取って人が亡くなるケースである。

そこで私は子供たちに、「ハザードマップはあくまで想定にしかすぎない。相手は自然なのだから、どんな想定外のことも起こり得る。先生が大丈夫と言ったから安全だ、といった受け身の姿勢でいては絶対にダメだ」と伝えた。

二つ目は「その状況下において最善を尽くせ」。ここでは、今回の地震発生時、釜石東中学校の子供たちが取った行動を紹介したい。三月十一日午後二時四十六分、約五分間にわたる激しい揺れが続いた。教頭先生が校内放送で避難を呼び掛けようとしたが、停電によって音が流れない。しかし、部活動をしていた中学生は、すでに揺れている最中から自らの意思で校庭を駆け出し、隣の鵜住居小学校に向かって「津波だ。逃げるぞ！」と大声で叫んでいた。

児童たちは当初小学校の三階に避難していたが、日頃から中学生と一緒に避難する訓練を重ねていたので、その声を聞いて一斉に校舎を飛び出し、中学生と合流して避難を始めたのである。そして彼らは予め指定してあった避難所に辿り着いた。しかし避難所の脇にある崖は崩れかけており、海へ目をやると津波が防波堤に当たって激しい水飛沫を上げている。この様子を見たある男子生徒が「先生、ここじゃダメだ」と言って、さらにその先にある施設へと移ることを提案。無事全員が移動し終えたわずか三十秒後、最初にいた避難所は津波にさらわれることとなった。当初、学校は津波に浸からないものとされていたが、校舎の三階に車が突き刺さっているほどだから、屋上まで冠水したことは疑いがない。もし想定にとらわれて、学校や最初の避難所にとどまっていたとしたら、命を守ることはできなかっただろう。

三原則の最後は「率先避難者たれ」。もし〝その時〟がきたら、他人を救うよりも、まず自分の命を守り抜くことに専心せよ、という意味である。今回の津波でも、大声を出しながら全力で駆け出した中学生たちが児童を巻き込み、大挙避難する彼らの姿を見て、住民の多くも避難を始めた。子供たちは文字どおり率先避難者となり、周りの大人たちの命をも救ったのである。

3月30日

生きることが常に楽しみになる考え方

玄侑宗久　作家・福聚寺住職

Sokyu Genyu

禅では生死（しょうじ）の世界ということをいうんですが、これは生まれたり死んだりを繰り返す変化の世界ですね。だから生死は変化のことで、その変化を導く因果や縁起というのは、われわれがすべて見ることは不可能なんですね。

では、見えない因果や縁起に対してどうするか。それは、今日なら今日、この一時間なら一時間で生まれて死ぬっていうふうに区切ってしまうことだと思うんです。独立した今日、独立した今であって、連続していないと考えるわけです。その考え方を禅では「日々是（これ）好日」と言います。毎日毎日が独立して良い日なんですね。

そう考えると、死というものは一日一日の中にある。例えば今日一所懸命何かをやるのも、将来の果報を期待して我慢してやっているのでは、その先が来ないと納得できない。だから、今日やっていることのご褒美は今日もらってしまう。つまり、今日一日とても楽しかった、素晴らしかったと思えば、今日のご褒美は今日全部もらえて、たとえ明日は来なくてもチャラ。将来に貸しはないわけです。

よく檀家（だんか）さんが亡くなった時に「これまでずっと働きっ放しで、これからいい時間をゆったり過ごせると思っていたのに残念です」って家族の方が言うんですが、そういう〝これから〟っていうのは来ないんです。だから毎日毎日、充分人生を楽しんだ、将来に貸しは残していないと言える状態にしていくべきじゃないかと思うんです。

そう思うために禅では「知足」（足るを知る）という言葉を用います。既に全部いただいて具（そな）わっているわけですからね。私が男に生まれたことも、三春（みはる）（福島県）に生まれたことも、例えば何か怪我（けが）したらその怪我したことも含めて、全部何か意味があって起こっていることですし、過不足ないというふうに信じていれば不満を感じることもない。

で、時間を連続して捉えませんから、一生のうちのピークはいつだという考え方も私はしません。例えば私はいま四十七歳ですけど、四十六年間待ちに待った年がいま来た、と考えるんです。六十五歳の人は六十四年間待ちに待った最高のいまが来ているわけで、いつだっていまがピークなんです。欧米的な、計算能力とかロジカルな認識能力とかいわば左脳の機能を中心にしたいまの社会生活の中では、五、六十代にピークが来てあとは衰えていくと思うわけですが、そうではなくて、ドゥーイングが衰えても豊かなビーイングと接する時間がその後来るわけですから、その意味では、人間というのは一生高まり続けていくと思うんです。

だから自分の人生に自分で物語を被せて不自由にすることはないと思うんです。自分には「既にすべてが与えられている」ということ、そして「すべてのことは自分が何かを学び、深まるために起こる」ということを自覚して、常にどう変わるか分からないいまを尊く生きることが人生の大切なテーマだと思います。宇宙は進化し、私も進化し続けて、死の間際に最高潮（ちょう）に達する、と私は確信してますね。だから生きることが常に楽しみなんです。

3月31日

死の壁を越える――わがビルマ戦記

日野久三郎　弁護士

Kyuzaburo Hino

間もなくやって来た英軍に兵器はすべて没収され、捕虜になりました。生きて虜囚の辱めを受くるより、死して悠久の大義に生きるべし――戦陣訓の言葉が虚しく頭をよぎりました。感情を差し挟むほどの情緒はすでにすり切れていました。兵は毎日早朝から使役に駆り出されていきましたが、病床に臥す私は一人小屋の中に放置され、窓から雨の滴を来る日も来る日も眺めていました。

飲んでいたマラリアの薬を水に溶かすと鮮やかな黄色が出ました。これに使い古した赤青のインクを薄めて混ぜると肌の色が出ました。さらに練り歯磨きを加えると、ムラがなくなり色が安定しました。手元にあった英軍用のレターペーパーに、巷間で散見したビルマの女性の姿を思い出し、空想のビルマ娘を描いてみました。なぜか表情は日本女性となって、自ら描いたその遠くを見る目に安らぎを覚えました。私は憑かれたように描き続けました。一枚描くたびに、私の心に少しずつ情緒が取り戻されてくるのを感じました。

もともと絵心もなく、以後再び絵筆を執ったこともありません。凄まじい体験と、それによって破壊された心の荒廃があってこそ描けたものであり、ビルマでの死闘を締めくくる貴重な記録なのです。私は復員時に厳重な検閲の目を逃れて十八枚の絵を持ち帰り、金庫の中に大切に保管していました。

六十年もの歳月を経たいまは、あの体験はまるで自分のことではないようにすら思うこともあります。しかし、心の底では確かに生き続け、私を支え続けてくれました。

復員後、私は中央大学を経て司法試験に合格し、弁護士資格を取得。嶋中事件、共和製糖事件、中川一郎怪死事件、小池隆一氏商法および証券取引法違反事件、リクルート事件等々、数々の刑事事件を手掛けてきました。

しかし、そうした弁護活動にも増して力を注いできたのが後進の指導でした。能力があってもチャンスに恵まれない若者の力になることは先輩の義務と考え、昭和九年に設立以来、法曹界をはじめ各界に一流の人材を輩出してきた中央大学の名門研究室「真法会」に籍を置き、平成三年まで理事長として後進の指導を続けてきました。そこから巣立った教え子たちは法曹界の主要ポストの多くを占め、また受勲の名誉に浴する者も多数出ました。

国家社会のために有為な人材を育成したいと考えていた私は専門知識はもちろん、とりわけ会員の人間教育に力を入れました。新しく入った者にはまず礼の仕方から叩き込み、先輩には敬の心で接することを徹底させました。会合では一会社員の先輩に後輩の代議士が席を譲ることも普通でした。人間教育を通じて公の立場を全うできる人材の育成を目指してきたのです。司法試験に何度も落ちて泣いている者に言って聞かせた言葉があります。

「越えても越えても峠あり。しかし、必ず峠は越えられる」

途中で挫けず、とことん最後まで意志を貫けば、必ず道は開けてくる。凄惨な戦争体験を経てつかんだこの言葉によって、私自身もきょうまで支えられてきました。

4月 April

松原紗蓮（浄名寺副住職）
濵田総一郎（パスポート社長）
久松シソノ（永井隆記念国際ヒバクシャ医療センター名誉センター長）
新 将命（国際ビジネスブレイン社長）
林 覚乗（南蔵院住職）
行徳哲男（日本 BE 研究所所長）
田村一二（茗荷村創設者）
畑 正憲（作家）
碇 浩一（精神科医・元福岡教育大学教授）
柏木哲夫（金城学院大学学長）
野村 萬（狂言師）
上月照宗（永平寺監院）
山元加津子（石川県立小松瀬領養護学校教諭）
朝比奈 隆（大阪フィルハーモニー管弦楽団常任指揮者）
平 光雄（社会教育家）
太田 誠（駒澤大学野球部元監督）
伊波敏男（作家・ハンセン病回復者・NPO 法人クリオン虹の基金理事長
「ハンセン病市民学会全国交流集会 in 長野」実行委員長）
安積登利夫（アサカテーラー創業者）
佐野俊二（カリフォルニア大学サンフランシスコ校外科学教授）
齋藤 孝（明治大学文学部教授）
森光孝雅（八天堂代表取締役）
小澤竹俊（めぐみ在宅クリニック院長）
海老名香葉子（エッセイスト）
田中寿雄（元オムロンフィールドエンジニアリング副社長）
国分秀男（東北福祉大学特任教授・元古川商業高等学校女子バレーボール部監督）
田中真澄（社会教育家）
星野富弘（詩画作家）
山本征治（日本料理・龍吟代表）
織田友理子（NPO 法人 PADM 遠位型〈ミオパチー患者会〉代表・一般社団法人 WheeLog 代表理事）
古巣 馨（カトリック長崎大司教区司祭）

4月1日

仏道は待ちて熟さん

松原紗蓮　浄名寺副住職

Shoren Matsubara

張り詰めていた神経の糸が切れたのは中学二年の時です。役所にある書類を提出する際、庵主様から「実はねぇ」と言って出生の秘密を打ち明けられたのでした。聞けば両親は私が幼い頃に離婚し、母親が再婚する際、娘の私をお寺へ預けたというのです。自分は生まれてきてはいけない存在だったんだ。一体何を信じて生きてきたのだろう？　事実を知った私は頑張るということに疲れてしまいました。

そして三か月間泣き通した後、私が選んだ道は、髪の毛を金色に染めて、耳にピアスの穴を開け、あらゆるものに歯向かい、強がって見せることでした。暴走族の仲間たちと一晩中走り回り、家出を繰り返す毎日。十四歳で手を出した薬物はその後七年間、一日としてやむことがなく、私など消えてしまえ、という思いから、幾度となく自傷行為を繰り返しました。

心配をした庵主様は、私が二十歳になった時に「最後の賭け」に出たといいます。私を京都の知恩院へ二十一日間の修行に行かせ、そこで尼僧になる決意をさせようとしたのです。金髪のまま無理やり寺へ押し込められた私は訳が分からず、初めのうちは反発ばかりして叱られ通しでした。ところが十日目を過ぎた頃、教科書に書かれてある仏様の教えが、読めば読むほど、庵主様の生き様そのものと重なることに気づいたのです。例えば「忍辱」という禅語があります。私がグレていた七年間、普通の親であれば間違いなく音を上げてしまうような状況で、庵主様はただひたすら耐え忍んでくれたのだ。それは親心を越えた、仏様の心というものでした。

また道場長から「少欲知足」という言葉を教わり、「髪の毛や耳のピアスなど、自分を着飾る物すべてを取り払っても、内から輝けるようになりなさい」と言われました。人間は無駄な物の一切を削ぎ落とした時に、初めて自分にとっての大事なものが見え、本当の生き方ができるようになるのだというのです。

私はふと、庵主様の生活を思い浮かべました。庵主様はお洒落もしなければ、食べる物にお金を掛けたりもしない簡素な暮らしで、他の楽しみに時間を使うこともなかった。ではその分、一体何に時間を使っていたか。そう考えた時に、庵主様はすべての時間を「私を育てる」という一事に使ったのだと知ったのです。私の思いの至らなかった陰の部分では、どれだけ多くの人が自分を支え続けてくれたことか、御仏の光に照らされ、初めて親のお陰、世間様のお陰に手を合わせずにはいられなくなりました。そして教科書を読み進めれば進めるほど、止めどもなく涙が溢れてきました。

修行の後、お寺に戻った私が庵主様に、なぜ私を叱ったり、本当の気持ちを聞かせてくれなかったのかと尋ねたところ、庵主様は「人間は、時が熟さなければ分からないことがある。ひと月前のおまえに私がどれだけよい言葉を聞かせても、かえって反発を生むだけだった。いまおまえが分かるということは、おまえに分かる時がきたということだ。仏道は待ちて熟さん」とお話しになりました。

4月2日

分はあってもその任にあらず

濵田総一郎
パスポート社長

Soichiro Hamada

稲盛和夫塾長には、経営の転機となる貴重なアドバイスをいくつもいただいてきました。経営に行き詰まった会社を引き受けてほしいと銀行から頼まれ、社会的意義や情にほだされて断り切れずに再建に乗り出したことがありました。歴史的、文化的な価値も高い会社であったので引き受けたのですが、再建には思いがけず悪戦苦闘しました。思いあまって稲盛塾長に相談したところ、次のようなお話を聞かせてくださいました。

「私のところへもたくさんの話がくるが、悪魔のささやきだと思ってほとんど断ってきた。歴史的、文化的価値があることは、会社を引き受ける理由にはならない。

引き受けるか否かを判断する時には『分』と『任』というものを考えなければならない。分とは力だ。銀行が支援を依頼してくるのだから分という力量はあるのだろう。しかし、それを引き受けるに相応しい人が他にいるのではないか。それを引き受けることによって自分の本業に支障が出て、社員が苦労するようでは、分はあってもその任にあらずということだ」

多くの同業者の再建を成し遂げてきた経緯から、稲盛経営哲学とアメーバ経営さえあれば、どんな会社でも再建できると私は思い込んでいました。

しかし稲盛塾長のお話を伺い、私は自分の慢心に気づかされました。経営者とは徹底した理想主義者であると同時に、徹底した現実主義者でなければならないことを胸に刻んだのです。

もう一つ印象に残っているのが、太陽光発電事業へ参入する際にいただいた言葉です。私は以前から人類が直面する大問題、地球温暖化と気候変動を憂慮し、その解決に大きな役割を果たし得る太陽光発電事業に強い関心を抱いてきました。しかし塾長は「飛び石経営」、すなわち本業と関係の薄い異業種に手を出すことを戒められており、役員も全員が反対でした。

とはいえ、私の愛する子や孫たちのため、そして次代を担う人々のためにもこのまま手をこまねいているわけにはいかない。やむにやまれぬ思いで稲盛塾長に相談してみたところ、塾長は京セラも太陽光発電事業を成功させるまでに大変なご苦労があったことを踏まえて、次のようにアドバイスしてくださいました。

「金儲けでやるならやめておけ。地球を守るという信念が本物であればやれ。イノベーションとは技術や科学が生むと思われているが、本当は思想哲学が生むのだ。地球を守るために、こういうものが必要だから必ずやり遂げるという信念が本物であれば、やれ。理念が信念にまで高まった時にイノベーションが生まれる。大義ある理念を掲げ、それを必ず実現させるという信念に昇華させれば、事業は成功する」

地球を守りたいという己の信念は本物か否か。塾長のお話を心の内で幾度も反芻し、私は太陽光発電事業への参入を決意しました。

4月3日

己の如く人を愛せよ

久松シソノ
永井隆記念国際ヒバクシャ医療センター名誉センター長
Shisono Hisamatsu

被爆直後の長崎で、ご自分の身も顧みず被爆者の救護にあたられた医学博士・永井　隆先生。四十三年の短いご生涯は、「己の如く人を愛せよ」と説く新約聖書の教えそのままの生き方でありました。

私が被爆をしましたのは、長崎医科大学附属医院物理的療法科で婦長を務めていた二十二歳の時です。地下で書類の整理をしていたところ、突然ピカーッと目を射るような閃光が差し、爆風で吹き飛ばされたかと思うと、激しく床に叩きつけられていました。瓦礫の山をやっとの思いで這い出すと、水道の蛇口が爆風で開き、豪快な音を立てて噴き出しています。あまりの息苦しさにゴロゴロとうがいをしました。高い薬局の塀を攀じ登ると、顔じゅう血まみれになった永井先生が「まごまごしていると焼け死ぬぞ」と懸命に救出の指揮をとられています。火の手はすぐそこまで来ていました。「早く逃げましょう！」。そう言った私に、先生は「一大事とは今日唯今のことなりーっ」と掠れた声でおっしゃるではありませんか。私たちが日頃積んできた厳しい訓練の成果はいまここで発揮されるのだ、私にはそうおっしゃっているように思えました。先生のこめかみはガラス片で奥深く切られ、押さえていた指を離すと、ピューッピューッと血の飛び出る始末です。

その上、被爆の二か月前に白血病を患われ「余命三年」の宣告を受けられていたお体でもありました。それにもかかわらず、先生はあの極限状況下でまったくご自分の身は顧みることなく、呼吸が苦しくなれば地面に仰向けになって心臓を押さえ落ち着きを取り戻されるなど、ふらふらの足で何回も立ち上がっては救護にあたられるのです。

また先生は戦地へも二度行かれていたため、組織のあり方とは何かを実によく心得ていらっしゃいました。病院からちぎれて飛んできたシーツを木片に括りつけ、そこにご自分の血を擦りつけて〝日の丸〟を染め上げ、角尾学長のそばに立たせると「大学の職員ー、事務局、看護婦、医局の学生、みんな集まれー！」と本部の位置を示されました。そして「さぁみんな元気を出せ。男子は負傷者を収容する小屋を。女子は炊事係！」と震える声で叫ばれました。そうして集まった医局の連中で、急遽、組織的な救護活動が始まったのでした。

一方、私が気になっていたのは先生のご家族の安否です。被爆直後、私は何度となく「奥様は大丈夫でしょうか。お帰りになってみてはいかがでしょうか」と申し上げました。しかし先生は決して首を縦には振られません。三日後、自宅の台所のそばで真っ黒く焼け爛れて亡くなられていた奥様の姿を、どんな思いで見つめられたことでしょう。

終戦後、先生はカトリック信徒から贈られた畳二枚の小さな庵を「如己堂」と名づけてそこで寝起きをし、病床から『長崎の鐘』や『この子を残して』などの本を十数冊書いていかれました。

4月4日

コツコツカツコツ

新 将命
国際ビジネスブレイン社長
Masami Atarashi

最近よく若い人に言っていることは「一日四回飯を食え」ということです。三回の飯は朝昼晩にいただく食事のことで、四回目の飯は「活字の飯」、つまり本を読むこと。私は三十代の頃から一日最低一時間は本を読んできましたし、いまも実践しています。本を読むという習慣自体が、積もり積もって人生を素晴らしいものにしてくれるのです。

「読書のすすめ」とも関連しますが、私は三十代の頃から、「短期と長期の納得目標を追い続ける」ということを心掛けてきました。毎年正月に自ら納得して主体的に取り組める目標を手帳にいくつか書き出す。翌年の正月にチェックをし、達成できたものは削除、できていないものは継続、新しい目標が浮かんだら追加する。これを四十数年間、ずっとやってきたわけです。

先般、過去数十年間の手帳を振り返ってみたところ、達成率は約八十五%でした。私のような平凡な人間でも納得目標をコツコツと追求し続けたことで、自分に納得のいく自分の人生をつくり上げることができたのです。

私が大切にしている信条は「コツコツカツコツ」です。目標を定めたらコツコツと努力の歩みを続けていく。それこそが自分に克(か)ち、相手に勝つコツである、という意味の造語です。

これまで私は三回大きな逆境に直面してきました。二十代後半のシェル石油時代には課長から平社員に落とされ、三十代後半の日本コカ・コーラ時代には東京本社の部長から大阪支店の次長に格下げになり、五十代でアメリカ系企業の日本法人社長をしていた時には米総本社のトップと意見が対立し、反対意見を唱えた結果、二カ月後に首になりました。二回の降格と一回の解雇を経験したわけです。

そういう逆境の時、一部の人は親身になって手を差し伸べてくれますが、冷ややかな人が大半です。「降格してきっと落ちこぼれるだろう。仕事に身が入らないだろう」という意地悪い期待感で見ているわけです。しかし、それでは相手の思うつぼ。そこで私は、逆境というのはピンチであると同時に、リカバーショットを打つ絶好のチャンスでもあると心を切り替え、降格する前よりもニコニコと元気よく、一所懸命に仕事に打ち込んでいきました。

すると、どうでしょう。周囲の目が軽蔑(けいべつ)から徐々に好奇心へと変わり、最終的には尊敬の眼差しになったのです。気が付いたら降格や解雇の時よりも高いポジションについていました。

逆境の時でも自分の弱い心に打ち克ち、諦めたり手抜きをしたりせず、目の前の仕事をコツコツとやり続ける。それが人生や仕事、経営を成功に導く唯一の道ではないかと思います。

「コツコツカツコツ」をあなたの人生を支えるお呪(まじな)いにしてください。

鬼塚さんの供養祭

林 覚乗
南蔵院住職
Kakujo Hayashi

長崎県の時津町に、打坂という急勾配の坂があります。そのバス停のそばに建てられている記念碑とお地蔵さんの前では、毎年慰霊の行事が執り行われています。

昭和二十四年のことです。地元長崎自動車のバスが乗客を乗せて、この坂を上っていました。坂の半ばに差しかかったとき、突然エンジンが故障し、バスは止まってしまいました。

運転手はすぐにブレーキを踏んでエンジンをかけ直そうとしましたが、ブレーキが利かない。補助ブレーキも前進ギアも入りません。三重のトラブルが重なって、バスはズルズルと後退し始めたのです。そのバスには、鬼塚道男さんという二十一歳の若い車掌が乗っていました。運転手は彼に大声で、「鬼塚、すぐ飛び降りろ。棒でも石でも何でもいい、車止めに放り込んでくれ！」と指示しました。鬼塚さんはすぐに外へ飛び出し、目につくものを車輪に向かって片っ端から投げ込みました。

しかしバスは止まりません。乗客のほとんどは、原爆症の治療に通うお年寄りと子どもたちで、脱出はとても不可能です。その間にもバスのスピードは見る見る上がっていきます。坂の下は崖でした。ガードレールもなく、落ちればバスは大破します。

崖まであと十メートル、五メートル……。全員が観念したところで、バスは奇跡的に止まりました。

我に返った運転手は、鬼塚さんがいないことに気づきます。まだ車止めになるものを探しているのかと思い、乗客と一緒に探し始めます。

ふと、バスの後ろのほうを見て思わず息をのみました。そこには何と、後車輪に身を投げ、自ら車止めになっている鬼塚さんの無惨な姿があったのです。内臓破裂ですでに息を引き取っていました。

乗客は鬼塚さんを戸板で運びながら、「この方は仏さんか菩薩さんの生まれ変わりだ」と口々に言い、涙に暮れました。

貧しい時代で何もしてあげることができず、また、鬼塚さんの死は一部の人にしか語り伝えられなかったため、次第にその出来事は忘れ去られようとしていました。

二十四年後、乗客の証言に基づいて、その事件が小さな新聞記事になりました。

それをたまたま目にした長崎自動車の社長は、大変なショックを受けました。

「こんな立派な社員がいたことを、われわれ役員が忘れてはいけない」

そう考えた社長は、その日のうちに役員会を招集し、会社で打坂のそばに記念碑とお地蔵さんを建てて供養することを決めました。

鬼塚さんの供養祭は、いまでも続いています。

4月6日

野鴨の哲学——キェルケゴールからの警告

行徳哲男　日本BE研究所所長

Tetsuo Gyotoku

一八五五年の一一月一一日。デンマークの首都コペンハーゲンに大雪が降りました。街の人が雪かきをしていると、雪の中から一人の男が掘り起こされました。それはデンマークで一番の嫌われ者だった哲学者キェルケゴールでした。彼はなぜ嫌われたのか。一つにはスキャンダルがあったからですが、もう一つは、毎週日曜日に教会の前に立ってバラまいた「瞬間」というビラのせいでした。デンマークは宗教国家ですから国が教会を建て、牧師は公務員扱いされます。彼はその国教を「瞬間」というビラで攻撃したのです。

「あなたたちは月曜から土曜までぼんやり生きてこなかったか。なんとなく起きて、なんとなく仕事へ行って、なんとなく家へ帰り、なんとなく語らい、なんとなく食事をとって、なんとなく床へ入る。なんとなく生きることは犯罪ではない。しかし明らかなる罪だ」「日曜日になったら教会へ来て礼拝する。アーメンを唱え、十字を切る。牧師の話を聴き、だらだら生きる罪を赦(ゆる)してもらえたと錯覚して、また月曜からぼんやり生きる。曖昧に生きたことの罪を赦してもらわんがための教会の礼拝などやめてしまいなさい」と。

そんな痛烈な批判をしたため、道を歩いていると石を投げつけられたこともあったし、打(ぶ)たれたこともありました。しかし、打たれれば打たれるほど、「私は間違いなく生きている」という生の証を得て、四十二歳で雪に埋もれて野垂(のた)れ死にするのです。このキェルケゴールの生きざまが、いまの私が生きる強烈なバックボーンになりました。

私は哲学とおよそ無縁の人生を歩んできました。しかし、職場でマルキシズムとの戦いに明け暮れ、苦悶(くもん)している時、自分を生き切るというキェルケゴールの「力の哲学」と出くわしました。それにより共産党と対決する勇気が与えられたのです。

キェルケゴールは裕福な家の育ちですが、父親が家政婦を手込めにして産ませた子供でした。さらに、生まれながら脊椎の病気を煩い、屈折した青春時代を送りました。心配した父親は、彼をデンマーク郊外のジーランドという湖の畔(ほとり)に転地させました。そこには野性の鴨が飛んでくるのですが、鴨たちはおいしい餌に飼い慣らされて次第に飛ぶ力を失ってしまうのです。それを見たキェルケゴールは「安住安楽こそがすべての悪の根源だ」と言いました。ゲーテの言った「安住安楽は悪魔の褥(しとね)」というのと同じです。戦後の日本人も経済の豊かさと平和に酔い痴(し)れて安住安楽を貪(むさぼ)ってきましたが、キェルケゴールはそういう生き方を厳しく攻撃し、飼い馴らされた太ったアヒルになるなと警告したのです。

いま人類は最大の危機を迎えています。それは資源の枯渇でも人種の対立でもない。自分を壊して生きるアイデンティティ・クライシスです。その危機を乗り越えるために、キェルケゴールの存在の哲学は勇気と希望を与えてくれます。哲学は学ぶべきものにあらず、哲学することを学ぶべし。実践実証しなければ哲学ではない。それを私に教えてくれたのがキェルケゴールの「野鴨の哲学」なのです。

4月7日

履物並べから学んだ人生観

田村一二　茗荷村創設者

Ichiji Tamura

私は六人の息子を持っているわけですが、彼らがまだ小さいとき、どうしても履物をきちんとそろえられなかった。叱っても、そのときはそろえるが、すぐに元通りに戻ってしまうのです。それで、私が尊敬する糸賀一雄先生にお尋ねしました。

「しつけとはどういうことですか」と。先生は、「自覚者が、し続けることだ」とおっしゃる。「自覚者といいますと？」と聞くと、「それは君じゃないか。君がやる必要があると認めているんだろう？　それなら君がし続けることだ」「息子は？」「放っておけばいい」というようなことで、家内も自覚者の一人に引っ張り込みまして、実行しました。

実際にやってみて、親が履物をそろえ直しているのを目の前で、息子がバンバン脱ぎ捨てて上がっていくのを見ると、「おのれ！」とも思いました。しかし、糸賀先生が放っておけとおっしゃったのですから、仕方ありません。私は叱ることもできず、腹の中で、「くそったれめ！」と思いながらも、自分の産んだ子供であることを忘れて、履物をそろえ続けました。

すると不思議なことに、ひたすらそろえ続けているうちに、だんだん息子のことも意識の中から消えていって、そのうちに履物を並べるのが面白くなってきたのです。外出から帰ってきても、もう無意識のうちに、「さあ、きれいに並べてやるぞ」と楽しみにしている自分に気がつきました。

さらに続けていると、そのうちに、そういう心の動きさえも忘れてしまい、ただただ履物を並べるのが趣味というか、楽しみになってしまったのです。それで、はっと気がついたら、なんと息子どもがちゃんと履物を並べて脱ぐようになっておりました。

孔子の言葉に、「これを楽しむ者に如かず」というのがありますが、私や家内が履物並べを楽しみ始めたとき、息子はちゃんとついてきたわけです。

私事で恐縮ですが、ここに教育の大事なポイントの一つがあると思います。口先だけで人に、「こら、やらんかい」とやいやいいうだけでは、誰もついてきません。自分が楽しんでこそ、人もついてくるんだという人生観を、私は履物並べから学んだ次第です。

4月8日

命にもご飯が要る

畑 正憲 作家

Masanori Hata

動物には何回も咬まれてプロフェッショナルになってますからね。星の数ほど咬まれた。数えたことはないが、体に開いた穴というのは千回やそこらではない。そういう痛い思いをしないと、初めて会う動物をつかむことができません。

その中には、骨折したり、いろいろなことがありました。大げさにいえば自然相手の仕事というのは、出掛けるについては毎回、覚悟してかからなければなりません。首を洗って出ていくというね。自然をばかにすると、すごいシッペ返しを食らいます。どう猛な動物がいつ、突進してくるか、いつ、なぎ倒してくるか、いつ、大けがをするか、私は洗いすぎるくらい首を洗っている。

私が動物を見て好きな点の一つは、プライドとか自信とか、地位とか、名誉とか、金とか、財産とか、要するに自分の飾り、この世の飾りというものは、危険な動物に会うときにはまったく役に立たない。

アメリカの大統領であろうとなんであろうと、アフリカの象が受け入れるときには、一個の生物として受け止めるのですね。生き物の前ではそうしたものが全部ないところに価値がある。

すると、生まれたままの姿というか、自分の魂が洋服を脱いだというのか、そういうところが役に立つ。時には動物に殴り倒されて、原野に横たわる。非常に惨めですよ、痛いし、切ないし。ばかにされたという思いは痛烈にあるし、自分が通用しなかったという思いもあるし、本当に惨めです。

しかし、そんな惨めさも私はすぐ好きになるんですね。ちょうどギャンブルが好きだったときに、負けて帰るときの惨めさにちょっと似ている。太陽の光や、朝の光を浴びてね、サラリーマンと逆方向にとぼとぼと帰るときの、ああいう気持ちにすごく似ている。

私にとってはどうも、裸になって動物と触れ合って生きるということは、自分が生きていくための命の栄養、「命のご飯」の一つのような気がしてならない。

体にご飯が必要なように、命にもご飯が要る、という気がするのです。だから、命が老いないためにも、成り上がらないためにも、悲しんだり、悩んだり、惨めになったりすることは、とても大切だと思う。

運命を変えた女性教師との出会い

碇 浩一
精神科医・元福岡教育大学教授
Koichi Ikari

十一歳の時、腎臓(じんぞう)の摘出(てきしゅつ)手術を終えてしばらくすると、高松に国立結核療養所ができましてね。結核の子の就学援助を行う教室で僕も勉強するようになりました。じっとしていない腕白(わんぱく)小僧でしたから看護師さんも手を焼いていましたが、そこで北岡昌子という先生に出会うことができました。この先生との出会いが僕の運命を変えるんです。北岡先生はもともと学校の先生です。しかし僕のように肺結核を患ってその療養のために高松診療所に通院しておられました。その合間に保健学級の先生をしていたんです。二十代後半だったでしょうね。色白で寡黙(かもく)な先生でした。先生は僕たちのような病気の子でも特別視することがまったくありませんでしたね。「君は病気だから無理することはない」と言う代わりに「このくらいできるはずだ」と根気強く教えてくださるんですよ。先生は歌人でもありましたから言葉や感情表現をとても大切にして、思いついたことや話し足りないことを手紙にしてよく病室に持ってきてくださいました。いまも大切に持っています。

〈碇(いかり)君と話していると時間の経つのが早いのに驚きます。碇君は子どもとは思えないほど、ことばに対して鋭いセンスを持っていると私は思います。今日、貴方(あなた)は日と陽は同じ物を指しても陽の方はあたたかさを感じるとおっしゃいましたね。本当にその通りです。それを感じ得るのが詩人の心なのです。あたたかさと云(い)う言葉も「温か」と云うのと「暖か」と云うのでは感じが違いますね。よく味わってみなさい〉〈貴方は病気ばかりして学校も行っていないし辛い生を送っているけれども、言葉に対する感受性はとても素晴らしいものがありますね〉

痛いのを我慢したとか約束を守ったとか、そういうことではなく、それ以外の僕のあるかどうか分からない才能について正面から褒めてくださったんです。赤の他人の僕をどこまでも励まし、信じ、褒め続けてくれた人。それが僕にとっての北岡先生でした。ある時、僕は小学一年の時の通知表を先生に見せたんですよ。知能指数六十六とあるのを見て急に真面目(まじめ)な顔になって「これは間違っている」と怒るように言われたのをいまも覚えています。自分で勉強は駄目だと思っていましたが、その一言に随分勇気づけられました。

こんなこともありました。先生からもらった手紙に、バスの中で読んだ歌誌の中にあったという言葉が書かれてあったんです。「掘りおこして捨てなければならぬ芥水(あくたみず)を汲(く)み上げ汲み上げしているうちには、少量でも清水が湧くかも知れない」そして「静かな時を利用して、よく考えてごらんなさいね」と言葉が添えてありました。僕はよくよく考えて思ったんです。自分は頭もよくないし回転もよくないし、何をやっても駄目かもしれないけれども、気持ちを逸(そ)らさずに進んでいけばいつかはものになる、そういう意味だと。この北岡先生のおかげで療養所の児童病棟を出る頃には卒業証書をいただくことができました。

4月10日

使命、懸命、宿命

柏木哲夫
金城学院大学学長
Tetsuo Kashiwagi

私には自分の人生を動かしていく三つの言葉があります。それは使命、懸命、宿命という言葉です。使命というのは、作家の三浦綾子さんが亡くなる前にテレビの取材で言われていて、すごいなと思った言葉なんです。

三浦さんは、「使命というのは命を使うと書くでしょう」とおっしゃるんですね。「私は小説を書くことが自分の使命だと思っているので、死ぬまで小説を書き続けます。いま私は体を病んでいますから、小説を一冊書いたらクタクタになって、ああ、命を使ったなと実感するんです。けれども、小説を書くということは自分にとって命を使うことで、それが使命なので、その使命を全(まっと)うしたいと思います」と。この話を伺って、使命というのは命を使うということなんだと教えられました。

それからしばらくして、今度は瀬戸内海のある小さな島で診療所をやってこられた老いた医者のことを知りました。七十五歳ぐらいですがまだお元気で、医療に恵まれない島の人たちのために自分の一生を捧げようと懸命に働いてこられたそうなんです。

その方のことを知った時、懸命というのは命を懸けることなんだな、と思い至りました。その方は、自分の医師としての仕事に命を懸けてこられた。周りの人は、もういいかげんに都会に戻ってのんびりしたらどうかと言うけれど、自分はここに骨を埋めるつもりです、それが私の宿命だと思います、と言われるんです。

普通、宿命というとなんとなくネガティブな感じがありますけれども、そのお話を聞いて、宿命というのは命が宿ることなんだと私は思ったんです。

命を使い、命を懸けて、その結果命が宿るような人生を送る。そんな生き方ができたらすごいな、と思うんです。

技術と人間性が相俟って芸になる

野村萬 狂言師
Man Nomura

父にどこまで迫ることができたかは分かりませんが、いま思い返してみると、私が若い頃は、父からしょっちゅう「お前は愛嬌がない、お前は愛嬌がない」と言われておりました。

世阿弥が記した『習道書』の中に狂言の役者に与えた言葉があるんです。

「数人哀憐のしほを持ちたらん生得は、芸人の冥加なるべし」

生まれながらに体から滲み出てくる愛嬌を持っているのは、芸人として何と素晴らしいことだろうという意味です。若い時硬い芸と言われていた父でしたが、私がやっと相手役を勤められるようになってからは、自然体で自在に「しほ」が溢れ出るようになっていました。やはり人間を磨くことによって自然にこの「しほ」が備わってくるものなのでしょうけれど、最近になってようやく、父の心配が薄められる笑顔に私もなってきたかなと思ったりもします。

狂言は仮面を用いる能と違って基本的には素顔のまま舞台に立つわけですね。そこには素顔でも仮面とバランスのとれる美・品格のある舞台が求められる。日常の生活の中でそういうものが自然と備わるようにすることが大事だろうと思っています。

私は「技術と人間性が相俟って芸になる」と思っております。狂言の基本は健康的な明るさ、素朴で単純な〝陽の心〟なんです。足の裏や背中など見えないところにも隅々まで神経を働かせながら、その〝陽の心〟というものを表現していく。

それを、ただ面白おかしくやろうとすると、非常に下衆な舞台になってしまう。いくら取り繕ってみても品格に欠けた舞台は人を感動させることなどできませんし、能舞台の空間を支配する身体にはなりません。

技は常に磨かなくてはいけませんが、行き着くところは役者の人間性を磨く他ありません。いまはパソコンやインターネットなど文明の利器が発達していますが、心までは映し出すことはできない。その心は舞台において身体から身体へ、その場の空気を通してでないと伝えることはできないんです。

4月12日

お母さん、ぼくは家に帰ってきたんか

上月照宗
永平寺監院
Shoshu Kogetsu

母にとっては待ちに待った息子の戦地からの帰還です。何とか一目でいいから会わせてほしいと懇願し、やっとの思いで院長の許可を得ることができました。病棟に案内されると廊下の向こうから「わぁー」という訳のわからない怒鳴り声が聞こえます。どうもその声は、自分の息子らしい。毎日陰膳を供えて無事を祈っていた自分の息子の声である。たまらなくなって、その怒鳴り声をたどって足早に病室に飛び込みます。するとそのベッドの上に置かれているのは、手足を取られ、包帯の中から口だけがのぞいている〝物体〟。息子の影すらありません。声だけが息子です。「あぁー」と母は息子に飛び付いて、「敏春！敏春！」と叫ぶのですが、耳も目もない息子には通じません。それどころか、「うるさい！何するんだ！」といって、残された片腕で母を払いのけようともがくのです。何度呼んでも、体を揺すっても暴れるだけです。妹さんが「兄さん！　兄さん！」と抱きついても、叔父さんがやっても全然、受け付けません。

三人はおいおい泣き、看護婦も、たまらずもらい泣きしました。何もわからない土井中尉はただわめき、怒鳴っているばかりです。こんな悲惨な光景はありますまい。しばらくして、面会の時間を過ぎたことだし、「またいことがあるでしょう。今日はもう帰りましょう」と院長が病室を出ると、妹さんと叔父さんも泣きながら、それについて帰ります。しかし、お母さんは動こうとしない。どうするのか、見ていると、彼女はそばにあった椅子を指して看護婦にこういうのです。「すみません。この椅子を吊ってくださいませんか」

そしてそれをベッドに近寄せるとお母さんはその上に乗るや、もろ肌脱いでお乳を出し、それをガバッと土井中尉の顔の包帯の裂け目から出ているその口へ、「敏春！」といって押しあてたのです。その瞬間どうでしょう。それまで訳のわからないことを怒鳴っていた土井中尉は、突然、ワーッと大声で泣き出してしまった。そしてその残された右腕の人差し指でしきりに母親の顔を撫で回して「お母さん！　お母さんだなあ、お母さん、ぼくは家に帰ってきたんか。家に帰ってきたんか」と、むしゃぶりついて離さない。母はもう口から出る言葉もありません。時間です、母は土井中尉の腕をしっかり握って、また来るよ、また来るよといって、帰っていきました。すると、どうでしょう。母と別れた土井中尉はそれからぴたりと怒鳴ることをやめてしまいました。その翌朝、看護婦がそばにいることがわかっていて、彼は静かにいいました。「ぼくは勝手なことばかりいって、申し訳なかった。これからは歌を作りたい。すまないが、それを書きとどめていただけますか」。その最初の歌が「見えざれば、母上の顔なでてみぬ　頬やわらかに　笑みていませる」。目が見えないので、お母さんの顔、この二本の指でさすってみた、そしたらお母さんの頬がやわらかで、笑って見えるようであった。土井中尉の心の眼、心眼には母親の顔は豊かな、慈母観世音菩薩様のように映ったのに違いありません。

4月
13日

妹は私の誇りです

山元加津子
石川県立小松瀬領養護学校教諭
Katsuko Yamamoto

お姉さんの結婚式には、お姉さんに浴衣を縫ってあげようと提案しました。でもきいちゃんは手が不自由なので、きっとうまく縫えないだろうなと思っていました。けれど一針でも二針でもいいし、ミシンもあるし、私もお手伝いしてもいいからと思っていました。けれどきいちゃんは頑張りました。最初は手に血豆をいっぱい作って、血をたくさん流しながら練習しました。一所懸命にほとんど一人で仕上げたのです。とても素敵な浴衣になったので、お姉さんのところに急いで送りました。するとお姉さんから電話がかかってきて、きいちゃんだけでなく、私も結婚式に出てくださいと言うのです。

お母さんの気持ちを考えてどうしようかと思いましたが、お母さんに伺うと、「それがあの子の気持ちですから出てやってください」とおっしゃるので、出ることにしました。お姉さんはとても綺麗で、幸せそうでした。でも、きいちゃんの姿を見て、何かひそひそお話をする方がおられるので、私は、きいちゃんはどう思っているだろう、来ないほうが良かったんだろうかと思っていました。そんなときにお色直しから扉を開けて出てこられたお姉さんは、驚いたことに、きいちゃんが縫ったあの浴衣を着ていました。一生に一度、あれも着たいこれも着たいと思う披露宴に、きいちゃんの浴衣を着てくださったのです。そして、お姉さんは旦那さんとなられる方とマイクの前に立たれ、私ときいちゃんをそばに呼んで次のようなお話をされたのです。

「この浴衣は私の妹が縫ってくれました。私の妹は小さいときに高い熱が出て、手足が不自由です、でもこんなに素敵な浴衣を縫ってくれたんです。高校生でこんな素敵な浴衣が縫える人は、いったい何人いるでしょうか。妹は小さいときに病気になって、家族から離れて生活しなければなりませんでした。私のことを恨んでるんじゃないかと思ったこともありました。でもそうじゃなくて、私のためにこんなに素敵な浴衣を縫ってくれたんです。私はこれから妹のことを、大切に誇りに思って生きていこうと思います」

会場から大きな大きな拍手が湧きました。きいちゃんもとてもうれしそうでした。お姉さんは、それまで何もできない子という思いできいちゃんを見ていたそうです。でもそうじゃないとわかったときに、きいちゃんはきいちゃんとして生まれて、きいちゃんとして生きてきた。これからもきいちゃんとして生きていくのに、もしここで隠すようなことがあったら、きいちゃんの人生はどんなに淋しいものになるんだろう。この子はこの子でいいんだ、それが素敵なんだということを皆さんの前で話されたのです。きいちゃんはそのことがあってから、とても明るくなりました。そして「私は和裁を習いたい」と言って、和裁を一生の仕事に選んだのです。

4月14日

何も手を加えないのが最高の演奏

朝比奈 隆
大阪フィルハーモニー管弦楽団常任指揮者
Takashi Asahina

「フィンランディア」というのは、フィンランド人のシベリウスが作曲した曲です。だから、その曲を耳にするとき、フィンランド人は、いつも国のことを思うんです。というのは、フィンランドという国は、つねにドイツ、ロシア、その他の外国から侵略を受け続けてきた国なんですね。で、「フィンランディア」の曲が流れるときは、戦争で何人の死者が出たときとか、ドイツ軍に侵略されたといった悲しいニュースのバックに使用されることが多かった。だから、フィンランドの人にとって「フィンランディア」という曲は、いわば憂国の情を喚起させる曲なんです。

ところが、アメリカのある有名な指揮者は、その曲を、アメリカ風の明るい感じに直して演奏した。で、悪評ふんぷんだったところへ、私がフィンランドに行き「フィンランディア」を曲目のなかに入れたんです。最初は反対されましてね。危険だからやめとけ、と言われました。だけど、ぼくはその曲をアメリカ風にアレンジしようとも思わなかったし、日本風にしようともしなかった。フィンランドの演奏家たちが常日ごろやっているように指揮したわけです。

フィンランド人のこの曲への思い入れを考えれば当然ですよ。ふだん演奏するようにやるわけだから、うまいに決まってる。そこで、「フィンランディア」の指揮を終えたとき、すごい拍手をもらうことができたんです。なにも、特別に細工をしたわけではない。まあ、このときは、私もまだ四十代で、曲をあれこれ自分流に料理したがった時期ですけどね。この曲だけは、ありのまま、つまり化粧をしない素顔の表情のままで曲を表現することを心がけた。

若いうちは楽譜にあれこれ自分流の細工をするのです。作曲家の指示よりも、もう少し速く、とか、いろいろね。それは大変労力のいることなんです。ところが、半世紀以上も指揮をやってくると、曲がいちばんいいのは、何にも手を加えないのが最高だとわかるのですなあ。若いころは、理屈ではわかっているけれど、実感として、それが理解できない。自分流に料理するという、いわば〝遠回り〟をして、初めて指揮は、曲をなにもいじらないのが一番だと分かってくるんです。

役者でも同じことが言えないかなあ。名優と言われている人は、自分のキャラクターに固執していません。どんな役になろうともそれにはまっている。また、演出もそうですな。変な技巧に走っているうちは、まだまだ本物じゃない。飾りのない演出、舞台装置をつくることによって、芝居の本来のよさが見えてくるものですよ。音楽も全く同じでね。また、演奏家も喜ぶんです。彼らとて、いちいち指揮者に文句をいわれて演奏するより、のびのびと演奏したい。そして、そういったなかで演奏したものの方が、いい音楽になってくる。

4月15日

ヘレン・ケラーも尊敬した塙保己一の生き方

平 光雄　社会教育家

Mitsuo Taira

塙保己一という人は、ヘレン・ケラーの両親が「あなたが目標とすべき人物がいる。塙保己一という日本人で、目が見えなくても偉業を成し遂げた人なんだよ」と彼女に伝えていたほどで、実際に彼女が人生の手本にしていた人物でもあるのです。

では、保己一とは一体どのような人物だったのでしょうか。彼は七歳にして失明し、十二歳で母親を失うと、十五歳にして江戸にある盲人一座に入りました。当時、目が見えない人たちは、盲人一座に入ることが一般的なコースで、そこで三味線や琴、按摩、鍼を習い始めたのです。

ところが保己一は、いくら修業をしてもちっとも上達しません。不器用だったのでしょう。一時は絶望して命を絶とうと考えたこともあったそうです。

そんな姿を見かねた一座の師匠は、学問好きだった保己一に「三年間はお金を出してあげるから、学問をとことんやってみろ」と言うのです。ただし、学問の芽が出なければ実家に返す、という条件つきでした。

落ちこぼれだった保己一が耳を頼りに猛勉強を始めたのがこの時で、後に「日本に古くから伝えられている貴重な書物を集めて、次世代に伝えていきたい」と志を立て、四十一年かけて編纂・刊行したのが、保己一畢生の大事業となった『群書類従』でした。

その労たるや古代から江戸時代初期までの約千年間に書かれた文献を一万七千二百四十四枚の版木にまとめあげるというものでした。彼の伝記をとおして伝えたいことは人間の可能性の大きさです。小さい頃から目が見えず、落ちこぼれるようなことがあっても、努力をすれば自分の志を追究できる。そのことを彼の生き方が教えてくれているのです。

保己一にはこのような逸話も残されています。ある時、保己一が道を歩いていると、突然下駄の鼻緒が切れてしまいました。ちょうど目の前には版木屋があったので、鼻緒の代わりにする布切れを分けてほしいと店主にお願いすると、「何だ、めくらのくせに！」と投げつけるようにして渡されたのです。

思わぬ屈辱を味わった保己一でしたが、彼はこの布切れをずっと持ち続けます。そして後に『群書類従』の編纂・刊行に際して、彼はわざわざその版木屋を選んで仕事を依頼しているのです。店主にはこう告げました。

「実はあの時、あなたに大変な仕打ちを受けた。これがその時の布切れです。これは決して皮肉ではなく、むしろあなたに感謝しているんです。私はあの時、励ましをいただいたと思っています。ですからその悔しさを忘れることなく、人様から後ろ指を指されないような人間になろうと、強く決意したのです」と。

4月16日

心の守備範囲を広げよ

太田 誠
駒澤大学野球部元監督

Makoto Ota

交通事故で脚を複雑骨折していたので、動く腕を使って匍匐（ほふく）前進のような格好で家まで戻ると、幸い息子がいました。「救急車を呼ぶ」というから、「ダメだ、遅くなる。すぐに病院に連れていけ」と瞬時に判断できたのもよかったんです。病院の話ではそれから退院まで四、五か月かかるという。そんなにかかったら大変です。これまでの知恵と経験を総動員してどうすれば早く治るかを自分なりに考えました。

「ピンチの時ほど明るい顔をしろ」と常に選手に言っていましたからね、それに挑戦したんです。病院に入ってから、ナースコールを押したのは最初の一回だけ。「痛い」と言ったことは一度もない。先生が痛み止めをくれるんだけど、これは筋肉を麻痺させるから治りが遅くなると思って、一度ものみませんでした。また、これまで滅多に病院なんて行きませんでしたから、ああ、病院の先生や看護師さんって大変なんだなと感謝の心を抱いたら、逆に自分の怪我への挑戦心みたいなものが芽生えて、結局、五十日で退院しましたよ。この経験を通じて、改めて意識が大事だと思いましたね。退院後には杖も突かず、すぐに家の周りの草むしりをしました。

それで月に一回、経過を見せに病院へ行っているんですけど、先生が「どうですか、痛くないですか?」とか「天候が不順の時は湿気が多くなるから、折れたところが重だるくなりませんか?」と聞くものだから、「先生ね、そういう悲観的、否定的なことは言っちゃいけませんよ。私たちスポーツの世界では通用しません」と言ったら、看護師さんたちも大笑いしていました。いま振り返ると、これもまた体験させてもらったという気持ちです。

私には指導者が心掛けるべきことがいくつかあると思います。

まず、指導者には根気が必要です。自らやり遂げた上で選手にもやり遂げさせなければなりません。だから根気が大事。

次に丹誠、真心。それから情熱。やっぱり熱い思いがなければ選手はついてきません。それと要求する力。選手にこれまで以上のエネルギーとこれまで以上のプレーを要求する。これは大事なことだと思います。そしてやっぱり智力が必要です。リーダーは動かなきゃダメです。汗をかいて、その中から得た知恵というのは強いですよ。パソコンから引っ張ってきたものは知恵にはならないんですよ。

私は三十五年間、学生たちにいろいろな言葉を伝えてきましたが、一番多かったのは「姿即心、心即姿（すがたそくこころ、こころそくすがた）」だったと思います。読んで字のごとく、姿が心をつくるよ、心が姿をつくるよ、ということです。心が動けば、足も動き、フットワークも軽くなって、守備範囲が広がります。それは野球に限った話ではなく、心の守備範囲が広がれば出会いや発見が生まれ、人との付き合いも深まっていきます。逆に範囲が狭くなって消極的になれば、悲観したり、相手を批判したり、物事を否定的に捉えるようになる。そうなれば、いい仕事もできないし、いい人間関係もいい家庭もできません。

4月17日

川端康成さんが見せた涙

伊波敏男
作家・ハンセン病回復者・NPO法人クリオン虹の基金理事長
「ハンセン病市民学会全国交流集会 in 長野」実行委員長
Toshio Iha

私の人生を振り返ると、人との出会いに恵まれたと思いますね。出会いということでは、私が作家になった原点は川端康成さんとの邂逅だと思います。

川端さんは『雪国』を発表した昭和十年頃、ハンセン病療養所に収容されていた一人の青年と出会うんです。彼は自身の魂の葛藤を原稿にするのですが、世に発表していいレベルか分からない。それで売れっ子作家だった川端さんに原稿を送りつけるんです。それを読んだ川端さんは大変感動して、『文学界』に掲載するための仲介の労を取った。それが北条民雄の『いのちの初夜』といって、増刷に増刷を重ねる大ベストセラーとなりました。

そういう繋がりを持っていたことから、川端さんは昭和三十三年に沖縄に講演で招かれた時、沖縄のハンセン病の子供たちに会いたいとリクエストされたんです。小中学生合わせて五十六人の作文の中から私が選ばれ、お会いする機会を得ました。中学三年の時です。

驚きましたね。当時ハンセン病療養所に外来者が入るにはマスクをして消毒済みの長靴を履いて、と完全防備するのが普通でしたが、川端さんはワイシャツ一枚。「関口君*、作文を読みましたよ」と言って、手を握ろうとしたから、慌てて手を引いたんです。

そうしたら悲しそうな顔をしてね、今度はご自分の椅子を引き寄せ、私の両太腿をはさみ、唾がかかるほどの近さでお話しされました。私は北条民雄の全集に掲載されていた川端さん宛ての手紙文を覚えていたんです。

「僕には、何よりも、生きるか死ぬか、この問題が大切だったのです。文学するよりも根本問題だったのです。生きる態度はその次からだったのです」「人間が信じられるならば耐えていくことも出来ると思います。人間を信ずるか、信じないか」暗んじていた北条の手紙の一部を口にすると、川端さんはふわーっとシャボン玉のような涙を浮かべ、「……君は分かっています、北条民雄の悲しみが分かっていますよ」と。

そして、「いっぱい蓄えなさい。そしていっぱい書きなさい」と言われました。随行の方々から時間だと促され、川端さんは部屋を出ていかれました。しかしもう一度戻ってこられて、「関口君、欲しいものはありますか」と聞くんです。「本が欲しいです」と答えたら、一か月後、木箱でたくさんの本が送られてきました。本を読むことによって夢をたくさん描くことができたと思っています。

※療養所入所と同時に私の名前「伊波敏男」は消され、新たに「関口進」となる。これはハンセン病療養所入所により、家族に累が及ばないよう園名が付けられたことによる。

4月18日

仕事の神様に学んだこと

安積登利夫　アサカテーラー創業者

Torio Asaka

入社十一年目には親方の店で初となる支店を立ち上げから任されました。当時読売巨人軍の選手だった広岡達朗さんの自宅が近所にあったのは僥倖(ぎょうこう)でした。すぐにご挨拶に伺ったものの、「スーツは大阪の決まった店でしかつくらない」との一点張り。諦めの悪い私は「気に入らなかったらタダにします！」と切り返して仕立て始めたのでした。

オーダースーツづくりでは一人ひとりの身体に合わせて仕立てる技術力をベースに、お客様との会話の中から好みを把握することがポイント。ここを押さえればその方の魅力を最大限に引き出し、着た時に感動を生むスーツをつくり出せます。広岡さんの時はいかり肩が目立たないよう肩のパッドにひと工夫加えたデザインに仕上げました。広岡さんは大変喜んでくださり、追加で二～三着、その後結婚式用の礼服の依頼もされるほど感動してくださったのです。〝十二球団一お洒落(しゃれ)〟と言われていた広岡さんのスーツを仕立てたことが評判となり、順調に売り上げを伸ばしました。しかし、支店を任されてから一年半後、支店で店舗トラブルが発生したため退職。二十五歳で独立し、アサカテーラーを創業したのです。

幸運なことに広岡さんを介して巨人軍の選手とのご縁に恵まれました。お客様のお役に立ちたい一心で、スーツに合うネクタイや靴を選びトータルファッションまでサポートしたサービスが功を奏して、瞬く間に一軍選手のスーツの依頼を独占しました。

中でも心に残っているお客様といえば、やはり王貞治さんです。「いままでのものと全然レベルが違う」と大変気に入っていただき、ご親族のスーツに加え、王さんの結婚式の際には名だたる洋服屋を差し置いてウエディングスーツをつくらせていただいたのは大変光栄なことでした。

王さんは貴重なお客様であると共に、私にとっては仕事の神様のような方です。

ある年のキャンプシーズン中、私はご挨拶と激励のために巨人軍の寮を訪ねました。夜八時に到着し、ひと通り挨拶を終えて王さんを待ちました。寮の門限の十時まで時間が迫ったところでようやく扉が開き、全身汗だくでバットを担いだ王さんが現れました。王さんは全体練習後も、他の選手が休む中で一人黙々と練習に打ち込んでいたのです。ホームラン王にはホームラン王たる所以(ゆえん)がある。己に克(か)って人一倍努力する人が成功するのだ——王さんのその姿勢に心を鼓舞された私は、一層自分の仕事に情熱を燃やしたことを鮮明に覚えています。

プロ野球の試合は夜九時半頃に終わるため、選手たちが帰宅するのは十時半頃でした。採寸や仮縫いはその時間に訪問して行う必要がありましたが、どんなに夜遅く疲れていても、喜んでお客様の元に伺うことができたのは王さんとの出逢いがあってこそです。若い頃に身についたこの姿勢は、私の信条としてその後も貫くことができました。

4月19日

自分をどんな環境に置くか

佐野俊二
カリフォルニア大学サンフランシスコ校外科学教授
Shunji Sano

僕がいつも思うことは、医者の世界というのは野球と一緒で、ナチュラルタレントのある人間はたくさんいるんですよ。「こいつは才能がある」とか「こいつは手先が器用だ」とかいうのはいっぱいいる。だけど実際にその中で、本当にいい心臓外科医になっているのはほんの一握りですよね。

野球でも十年に一人の逸材と言われる選手が毎年のように出てくるじゃないですか。でも、その中のほとんどは一軍にも入れない、スターにもなれない。なぜそうなるかと言えば、才能があっても努力しないからですよ。自分に才能があって、何をやってもピッとできてしまうから、それ以上の努力をしなくなるんです。

やはり伸びる人間というのは、性格がいいと僕は思うんですよ。それなりの才能があって、なおかつ人の言うことを何でも聞いて、もっと努力しようとする。それっていうのは、素直な人間でないとできないでしょうからね。

あとは自分をどんな環境に置くかだと思います。僕がいたメルボルン大学王立小児病院には、世界中から選りすぐられた連中が来ているわけですよ。しかも彼らの多くは隠れた努力をしていました。その一端を垣間見た時に僕は思いましたね、「このままだったら、自分はどう考えてもこいつらに太刀打ちできんわ」って。

やはり世界に出ると自分よりできる人間はいっぱいいることが分かりますから、そういうところで揉まれたほうがいいですね。日本の狭い中だけでやっていると、少しできたくらいですぐに天狗になってしまう。それでは伸びないですよ。とにかく自分を揉まれる環境に置くこと。そうすれば伸びていく可能性は高まると思います。才能プラス環境ですよ。

あと一つはもうハングリー精神ですよね。満たされた連中は、やっぱり苦労をしない。一所懸命やっている人間は、いろんな意味で苦労をしていますよ。

僕自身も、「先生はいいですよね、ラッキーで」って言われます。でも、その時に選ばれるだけの努力を私はちゃんと示してきた。引き立てられるというのは、それだけの努力をして、それが認められたことになるのだから、そういった地道な努力をするというのは、すごく大事やね。

4月20日

『小学国語教科書』刊行に込めた思い

齋藤 孝
明治大学文学部教授
Takashi Saito

以前対談したお茶の水女子大学名誉教授の藤原正彦先生が、ご専門は数学であるにも拘らず「一に国語、二に国語、三四がなくて、五に算数」とおっしゃっていたのが、いまも強く印象に残っています。藤原先生はこの言葉を通じて人間のすべての基盤が言葉にあることを示唆されています。

ヘレン・ケラーの自伝を読むと目が見えず、耳も聞こえず、そのため話すこともできなかった彼女が恩師・サリバン先生の献身的な導きで言葉を獲得したことにより、闇の底に光が差すように世界が開けていく様子が感動的に綴られています。このことからも言葉をしっかりと理解し、自分の中にきちんと収め、そして活用していく国語力を養うことは極めて重要であり、未来を担う子供たちがしっかりした国語力を身につけることが、何より日本という国のベースになることが明らかです。

ところが近年、日本の子供の国語力は低下し続けています。ＯＥＣＤ（経済協力開発機構）の国際的な学習到達度調査「ＰＩＳＡ２０１８」では、かつて世界トップクラスだった日本の子供の読解力の順位が、過去最低の十五位に沈んでいます。これに比例して、世界における日本の存在感も低下し続けているように思えてなりません。読解力とは、いま自分が直面している事態を的確に把握し、それが意味するものを汲み取る力です。したがって、政治やビジネスの現場に読解力の乏しい人がいくら集まっても、お互いの意図を十分理解することができないためコミュニケーションの質は高まらず、何ら発展的な成果を挙げることもできません。死中に活を見出すことなど到底かなわないでしょう。

我が国にとって自然災害は大きな脅威ですが、日本人の国語力の低下はそれに比肩する極めて深刻な脅威であり、国を地盤沈下させる重大な要因となります。このままいまの状況を放置すれば、日本列島がずぶずぶと底なし沼に沈んでいくことになると、私は強く懸念しているのです。

『齋藤孝の小学国語教科書』（致知出版社刊）に収録した作品のうち、個人的に大きな勇気を得た作品の一つが、『わがいのち月明に燃ゆ』です。これは外国語を勉強して世界に羽ばたきたいという夢を学徒出陣で断たれ、若くして散っていった林尹夫という学生の手記です。

「七月十三日

先日の班長会議で、外国書を読む者への攻撃があった。なるほど根拠はある。しかし結局、攻撃者は、そういう慾望がいかに根深く、かつまた人間の本性そのものに基づく要求であるかを知らぬ人間だったことをバクロしたにすぎぬ。

おれは読むぞ。そんなことでヘコタレルものか」

「学問がしたい」という思いが切々と伝わってきます。私は十代の終わりにこの文章に触れて大変感銘を受け、戦争で亡くなった人たちの遺志を受け継いで、大学に入ったら一所懸命勉強しようと決意を固めました。私はこの精神の個人史を通じて、学問への志を継承したのです。

4月21日

行列のできるクリームパン誕生秘話

森光孝雅
八天堂代表取締役
Takamasa Morimitsu

当社は昭和八年に祖父が地元・広島県三原市で起こした和菓子屋を起源とする製パン会社です。今年創業八十年を迎える当社が、興亡の岐路（きろ）に立たされたのはいまから六年前でした。他店での修業を経て、平成二年に二十六歳で家業に入った私は、十年で父の後を継いで社長に就任。折からの焼きたてパンブームに乗り、広島市内、東広島、竹原、尾道、福山と積極的に店舗を拡大していきました。アイデアには自信があり、新しい商品を次々と発案してはメディアにも取り上げられ、話題を集めていました。

ところが、いくら斬新な新商品を出し続けてもブームは長続きせず、資金力に勝る大手の追随により、せっかく開拓した市場もオセロゲームのようにひっくり返されて業績は急落。信頼していた店長たちも蜘蛛（くも）の子を散らすように去って行き、会社はいよいよ倒産寸前にまで追い込まれてしまったのです。当時私は百種類以上のパンを手掛け、県内全域に自社商品を卸（おろ）していました。業界に先駆けて様々なことにアグレッシブに挑戦してきた自負があっただけにショックも大きく、一時は自分を揶揄（やゆ）する幻聴まで聞こえてくるほど精神的に追い込まれてしまいました。気力も萎（な）え、あれほど湧き出ていたアイデアもさっぱり生まれてこなくなったのです。

それでも私の中には、天からもう一度やり直しのチャンスをいただけるのであれば、社員の幸せのためにとことんやり抜く決意がありました。毎日そのことを念じながら、私はそれまでの延長線上にない、まったく新しい活路を決死の思いで模索し続けました。そこから打ち出した大戦略が、百種類にも及んでいた既存商品をすべて捨てて一点集中することと。それまでの奇をてらった新商品とは正反対の、日本人に長らく愛されてきた定番商品、あんパン、クリームパン、ジャムパン、メロンパンを当社なりに徹底的に磨き上げ、市場の大きい大都市で勝負することでした。平成十九年、私はこの大戦略を当社第二の創業と位置づけ、周囲の反対を押し切り、命懸けの覚悟で断行しました。お客様の声に真摯（しんし）に耳を傾け、試行錯誤を経て開発したスイーツ感覚の「くりーむパン」は、たちまち評判となり、起死回生の一手となりました。続いて手掛けたジャムパン、メロンパンの専門店も、行列のできる人気店となり、当社は経営危機を脱して第二の創業を成し遂げることができたのです。

経営信条「八天堂は社員のために、お客様のために、利益は未来のために。」にあるように、所謂、人・物・お金の真意に徹底的にこだわり、スタッフの人間性向上と、他社にない独自性の追求に腐心。おかげさまで五年連続増収増益を果たし、海外進出が視野に入るまでになりました。いま思えば、あの試練こそが私の経営者としての真の原点であったことを実感しています。

「人生、今日がはじまり　ここから挑戦」。

私の座右の銘です。この言葉を胸に、私はこれからもロマンを持って挑戦を続けてゆく所存です。

医者の本来果たすべき役割

小澤竹俊
めぐみ在宅クリニック院長
Taketoshi Ozawa

普通の医者であれば、検査の結果だけを伝えて「あなたには、これ以上の治療法はありません」と告げるくらいしかできないでしょう。実際いままではそうでした。

でも、患者さんの苦しみをともに抱きながら、その支えとなるものをキャッチできる感性を磨き続ける。これこそが医者の本来果たすべき役割だと私は思うんです。

その秘訣のようなものがあるとすれば、月並みですが、やはり訓練だと思います。人が苦しみを抱きながら穏やかだと感じる理由がどこにあるかを感じ取る訓練を常にすることです。病の苦痛自体を取ってあげられたら、それに越したことはないでしょう。だけど、限界があります。だから発想を変えます。苦しみがありながら、なお穏やかであると患者さんに思ってもらえる方法を医師として探っていくんです。

例えば昭和十年代生まれの世代であれば、大津美子さんの「ここに幸(さち)あり」という歌を紹介することもあります。

この歌は後半一転します。「君を頼りに私は生きる　ここに幸あり……」

つまり、「嵐も吹けば雨も降る」と女の道の険しさを歌っておきながら、幸せだと感じる。これは「君」という誰かとの関係性が自覚できるからです。関係性という支えが与えられた時、嵐が吹き雨も降る中で人は幸せを感じることができるんです。

患者さんには、このように苦しみの中にあって穏やかだと認識できるものを身の回りに見つける訓練をしてもらいます。それは人によって違いますし、そこでは医師の世界観は全(まった)く通用しません。例えば、私は初対面の患者さんに「闘病中に支えになったものがありますか」と尋ねます。その方が「私自身はもう十分に生きたし、もし家族がいなかったら死んでもいいと思っていた」とおっしゃったとしたら、その方の支えは家族です。

ある女医さんはこうおっしゃいました。「支えになったもの？　それは女の意地よ」と。その先生にとっては家族は支えにならない。ご自身が診られた患者さんへのプライド、絶対に元気になってやるという執念こそが支えでした。

また、ある戦争体験者は「死んだら戦友に会ってお礼を言いたい」とおっしゃいました。この方の場合は、あの世で戦友に会うことが大きな心の支えとなっている。

このように問い掛けをしていくと「何でこんな目に遭うんだ」と苦しんでいた人が「こういう自分でも、こんな気づきがあった」「こんな支えがあったんだ」と分かって心が穏やかになられます。苦しみは負の要素だけでなく、健康な時には分からない何かを学ぶ可能性を秘めているんですね。

4月
23日

神様がくれたさつまいも

海老名香葉子 エッセイスト

Kayoko Ebina

私は戦火を逃れるため、前年の昭和十九年に静岡県沼津市のおばの家に一人で縁故疎開しました。出発当日、私は大好きなおばさんの家に行けるとわくわくしていましたが、母は涙をぼろぼろこぼしながら、お守りを首からかけてくれると、「かよちゃんは明るくて元気で強い子だから大丈夫よ」と何度も、何度も言うのです。

母があまりにも悲しい顔をしているので、だんだんと心細くなってきました。「母ちゃん、友達ができなかったらどうしよう」と呟くと、母は私の心細さを取り払ってくれるかのように、「大丈夫よ。あなたは人に好かれるから大丈夫よ。明るくて元気で強い子だから大丈夫よ」と何度も何度も繰り返しました。

それが最後の言葉となりました。

空襲後、生き残ったのは疎開していた私と、すぐ上の兄・喜三郎だけでした。兄は家族五人が亡くなったことを伝えるため沼津までやってきましたが、きっと焼け爛(ただ)れた死体の山をまたいで、汽車にぶら下がるようにして東京からきてくれたのでしょう。その夜、私は兄にしがみ付きながら、いつまでも泣いていました。

戦中戦後の動乱で誰もが生きていくのに精一杯の時代、二人もおばに世話になるのは悪いと、兄はあてもなく東京へ戻り、私は引き続き沼津のおばの家に残りました。そのあとは東京・中野のおばのもとへ身を寄せました。

どうにか置いてもらおうと一所懸命お手伝いをしましたが、ある冬の日、瓶に水を張っていないという理由で、おばにものすごく叱られました。それまでは「いい子でいなくちゃ、好かれる子でいなくちゃ」と思っていましたが、その日はひどく悲しくなって家を飛び出しました。

向かったのは、昔家族で住んでいた本所の家の焼け跡でした。焼け残った石段に腰を下ろし、ヒラヒラと雪が舞い散る中、目を閉じると家族の皆と過ごした平和な日々が蘇ってきました。

「どうしてみんな私を一人にしたの？　もうこのままでいいや……」

その時、一人の復員兵が通りかかりました。私の前で立ち止まり、鞄の中から一本のさつまいもを取り出したかと思うと、半分に割って差し出しました。

「姉ちゃん、これ食べな。頑張らなくちゃダメだよ！」

物が食べられない時代、見ず知らずの人が食糧を分けてくれることなど考えられないことです。私は夢中になって頬張りましたが、ふとお礼を言うのを忘れたと気づき、振り返りましたが、もうそこには誰もいませんでした。

このエピソードは『あした元気にな～れ！～半分のさつまいも～』として映画化されましたが、いまにして思うと、あれは神様だったのかもしれません。神は私に「生きよ」と告げたのだと思っています。(談)

4月24日

自動改札機はかくて誕生した

田中寿雄
元オムロンフィールドエンジニアリング副社長
Toshio Tanaka

駅の自動改札機の試作品の開発にあたっては最初に乗車券のデータを正しく読む作業から始めました。偽札の鑑別機を作った実績のあるわれわれは比較的容易にクリアできました。でもやっぱり、不特定多数の、あらゆる形態で改札を通る人たちを見分けて、うまく処理できるようになるまでは随分と時間がかかりました。

まずは乗車券をスムーズに流せるかという問題がありますが、そのための大きな壁はベルトの耐久性でした。一分間に六十人から八十人を次々に通そうと思ったら乗車券を秒速二メートルで、一・二メートル先にある取り出し口まで運ばないといけません。そこで乗車券を幅五ミリほどのベルトで上下から挟み出口まで運ぶ仕組みを考えました。ところがこれだけ高速だとベルトが耐えきれずに切れてしまうんですね。何度やっても駄目で、切れたベルトは千本を超えたんです。

ベルトメーカーさんからは「ベルトの幅と長さの関係もスピードもめちゃくちゃだ。これじゃあ切れないわけがない」と散々言われました。そこで新しい材料として考えたのがナイロンでした。ちょうど、ナイロン製ストッキングが注目を浴びた頃で、ナイロンの強度をベルトに応用できないかと考えたんです。

ただ、これも熱に弱いナイロンをどうやって芯(しん)に使うかという様々な問題をクリアせねばなりませんでした。大手メーカーはなかなか相手にしてくれません。それで中小企業のおやじさんたちに相談に行きました。断られてもしつこく頼み込むと「夜、おいで」と言われる。すると一仕事終えて、夜なべで話を聞いてくださるのです。われわれの心意気が伝わって「自分たちも挑戦だから」と言ってお金も取らず、寝る間を惜しんで耐久性のあるナイロンベルトを作ってくださいましたね。

ご覧なさい。大企業からあれだけ非常識と言われたナイロンベルトはいま改札機だけでなく、自動車などあらゆるところで活用されています。これこそが中小企業の底力ですよ。

次は改札を通過する人たちの形態をいかに機械に認識させるかという問題です。手を振ったり体を揺すったり、大人であったり子どもであったりといういろいろなスタイルを光センサーで一人、二人と正しく認識できるようにするわけだから、これは大変な技術が必要でした。

例えば、大きな荷物を持つ人を機械が二人と判断すると、荷物だけ通して人の前でバタンと閉じてしまう。これじゃ具合が悪いわけです。誤動作が起こって、「いま、ああいう歩き方をしたな」と荷物を持って同じ動作をしてみる。でも微妙な位置の差でなかなか再現できない。ゲートが閉じた原因が掴(つか)めるまで、同じ動作を延々と繰り返すんです。いまならパソコンで簡単にシミュレーションできます。しかし当時は少しずつスピードや位置を変えながら人海戦術で実験を繰り返しサンプルを作る以外にありませんでした。毎晩徹夜が当たり前でしたが、完成した時の喜びは、えも言われぬものがありました。

言葉は意識を変え、意識は行動を変える

国分秀男
東北福祉大学特任教授・元古川商業高等学校女子バレーボール部監督
Hideo Kokubun

大学卒業後は京浜女子商業に奉職してさらにチーム作りを学びましたが、幸運だったのは当時の京浜女子には超一流の監督さんたちがしょっちゅう出入りしていたことです。高校バレーのトップクラスはもちろん、モントリオールの金メダルチームを率いた山田重雄先生、ミュンヘンの銀メダル監督の小島孝治先生など錚々たる面々です。

ある時、山田先生が指導されていた実業団の日立チームへ合宿に行き、先生の部屋を拝見する機会がありましたが、その本棚のほとんどが宮本武蔵の本ばかりでした。

早速私も小説『宮本武蔵』を読みましたが、剣一筋に生きる武蔵の姿から「すべてのものを擲って取り組めば必ず夢は実現する」と感じました。自分は能力があるわけではないし、意志が強いわけでもない。そういう人間が事を成すには、あらゆるものをバレーボールに集中させなければならないと学びました。「一点集中」「一途に、一心に」です。

それから、京浜女子の卓球部は全国一、二を競うほど強かったんですが、その監督をされていた近藤欽司先生との出会いも大きかったですね。後に日本代表を率いる近藤先生とは、いつも練習後に学校の風呂で汗を流した仲でした。

ところが、五年間奉職していよいよ宮城県の古川商業へ転勤するという時のことです。いつものように一緒に風呂に入って、背中を流しながら、「いろいろとお世話になりました」とお礼の挨拶をすると思いがけない言葉が返ってきました。

「……分ちゃん、あんたには日本一は無理だと思うよ」と、こうおっしゃったんです。「先生、なぜそう思われますか」と伺うと、「分ちゃんは心が温かくて一所懸命だから、きっといい先生にはなる。でもあんたの言葉には夢がない、力がない、迫力がない。東北人は何かっていうと謙虚だ、控えめだと言うが、俺から見たら消極的というもんだ」と。

あれは近藤先生からの激励の言葉だったと思いますね。別れ際、「頑張れよ」と言えば済むのに、誰もわざわざ傷つけるようなことは言いたくはないですよ。先生はあえて憎まれ役を買って出て、私に足りない部分を教えてくださったのだと思います。

そうか、俺は言葉に力を持たせなければならないのだと思いましたから、古川商業に赴任した新入職員歓迎の宴席で抱負を述べる時、こう宣言しました。

「私は日本一のバレーボールチームを作るためにこの学校へ来ました」

そうしたら賑やかだった席がシーンと静まり返ってね。当時の古川商業なんて地区大会でも勝てない程度でしたから、「この若造、何言っているんだ」という雰囲気でした。おかげで私だけ二次会に誘われませんでしたが、もしもあの宣言をしなかったら、全国大会はおろか県大会で二、三回優勝するのがやっとだったでしょう。「言葉」は「意識」を変え、「意識」は「行動」を変え、「行動」は「結果」を変える。つくづくそう思います。

商売の極意は熱と光を相手に与えること

田中真澄 社会教育家
Masumi Tanaka

私たちは皆個人企業であり、一人ひとりが人生の経営者です。定年や退職というのは人間社会が決めた単なるルールにすぎず、本来定年も退職もないのが人生というものです。ところが、現役時代はビジネスの第一線でばりばり活躍していた人が、定年とともに人生の目的を見失ってしまうというケースがとても多いのです。

退職する前後、「これからはゴルフや旅行などで第二の人生を満喫しよう」と意気揚々だった人たちも、一年、二年と経つうちに、何とも言えない虚しさに襲われるようになります。最近でも高校の同窓会に参加した友人が「田中君、毎日が退屈で退屈で死にそうだよ」とぼやいていましたが、彼に限らず多くの人たちの実感なのだと思います。

サラリーマンは退職と同時に「所属価値」を失ってしまいます。大企業の権威をバックに肩で風を切る勢いだった人も、会社の社員という所属価値を失ってしまえば、誰からも相手にされなくなるものです。その時、問われるのが「存在価値」です。言い換えれば「どこの企業のどういう肩書の方ですか」から「あなたには何ができますか」という問いへの答えが求められるのです。これからの人生百年時代をいきいきと生き抜く上では、自分自身の「生き方革命」がとても重要になってきます。

私に存在価値の大切さを気づかせてくれたのは父でした。父は元軍人で私たち一家は戦後、いまの韓国・釜山（プサン）から日本に引き揚げてきました。ところが、日本が独立するまでの六年半、父はパージによって公職に就くことができず、過酷な行商で家族の生活を支えたのです。日本国内が食べるものに事欠いていた頃までは、行商でもなんとか食い繋いでいけましたが、物が豊かになるにつれて厳しさは増していきました。それでも父は決して行商をやめようとせず、朝早くから夜遅くまで人の二倍、三倍、汗水流して黙々と働きました。私はそういう父の後ろ姿をとおして「人間は命懸けで打ち込めば生きられるのだ」と教えられたのです。

父は軍人だっただけに商売には全く不慣れでしたが、ある人からこう教わったそうです。「田中さん、商売というのは簡単なんだよ。太陽のように生きればいいんだ。太陽は二つのものを人に与えてくれる。一つは熱。熱意を持って人に接すれば、その熱は自然と相手に伝わる。もう一つは光。光を与えて相手を照らし、関心を持ってその人の存在を認めてあげることが大事なんだ」

父は生前、「俺は商いのことは何も知らないが、この二つだけは心の支えにしてきた」と私に話していました。私が個業家（個人事業主）として自分の存在価値で勝負しようと思ったのも、そんな父の影響です。これまで有料の講演会だけでも六千五百回以上も行ってきましたが、私が伝えたいメッセージを凝縮すれば、父から教えられた「熱と光を相手に与えよ」に尽きるように思います。

4月27日

見返りを求めぬ母の愛

星野富弘 詩画作家

Tomihiro Hoshino

神様がたった一度だけ
この腕を動かして下さるとしたら
母の肩をたたかせてもらおう
風に揺れる
ぺんぺん草の実を見ていたら
そんな日が
本当に来るような気がした

（なずな）

母がいなければ、いまの私はなかったと思うのです。特に九年間の病院生活は母なしでは考えられません。

こんなことがありました。食事は三度三度口に入れてもらっていたんですが、たまたま母の手元が震えてスプーンの汁を私の顔にこぼしてしまったのです。このわずかなことで積もり積もっていた私のいらいらが爆発してしまった。口の中のご飯粒を母の顔に向け、吐き出し、「チクショウ。もう食わねえ、くそばばあ。おれなんかどうなったっていいんだ、産んでくれなけりゃよかったんだ」とやってしまった。母は泣いていましたよ。よほど悔しかったのか、しばらく口をききませんでした。

ところが、ハエがうるさく顔の上を飛び回り、いくら顔を振っても離れてはすぐに私の顔にたかる。だまりこくっていた母もたまりかね、私の顔にたかっているハエをたたこうとしたんです。そして、たたくというより押さえた。ハエは逃げてしまいましたが、母のしめった手のぬくもり、ざらついてはいましたが、柔らかな手の感触を感じたのです。この時ですね、母親の愛を知ったのは。母はどんなに私を憎んでいても、私の顔につきまとうハエを見過ごすことができなかった。

母親は誰にとっても共通のものがありますね。やっぱり母親、父親もそうだと思うんですが、子供に対して見返りを求めない愛情がありますす。だから私たちはやすらぎを感じるのではないですか。

私が入院する前の母は、昼は畑に四つんばいになって土をかきまわし、夜は薄暗い電灯の下で金がないと泣き言をいいながら内職をしていた、私にとってあまり魅力のない母でした。もし私がけがをしなければ、この愛に満ちた母に気づくことはなかったでしょう。母を薄汚れた一人の百姓の女としてしかみられないままに、一生を高慢な気持ちで過ごしてしまう、不幸な人間になっていたかもしれません。

4月28日

プロとはその世界で生きる覚悟を決めた人

山本征治
日本料理・龍吟代表
Seiji Yamamoto

僕は二〇〇三年に独立して六本木に「日本料理・龍吟」を開店したんですが、経営者としてやっていくのがここまで大変なのか、ということをしみじみ痛感しました。四国の料亭で支店長を経験し、静岡に店を開いた奥田透さん（現・銀座小十店主）と違って僕は経営に関して全くの一年生だったんです。

開店前までの僕は、料理人として自分でも誇れる修業レベルだと思っていたし、料理をつくっておいしいと言ってもらえさえすれば独立して店は持てると考えていた。だけど実際にはそんなことで店なんかやっていけないわけですね。お客さんが入らなかったり、買いたい物が手に入らない苦しみ。それからスタッフがミスをした、料理に問題があった、会計が合わなかった、そんなこんながすべて自分の責任になる。そういうことは一切勉強していないし、教科書にも書いていないわけですね。

その時、常に考えるのは「奥田透なら、これをどう処理しただろうか」ということでした。だから毎晩のように電話をしていました。「きょうこんなことがあったんだけど、どうしたらいい?」って。

奥田さんに紹介してもらった雑誌社や新聞社から取材を受けて少しずつお客さんが入るようになりましたが、それまでの僕は、お金を節約するために毎日毎日ふりかけご飯でした。もう息を吸っているだけで家賃や電気代、スタッフの給料などどんどんお金が出ていく。お客さんは来ない……。毎日身を削がれるような、そんな感覚で生きていましたね。思い返すだけでぞっとします。

料理がただ好きというだけだったら、僕の母親だってそうだし、趣味でお菓子をつくっている人もそうだと思うんですね。でも僕たちとは何が違うかというと責任が違うわけです。その責任にどれだけ覚悟を決められるかなんです。その覚悟がこれまで僕を支えてくれました。

僕たちの世界は結果でしか世の中の評価を受けることがありません。「こうしたかった、ああしたかった」と後悔する人は、こうもしなかった、ああもしなかった人を指します。しなかったことは自分で責任を取らなくてはいけない。自分が出した結果でしか人に語ってもらうことのできない厳しい世界、その世界で生きる覚悟を決めた人がプロフェッショナルだと僕は本気でそう思っているんです。

勝手な使命感を抱くのは、ある種の欲かもしれません。その使命感に向かって仕事をする時、僕が失敗しないために支えてくれる人たちがいる。それがうちのスタッフです。だから、今日の僕があるのは自分の力ではない。それだけスタッフは大切だし、彼らの幸せのためにもこれからは生きたいと思っています。

4月29日

頭と心をフル回転させつくり上げていくのが人生

織田友理子
NPO法人PADM（遠位型ミオパチー患者会）代表
一般社団法人WheeLog代表理事
Yuriko Oda

「遠位型ミオパチー」という病気は研究者も少なく、いまは治療法、治療薬が確立されておらず、ただ進行していくのを受け入れるしかないのが現状です。私もいまは手でコントロールする電動車椅子で動き回っていますが、最近はやはり手のほうも進行してきて、ものを書いたり、コップを持ったり、そういうことまでが困難になっています。

おかしいなと思い始めたのは二十歳の頃でした。なので、発症はそれ以前かもしれません。当時は大学生でしたが、階段が上りづらくなり、すぐに手すりを頼らないと不安で。ただ、最初は異常とは思わなかったんです。単なる運動不足かなと思ってプールに行ったり、マンションの階段で昇降運動をしたりしていました。でも、全然改善されない。なんでだろう、親に内緒で病院に行こうかなと悩んでいた時、家でも壁伝いに階段を上っている私を見て、父が「病院に行ってきなさい」と。それが二十二歳の時でした。総合病院を訪ねたその日、ちょうど大学病院から先生が診察にいらしていて、「すぐに大学病院にきてください」と。それで東京医科歯科大学の病院で検査をして、病名が判明しました。

この病気は違う病名として診断されるケースもあるんですね。例えば整形外科に行くと、腱が悪いんじゃないかとか。医科歯科大学は日本の中でも遠位型ミオパチーが研究されている病院なのですぐに特定できたのです。天国と地獄がひっくり返るような出来事だったことは確かです。ただ少し微妙なのですが、病名が分かっただけよかったなと。自分が「病気かな？」と思ってインターネットで症状を検索してはこの病気かな、あの病気かなと思いを巡らせましたが、やはりはっきりしない。分からないとどうすることもできません。

よく、テレビドラマなどで、病名がつかないとか、聞いたことがない病だから病院をたらい回しにされたりするシーンがあるじゃないですか。世の中には、名前がつかない病気もたくさんある。だから病名が分かっただけよかったんだ、ありがたかったんだ、と。ただ、その時はまだ歩けていたので、自分がやがて車椅子になるとか、寝たきりになるということはまだ思い浮かばなかったんだと思います。「病は気から」と言うし、ここで気持ちが負けたら、どんどん病魔に蝕まれていく。心さえ負けなければ逆転のチャンスがくるはずだと思っていたんです。遠位型ミオパチーは潜性遺伝なので両親の両方から受け継いだ場合のみ、子供に発現するものなんですね。両親とも健常ですから、「まさか自分の子供が……」という驚きはあったと思います。

だから告知された時にまず思ったのは、両親を悲しませたくないということでした。私が自暴自棄になって両親を責めたり自分の運命を嘆いたりしたら、両親は自分たちの責任と思ってしまいます。それにこの病気が私に降りかかってきたということは、たぶん私がそれを乗り越えられるからだろうと。どんな状況にあっても、私の人生は、私が頭と心をフル回転させてつくり上げていくものだと思ってきました。

4月
30日

平和のために働く人は神の子と呼ばれる

古巣　馨　カトリック長崎大司教区司祭
Kaoru Furusu

ミネやんとの出会いは島原の小さな教会に赴任した時でした。その頃、私は郊外にある精神科の病院を訪ねるのが楽しみでした。職員や仲間から「ミネやん」と愛称で呼ばれる信者さんが待っていてくれたからです。心が通い始めた頃、私はミネやんに尋ねました。「きつい時、『聖書』のどの御言葉(みことば)が支えになってきましたか?」「神父さん、私は中学校しか出とりませんから、難しかことはよう分かりません。でも、せっかく洗礼を受けて神様の子供になりましたから、死んだ時、『あぁこの人は神様の子供だったんだ』って言われてみたかとです」。そう言ってミネやんは、たまたま開いた『聖書』に「平和のために働く人は幸い、その人は、神の子と呼ばれる」という言葉を見つけ、これこれと意を決しました。「だから私は平和のために働くとです」

ほどなくミネやんは肝臓癌を発症し、みるみる弱っていきました。亡くなる一か月前のことです。何となく気が重かった私は「急に都合がつかず、明日まいります」と嘘をついて行きませんでした。翌日、気を取り直し、開口一番ミネやんに赦(ゆる)しを乞いました。「いいえ、よかとです。神父さんの都合のつく時でよかとです。私には都合はありません。私は自分の都合を言えるような人間じゃなかとです。私は親の都合で親のいない子供として生まれました」。ミネやんはその時初めて自分の生い立ちを語ってくれました。父親は不明、母も一歳の時に亡くなり、親戚の都合でたらい回しにされ、気づいたら孤児院にいたといいます。中学を出た後は大阪で車の整備工の資格を取ろうとしましたが、病気の都合で帰郷。以来、三十年間以上、入院し闘病生活を続けていたのです。ミネやんはうっすらと涙を浮かべながら言葉を続けました。

「何のために生まれたのか。自分の生き甲斐は何か。私も自分の都合を言っている時は辛(つら)かったです。面会に来てくれた人に会えるかどうかも私の病状と院長先生のご都合です。ここに入って三十三年、神様にもきっとご自分の深い都合があるとでしょう。だけど、ある時から神様の都合に合わせて生きてみようと思い始めました。そしたら楽になりました。だから私には都合はなかとです。神父さんの都合のつく時に来てください」。ミネやんの言葉に金槌(かなづち)で頭を小突(こづ)かれた思いの私は、その日、しおれて帰途(きと)に就きました。

ミネやんが天に召された後、私は生前約束していた通りに亡骸(なきがら)を私の住む司祭館に連れて帰りました。通夜が終わった夜遅く、病院で働く女性の清掃員さん二人が教会に来られました。そしてしみじみとおっしゃるのです。「あぁ、ミネやんがおらんごとなって寂しゅうなりました。この人のおるところはいつも平和だったんですよ」。私は「どうしてですか」と聞きました。「この人は自分の都合を言わん人でしたから。患者同士が衝突すると、ミネやんをベッドごとその間に入れる。そうすると静かになるとです。あぁ、ミネやんはこの人だったんですか。神様の子供じゃったとですね。いま、やっと分かりました」。そう言うと二人は声を上げて泣きました。

5月 *May*

岡本喜八（映画監督）
加藤淑子（元レストラン「スンガリー」経営者）
井坂 晃（ケミコート名誉会長）
藤原咲子（高校教師・エッセイスト）
西田文郎（サンリ会長）
原田和明（三和総合研究所理事長）
中川一政（画家）
田内 基（社会福祉法人こころの家族理事長）
光永圓道（比叡山千日回峰行満行者・比叡山延暦寺大乗院住職）
沢 知恵（歌手）
杉山まつ（ワシントン靴店創立者）
芳村思風（感性論哲学創始者）
津田雄一（「はやぶさ2」プロジェクトマネージャ）
粟田純司（粟田建設会長・古式特技法穴太衆石垣石積石工第十四代）
佐藤久男（NPO 法人「蜘蛛の糸」理事長）
素野福次郎（東京電気化学工業社長）
寺田寿男（アート引越センター会長）
漆 紫穂子（品川女子学院校長）
大塚正士（大塚製薬相談役）
大八木弘明（駒澤大学陸上競技部監督）
古橋廣之進（財団法人日本水泳連盟副会長）
三橋國民（造形作家）
森 士（浦和学院高等学校硬式野球部監督）
相馬雪香（難民を助ける会会長・国際ＭＲＡ日本協会会長・尾崎行雄記念財団副会長）
鎌田善政（鎌田建設社長）
吉冨 学（一蘭社長）
山口 勉（でんかのヤマグチ社長）
板津忠正（知覧特攻平和会館顧問）
鈴木尚典（プロ野球横浜ベイスターズ元選手）
酒井大岳（曹洞宗長徳寺住職）
山川宏治（東京都多摩動物公園主任飼育員）

5月1日

ディレクターズチェア

岡本喜八　映画監督

Kihachi Okamoto

仕事というものは楽しく行ってこそよい成果をあげられるのではないだろうか。こと映画に関していえば、つくり手が楽しくやらないと、受け手である観客は楽しんでくれない。そのために私は二つのことを心掛けている。

まず一つ目は、準備を徹底的に厳しく、辛くやっておくということだ。映画づくりというものは「個」から始まり「集団」の作業をし、また「個」に戻る。私は、そう考えている。最初の「個」は、脚本やコンテをつくる作業。「集団」は、いうまでもなく撮影現場。そして、最後の「個」は完成された一つの作品である。その最初の「個」を徹底的に行うことが、次の集団作業を円滑に、かつ楽しくさせる。

脚本の行間を埋めるのがコンテであり、コンテとコンテの間を埋めるのが撮影である。だから、脚本やコンテには推敲(すいこう)に推敲を重ねる。いく晩も徹夜を重ねる。それが現場を楽しく、充実させてくれるのだ。

もう一つ、現場を楽しくさせるために心掛けているのは、監督である私が常に他のスタッフと同じ状況のなかで仕事をすることである。みんなが雨に濡れたら自分も濡れる、泥んこのシーンでは監督も泥んこになる。『沖縄決戦』という映画で、司令官と参謀長、高級参謀が戦場で作戦会議をするシーンを撮った。すぐ横で爆撃が行われている。そのシーンを撮る直前、参謀長役の丹波哲郎さんが不安そうに打ち明けてきた。「監督、オレ、爆発に弱いから、台詞(せりふ)を忘れちゃうかもしれないよ」。こんなとき、現場の責任者は自分がまずやって見せなくてはいけない。自分がしっかり前準備した通り爆発を起こし、丹波さんより前に立ち、安全を証明して見せることで、安心して演技していただくことができた。映画撮影チームくらいの人数では、責任者が常に危険に対して矢面に立つことは大切ではないだろうか。

四十人や五十人くらいのチームでは、リーダーが楽をすると、たちまち全体の雰囲気に影響する。人間関係が悪くなる。私は、その一つの目安として、ディレクターズチェアに座らないことを心掛けている。ディレクターズチェアというのは、カメラの近くに置かれている監督用の折りたたみイス。監督はこれに腰かけ、撮影の指揮をとる。しかし、私は座らない。まる一日続くハードな撮影でみんなが腰をおろしたいと思ったとき、監督だけが偉そうに座って、指示をしていたら、どうだろう。少なくとも私は、そういう状態ではチームワークを維持し、いい作品を撮る自信はない。ずっと立ち続けることも監督の仕事。それを座らなくては撮影できなくなるようでは、体力だけでなく、おそらく感覚的にも古くなっているのではないかと思う。私のやり方、心掛けが必ずしもすべての人にあてはまるものとは思えない。しかし、私に関していえば、こうした心掛けがあったからこそ、七十歳を迎えたいまでも、映画をつくり続ける体力と感覚、そして人間関係を維持できているのではないかと思う。映画監督の仕事の九割は人間関係を大切にすることなのである。

5月2日

命の手応え

加藤淑子　元レストラン「スンガリー」経営者

Toshiko Kato

ある朝、「ソ連兵が来たぞ！　みんな外へ出てくださいっ」という大きな声に慌てて外へ飛び出すと、トラックに乗った大勢の兵隊たちが門の垣根を越え建物に侵入してきます。家財道具がみるみるうちに運び出されていくのが見えました。日暮れ時に恐る恐る戻ってみると、お金や食糧の隠してあった畳は引っ剥がされ、辺りにはずたずたにされた襖や衣類が散乱しています。女性たちの中には兵隊による強姦を恐れ、「女」を見せまいと髪をくしゃくしゃにし、顔を炭で汚す人もいました。しかしそれでは人間扱いされるはずもありません。ソ連兵も人間ならば、収容所にいる私達も同じ人間。ならば私は、人間としての尊厳を相手に認めさせるしかないと思いました。

ある日、自動小銃を構えたソ連の将校が押しかけてきて「武器があるか調べにきた」と尋ねます。そのまま、ずかずかと上がってこようとする兵隊に、私は「ここは私たちの眠る場所です。畳の上を靴で歩かないでください」と強い調子で言いました。すると兵隊も馬鹿にした素振りは見せません。こちらが毅然とした態度で振る舞えば、相手もちゃんと敬意をもって接してくれることを、この時身をもって知りました。

その後、人形作りや洋裁をして中国人やユダヤ人から賃金を得ていましたが、やがて引き揚げ協定が成立し在留邦人の引き揚げが始まりました。日本への船が出る錦州のコロ島までハルビンから実に八百キロの距離。雨に吹きさらされる無蓋列車の旅で途中にある鉄橋が爆破され、十二キロの距離を自分たちで歩かねばならない過酷な旅です。

私は食糧や衣類などをリュックに詰め込めるだけ詰め込み、子どもたちには夏服の上に冬服を重ねて着せました。夕刻に千人余りの日本人を乗せ走り始めた列車は昼近くになって停車し、下車すると線路を伝う長蛇の列ができていました。長男と長女にリュックを背負わせ、登紀子を胸に括りつけた私は、後ろに重いリュックを背負いました。思うように足が進まず、子どもたちの姿がどんどん見えなくなっていきます。肩にリュックの紐が食い込んで足がいうことを聞きません。そこで登紀子を背中におぶることにし、リュックを線路上に引きずって歩き出しましたが、線路が切れて砂地になると、リュックがめり込んで歩けません。私は背負った登紀子を下ろし、厳しい調子でこう言いました。「あんたが自分で歩かなければ死ぬことになるよ」。まだ二歳半だった登紀子にこの意味が通じたかどうかは分かりません。しかし登紀子は泣きもせず、一歩一歩自分の足でゆっくりと歩き始めたのでした。明日の命は分からないが、とにかくきょうを生きている——。その命の手応えが、私たちの生きる唯一の証しでした。

帰国後、主人が開いたロシア料理店の切り盛りに洋裁、子育てとその日々は多忙と困難を極めましたが、私は自分の生きる道を見失うことはありませんでした。どんな状況に置かれても、周りの環境や情勢に流されず、肝心なことは自分の頭で決める、自分の足で歩くということの大切さを知っていたからです。

5月3日

息子からの弔辞

井坂 晃　ケミコート名誉会長

Akira Isaka

　七月二十九日の十一時少し前に、葬式の会場である九十九里町片貝の公民館に入った。会場の大部屋は畳敷きで、棺の置かれた祭壇の前には、すでに遺族と親戚の方々が座していた。私は中川夫婦に黙礼をして後方に並んでいる折りたたみ椅子に腰掛けた。祭壇の中央では、故人の遺影がこちらを向いてわずかに微笑んでいる。ドキリとするほど二枚目で、その表情からは男らしさが滲み出ていた。会場には私のほかに高校生が五、六人、中学生の制服を着た女の子が数人、そして私のような弔問客が三十人くらい座していた。広間に並べられた座布団の席はまばらに空いていた。

　葬式は十一時ちょうどに始まった。右側の廊下から入ってきた二人の導師が座すと、鐘の音とともに読経が始まった。後ろから見ると、二人ともごま塩頭を奇麗に剃っていた。読経の半ばで焼香のためのお盆が前列から順々に廻されてきた。私も型通り三回故人に向けて焼香し、盆を膝の上に載せて合掌した。しばらくして全員の焼香が終わると、進行係の人がマイクでボソリと「弔辞」とつぶやいた。名前は呼ばれなかったが、前列の中央に座っていた高校生らしい男の子が立った。

　すぐに故人の長男であることが分かった。私には、彼の後ろ姿しか見えないが、手櫛でかき上げたような黒い髪はばさついている。高校の制服らしき白い半袖シャツと黒い学生ズボンに身を包み、白いベルトを締めていた。彼はマイクを手にすると故人の遺影に一歩近づいた。「きのう……」。言いかけて声を詰まらせ、気を取り直してポツリと語り始めた。「きのうサッカーの試合があった。見ていてくれたかなぁ」。少し間をおいて、「もちろん勝ったよ」。

　二十八日が葬式であったら、彼は試合には出られなかった。司法解剖で日程が一日ずれたので出場できたのである。悲しみに耐えて、父に対するせめてもの供養だとの思いが、「もちろん勝ったよ」の言葉の中に込められていたように思えた。

「もう庭を掃除している姿も見られないんだね、犬と散歩している姿も見られないんだね」。後ろ姿は毅然としていた。淋しさや悲しみをそのまま父に語りかけている。

「もうおいしい料理を作ってくれることも、俺のベッドで眠り込んでいることも、もうないんだね……」あたかもそこにいる人に話すように「今度は八月二十七日に試合があるから、上から見ていてね」。その場にいた弔問客は胸を詰まらせ、ハンカチで涙を拭っていた。

「小さい時キャッチボールをしたね。ノックで五本捕れたら五百円とか、十本捕れたら千円とか言っていたね。二十歳になったら『一緒に酒を飲もう』って言ってたのに、まだ三年半もある。クソ親父と思ったこともあったけど、大好きだった」

　涙声になりながらも、ひと言、ひと言、ハッキリと父に語りかけていた。「本当におつかれさま、ありがとう。俺がそっちに行くまで待っててね。さようなら」。息子の弔辞は終わった。父との再会を胸に、息子は逞しく生き抜くだろう。

5月4日

咲子はまだ生きていた

藤原咲子
高校教師・エッセイスト
Sakiko Fujiwara

病との闘いに奇跡的に打ち勝った母は、やがてその壮絶な引き揚げ体験記『流れる星は生きている』を書き上げ、作家藤原ていとして一歩を踏み出しました。だがそこにいたのは私がずっと待ち続けてきた温かくて優しい母ではありませんでした。幼子三人の命を失うことなく引き揚げという苦境を乗り越え、成功者として社会から讃えられる母だったのです。私は兄たちよりずっと厳しく育てられました。少しでも甘えようものなら「あんなに苦労して連れて帰ったのに、いつまでもわがまま言うんじゃないの」という言葉が返ってきました。

お母さん、どうしてそんなに怒るの、私が嫌いなの？　引き揚げ時の栄養失調で多少の言葉の遅れがあり、友達とうまく話すこともできず、学力でも兄たちに追いつけない私は、いつの間にかすべてに自信を失っていました。と同時に、私が生まれたことが母には不満だったのではないかと、様々な憶測が頭の中をよぎるようになりました。

子どもの頃の私の楽しみは何よりも読書でした。図書室や家庭の書棚にあるいろいろな本を引っ張り出しては、本の世界に浸りました。しかし、母の『流れる星は生きている』だけは、どうしても手に取る勇気がありませんでした。幼い頃、一体何があったのか。その疑問が解かれるのが恐かったからです。

しかし、中学受験が間近に迫った十二歳の頃、そのストレスから逃げるように『流れる星は生きている』を読んでいる自分に気付きました。そしてその本の中で私のことを描写している数行を発見したのです。

「咲子が生きていることが、必ずしも幸福とは限らない」「咲子はまだ生きていた」

ああ、お母さんはやっぱり私を愛していなかった……。一人の赤ん坊を犠牲にし、二人の兄を生かそうとしていたのです。これを読んだ時はしばらく声を失い、呻き声をあげていました。たった数行が母の私への不信を生み出し、それから五十年もの間、母への反抗が続きました。

私は火がついたように母に食ってかかり、母を責めるようになりました。母が涙を流し、「あんたなんか連れてこなきゃよかった」と言うまで諍（いさか）いは終わりませんでした。

三年前の平成十五年、私は整理をしていた書庫から偶然にも『流れる……』の初版本を見つけました。約五十年ぶりに茶色の木皮の紋様のカバーを開くと、そこには「咲子へ」という見慣れた母の字体がありました。

「お前はほんとうに赤ちゃんでした。早く大きくなってこの本を読んで頂戴、ほんとうによく大きくなってくれました。母」

現在と変わらぬ美しい字体で書かれたこの一行は、強く閉ざした私の心をひと突きにし、私の中の何かが崩れ落ちるのを感じました。十二歳の時に目に留まった「まだ咲子は生きていた」の一文は母の落胆ではなく、劣悪な状況下で健気に生きていた私への感動だったのだとこの時ようやく気付いたのです。

母に対する気持ちが和らぎ始めたのはそれからです。

5月5日

本当の苦しみは人生に三回しかない

西田文郎　サンリ会長

Fumio Nishida

私は長年、能力開発の仕事をしてきましたが、すべからく成功者、一流といわれる人たちは運やツキを持っています。

ただ、私は「運」と「ツキ」は異なるものだと思っているんです。

「ツキ」というのは、チャンスを掴(つか)む能力ではないかなと。思いがけないラッキーが訪れて、それを活かした時に「ツイていた」という言葉を使うと思います。

しかし、例えば一代で会社を起こし、成功された方などは「自分がここまでこられたのは、ツイていたからだ」とは言いませんよね。「自分には運があったからだ」と言うと思うんです。

それはなぜか。これは若い頃に人生の師から教わったことなのですが、「苦しみを克服した人にしか〝運〟はないんだ」と。

一代で大きなことを成し遂げた人は、自分の努力ではどうしようもない様々な逆境、ピンチを潜り抜けてきています。その時、初めて「運」というものを体感するのだと思うのです。

だから、会社を急成長させた若い経営者の方などを見ていて、「この人はツイているかもしれないけれど、運はないかもしれない」と感じたりすることもあるんです。

さらに、これも同じ師から言われて印象に残ったことですが、「本当の苦しみというのは人生に三回しかない」と言うんです。

一回目は生まれてくる時。記憶には残りませんが、人は産道を潜り抜けるという大変なことを乗り越えて生まれてくるわけですから、誰しも皆運があると。もう一回は死ぬ時です。自分の意思とは関係なく、死は訪れ、息を引き取ります。これは大変な苦しみですよね。

そうすると、人生で本当に苦しむことはあと一回しかない。それなのに多くの人は、十番目か二十番目か、あるいは百番目の苦しみに出遭って大騒ぎしている。いま苦しんでいることは、自分の人生で何番目の苦しみなのか考えろと、二十代前半で教わりました。

だから僕も苦しいことはありましたが、その苦を楽しんで生きてきました。振り返ってみると、ツイていましたが、まだ運を感じるほどの苦はなかったかもしれないなと思います。

5月6日

上司に投じた一手

原田和明
三和総合研究所理事長
Kazuaki Harada

当時、取締役支店長として辣腕を振るっておられた藤井義弘さんのもとで仕事ができることを、私は大いに誇りに思っていたが、一つ気になることがあった。それは人事考課のスタンスであった。藤井さんはどちらかというと、自分のテンポにパッパッと対応できる、当意即妙の部下を好んだ。私の見たところ、それが明らかに人事考課にも反映されており、物事をじっくりと考える熟考型の人間が割を食っている感があった。私は担当次長として、いずれこの偏りを何とかしなければならないと機会を窺っていた。そんな折、ある懇親会に藤井さんと同席する機会がおとずれた。程よくアルコールも入り、腹を割って話をするには絶好のチャンスであった。

「支店長は将棋を指されませんが、升田幸三、大山康晴両名人の名前くらいはご存じでしょう」。私は得意の将棋の話に引っかけて切り出した。升田、大山の両名人は、全く違ったタイプの棋士である。言動が派手で当意即妙タイプの升田に対し、大山はじっくり型で当初は非常に地味な印象を人々に与えていた。しかしその後、両者の明暗はくっきりと分かれる。升田がわずか二期しか名人位を保持できなかったのに対し、大山は長年棋界の頂点に君臨。ついには永世名人の称号を得るのである。私は熱心に藤井さんを口説いた。「私が言うのも僭越かもしれませんが、支店長の人事はどうも升田型偏重のきらいがあります。もっと大山型も評価していかなければ、人事のバランスが崩れてしまうのではないでしょうか」

考えぬいた上での一手であった。ところが藤井さんは、「何言ってんだ」と、怒気をあらわに反論した。曰く、こんなテンポの速い時代にじっくり考えている余裕などない。お前の言うことなど受け入れられないと。私も立場の弱いサラリーマンである。一瞬「言い過ぎたかな」とも思ったが、肚は相当固まっていた。

翌日から会社で顔を合わせても、必要なこと以外一切言葉を交わさなかった。ささやかな抵抗である。当然藤井さんにも、私の気持ちは伝わっていたはずだ。三日目の昼。藤井さんのほうから声を掛けてきた。「おい、原田。一緒にメシでも食いに行こう」。藤井さんが昼食によく使っていたのは、オフィスの地下にあるそば屋だった。麺をかき込み、ものの十五分もすれば席に戻って仕事を再開する人だった。その日連れて行かれたのも、かのそば屋であった。互いにむっつりと口を結び、黙々とそばをすすった。食べ終わって店を出るとき、私はひと言「ごちそうさまでした」と礼を言った。

すると藤井さんは不意に、「お前の言ったことも一理あるから、これから考えるわ」と、私を置いてそそくさと事務所に戻っていった。私は一瞬きょとんとなった。どうやら例の人事のことらしい。酒の席でいったん私の意見を退けはしたものの、後でじっくり再考してくれたようだった。胸の熱くなるような思いがした。それを契機に藤井さんの人事考課のスタンスは変わった。部下の提案に真剣に応えてくれる藤井さんに対し、私はますます尊敬の念を募らせていった。

エネルギーが強ければ利点になる

中川一政　画家

Kazumasa Nakagawa

絵というのは煎じつめると、ムーヴマンとフォルムの二つなんです。ムーヴマンというのは感動です。心が動くということです。これはどこまでも拡がるものです。その勢いをどう画面の中に死なさずに入れるか。それがフォルムです。それで絵が成り立つんです。

それは書も同じなんです。昔から〝書画同時〟といってね。絵を描くのも書をかくのも同じことなんです。

それと、ぼくはやっぱり、体で絵を描く。頭で描かないんだ。体ごと、そういう絵を描こうと思ってる。精神というものと肉体というのを二つに分けないんだ。同じものだと思ってる。昔の学問というのは、学問と修業というのは一緒だったでしょう。学修といったですよね、昔は。それが明治になって西洋の影響で、二つに分かれちゃったですね。あれ、やっぱり、堕落だと思う。

ぼくが一休さん、好きなのはね、一休さんのことはわかるんですよ。あの人、隠してないから。遊郭(ゆうかく)へ行けば、遊郭へ行ったとか、かくでしょ。ちっとも遠慮しない、世間に。自分がね、こうやりたいということを全部やってますよ、隠さないで。それはひどいもんですよ。あの詩集(『狂雲集』)、読むとね。ぼくが一休さんを偉いと思うのは、そこなんですよ。あとくちがいいんですよ。書なんかみても、あとくちがいいでしょ。すうっとしていて。

それがぼくは偉いと思う。だからね、同じ汚いことをしていて、汚くみえるのと、きれいにみえるのとあるですよね、人によって。人によるんだ。汚くみえるのは、修業が足りないから。修行が一休さんみたいに、足りるとね、そういうこと、汚くなくなるんですよ。

実際、あの人、無邪気にやっとるんですよ、ね。で、あとくちがいいんです。だから、ぼくは善悪だなんてことはないんだと思いますよ。いいんだの、悪いんだのってのは、人によると思う。あれが利点だとか、欠点だとか、いっているけど、ひとつのもんだと思うんですよね。

エネルギーが弱るとね、欠点になるんです。エネルギーが強ければ利点になるんです。ぼくはひとつに考えてる。

うまいへたじゃないんだ。いい絵の条件というのは結局生きてるってことよね。

あのね、みんな、美術の美という字にとらわれちゃっている。それで、絵が美しくなきゃいけないというんです。美しくない美術だってあるでしょ。

ねえ。シナの道具なんて、ちっとも美しくないよ。だから美というより、生きているかどうか。誠実に、生きているということ。だから、いつみても感動を覚える。

きれいだけど死んでる絵というのはよくあるんです。で、へたでも生きているっていうのがあるんです。やっぱり、結局は人間性ね。

5月8日

孤児たちのオモニ

田内 基
社会福祉法人こころの家族理事長
Motoi Tauchi

母の名は田内千鶴子（韓国名・尹鶴子）。戦後の韓国で孤児院を運営し、三千人の孤児を育てあげ、皆から「オモニ」（お母さん）と慕われ続けました。大正元年に高知県で生まれ、幼少期に朝鮮総督府に勤めていた父親に呼ばれて韓国に移ります。そして二十六歳の時、ボロボロの身なりで孤児の救済に当たっていた韓国人キリスト教伝道師の父と出会い結婚。孤児院とは名ばかりの廃屋同然の木浦共生園で、四、五十人の孤児と寝起きを共にしながらの新婚生活をスタートします。しかし、貧しくも希望に燃えた二人三脚の日々は長くは続きませんでした。やがて訪れる朝鮮戦争の最中、父が食料調達に行ったまま消息を絶ってしまったからです。以来、母は父の帰りを夢見ながら、一人で共生園の運営を続けます。父が帰るまでは何としても孤児院を守るという一念だったといいます。動乱で親を亡くした孤児の数は増え続ける一方で、運営は困難を極めました。差し当たり必要なのはきょう口にする食料でした。母自らリヤカーを引いて残飯を集め、援助を訴えました。まるで物乞いです。しかし母は周囲の雑音を意に介せず、たどたどしい韓国語を話しながら小さな体で食料や資金の確保に走り回り、孤児を育てていくのです。病気の子は夜を徹して看病し、ひもじい思いをする子には自分の食事を分け与えました。一緒に遊び、歌い、抱擁し、そして祈り、精いっぱいの愛情を注ぎました。いつも温かい視線を注いでくれる母を、孤児たちはいつの間にか皆本当の母親のように慕うようになりました。

戦後間もない頃、凶器を手にした村人が突然、共生園を訪れ、日本人である母の命を奪おうとしたことがあります。その時、孤児たちは「オモニに手を出させるものか」と一斉に母を取り囲んだのです。村人は無言のまま立ち去りましたが、母は後にこの時を振り返り、「孤児たちが守ってくれた命。死ぬまで孤児のために命を捧げようと決意した」と話していました。

母は終生、この誓いを貫き通すのです。私も幼い頃からそういう母を見てきました。しかし私の幼少期はいい思い出ばかりではありません。食事も寝る場所も孤児と一緒。母は我が子を絶対に特別扱いしませんでしたから、虐められて帰っても、悩みを打ち明ける場もないのです。寂しさと悔しさでいっぱいになり、母ばかりか行方不明になった父すら憎らしく思ったことは数えきれません。屈折した親子の関係はその後長く続きました。

母と心を分かち合えるだけのまとまった時間がようやく持てたのは、亡くなる直前でした。がんに侵された母を付きっきりで看病する中で、それまでのわだかまりが氷解していくのを感じることができたのです。

五十六年の生涯で、母は国境を超えて愛し合う素晴らしさを教えてくれました。木浦の人々も日本人である母を愛してくれました。その恩に報いるため、私は在日コリアンの特別養護老人ホーム「故郷の家」を運営しています。それは祖国を見ずして亡くなった母の願いに応えることにもなると信じています。

5月9日

荒行を乗り越えさせたもの

光永圓道　比叡山千日回峰行満行者・比叡山延暦寺大乗院住職

Mitsunaga Endo

医学的には断食と断水の場合、一週間が生きられる限度といわれています。そういう中で真言を唱え、お不動様を念じるわけですから、本当に死と隣り合わせのギリギリのところまでいく。生きることを一切否定して、仏様、お不動様に全心身をゆだねるわけです。

体力はどんどん落ち、身体もやせこけて頬がげっそりとそげ落ちてきます。心臓に負担がかかるので本当にゆっくりとしか歩くことができなくて、トイレも手伝っていただかないと行けなくなります。まさしく極限の状態ですが、逆に意識は冴え渡って鋭敏になり、普段は決して聞こえない比叡山の麓を走る電車の音や、駅のアナウンスまで聞こえたほどです。

堂入りを無事終えて出堂した時は、杖も握れないような状態でしたが、心の中は感謝の気持ちでいっぱいでした。支えてくださった皆さんには、生まれて初めてではないかと思うくらい、心の底から頭が下がりました。

堂入りが成満して「生き仏」などと言われますが、それまでの山廻りは菩提を求めての自利行であったのに対して、そこからは化他行。自分のためにお山を七里半廻った上で、人様のために京都洛北の赤山禅院まで七里半往復する赤山苦行や、京都市内を廻る京都大廻りなどを経て、平成二十一年九月十八日に無事、千日回峰行を満行しました。

確かに行の最中、小さな怪我は数え切れないほどしましたし、台風に遭遇したり、脱水症状で倒れたり、たくさんの試練に遭遇しました。中でも一番大変だったのは、京都大廻りの時に脚を怪我したことでした。累積疲労で脚がパンパンに腫れて、お医者さんからは絶対安静と言われていたんです。その時脳裏に甦ったのは、小僧の頃にお師匠さんから言われた言葉でした。行の最中に脚を痛めて引きずるような歩き方をしていたらしいんですが、「脚をかばうな、引きずるな」と。かばいながら歩いたら、今度は別のところを痛めるんですよ。ですが、かばわなければ痛いところはその一か所ですむ。言われた時は意味が分かりませんでしたが、実際に自分の体で体験して初めて感得できるものなのですね。

結局京都大廻りの時は、それまでの歩き方で脚を痛めたわけで、歩き方を変えてひと月半くらいかけて克服していきました。支えになったのはやっぱり周りの方々の力でした。

原因はすべて自分と思い定めてはいても、痛みを抱えながら歩き続けなければならない葛藤はある。一人だったらいろんな意味で心が揺れてしまうんです。でも街を歩きながらたくさんの見えないパワーをいただいているようで、行から戻ったら小僧さんに担いでもらわないと移動できない状態だったのが、翌日草鞋を履いたら不思議と歩ける。たくさんの方々の目に見えないパワーに後押ししていただいて続けることができたわけです。改めて振り返ったら、それが仏様の力なのかなと。仏様が姿形を変え、人伝えでいろんな力を与えてくださっているのを実感しました。

5月10日

言葉を生み出すことは苦しいことなのよ

沢 知恵　歌手

Tomoe Sawa

大島青松園（せいしょうえん）（ハンセン病療養所）へ行くと必ず塔（とう）和子さんのお部屋にも顔を出すようになり、いつしか一番長く話をするのが塔さんになっていました。お訪ねすると、とにかく詩や芸術の話ばかり、頭から爪先まで全部詩で埋まっているような人でした。「あなたも歌手でしょ、詩も書くのでしょ」と言いながら、ものを生み出す苦しみや詩を書く喜びなどをたくさんたくさん話しながら、私を励ましてくださいました。

塔さんとお会いしてしばらく経った二〇〇一年、大島で初めてのコンサートを開きました。島の外から大勢の人に来ていただいて療養所を肌で知ってもらいたい、そんな思いから行った企画でした。その頃には、いつか塔さんの詩を歌えたらいいなと漠然と考えていました。

それからおよそ十年が経ちました。私も四十歳に近くなり、いろいろな経験も積みました。改めて詩を読んでみると、塔さんが詩で何を言おうとしていたのか、その切なさが心に沁みてくるようでした。塔さん自身、ご高齢で寝たきりということもあり、まだお元気なうちに歌いたいという気持ちもありました。

最初は軽い気持ちで詩集を読み始めましたが、いったん読み出すとじっくりと全部読まずにはおれませんでした。塔和子という人にとって、その詩は命そのものであり、私が塔和子を歌うことは即ち塔和子を生きることなのだ——。そう思い至った時、私は肉声でこれを発してみなければいけないと感じました。

塔さんの分厚い三巻の全集には、およそ千編の詩が収められています。そのすべてを声に出して読みました。まる三か月がかかりましたが、私にとってなんと幸せで豊饒な時間だったことでしょう。その中から八つの詩を選び、最初に曲がついたのが「胸の泉に」という詩でした。

かかわらなければ／この愛しさを知るすべはなかった／この親しさは湧かなかった（中略）**何億の人がいようとも／かかわらなければ路傍（ろぼう）の人／私の胸の泉に／枯れ葉いちまいも／落してはくれない**

十代で発症して瀬戸内の小さな島に送られ、隔離された塔さん。世間との関わりを断たれた生活を余儀なくされながらも、彼女は「かかわらなければ、かかわらなければ」と魂の声を上げている。人と関わることによって生まれる幸も不幸も、陰も陽もすべて受け入れて生きる覚悟がそこには示されています。

塔さんは私に「言葉を生み出すことは苦しいことなのよ」と何度かおっしゃったことがあります。自身の弱さや情けなさを嘆いている詩もたくさんありますが、見栄や虚飾を排し、自分にも他人にも神様にも嘘をつかず、真っ直ぐに、正直に生きていく。悩みも苦しみも弱さもすべて自分で引き受けて生きていく本当に自立した女性のあり方を、私は塔さんから教えていただきました。

5月11日

私たちには帰れる祖国がある、大地がある

杉山まつ　ワシントン靴店創立者

Matsu Sugiyama

　当時、台湾は日本の植民地でしたから、たくさんの日本人が住んでいました。農産物が豊かで治安のよい台湾を、私たちはすっかり気に入って永住の地と決めて暮らしているうちに、いつの間にか十年が過ぎてしまいました。

　台湾は日本の敗戦と同時に無政府状態になって、不穏な空気は日増しに強くなるばかりでした。身の危険を感じた日本人は、ひっそりと家の中にこもり、一日も早い帰国を望んでいました。その時、蔣介石総統は、「恨みをもって恨みに報いず、それを犯した者は極刑に処す」という内容の広報を出しました。そのおかげで、無事、敗戦の翌年には、台湾に住んでいた五十八万の日本人は、日本へ送還されることになりました。

　我が家は現地召集されていた四十歳の夫が敗戦直後に復員して、十三歳の長女を頭に、次女、三歳の末娘、三十七歳の私の五人家族でしたが、その時、私は妊娠四か月でした。

　わずかな身の回りの品以外は没収され、着のみ着のままで乗り込んだのは貨物船でした。芋を洗うような込みようで壁も床も湿気があふれていました。手持ちのゴザを敷いて腰を下ろしたのですが、ゴザはたちまち水気を含んで、情け容赦なく着ている衣服を濡らしますから、ずっと寒さに震えていました。

　そのうえ、船が激しく揺れ始めたとたん、あちこちでゲエゲエ吐き始めました。手持ちのバケツは汚物入れになって、人いきれと汚物の異臭が充満して、生きた心地がしませんでした。それに、船の中には何百人もの人が使うトレイなどあるはずもありませんから、バケツは各家庭専用の移動トレイにもなりました。私は今も、トイレに入るたびに当時のことを思い出して、平和の有り難さを思うのです。

　だから、ついに日本に着いた時は、それはうれしかった。船酔いに苦しみながら、出港して五日目、「日本だぞ、日本だぞ！」という叫び声に、ふらふらしながら甲板に出ると、はるか水平線上に日本列島が見えました。感極まって歓声を上げる人は一人もいません。みんな涙が流れるにまかせて、どんどん近づく島を食い入るように見つめています。

　戦いには敗れたけれど、私たちには帰れる祖国がある。大地がある。私は、ただそれだけでうれしかったんです。

「ついに日本に着いたのよ。よく頑張ったわね！」といいながら、おなかをさすると、元気に赤ちゃんが動いたのを、今もはっきり覚えています。その時は、無事に祖国に帰り着いたという喜びで一杯でした。

5月12日

一流と二流を分けるもの

芳村思風
感性論哲学創始者

shifu Yoshimura

鎌倉時代末期の有名な刀鍛冶、正宗には一人娘がいました。名はたがね。正宗はたがねが年頃になったら、弟子たちの中から一番優れた刀を鍛えた者を婿に取り、跡を継がせようと考えていました。

そのときがきました。テストを重ね、最後に二人が残りました。村正と貞宗です。

正宗はこの二人に勝負をさせることにしました。二人は懸命に刀を鍛え、師匠のところに持っていきました。

正宗は屋敷の中を流れる小川に、二人が鍛えた刀を垂直に立て、上流から藁を流しました。すると、藁は村正の刀に吸い寄せられるように寄っていき、刀に触れるか触れないかの間にスパッと斬れました。貞宗の刀にも藁が流れていき、引っかかりました。しかし、引っかかったままで斬れません。正宗が貞宗の刀を流れからスウッと引き上げました。すると、引っかかっていた藁がはじめて斬れて流れていきました。

村正は「勝った」と思いました。たがねと結婚し、師匠の跡を継ぐのは自分だと思いました。だが、正宗の判定は意外でした。貞宗が鍛えた刀のほうが優れていると評価したのです。たがねと結婚し、正宗の跡を継いだのは貞宗でした。

その後日談。村正はこの判定に腹を立て、師匠のもとを出奔して、全国各地をめぐって刀を作るようになります。村正の刀は鞘を払って見つめていると、なんとなく人を斬りたくなる。辻斬りなどがしたくなる。そういう妖気をはらんでいるために、それを持つ人間を次々と不幸に陥れました。そのため、村正の刀は妖刀と評判になり、それを持つ人はお祓いをして妖気を鎮めるのが習わしになったということです。これは実に味わい深い話です。

正宗はなぜ、貞宗の刀に軍配をあげたのか。村正の刀は斬ろうとしなくても斬ってしまう。貞宗の刀は斬ろうという意思を働かさなければ斬れない。斬ろうとしてはじめて斬れる。これこそ武士の持つ刀である、と正宗は考えたのです。

なぜなら、武士は人を斬るために刀を持つのではありません。天下国家を治めるために持つのです。斬ろうとすれば斬れるが、斬ろうとしなければ斬れない。天下国家を治める人間が持つ刀はそういうものでなければならない。村正の刀は切れ味は鋭い。斬ろうとしなくとも斬ってしまう。だが、そういう妖刀は武士が持つべき刀ではない、というわけです。

村正も貞宗も刀鍛冶としての腕前は第一級です。一流と言っていいでしょう。だが、村正の刀は技術的な能力の冴えだけで鍛えられています。それに対して貞宗の刀は人間の意思が働いてはじめて斬れ味を発揮します。いわば技術的な能力に人格の香りといったものが加わっているのです。

人格の香り。これが同じ一流とはいっても、二人の刀の優劣の差になったのでした。そして、技術的能力だけでなく、人格の香りという微妙な価値を評価する哲学を備えていた正宗こそ、一流中の一流と言うべきでしょう。

5月13日

仲間を信じ、童心を忘れず、科学に徹する

津田雄一
「はやぶさ2」プロジェクトマネージャ
Yuichi Tsuda

物事を成就する人とできない人の差はどこにあるかというと、自分たちはできないとちゃんと自覚することだと思います。

もちろん我われはきちんとミッションを果たせるように「はやぶさ2」をつくりました。ただ、こういう障害があったらできないよねとか、あるいはパーフェクトな人間が操作すればできるかもしれないけれども、我われはパーフェクトな人間じゃないよねって。人間はミスをするものだし、百%完璧というのはあり得ない。「はやぶさ2」のチームにはそういう自覚が醸成されていました。だからこそ、過信せず驕らずに謙虚であること、常に現状に安心したり満足したりしないで、よりよいものを探究し続けていくことが大切ではないでしょうか。

それと同時に、チーム全体が高い目標に向かって強いモチベーション、目的意識をきちんと持っていること。言い換えれば、仕事を楽しむ。隙さえあれば面白いことをやってしまう遊び心がなければ物事は成就できないと思います。

プロジェクトマネージャとして歩んできた五年半、常に思っていたのは仲間と共に前に進むことですね。そのために、リーダー自身がまず摂理に忠実になること。物事を思いだけで決めるのではなく、論理で決めていく。もちろん根底には「はやぶさ2」でこんなことをやりたいっていう自分自身の強い思いがあるんですけど、それを実現する方法って何十通りもきっとあって、何を評価基準とするかで良し悪しは変わっていきます。

なぜこの選択をしたのかっていう時に、「それはリーダーの津田が決めたから」ではなく、「物理現象としてこうだから」とか「探査機の設計がこうなっているから」といった論理で決めていく。そしてそれをチームに共有することで、リーダーだけが判断するのではなくてチームの個々のメンバーが正しく判断できる。あるいは判断をしていいんだという雰囲気をつくることができる。「はやぶさ2」のプロジェクトは決して一人ではできない仕事で、いろんな人の思いを乗せて進んでいく大きな事業ですから、仲間と共に進む、論理で決めていくことが不可欠だと思います。

そういう意味を込めて、「仲間を信じ、童心を忘れず、科学に徹する」というのが私の信条です。振り返ると、私はここ十年間くらい、「はやぶさ2」のミッション成功を夢見て、がむしゃらにやってきました。関わり始めた頃はまだ若手で、宇宙工学の知識もいまと比べて全然ありませんでしたが、とにかく自分で目標を設定して、その目標に対してとことん深く追求していく日々でした。

その一所懸命さが伝わると仲間が増えていくんですよね。自分一人でひらける運命って高が知れていると思うんですけど、仲間と共に歩めば、もっと大きな運命の扉をひらくことができる。だから、自分自身がどれだけ仕事にエネルギーを注いだか、どれだけ深く追求したか、その一所懸命の先にしか運命はひらけないのではないでしょうか。

5月14日

石の声を聞け

粟田純司

粟田建設会長・古式特技法穴太衆石垣石積石工第十四代

Junji Awata

私の父は「石を積ませて鬼」といわれた人間国宝の粟田万喜三(あわたまきぞう)ですが、その父のもとにさえ十分な仕事はありませんでした。文化財の修復や保護にも、現在のように世間の関心がなかった頃のことです。この先はとても食べていけそうにないと、私は大学卒業後、県庁の試験を受けることにしました。ところが父は、せっかく届いた内定通知を見るなりすぐに破り捨て「石積みの仕事を覚えるには最低でも十年はかかる。こんなことをしていて一人前の継承者になれるか」と私を一喝(いっかつ)したのです。

その後、父について仕事を始めた私でしたが、大学で土木を専攻していたこともあり、「ここにこれだけの力が加われば石垣は崩壊する」だの「理論上はこうなる」だのといった理屈を並べ立てては、よく父から叱られていました。そして約一年が経過した頃。父から「ここを積んでみろ」との指示を受け、自分では満足のいく出来栄えだったのですが、父はバール(かなてこ)を持ってくるなり、それを一気にぶち壊してしまったのです。どこが悪いのかと尋ねても「仕事は教わるもんと違う。盗め」と言うだけで、何も答えてはくれません。私はふて腐れながらも父の積み方をじっと観察してみました。すると、自分の気持ちにまかせ無理に石を収めようとしていた私と違い、父はトン、トン、トンと実に自然な調子で石を置いていくのです。

いま思えば父にはやはり石の声が聞こえていたのでしょう。ただ当時の私は、いくら石の声を聞けと言われても、そんな馬鹿なことがあるものかだの、こんな将来性のない仕事いつだってやめてやるといった気持ちで、芯からは作業に身が入りませんでした。父はそんな私に「おまえは石の声を聞いていない。石と友達になったつもりで語りかければ、自ずと積める」という言葉を口にするのでした。

転機が訪れたのは、修業から五年が経過した日のことです。私たちの仕事を視察に訪れたある大学教授が「この仕事はあなただけのものじゃない。後世に残していく技術です。だから必ず身につけなくてはいけない。それがあなたの使命ですよ」と言われたのです。私が性根を入れて仕事に打ち込み始めたのは、その一言があってからのことでした。

そして三十一歳になったある日。安土城(あづち)の石垣修理をしていた時のことでした。熟慮(じゅくりょ)の末に石を収めた時、何か「コトン」という音が聞こえた気がしたのです。私はその時、石が「これでよし」と答えてくれたように感じました。いまのが石の声というやつか。後で仕上がりを見てみると、やはりその石が収まりよく、落ち着いた雰囲気を漂わせています。

それ以降、私は「おまえはどこへ行きたいんや」と石に問いかけ、石の気持ちを聞くよう努めるようになりました。そして石の声に従っていくと、迷わずトン、トン、トンと置いていけるようになり、仕事の効率も格段に上がるようになりました。

5月15日

嵐の中でも時間はたつ

佐藤久男　NPO法人「蜘蛛の糸」理事長

Hisao Sato

三日前に自殺未遂をしたという男性が、真っ青な顔をして私の事務所に駆け込んできた。「自分では、死にたいという気持ちは一つもなかったのに、気がついたら首を吊ろうとしていたんです……」

会社を倒産させた経営者らの相談に応じ、自殺から守るNPO「蜘蛛の糸」を秋田市に設立したのは、二〇〇一年のことである。実は私自身も相談者らと同じ経験をしたことがあるため、その心情はよく理解できる。たとえ本人に死ぬ気はなくとも、絶望感や喪失感から幻覚症状を起こし、そうした衝動に駆られてしまうことがあるのだ。つまり自殺とは、する、しない、という本人の意思にかかわらず、させられてしまうものなのである。

思えば私の人生の脇には、いつも「自殺」があった。私が六歳の時に、会社経営をしていた父が川の浅瀬で遺体で発見された。事故死なのか、自殺なのか、いまもって分からない。父と同じ道には進むまいと、県庁職員になり、その後、不動産鑑定事務所に転職したものの、自分で事業をしたいという思いが強くなり、三十四歳の時に不動産会社を設立。住宅工事も手がけて県内十指に入る規模まで事業を拡大し、関連会社も含めて年商は十五億円を上げていた。

ところが、バブル崩壊後の長引く不況で住宅部門の売れ行きは激減し、二十三年間経営した会社はあえなく倒産。負債額は十億円近くに上った。そうしてさまざまな残務処理に忙殺される中、不眠症と胃潰瘍を患い、重度の鬱病になった。

布団に入ってもなかなか寝つけず、やっと眠れたかと思うと、街路樹で首を吊ったり、地獄の暗闇に落ちる自分の姿が、次から次へと夢に現れてくる。バッ、と飛び起きると、恐怖で体がワナワナと震えており、自分自身が惨めで、情けなくて、とめどもなく涙が溢れ出た。人前では努めて明るく振る舞っていたものの、知人から「大変な迷惑をかけてよく笑っていられるな」と言われたこともあった。

そんな私を死の瀬戸際で踏み止まらせてくれたものは、自殺の可能性もある父の死を私の代にまで連鎖させ、家族を悲しませてはならない、という強い思い。そして、四十歳の頃から幾度となく読み返してきた、伊藤　肇氏の著書『左遷の哲学』だった。

同書に出てくるシェイクスピアの箴言「嵐の中でも時間はたつ」。また「人の一生には〝焔の時〟と〝灰の時〟とがある」という言葉。ぬくぬくと暮らしていた時には響いてこなかった二つの言葉に、思わず縋りついている自分がいた。

人生には、燃え盛る焔のように勢いづき、何を行っても円滑に事が運ぶ時がある。その逆に、ものを燃やす火種すら消え、何一つうまくいかない時がある。そんな時はじっと自己に沈潜し、時がめぐってくるのを待て——。この言葉によって私は六十八歳までの十年間で自分が立ち上がっていくための計画書を作り、人生の再起を図ろうと決意したのである。

5月16日

シンク（think）せよ

素野福次郎　東京電気化学工業社長

Fukujiro Sono

日本人はオリジナルはなかったが、いろいろなものを模倣して、実際に優秀なものを作ってきましたね。自動車、カラーテレビ、電卓、みんなそうです。で、次はいよいよ、オリジナリティを出さなくてはならないと――そういう時代に入ったという認識を、非常に持ち始めたようです。

扇（おうぎ）というのがあるでしょう。シナの歴史なんかみると、王さんのうしろをあれであおいでいたわけでしょう。あれを扇子にしたのは、日本ですよ。それで、この扇子が秦の時代に、ずいぶんと輸出されて売れるんです。ああいう発想ね、あれが今日（こんにち）の電卓とかになっているんですよ。扇というのはオリジナルは向こうからでているが、これをコンパクトにし折りたたんで扇子にしたというのは、しゃれじゃないが、日本人のセンスです。こういうことにかけては日本人は抜群なわけです。そのセンスを今度は「独創」に向けていけばいいのですよ。結局、大事なのは、シンクすることですね。

ＩＢＭ社の社訓は「シンク」の一語ですが、シンクする喜びを知ることですよ。これは学校の成績がいいとか、東大を出ているなんてことは、関係ないですね。覚えるというのと、知る喜びというのは別ですね。昔、鐘紡で石灰から糸をとるというような試みをやったことがあるんです。これはできませんでした。工業大学の優秀なのを十人くらい集めてやらせたんですが、できなかった。やっぱり、エジソンみたいなやつでないと発明というのはなかなか出てこんですよ。知識はあるが、それが却ってアダになって、それは無理だそれは無理だといい逃れてしまう。結局、あれ、イタリーに先を越されちゃったですね。

企業を発展させるコツというのは結局、僕にいわせれば、本を読むということではなくて、あくまで勉強することです。例えば、問題を解決する能力というのは、現場の中に入っていって、手を汚してやらない限りは能力はあがっていきませんね。だから私は、経理屋が経理の数字だけ見ていてもだめだぞ、といってます。なぜ、こんなに歩どまりが悪いのか。それは、現場の中に入っていったら、必ず、損をするようなやり方をやってるはずだ、というので、現場に入れます。そうすると、これ、一緒になって勉強します。やっぱり、手を汚すようにならなきゃ、だめですね。

それが必要なのはトップも同じですね。武田軍団というのは、騎馬軍が強いというので、無敵を誇っていた。それを織田信長が鉄砲で倒している。結局ね、少数精鋭でやるという精神はいいんですが、それにクリエイティブをして、次の武器というか、それ以上のものをまた考えていく、ということを企業を預かるトップクラスは常に考えていかなきゃならないということです。

すべてはお客さんが教えてくれる

寺田寿男
アート引越センター会長
Toshio Terada

引越しの仕事に着目したきっかけですが、ある雨の日に大阪の阪奈道路を走っていたら、歩道橋の下に引越しで家財道具を積んだトラックが夕立に打たれているのを見て、ピンと来たんです。「トラックは雨に濡れない箱車のほうがいいな」と。

引越しだったら不特定多数のお客さんが相手だから、荷主に嫌われても一気に仕事が減ることもない。しかも現金でお金をもらえます。

それで女房に「引越しで何が一番困るかなあ」と聞いたら、「そりゃ、奥さんが困るのは、荷造りでしょう」と言うので、箱車に「雨にも濡れない　奥様荷造りご無用の引越し専用車」と書いて、引越し業務をスタートさせたら、幸いにも問い合わせが殺到したのです。

私の場合は動きが早いんですよね。だからいまも、何か新しいことを考えて、「これどう思う」って皆に聞いたら「それ、いいですね」って、半年もかからないうちにパッと商品開発してしまうというのがうちの社風なんです。

で、引越しの仕事をスタートしたら問い合わせが殺到して、それで得意になって最初のお客さんのところへ行って、「雨の日に荷物が濡れているのを見て、閃いたんですよ。この箱付きの引越し専用車いいでしょう」と言ったんです。そしたらそのお客さんは、「いや、うちは別の理由で頼んだのですよ」とおっしゃるんです。「何ですか」と聞いたら、「うちの家財道具はガラクタばかりでしょう。この箱付きトラックだったら近所の人に見られなくて済むからですよ」とおっしゃったんです。

これはショックでしたね。自分が考えた商品開発がお客さんの考えていることとまったく違っていたんです。その一言で、僕は商品開発の際に、お客さんの目線で考えることの大切さを痛感したんです。

それ以来、僕はお客さんの現場へ行っては、「何か困ったことはありませんか」「どんなサービスがあったら一番助かりますか」と聞いて、新しい企画を立てていったのです。ですから、うちのサービスというのは、そうやってお客さんから教えていただいたことを形にしたものばかりなんです。

例えば、「履いていたソックスが汚れていて、新しいフローリングが汚れた」という苦情から、ソックスの履き替えサービスを始め、電気製品を買い替えるお客さんに、電気製品のパンフレットを差し上げ、エアコンの設置工事を求めるお客さんのために工事を始めたり、新聞の購読やNHKの受信料の手続きを代行したり。

中にはゴキブリが大嫌いなお客さんがいらっしゃって、千円で買ってきた殺虫剤で「殺虫サービスをしましょうか」と言ったら、二千円支払ってくださったり。そうやって、単なる引越しサービスだったものに、どんどん付加価値をつけていったんです。だから、お客さんのところへ行って聞いていけば、何をやるべきかが全部分かるんです。だからいまだに僕はお客さんのところに行っているんです。

5月18日

奇跡の学校改革

漆 紫穂子　品川女子学院校長

Shihoko Urushi

学校を立て直すために、まず何でもいいからできることから始めようと思いまして、生徒はどのようなルートで志望校を選ぶのかを見ていきました。そうしたら一つのパターンとして学習塾の先生が「この学校はいいよ」と薦めてくれることが分かったんです。そこで学習塾を次々に訪問していろいろとアドバイスをいただきました。できることはすぐにでもやろうという意気込みでしたけれども、いろいろな方から「もう手遅れだ」とか「学校改革なんて難しい」と言われました。

そういう時、これも運命かと思うんですけど、厳しい生徒指導のやり方がテレビ取材されたんです。校内を自由に取材してもらったところ、既にストーリーはできていて、そこにはまる絵だけが利用され、牢獄のようなひどい学校、真っ暗な学校という視点で紹介されました。本校の教育方針がいいと思って通っている子もいたわけですが、そういう声はすべてカットされていて、自分の発言が編集されてまったく違ってしまったと泣き出す子もいました。「ただでさえ生徒が集まらないのに、これで致命的だ」と私は諦めかけました。すると母が驚くようなことを言ったんです。「あなた、そのくらいのことでびっくりしていたら、経営なんてできないのよ。私の目の黒いうちは大丈夫、あなたもこれからはそう思ってやりなさい」って。その一言はいまでも忘れられませんね。

それからもう一度原点に戻って、生徒たちの目線で学校生活を見直していきました。職員会議で全員一致で決めようとするとなかなか先に進みませんから、校長に打診して小さなプロジェクトチームをいくつもつくり、生徒たちに身近な問題を一つひとつ改善していったんです。具体的には、生徒が誇りに思えるようなものを増やしていきました。制服一つにしても、生徒にとっては毎日着る大切なものなので、着心地よくかっこよく楽しい気持ちで着られるようなものに変えました。トイレも生徒にとっては大切な空間です。身だしなみを整えたり、ほっとしたりできるおしゃれな空間に生まれ変わらせました。玄関は下駄箱を撤去して友達とおしゃべりできるソファを設置しました。

肝心の授業の進め方も、主役である生徒が自ら計画的に学べるよう、学年、教科ごとに学習テーマと到達バランスを示す「シラバス」を作成して事前に配布するようにしました。授業改善のアンケートも生徒からとるようにしました。そういう小さいことを一つずつ積み上げていったら、いつの間にか現在に至っているという感じですね。あと、大きいところでは校舎の建て替えもしました。少しずつ体力を失ってしまう前にと、借りられるものは全部借りて思い切って改革することにしたんです。校長である父親の名義で個人保証までしました。そういうことを教えてくれる人がいたんです。砂がこぼれてくる時に、ちょっとずつ小さな堰を造っても溢れてしまうから、あるものを全部使って高い堰を造り、その間に砂を固める作業をしたほうがいいと。

5月19日

講談本から開眼したこと

大塚正士　大塚製薬相談役

Masahito Otsuka

宮本武蔵と豊臣秀吉がもし斗(たたか)ったら、秀吉は恐らく簡単に負けるでしょう。けれども天下一の剣豪の扶持(ふち)が六百石、秀吉は八百万石ですから、多くの人間の力をいかに団結させて利用しながら、いかに人々を幸せにするかということですね。

最初にはっと思ったのは、四十歳の時です。淡路島の洲本の店に農薬を売りにいったことがあった。昼飯の時間がきて、そこの社長は百メートルほど離れた自分の家へ昼を食いにいって、私には寿司を取ってくれた。私はすぐに食べてしまって社長が戻ってくるまで、そばにあった本を見ておったんです。そしたらそこに高田屋嘉兵衛の講談があったんです。高田屋嘉兵衛というのは淡路の人ですからね。

そこにどんなことが書いてあったかというと、彼は十四、五の時から船に乗って、大人になってからは北廻船に乗って、大坂から馬関海峡を通って箱館、江差まで行くんですが、なんぼ商売しても、雇われているから一銭も自分のものにはならない。しかし、彼は頭の冴える男ですから、やがて自分で船を持つ。うまくいって、もう一隻船を持つ。

ところが、陸の上なら一日最初の会社に行って、次の日は新しい会社に行くということができるけれども、海の上ではそうはいかない。そこで自分に心を開いた者を船長にして、五百石船で次々と商売を広げていくんです。船長の給料に加えて別に五百石船の一割の五十石の船室を与えて船長の自由にさせる。それを元手にして最初の港で何かを仕入れ、次の港でそれを売って、商売を広げていっても、「それは全部お前のもんや」。あとの四百五十石は嘉兵衛が船主ですから、「わしの言うとおりにして、儲けた金は全部わしのもんや」と。

これを読んだ時に私はこう考えた。「陸の上で船のまねしたってええ」と。私が会社をこしらえて、それを有能な社員に任せておいたらね、三十の男を十人社長にして、六十まででやってもらったら、十人が三十年、三百年働いたことになる。私は二十歳から働いて七十までできましたから、五十年。合わせて三百五十年働いたことになる。

私一人がどんなに一所懸命にやったところで、例えば住友には追いつけん。住友が二百年前に別子銅山を開発して、それから二百年していまの住友ができておるわけでしょう。こういうところに追いつくためには、立派な男を高田屋商法で並べんことには追いつかん。やはり人の力を借りなければいかん、と。自分の部下にしておいたってできる男ですが、この男を社長にすれば、倍頑張ってくれますからね。そうすれば早く大きくなれる。こういうことを講談本から開眼したわけです。

5月20日

練習は嘘をつかない

大八木弘明
駒澤大学陸上競技部監督
Hiroaki Oyagi

四連覇の後、二〇〇八年にも箱根で総合優勝をしました。ところが、連覇のかかった翌年に何と十三位となり、シード落ちを経験したんです。あの時が一番辛かったですね。

二〇一〇年~二〇一七年は三番以内に入っていたものの、二〇一八年に十二位となり、再びシード落ち。十三年間、箱根で一度も勝つことができませんでした。

選手のスカウトがうまくいかない時期が何年も続いたり、采配(さいはい)が悉く(ことごと)期待外れに終わったり、いろいろ理由はありますが、いま振り返ると、やはり私自身の心のどこかに驕り(おご)というか甘えがあったのだと思います。

四十代半ばで四連覇を達成し、四十代最後の年を優勝で締め括る(くく)ことができたので、五十歳を過ぎた頃から「もう俺はここまでやってきたんだから、この程度の指導をしていれば大丈夫だろ」という感じで、知らず知らずのうちに安定志向に入ってしまったような気がします。

優勝できなかった十三年のうち六~七年くらいは、朝練でも何でもマネージャーに行かせて、自分は現場に行かなかったり、グラウンドにいて遠くから眺め(なが)ているだけだったり。結局、練習姿勢や食事の量、体質、性格、強み、弱みなどすべてにおいて選手のことをきめ細かく見ていなかったんです。

優勝していた頃は、例えば選手が朝練で走り込む際にずっと自転車で並走して指導していました。そうすると、選手の心と体の状態が手に取るように分かりますし、逆に指導者の本気さが選手たちにも伝わっていくのだと思います。

二回目のシード落ちをした時に、このままでは本当にダメだなと。自分の指導に対する情けなさ、歯がゆさをつくづく感じました。本気になって情熱を注いでやっていなかった自分自身のあり方を反省しまして、六十歳を機にもう一回原点に返って自分を変えようと決心したんです。

自分の中でこのままでは済ませられない、選手たちに申し訳ないという思いがありました。箱根を優勝したいがために駒澤に来てくれているんだから、彼らの夢を叶えてあげたい、喜ばせてあげたい。そのために俺は指導しているんだと。そう言い聞かせながら、覚悟を決めて再スタートを切りました。

だからやっぱり安定志向はダメですね。常に挑戦して変化していかないといけない。つくづくそう感じます。体はきついんですけど、二〇二〇年四月から朝練での自転車の並走を再開しました。毎朝十三キロの走り込みをしている選手の横に自転車でついていって、「おまえ、もうちょっとペース上げろよ」なんて言いながら、一人ひとりの選手に寄り添って指導していったんです。選手たちにしてみれば、「ああ、監督はいつも朝グラウンドで待ってるだけやな」みたいな感覚と、「監督、本気だな」という感覚では、練習に取り組む姿勢に天と地ほどの差が開きます。そういうのが本番のレースにそのまま出てきますので、常日頃の練習は嘘をつかないですね。

5月21日

ひとりの人間が集中できるのはただ一つだけ

古橋廣之進　財団法人日本水泳連盟副会長

Hironoshin Furuhashi

苦しさに耐えて泳ぎ込む。その結果が記録となって現れる。その喜びが次の目標に向かっての努力にかり立てる。体力や精神力はそういう反復の中からつちかわれるものなんですね。またそれ以外に体力や精神力をつちかうものはありません。やる。自分で考えてやる。理屈じゃないんです。

僕はね、左手の中指の第一関節から先がないんです。戦時中、軍需工場に学徒動員されましてね。旋盤でなくしてしまったんです。これは泳ぎには不利です。水をかくと、そこからもれるんですから。これを水がもれないようにするにはどうすればいいか、腕の動きや足の動きでどう補えるか、自分で考えて工夫しました。考えるんです。考えてやることが、心、技、体と三拍子揃った集中力をつける唯一の方法ですね。

日本の水泳陣が世界のトップクラスに入っていく可能性？　ないわけがないでしょう。いま、百メートル自由形の世界記録は四十九秒ですね。日本記録は五十三秒。四秒の開きがある。これを縮めるにはどうすればいいか。一年間でまず二秒縮める。次の一年間で一秒。そのまた次の一年間で〇・五秒。こういうふうに目標を立て、そのためにどうすればいいかを考えるんです。アメリカの選手は一日二万五千メートルを泳いでいるとします。同じことをやっていては追いつけません。三万メートル泳ぐんです。三万メートル泳ぐには何時に起きて、一日のスケジュールをどうすればいいかがわかる。それをやるんです。三万メートル泳げば記録がちぢまることははっきりしているんですから、それをやればいい。

私の時代と違って、いまはいろいろな楽しみがいっぱいある。確かにそうでしょうね。しかし、ひとりの人間が、いろいろやれるわけではない。一時にやれるのは、世の中がいくら変わっても、ひとつしかないんですね。ラジオを聞きながら族というのがありますね。テレビを見ながら本を読む。じゃ、ラジオを十分に楽しみ、勉強も十分にできたのか、テレビに熱中しながら読書の醍醐味も十分に味わったのかというと、そうじゃない。どちらも中途半端でしょう。喜びや感動も薄い。それでは生きている充実感が薄くなるのは当然です。

いろいろな楽しみが増えたとはいっても、それは自分がやることの選択の幅が広がったというだけのことです。ひとりの人間が集中できるのは、そんなに多くはない。むしろ、たった一つだといった方が正確です。その意味ではいまも昔も同じことなんですね。水泳とは限りません。何でもいい。自分がこれだと思うものを選びとったら、その目標に向かって、徹底的に集中していく。充実感や感動を自分のものにするには、それ以外にはないということです。大きな目標を踏まえて、そこに到達する一つひとつのことに集中していく。それが結果としては大きな差になるということです。

5月22日

ニューギニアで死地を救ってくれた母

三橋國民　造形作家

Kunitami Mitsuhashi

私が近所の方たちに見送られて出征する朝でした。大勢の方が円陣をつくっている中に母が飛び込んできてね、私の胸に顔を埋めるようにして、小さい声で言うんです。「おまえね、どんなことがあっても生きて還ってきなさいよ。死んじゃダメだよ」って。人さまに聞かれたらまさに非国民ですよ。ついさっき私は「粉骨砕身、還ってはまいりません」と言ったばかりなのに……。そして、最前線ニューギニアへ投入されました。

一番びっくりしたのはね、南方浮腫を伴う悪性の脚気になった時です。心臓が締めつけられあまりの苦しさに喚き、のたうち回っていた。すると見かねた代用の衛生兵が「楽にしてやるよ」と私を安楽死させるための注射液を持ってきたんだね。すでに朦朧とした意識の中でしたが、その時注射針の先から迸る水滴が夕日を受けて光っているのが微かに見えたんです。私は「この野郎、俺を殺す気か！」と言いながら、注射器を奪って草むらに放り投げた。しばらくするとその男が「これならいいかい？」と、また別の注射液のアンプルを持ってきたんです。こんなに苦しいのなら死んだほうがましだと思って、今度は「頼むよ」と言いました。

ところが打たれて二、三分したら、何だか分からないけど、とても気持ちがいいんですよ。その後、暗ーい穴の中を私の体がどんどんどんどん落ちていく感じがするんですが、一向に底へはつかないんですね。

それからどのくらい時間がたったのでしょうか、今度はふわぁっと体が浮き上がりだしたんですよね。穴の入口のほうを見たらそこが白く見える。更に浮き上がっていくと真っ白に光った母の顔があってこう言うんですよ。「おまえ、死ぬんじゃない。負けるんじゃないよ！」ってね。あれ、母ちゃんがいる……。でも手を伸ばして頬っぺたを触ろうとすると母はスーッと逃げていってしまうのです。目を凝らし一所懸命、その顔を見つめました。するとカメラのピントが合うように映像が徐々にシャープになってきて、分かったんです。白く光る母の顔は、十三夜の月だったんですよ。無性に母が恋しくなってはっと目が覚めました。たった一人生き残っていた同僚が隣で眠っている。やがて私の存在に気がついた彼は、驚いたような声で「何だ、生きてたのか。おまえはゆうべ息を引き取ったから、どこに埋めようかと考えてたんだよ」と言うんですね。

後で調べてもらったところ、彼が打った注射液はドイツ製の超一流品心臓疾患用で、軍司令官といえども手に入らない代物。それを私は偶然にも打たれたのでした。そして母が夢の中に出てきて語り掛けてくれた。あぁ、母が救いに来てくれたんだなと思いましたね。

戦後に重傷が漸く癒えて家へ辿り着きましたが、たった二年で母の髪は真っ白になっていましたよ。母は私が裏の路地を上がってくる足音だけですぐに私が還ってきたのが分かったと言いましたが、そんなふうに絶えず母の深い想いの中に抱かれていたということが、私の「生還」の全てになったと思われます。

5月23日

人生のメンバー外になるな

森 士
浦和学院高等学校硬式野球部監督

Osamu Mori

五年間のコーチ指導を経て、浦和学院高等学校硬式野球部の監督に就任したのは一九九一年、二十七歳の時。以来、負けたら終わりという勝負の世界にずっと身を置いてきた。その中で何が勝敗を分けるのかと考えると、それは瞬間的集中力の継続、に尽きるのではないかと思う。私はよく生徒たちに「野球とは人生一生のドラマを二時間に凝縮したもの」と言っている。その時その時の決断が後の人生を大きく左右するように、野球の試合も一瞬のパフォーマンス次第で状況は目まぐるしく変化していく。何百通りもある組み合わせの中で、目の前の一瞬をいかに集中できるか。そこで咄嗟の判断を誤ったり、流れを読み間違えると勝機を逸しやすい。

瞬間的集中力の継続。これを養うには普段の生活こそが重要になってくる。我われ野球部の一日は、朝六時半からの全体練習で始まる。中には朝五時から個人練習を行っている生徒もいる。打撃練習は一日約二千スイング。怪我の原因にもなり得るため、ただ数を振ればいいというわけではないが、やはりある程度の数をこなさなければ感覚は身につかないし、上達しない。

一日の練習が終わると生徒たちは野球日誌を綴る。その日の練習内容や試合の展開を書き留め、考えを述べることによって、自己を内省し、気持ちを整えられるようにする。つまり、主体性を発揮させることが目的だ。我われ野球部は三つのモットーを掲げている。

一、自分が自分を高める責任
二、後輩を育てる責任
三、組織全体を高める責任

チームづくりの中でまず求められるのは、自分が自分を高めること。これは下級生であっても上級生であっても同じだ。チームスポーツでよく使われる標語にOne for all, all for one（一人はみんなのために、みんなは一人のために）とあるが、これに最後続く言葉は、but one for one（しかし、自分が自分のために）である。一番は自己責任であり、自己責任なき仲間意識などは無意味だと思う。

私は毎年、新入部員を全員集めてこう話している。「四千を超えるチームの中で私が監督をしている浦和学院高校を選んでくれてありがとう。私は君たちが甲子園で勝つために最善を尽くす。そして、これだけは約束してもらいたい。最後の一分、一秒までレギュラーを目指すこと」。八十四名の全部員のうち、大会でベンチ入りできるメンバーは二十名、試合に出られるのは僅かに九名。心情的には全員入れてあげたいが、それができないのが高校野球の厳しさである。たとえレギュラーに選ばれなかったとしても最後まで戦う姿勢を貫いてほしい。大事なのはこの先、人生のメンバー外にならないことだと思っている。

私は現役時代、一度もベンチに入ったことがないメンバー外の選手だった。しかし、いま指導者として人生のメンバーにはなれている。だからこそ、生徒たちにも一人の男として自らの人生を切り拓く生き方——浦学魂をこれからも伝え続けていきたい。

5月24日

あなたは平和をつくる人ですか？

相馬雪香
難民を助ける会会長・国際MRA日本協会会長・尾崎行雄記念財団副会長
Yukika Soma

「あなたは戦争は嫌だ。平和が欲しいと言うけれど、あなたのいるところで、あなたは平和をつくる人ですか？」

と聞かれたときも、グッと詰まってしまいました。それというのも考えてみれば、私のいるところは喧嘩ばかりだったのです。

彼女の言わんとすることは、自分の周りに平和がつくれないで、どうやって世界の平和を実現できるのかということでした。もっともな話だと思いました。心に平和のない人間が平和を唱えることの矛盾。朝から晩まで腹が立つばかりで、新聞を読んでは憤慨しているだけではどうにもならないということがよくわかりました。

「人を変えよう、社会を変えよう、世界をよくしようと思うなら、まず、あなた自身が変わらなくては駄目です。世界の中でただ一人、あなたが変えることのできる人間はあなた自身です」という言葉には目から鱗の落ちる思いでした。彼女はさらにこう続けました。

「創造主（神）は、一人ひとりに計画を持っておられるのだから、それを求めて、それに従って生きようとすることから始めるのです。まず、ありのままの自分を見ること。

人間はとかく自分は正しいと思いたいものです。でも、一本の指を人に向けるときには、三本の指が自分を指しているのです。ありのままの自分を見るためには四つの物差しに照らして自分を見ることが必要です。それは絶対正直、絶対純潔、絶対無私、絶対愛という物差しです」

神様というのが嫌なら、心の声でもいい、虚心坦懐になったときに浮かんだ言葉を神に記せというので、それならばと、やってみることにしました。

私が初めてMRA（Moral Re-Armament）のことを知ったのは昭和十四年でした。MRAはその前年、フランク・ブックマン博士（米国人牧師）の「真の平和と民主主義は軍備ではなく、心と精神の再武装から」との思想に基づき、ロンドンでMRA運動が開始され、以後世界各国にその活動が広まったものです。

私は、そのMRAの運動を展開していた一人、ペッグ・ウイリアムズという女性と出会います。

「男性が悪い、軍部が悪い、政治が悪い」と鬱積していた不満を吐き出す私に向かって、彼女は「あなたのように男性が悪いんだ、政治が悪いんだと、人のことばかり責めているだけで何か得られたのですか」と詰問しました。そう言われれば、人のことばかり責めていて、憤慨するだけでは何一つ変わらないことを認めざるを得ませんでした。最も身近な夫に対しても、いろいろ注文はあっても、私が望むようには一向にならなかったのですから。

5月
25日

「凡事徹底」の祈り

鎌田善政　鎌田建設社長

Yoshimasa Kamada

鹿児島県霧島市にある鎌田建設の敷地内に「凡事徹底」の文字が刻まれた石碑ができたのは、二〇〇二年九月。以前から経営者としての指針となる言葉を刻んだ碑が欲しいと念願していた私は、師と仰ぐイエローハット創業者・鍵山秀三郎先生にお願いしてその座右の銘であるこの言葉を揮毫していただきたいと考えました。幸い鍵山先生にも快諾いただき、上京してお借りした書は、亡きお兄様の筆によるものとのことでした。

碑が無事完成し、私は入魂式を行うために友人の僧侶を招きました。すると彼は石碑を眺めながら「理由は分からないが、この文字の力に体が思わず反応する」と言うのです。不思議に思った彼は、書の達人として有名な堀智範大僧正（京都・元仁和寺門跡）に碑の写真を送って鑑定を依頼。間もなく書を讃える内容の返事が届きました。

「凡の字はバランスを取るのが難しく、どうしても縦長になりがちです。ところがこの凡の字は横にどっしりと広がっています。この字を書いたのはおそらく商売をなさっている方でしょう。商売が末広がりであるように祈りを込められたのだと思います」

私は早速鍵山先生にお電話をして、このことをお伝えしました。すると先生は喜ばれ、あの訥々とした口調でお兄様の思い出を語り始められました。その話を聞きながら、私は感動のあまり受話器を握る手が震え、堀和尚の言葉の意味が心に深く浸透していくのを感じたのです。

先生のお兄様は学校の教師をされていました。長屋のようなところで、生涯を慎ましく生きられたそうです。先生の事業がまだ軌道に乗る前、資金繰りに困ってお父様の遺産を処分しなくてはならない事態が起きた時、「父の遺産を秀三郎に」という一言で、きょうだいを納得させられたのがお兄様でした。

イエローハットが増資する時には僅かな給料の中から出資し、他界された時には手持ちの株は二十数億円の価値になっていたといいます。しかし、お兄様の息子さんは「これは秀三郎からの預かりものだ、というのが父の口癖でしたから」と一円も受け取らず、すべての株券を鍵山先生に渡されたのです。

「兄はそれくらい私に愛情を注ぎ、仕事を心配してくれていたのですね」と、感慨深そうに電話での話を結ばれました。

凡事徹底という四文字には、弟の成功と幸せを願う兄の無心の祈りが込められていたのです。当社にとってこの石碑は単なる石碑に止まらない守り神そのものであり、私もこの碑を拝んではお客様や社員の幸せを願い、経営者の誓いを新たにするのを日課にしています。

商売の秘訣

吉冨 学 一蘭社長

Manabu Yoshitomi

昭和三十五年に誕生したとんこつラーメン店一蘭。もとは片田舎のラーメン店が、いまではチェーン展開を進めて海外にも出店を果たし、売上も二百八十億円を超えるまでに成長を遂げました。

もっともすべてが順風満帆だったわけではありません。いまから二十年前のことでした。突然幹部六名を含めた社員三十名が雪崩の如く退社していったのです。きっかけは私の右腕として会社を切り盛りしていた専務の造反でした。当時の私は美味しいラーメンを追求する一方で、次の展開を考えることばかりに目が向き、専務に会社を任せきりにしていたことから、社員の多くが彼を見て仕事するようになっていたのです。

彼は幼馴染みだっただけに、人格否定をされたような苦しみに苛まれました。思い詰めて遺書を書き残し、当てもなく向かった先は京都でした。死を覚悟した時の精神状態はいまもよく覚えています。目にするものすべてに色がなく、寂しい世界が眼前に広がっていました。私は当てもなく京都の街を彷徨っていたのです。

京都のあるご飯屋で食事しながら、「どこかで死のう」と決めました。そのとき、一組の老夫婦が隣に座りました。耳が悪いのか二人とも大きな声を張り上げていたため、嫌でも会話が耳に入ってきました。すると、ビールを注ぎながらおじいさんが「ばぁさん、明日から原点に戻ってあっちのビールにしようか」と昔飲んでいた銘柄を挙げました。

そのとき聞こえた「原点に戻って」という言葉が、私の頭の中を駆け巡りました。また原点に戻ってやればいいじゃないか。私には家族も部下もいる。逃げてはいけない、もう一度頑張ろうと私は意を決しました。

福岡に戻るとすぐに本社機能の立て直しを図るとともに、私は必死で本を読み漁りました。人間の心とは何か、どうすれば心を綺麗にできるのかを突き止めたかったのです。そして私が辿り着いたのは「欲を愛に」という言葉でした。店を繁盛させて儲けたいという欲ではなく、人に何かを与えるという愛で心を満たそうと誓ったのです。

まだ商売で苦労していた頃、馴染みだった小料理屋でのことです。ボーナスが出て気をよくしている常連客が私にビールをご馳走しようと言ってくれました。当時の私にはビールは高嶺の花。遠慮する私に女将が優しく語り掛けてくれました。

「世の中じゅんぐりじゅんぐりばい。あんたはこのままじゃ終わらん。必ず大物になる。そん時は学ちゃんが誰かにしてあげればよかたい」

そして巡り巡って、いま私は経営者として従業員の幸せを願い、仕事の能力よりも人間性を重視した従業員教育に力を注いでいます。事業を通じて親の恩、師の恩、そして社会の恩に報いていくことが私の使命であり、それが私なりの愛の表現なのだと思うのです。

5月27日

小さな電気屋の明るい経営術

山口 勉
でんかのヤマグチ社長

Tsutomu Yamaguchi

地元に大型量販店がくる――。こんな話が私の耳に飛び込んできたのは、町の電気屋「でんかのヤマグチ」が東京都町田市で、創業三十年を過ぎた平成八年でした。「噂で終わってくれ」と願ったのも束の間、近隣にあっという間に六店もの大型量販店ができたのです。

三十年以上商売をしてきた経験から、売り上げが年に三十％近くも落ちることが見込まれ、事実、三、四年の間に借金は二億円以上にまで膨れ上がっていきました。まさに会社が存続するか否かの瀬戸際です。生き残るためにはどうするか。悩みに悩んで私が出した結論は十年間で粗利率を十％上げ、三十五％にすることでした。当時大型量販店の粗利率の平均は約十五％で、地元の電気屋が約二十五％程度でした。周りからは「そんなことできっこない」という声が大多数でしたが、それ以外に生き残りの術は浮かばなかったのです。

私がまず決めたのは、大型量販店のように商品を安売りするのではなく、逆に「高売り」することでした。この頃当店は約三万四千世帯のお客様にご利用いただいていましたが、これだけの数では本当の意味で行き届いたサービスはできません。そのため商圏をなるべく狭くし、ターゲットを五十代からの富裕な高齢者層に絞り込んで三分の一にまで縮小しました。そして一万二千世帯のお客様には他店では真似できないようなサービスをとことんしようと決めたのです。顧客数を三分の一に減らした分、月一度行っていた訪問営業を月三回に増やす。これによって、お客様との深い人間関係ができ、商品が少々高くても購入してくださる方が増えるだろうと考えたのです。

訪問の際にお聞きするのは、お客様が生活される上でのちょっとしたお困り事についてでした。ひと昔前の日本では何か困り事があると隣近所で助け合い、支え合うという相互扶助の精神が息づいていました。私が着目したのはこの部分です。家電製品のデジタル化が進む一方で、地元民の高齢化もどんどん進んでいました。当然、家電の操作が思うようにできない方も多くなりますが、お客様のお困り事はそれだけに限りません。ご高齢、体の不自由な方は買い物に行くのも大変です。そのため、当店では本業とは無関係なことも徹底してやらせていただくようにしたのです。

お客様の留守中には植木の水やりをしたり、ポストの手紙や新聞を数日保管したり、大雨では代わりに買い物にも出掛けたり。これらを我われは「裏サービス」と呼び、お代は一切いただきません。会社のモットーも「お客様に呼ばれたらすぐにトンデ行く」「お客様のかゆいところに手が届くサービス」「たった一個の電球を取り換えるだけに走る」などに定め、「どんな些細なことでも言ってくださいね」とお声がけをしながら十数年、社員パート合わせて五十名で徹底して取り組んできました。悪い評判に比べ、よい評判が広がるにはかなりの時間がかかります。しかし、この姿勢を愚直に、ひたむきに貫いていったことで、結果的に八年間で粗利率三十五％を達成することができました。

5月28日

散っていった友の詩を語り続けて

板津忠正　知覧特攻平和会館顧問

Tadamasa Itatsu

いま知覧には、年間七十万人もの方が訪れています。人口わずか一万四千人のあの町にですよ。景気の低迷でよその観光地はちょっと下火になっていますが、知覧は逆に伸びる一方なんです。館内にある特攻隊員の皆さんの写真の笑顔を見て、皆さん感動されるんです。これから死出の旅路に立つ者が、なぜあそこまで晴れやかな笑顔を見せられるのか。以前、あれは強制的に笑わされた顔だ、という作家もいましたが、強制されてあんな笑顔になるかってことね。いよいよ出撃の直前ともなれば、各々の思いを、家族への手紙や辞世の句として残しました。私はそれらをほとんど諳んじているんですよ。あれこれ説明するよりも、そうした絶筆を直接ご紹介したほうが出撃前の気持ちはよくわかると思います。

これは宮城県の相花信夫少尉、十八歳が継母である母親に宛てて書いた絶筆です。

「母上、お元気ですか。長い間本当にありがとうございました。我六歳のときより、育てくだされし母。継母とはいえ、世のこの種の女にあるごとき不祥事は一度たりとてなく、慈しみ育てくだされし母。ありがたい母、尊い母。俺は幸福だった。ついに最後まで『お母さん』と呼ばざりし俺。幾度か思い切って呼ばんとしたが、なんと意志薄弱な俺だったろう。母上お許しください。さぞさびしかったでしょう。いまこそ大声で呼ばしていただきます。お母さん、お母さん、お母さんと」

この遺書を、継母であるお母さんがどんな気持ちで読まれたか、察するに余りあると思うんですよね。

それから愛知県の久野正信大尉は全文カタカナで遺書を書かれました。五歳と二歳の二人のお子さんがいらして、きっと一日も早く父親の心情を伝えたいと思われて小学校低学年で習うカタカナで書かれたのでしょう。**「正憲、紀代子へ。父ハスガタコソミエザルモ、イツデモオマエタチヲ見テイル。ヨクオカアサンノイイツケヲマモッテ、オカアサンニシンパイヲカケナイヨウニシナサイ。ソシテオオキクナッタレバ、ヂブンノスキナミチニススミ、リッパナニッポンヂンニナルコトデス。ヒトノオトウサンヲウラヤンデハイケマセンヨ。『マサノリ』『キヨコ』ノオトウサンハ、カミサマニナッテフタリヲヂットミテヰマス。フタリナカヨクベンキョウヲシテ、オカアサンノシゴトヲテツダイナサイ。オトウサンハ『マサノリ』『キヨコ』ノオウマニハナレマセンケレドモフタリナカヨクシナサイヨ」**

旅立った特攻隊員が、ただ気がかりだったのは、自分たちが死んだ後で日本がどうなっていくのか、ということでした。

こんな辞世の句があります。**「国のため　捨てる命は　惜しからで　ただ思わるる　国の行く末」「風に散る　花の我が身は　いとわねど　心にかかる　日の本の末」**

特攻隊員たちは皆、平和を望んでやまなかった。生き残った私は、彼らの語り部としてやっていく以外にその方法が思い浮かばなかったから、一途にこれをやり続けたわけです。

5月29日

大舞台で緊張しない秘訣

鈴木尚典　プロ野球横浜ベイスターズ元選手

Takanori Suzuki

地獄のような秋季キャンプがようやく終わり、二か月間のオフに入る前日、二軍の打撃コーチだった竹之内雅史さんから言われたのは「明日から毎日二か月間、腕立て百回、腹筋百回を欠かさずやれ」の一言である。この後、私は継続することの厳しさと辛さを初めて味わったが、コーチと交わした約束だけはなんとか守りとおした。オフが明け、竹之内さんにそのことを伝えたところ、思わぬ答えが返ってきた。「そうか。ただし、このトレーニングはお前がユニフォームを脱ぐまでやれ」

竹之内さんは約束どおり、春先の教育リーグ（二軍のオープン戦に当たるもの）で私を四番に使ってくださった。するとそれまでホームランを打ったこともない私が、九試合で四本塁打。翌三年目のシーズンは一軍と二軍を行き来したが、プロ初ヒットを記録するなど、「努力をした分だけの結果が返ってくる」ことに気づいた。

打席に立つと誰しもが緊張する。ゲーム終盤のここぞという場面ではなおさらだ。そんな時、唯一緊張を解く方法は、そこで開き直れるかどうかにある。しかし、普段から自分が決めたことを毎日きっちりできていない人間にはそれができない。

私がこのことに気づいたのは、二十五歳のある試合でのことだった。五月に迎えたヤクルト戦、一点を追う攻防の中、九回裏二死一、二塁で打順が回ってきた。一打出れば同点、長打なら逆転サヨナラという場面で球場は大いに盛り上がる。この時、私はかつてなく緊張し、相手捕手に気づかれてしまうのではないかと思うほど足がガクガク震えていた。カウント、ツーストライク・ツーボールのまま、何度もファールで粘る。一球ごとに打席を外しては、なぜこんなに緊張するのか、なぜこんなに震えるのかと思いを巡らせていた。

その謎が解けたのは、十球目近くのことである。この緊張や足の震えは、私が日頃の練習を納得いくまでしていないからではないか。実はこのシーズンが始まる直前、首を負傷してしまった私はそのことを気にして練習を控えめにしたり、記者団に対しても弱気な発言を繰り返したりしていた。成績が上がらない原因を、怪我（けが）のせいにして自分自身から逃げていたのだろう。そう気づいた瞬間、「もう三振してもいい。打てると思った球をとにかく思いっきり振ろう」という気持ちになり、同時に足の震えも止まっていた。

ここぞという局面においてどうすれば緊張せずに済むのか。それは、ヒット一本、ホームラン一本を打つために、自分でどれだけの準備をしてきたかに尽きる。打席に入ればあれこれ悩んでいる暇などない。私の考えでは「試合が始まる前」までが勝負の時であり、そこで勝敗はほぼ決まってしまっていると言っても過言ではないだろう。竹之内さんが言われたシーズンオフの腕立て伏せと腹筋も、次の年によい成績を残すための一つの準備であったのだ。この打席を境に私の打率は徐々に上がり始め、その年、初めてとなる首位打者を獲得。続く翌年も首位打者となり、三十八年ぶりのチーム日本一にも貢献することができた。

5月30日

愛語の力

酒井大岳
曹洞宗長徳寺住職
Daigaku Sakai

私が県立女子校の書道講師として奉職間もない頃、小林文瑞（ぶんずい）という大先輩の先生がいました。小林先生は私のように僧籍を持ち、西田哲学や仏教思想に精通していました。百九十センチ近い大柄な方でしたが、一緒に食事をしていた時にこうおっしゃるのです。「酒井先生、『般若心経（はんにゃしんぎょう）』というお経があるでしょう。きょうは一つ私にそれを説いてください」「それは無理ですよ。読めと言われればすぐに読めますが、とても説くことなんか」すると一瞬先生の表情が変わり、「馬鹿者！」と頭ごなしに私を怒鳴られるではないですか。「あなたはきょう、私の隣の教室で授業をやっていたね。一人休んでいた子がいたでしょう。名前はなんと言った?」「山田悦子（仮名）です。窓際の前から三番目の子です」「あなたは彼女がなんで休んでいるか知っていますか」「いいえ、風邪でもひいたんだろうかと……」

その言葉が終わらないうちに再び雷が落ちました。「馬鹿者！　生徒が一人休んでいたら担任のところに行ってなぜ休んでいるかを聞くのが教師の役目ではないか」。さらに先生は「あなたに『般若心経』が説けなかったら、私が見せてやる。付いてきなさい」。そうおっしゃったかと思うや、もう歩き出され、しばらく経ったところで、「あのな、山田悦子は腎臓を悪くしてこの先の病院に入院しているんだ。これから見舞いだ」。

彼女の部屋は二階の奥まったところにありました。小林先生は病室に入ると、笑顔で挨拶を交わし静かに話し始められました。「えっちゃんな。きょう酒井先生が君の教室で授業中に歌を歌っていた。俺は隣の教室で聞いていたんだけど、酒井先生はえっちゃんがどんな病気で入院しているか知らなかったそうだ。俺が酒井先生に頼んでその歌を歌ってもらうからな。よーく聞いていろや」私が歌ったのは、その頃農家を励ますために流れていた田園ソングでした。二番くらいから山田は布団を引っ被（かぶ）って泣いていました。声は出さなくても肩が震えているからそれと分かるのです。三番まで歌い終わると「ありがとうございました」と小さな声がしました。「よかったな、えっちゃん。これであと一週間もすると治って退院できるよ。じゃあな」。そう言って先生は部屋を出られました。病院を出て別れ際に小林先生が両手で私の手をしっかり握り、大きく揺さぶられました。そして満面の笑顔で「これが『般若心経』だよ。覚えておきなさい。」。私は最初小林先生がおっしゃった意味が分かりませんでした。しかし、ある時、ふと「仏教で大切なのは理屈ではなく実践なのではないか」「いまできることを精いっぱいやることが人生で大切ではないのか」と思ったのです。それから私は『般若心経』に関する本を、三百冊以上貪（むさぼ）るように読みました。驚くことに、小林先生の教えにすべて帰着していました。理屈ではなく歩み続けることこそがその神髄だったのです。ちなみに、山田悦子は奇跡的な回復を遂げ、先生の言葉どおり一週間後に無事退院しました。私には愛語の力を知る忘れられない思い出の一つです。

5月
31日

ゾウのはな子が心を許した人

山川宏治　東京都多摩動物公園主任飼育員

Koji Yamakawa

武蔵野の面影を残す雑木林に囲まれた東京・井の頭自然文化園に、今年還暦を迎えるおばあちゃんゾウがいます。彼女の名前は「はな子」。私が生まれる以前の昭和二十四年に、戦後初めてのゾウとして日本にやってきました。当時まだ二歳半、体重も一トンにも満たない小さくかわいい彼女は、子どもたちの大歓声で迎えられました。遠い南の国、タイからやって来たはな子はたちまち上野動物園のアイドルとなりました。

ところが、引っ越し先の井の頭自然文化園で、はな子は思いがけない事故を起こします。深夜、酔ってゾウ舎に忍び込んだ男性を、その数年後には飼育員を、踏み殺してしまったのです。「殺人ゾウ」――。皆からそう呼ばれるようになったはな子は、暗いゾウ舎に四つの足を鎖で繋がれ、身動きひとつ取れなくなりました。餌をほとんど口にしなくなり、背骨や肋骨が露になるほど身体は痩せこけ、かわいく優しかった目は人間不信でギラギラしたものに変わってしまいました。飼育員の間でも人を殺したゾウの世話を希望する者は誰もいなくなりました。

空席になっていたはな子の飼育係に、当時多摩動物公園で子ゾウを担当していた私の父・山川清蔵が決まったのは昭和三十五年六月。それからはな子と父の三十年間が始まりました。「鼻の届くところに来てみろ、叩いてやるぞ！」と睨みつけてくるはな子に怯むことなく、父はそれまでの経験と勘をもとに何度も考え抜いた結果、着任して四日後には一か月以上繋がれていたはな子の鎖を外してしまうのです。そこには「閉ざされた心をもう一度開いてあげたい」、「信頼されるにはまず、はな子を信頼しなければ」という気持ちがあったのでしょう。父はいつもはな子のそばにいました。出勤してまずゾウ舎に向かう。朝ご飯をたっぷりあげ、身体についた藁を払い、外へ出るおめかしをしてあげる。それから兼任している他の動物たちの世話をし、休憩もとらずに、暇を見つけてはバナナやリンゴを手にゾウ舎へ足を運ぶ。話し掛け、触れる……。「人殺し！」とお客さんに罵られた時も、その言葉に興奮するはな子にそっと寄り添い、はな子の楯になりました。そんな父の思いが通じたのか、徐々に父の手を舐めるほど心を開き、元の体重に戻りつつありました。

ある日、若い頃の絶食と栄養失調が祟って歯が抜け落ち、はな子は餌を食べることができなくなりました。自然界では歯がなくなることは死を意味します。なんとか食べさせなければという、父の試行錯誤の毎日が始まりました。どうしたら餌を食べてくれるだろうか……。考えた結果、父はバナナやリンゴ、サツマイモなど百キロ近くの餌を細かく刻み、丸めたものをはな子に差し出しました。それまで何も食べようとしなかったはな子は、喜んで口にしました。食事は一日に四回。一回分の餌を刻むだけで何時間もかかります。それを苦と思わず、いつでも必要とする時にそばにいた父に、はな子も心を許したのだと思います。定年を迎えるまで、父の心はひと時も離れずはな子に寄り添ってきました。

6月 June

村田吉弘（菊乃井三代目主人）
上柿元 勝（オフィス・カミーユ社長）
中村勝宏（日本ホテル総括名誉総料理長）
中 博（中塾主宰・一般社団法人和の園研究機構代表理事）
高田都耶子（エッセイスト）
古賀稔彦（柔道家）
髙島宏平（オイシックス・ラ・大地社長）
戸澤宗充（日蓮宗一華庵・サンガ天城庵主）
伊調 馨（ALSOK所属レスリング選手）
奥田 透（小十店主）
桜井邦朋（宇宙物理学者・神奈川大学元学長）
桑村 綾（紫野和久傳代表）
堀内志保（元がんの子供を守る会高知支部代表）
金沢景敏（AthReebo代表取締役・元プルデンシャル生命保険ライフプランナー）
森 信三（哲学者）
樋口廣太郎（アサヒビール社長）
西堀榮三郎（理学博士）
小久保裕紀（元福岡ソフトバンクホークス選手）
渡辺和子（ノートルダム清心学園理事長）
山田風太郎（作家）
千 玄室（茶道裏千家前家元）
高野 登（ザ・リッツ・カールトン・ホテル日本支社長）
和地 孝（テルモ社長）
工藤恭孝（丸善ジュンク堂書店元会長）
吉田忠雄（吉田工業社長）
上山保彦（住友生命保険社長）
鈴木治雄（昭和電工会長）
二子山勝治（財団法人日本相撲協会理事長）
鈴木 武（環境プランナー）
浦田理恵（ゴールボール女子日本代表）

6月1日

自分が納得のできる料理を出せ

村田吉弘　菊乃井三代目主人

Yoshihiro Murata

フランスから日本に帰ってすぐに、親父に「後を継ぎます」と言いました。そうしたら、いきなり大声で「男子が一生の志を決めて出ていって、半年やそこらで前言を覆すとは何事か！」と叫んで灰皿を投げつけられました。ほら、いまでも僕の左眉のあたりにその時の傷がありますでしょう。

よく事情を話したら「分かった。ほな、わしの言うことを聞け」ということで三年間、名古屋の料亭に修業に行くわけです。で、帰ってきて京都の木屋町に菊乃井の暖簾を上げさせてもらいました。七坪で六席という小さな店でしたけれども、いかんせんお客さんが来てくれはらへん。一週間、お客さんがゼロという時もありました。

親父からは「三年経って自分の飯が食えんようやったら、もういっぺんフランスに行ってホームレスをやってこい」と言われていましたので、この時ばかりはどうしたものかと悶々としました。

その頃、親父の友達の京料理・たん熊のご主人が時々寄ってくださっていました。いつもカウンターの端に座ってビールを二本ほど飲みながら、「適当に何か出してみいな」とおっしゃるんです。春先だったので木の芽和えを出して「それ甘ないですか」と聞いたところ、「甘いと思ったら、甘ないもん出さんかい」と。

「それ親父のレシピで作っているんです。親父と同じようにやらへんかったら、菊乃井の味にならんと思いまして」と説明しかけたら、「お前はアホか」と怒られましてね。「自分がうまないと思っているものを人に出してどうする。自分がうまいと感じたもんを出して店が潰れるなら納得いくけれども、うまないと思っているものを出して立ちいかんようになったらどうするねん」と。この一言には目が覚める思いがしました。

それから不思議と迷いがなくなって、自分がおいしいと思う料理を追求するようになったんです。フランスの真空パックの調理法を日本語に訳してもらって取り入れたりして、親父からは「おまえは、けったいなもん作るんやな」とよく言われましたが、妙なもんでお客さんがついてくるんですね。

包丁の使い方から天ぷらの揚げ方から、試行錯誤の連続でした。毎日来られるお客さんに「これちょっと食べてみてください」と言って「おい、こんなもん食えんやろう」と叱られることもありましたしね。その頃出た料理書という料理書は全部読んで、いつも研究していたんです。

おかげさまで親父との約束どおり三年後には木屋の店の経営もとんとんになりました。この頃の体験とフランスでの気づきがなかったら、いまの僕はなかったと思います。

6月2日

万事困難は己の心中にあり

上柿元 勝　オフィス・カミーユ社長

Masaru Kamikakimoto

私はフランスの「ル・デュック」という料理店に嘘をついて入ったんです。その頃はもう一週間くらいろくに食べてなかったものだから、とにかく働きたかった。ひょんなことからオーナーが私に興味を持ってくれたのですが、やっぱり聞いてくるわけですよ、「労働ビザは持っているか」と。人間、嘘をつく時は二、三回返事をするんですよ。「ウィ、ウィ（はい、はい）」って。そうしたらシェフがもう一度「本当か」と聞くもんですから、褌が切れるくらいの勢いで腹の底から「ウィーー！」と答えたら、「分かった、分かった。それなら明日から働け」って。ただその時はとにかく栄養失調状態ですから、最初はばれないように冷蔵庫の食材をこっそりいただいたり、まかないが食べられればそれでよかったんです。技術の習得よりも、お腹いっぱい食べたい、生きたい。それだけでしたから。

でもそんな私にオーナーは店に入って一週間後に千三百フランの給料をくれました。まだ何もできないのに、あの頃にしてはいいお金ですよね。だからそれからは朝から晩まで働きました。

最初は洗い場での仕事が中心でしたから、洗い場の人と仲良くなろうと自分の仕事をしながら彼らの仕事も手伝いました。例えば店には毎朝ホタテ貝が二百個届けられるんですよ。向こうは全部殻つきなんですよね。だから一個一個剝かなければならないうえに、軍手がないから大変なんですけど、四、五十分かかるところを私は三十分で終わらせて、後の時間はとにかく与えられた仕事以外の仕事をしましたね。

それから先輩シェフをつかまえて「それ俺にやらせてくれ」ってお願いするんですけど、怒られるんですよ、「あっちに行け」「おまえにはできない」って。それでも食い下がって、とにかく何でもかんでも「やらせてくれ」ってね。それで一か月経ってからオーナーに正直に言いました。私は嘘をつきましたって。

するとオーナーは近くの大学に行けと。私は観光ビザしか持っていなかったので、要するに滞在許可証を取れということでした。「俺が手続きするから、おまえはとにかく大学に行け」とまで言ってくれたんです。嬉しかったですね。ですからそれからまたバカみたいに働きました。

ハウステンボス初代社長・神近義邦さんの言葉「万事困難は己の心中にあり」のとおりで、「疲れた」「しんどい」「お金がない」とかはあくまで一時的につくり出されたものにすぎません。だからそんなことで苦しむよりもこの世に出して、育ててくれた両親に迷惑や心配をかけたくないという思いでしたね。うちは本当に貧乏で、親父とおふくろが一所懸命働いていたんですよ。その後ろ姿を私は子供の頃からずっと見てきましたから、どれだけ自分が働いても、まだ働きが足らんと思っていました。それにオーナーに嘘をついて申し訳ないという気持ちもありましたから、あの頃はとにかく働いて、働いて、働いて。死に物狂いでしたね。

6月3日

技術者の世界にも闘争がある

中村勝宏　日本ホテル総括名誉総料理長
Katsuhiro Nakamura

いまは社会全体が満たされた世の中になっているからハングリー精神に欠け、忍耐という言葉はもう死語になりつつあります。一所懸命やるとか自己投資するとか、そういうことに気づかなくなっていますね。だからそこは我われ先輩が妥当な助言とか時には厳しいことを言ってあげることも必要ですよ。

僕は二十六歳から四十歳という精神が定まっていない多感な時期にフランスで十年以上生活して、いろいろな出会いの中で一料理人として、一人の人間として体験したこと、教わったこと、そのすべてが大きな財産になりました。

もっとも日本に帰ってくる時には、フランスに渡る時と同じくらいの悲壮感でした。今度は家族を連れて、また日本で新たに自分の居場所をつくっていくわけでしょう。業界では日本人で初めて星を取ったシェフが帰ってくるというので、一応話題にはなっていたみたいですけど、ホテルエドモントのレストランで統括料理長として働くようになってからも、浮ついた気持ちは微塵もなく、必死になって働きました。

僕は「のたうち回る」っていう言葉が好きなんですけど、フランスでのたうち回って、また日本に帰ってきても同じように毎日のたうち回って必死にやって来て、気づいたらもう七十歳を過ぎていたという感じですね。

確かに経営とは闘争そのものですけど、我われ技術者の世界にも闘争はありますよ。もちろん闘争というのは、何も人を押し退けたり、ぶん殴って足を引っ張るわけじゃありません。

僕がいまでも忘れられないのは、箱根時代に顧問として働かれておられた年配の谷井さんという方の言葉なんです。

「世の中の方は食べていくために、一所懸命仕事をしている。我われの仕事というのは、その食べていく人たちのために、食べさせる仕事をしている。だから、そうした人たちよりも、一歩先んじた人生なり、精神なりを持とうと頑張らなくちゃいけないんだ」

料理の世界というのは素晴らしい世界だと。だからこの仕事に誇りとプライドを持ち、日々努力しなくてはならないとも言われました。だから僕自身いつもその言葉を胸に秘め、自分の仕事に対する誇りはずっと持ち続けてきました。この道に入ってから、一度たりとも他の仕事をやっておけばよかったなと思ったことはありませんね。

6月4日

松下幸之助が入社式で語ったこと

中 博
中塾主宰・一般社団法人和の圀研究機構代表理事
Hiroshi Naka

京都大学経済学部を卒業した私が、松下電器産業に入社したのは昭和四十四年。ゼミの同期が学者の道や官僚、大手銀行に就職をしていく中で、あえてメーカーを選んだのは、幼少期のある体験があったからでした。それは小学六年生の大晦日のこと。音楽が大好きで、紅白歌合戦を聴きたがっていた私に、父が松下電器の「ナショナル」ブランドのラジオを買ってきてくれたのです。以来、その感動とともに松下電器のナショナルが私の脳裏に染みつき、就職先として魅力を感じていたのでした。

入社式のスピーチで、当時会長だった松下幸之助さんに初めてお目にかかった時のことは、いまでも忘れられません。松下さんは次のように語られたのです。「君らな、僕の顔をよく見ろよ。このおっさん、何か面白いな、なんか縁があるな、と思ったら、松下電器で頑張ってほしい。しかし、何かぱっとせんな、こんな会社は嫌やなと思ったら、明日から来なくていい。……君らは偉くなりたいやろう。そしたらこの中で誰よりも松下電器が好きになったら、偉くなるよ」

期待していた話が聞けなかった私は正直、松下さんの言葉がすっと心に入ってきませんでした。しかも実習で配属されたのは、作業で真っ黒になる乾電池工場。さらに私一人、当時アメリカ企業と合弁で開発していたアルカリ電池をつくる、掘っ立て小屋のような実験工場で実習することとなったのです。格好いい背広姿の大学の同期のことを思うにつけ、私は松下電器に入ったことを後悔しました。

しかし、中卒・高卒で入社した年下の上司（ほとんど女性）とともに、現場の工場でともに汗を流し、呑みに行ったりした体験は、ものづくりの喜びを知る原点となりました。そして驚いたのは、誰もが松下電器の社員であることに誇りを持ち、いつも笑顔で仕事が辛いと言う人が一人もいないことでした。また、勤務後も侃々諤々の議論を交わし、現場から様々な提案が次々と出てくるのです。これには本当に感動しました。

実習後は、思いがけず会社全体の経営戦略を練る本社企画室に配属。本社企画室では経済の動向から時事問題の分析、各事業部のコンサルティングといった、〝超〟がつくほど合理的な仕事に従事しました。心の部分と合理的な戦略が一体になっているのが、松下電器の強さだということを実感させられました。

そして、もう一つ松下電器で感心させられたのが、「任せて、任せず」の人材教育が徹底されていたことです。そのような社風の中で、事業部ごとに家電に使う色が違っていたのをすべて統一したり、好きなことに思う存分挑戦させていただきました。さらに三十代の若さで、関西経済連合会に出向となり、後に住友信託副会長となる堀切民喜氏など、錚々たる方々と仕事をする機会にも恵まれました。やはり、自分の会社や仕事を好きになって、楽しむことこそが、成功するための一番の近道であるというのが私の実感です。幸之助さんがスピーチでおっしゃったことは間違っていなかったのです。

6月5日

苦労と仲良く——父・高田好胤の教え

高田都耶子　エッセイスト

Tsuyako Takada

広く知られる薬師寺の百萬巻お写経勧進（『般若心経』をご写経いただき、納経料・一巻千円で金堂を再建しようと志した）が始まった頃でしょうか、父・高田好胤は幼馴染みの友人から、「お経でお堂は建たないのではないか」と言われるのですが、それに答えて、「お経でお堂が建たないと思うのは、君の観念や。僕はお経でお堂を建てるという信念がある。君の観念と僕の信念との競争やな」と言ったそうです。

また時に心ない人からの無責任な誹謗中傷の手紙や声には「『誹りは信念の肥やしにする』と管長さんが言うてはりました」と涙ぐみながら当時の側近が私に教えてくれました。百万巻の納経までかかったのは、昭和五十年までですから、七年です。特に最初の二万巻を達成するまでの二年間は苦しんだと聞いています。講演の締め括りには必ず「最後に私からお願いがあります」と、十分ほどお写経の意味について話していました。あれを言わずに済めば、講演は楽なんやけどなぁと漏らしたことがありますから、薬師如来のためとはいえ、我が寺への寄付を申し出るのは辛かったのでしょう。それはこういう説明でした。

「『般若心経』は国民的なお経で、仏様の前だけでなく神様の前でも唱えられる二百六十五文字のお経です。お写経をしてくだされば、いつしか文字が文字を呼んで、一時間がアッと言う間です。そして自分の中にこんな清らかな心があったのかと、きっと気づいていただけます」

しかし、最初は風呂敷に包んで講演に持っていったお経も十巻出るか出ないか。白鳳時代の金堂の復興など夢のまた夢という状態でした。「苦労と仲良くすれば、いつかきっと苦労が味方になって助けてくれる」というのは、その頃の父の実感のこもった言葉です。七年間で百万巻を達成という早さは、思いがけないことです。地道な努力が実っていったのだと思います。金堂の再建から、西塔、中門、回廊と復興されてゆき、ありがたいことに講演ごとに七百巻、八百巻と持っていくことになりました。

「自分はお写経のお伴をさせてもらっているのだから、お写経がたくさん載る車がよい」と父はセダンでなくワゴン車に乗っていました。運転はできなかったので後部座席に座って、あちこち行脚をしていたのです。当時のワゴン車はいまのようにおしゃれではなく、本当に荷車でしたから、座席も硬く乗り心地も悪かったのに、父は意にも介しませんでした。金堂を木造で再建するには十億円が必要でした。それをぽんと出しましょうと言ってくださった財界の人もいました。「会社の宣伝費から年一億円を回すのは、それほど無理なことではない」とのありがたいお話を父は辞退したのです。それは単に立派な建物をつくることではなく、できるだけ多くの人々が仏心に触れて幸せになってもらうことに意味があるからです。一人でも多くの人を幸せにできなかったら、仏堂を建てる意義はないと。昭和の日本人の心を金堂という形で残したい、それが父の思いだったからです。

6月6日

金メダル獲得の原動力

古賀稔彦　柔道家

Toshihiko Koga

日本に帰国すると、私を取り巻く環境が驚くほど一変していました。成田空港から出発するまではマスコミで散々取り上げられ、「頑張れ頑張れ」と声援を受けていた私が、一転して誹謗中傷（ひぼうちゅうしょう）の的となったのです。「古賀は世界で通用しない」「あいつの柔道はもう終わった」など、なぜそんなことを言われなければいけないのかとただただ憤慨するばかりでした。そして気づけば、私の周りからは潮が引くように誰もいなくなったのです。人間不信になってもおかしくないくらいに激しくなんて誰も信用できない。この時、私は人間気持ちが落ち込み、とにかく人目につくのが怖くて、自分の部屋に閉じこもりました。

そんなある日のこと、何気なくつけていたテレビの画面に、オリンピックの総集編が流れ始めました。番組では華々しく活躍する選手たちの映像とともに、惨敗だった日本柔道の特集も組まれており、三回戦で敗退した私の試合も映し出されます。ところが次の瞬間、画面に釘づけになりました。なぜならカメラが観客席で応援していた両親を映したからです。おもむろに立ち上がった両親は試合会場を背にすると、日本から応援に駆けつけてくれていた人たちに向かって、期待に応えられなかった私の代わりに深々と頭を下げていました。中学で親元を離れてひたすら柔道に打ち込み、ほとんど顔を合わせることがなかっただけに、久しぶりに見た両親が謝っている姿に私は大きなショックを受けました。

心の変化はそれにとどまりません。いまの自分が無性に恥ずかしく思えてきたのです。それまでは、「おれが練習して、おれが強くなって、おれがオリンピックに行って、おれが負けて、おれが一番悔しいんだ」と思っていました。ところが両親の姿を見ているうちに、闘っていたのは自分一人ではなかったことに気づかせてもらったのです。すると驚いたことに次々と私をサポート、応援してくれた人たちの顔が浮かんできました。例えばオリンピックに向けて練習相手になってくれた仲間がいました。彼らは試合に出られないのに、私のために何度も受け身を取ってくれました。しかし、当時の自分はそれが当たり前のこととしか受け止められませんでした。また、たくさんの方からの声援や心のこもったお手紙を何通も頂戴（ちょうだい）しましたが、応援されることが当たり前と思える自分がいました。

ところがこうして少しずつ周りが見えてきたことで、自分の後ろにはこんなにもたくさんの人たちが一緒に闘ってくれている、だから安心して闘っていいのだと思えるようになったのです。そしてこれを機に、それまでの自分が嘘のように前向きになることができました。もう両親に頭を下げさせてはいけない。そして自分をサポート、応援してくれた人たちにも絶対喜んでもらいたい。そのためにはオリンピックで負けたのだから、次のオリンピックで金メダルを取って恩返ししよう——。この時に抱いたこの思いこそが、四年後のバルセロナオリンピックにおいて、怪我（けが）で苦しみながらも金メダルを獲得することができた大きな原動力になったのです。

6月7日

正しいことを貫くために

髙島宏平　オイシックス・ラ・大地社長

Kohei Takashima

私たちの前にも安全な食材の宅配サービスを行う企業はありました。しかしそのほとんどは「会員制」「定期購入」「セット購入」が条件という、言ってみれば生産者サイドからの基準が一般的でした。しかし結果的にお客様の使い勝手が悪く需要が伸びない。需要がないと大量生産できないから安くならない。安くならないと需要が伸びない、という悪循環を生み出していました。

そこで私たちは会費無料、いつでも、誰でも、ほしい食材を一点からネット注文でき、宅配日時も指定できるシステムで食品業界にチャレンジしようと思ったのです。

とはいっても、世界中でこういうビジネスを手掛けている前例がなく、すべてが手探りのスタートでした。契約農家を開拓するにも、当時はご法度(はっと)とは知らず、築地市場で「有機」と印字されてある箱を探して、直接産地に電話をして訪ねていく。当然、何者かも分からない私たちを相手にしてくれる農家さんが少ない中、足繁く通って契約し、そうして取り扱えた野菜は二十点程度。一日の注文数が二件で、そのうち一件は身内だった、というような状況が初年度は続きました。

しかし不思議なことに「失敗するかもしれない」という思いが頭をよぎることは一度もありませんでした。「こんな商品もほしい」「ネットでこんなことができたらいい」。お客様から様々な声が届けられます。お客様が望んでいるサービスを提供していけば、必ずビジネスになるという信念が私にはありました。

そしてその信念は利用経験者数四十万人、二千六百点の食品を取り扱い、年間約六十億円を売り上げるようになったいまも変わりません。いま、お客様に好評をいただいている「もったいないコーナー」も、顧客ヒアリングを続けていくうちに商品化に踏み切ったものです。通常、スーパーでは「正規品」として一定の規格に合った野菜のみを販売しています。台風で落ちたりんごや、曲がったきゅうりなど、見た目の悪い規格外の野菜は味に何の問題がなくても処分されてしまったりするのです。

お客様が食に求めているのは見た目ではなく、圧倒的に安全性と味だと感じた私たちは、これらの規格外野菜を、「ふぞろいな野菜たち」と題して起業一年目から販売してきました。契約農家にとってはいままで廃棄してきたものが商品化でき、お客様は規格外野菜を低価格で購入できる。そして私たちはそれらを販売することで収益を得ることができます。三者総繁栄のビジネスモデルです。

しかし、本当はこの規格外野菜について、私たちが手掛けるずっと前から多くの人が「もったいない」と感じていたと思います。しかし、業界のしがらみや前例に従って見て見ぬふりをしてきた。そこに私たちが着手したにすぎないと思っています。ビジネスは、アッと驚くようなアイデアよりも、誰もが当たり前に感じることを当たり前に行っていくこと。そしてその努力を地道に続けていくほうが大切ではないかと思います。

6月8日

耳を施して人の苦悩を取り除く

戸澤宗充
日蓮宗一華庵・サンガ天城庵主
Soju Tozawa

私の所にいらっしゃる女性は大半が自殺願望ですから、辛い話ばかりで。ある時ご両親に連れられてやって来た子も、座るなり「死にたいんです」と。まぁ山の中でございますので、「だったらそこにたくさん木があるから、いつでもぶら下がっていいわよ」と言うと、親御さんが「私たちは、この子を救ってもらうために連れてきたんです」とお怒りになる。そこで「いや、救うために申し上げたんです」と言って、私が日本へ引き揚げてきた時の様子をお話ししました。

あの時は首をくくった日本人が公園にたくさんぶら下がっていましてね。あなたはこんなに綺麗(きれい)な顔に生んでくれた親の恩も忘れて、死にたいというけれども、首をくくったら、体中の穴という穴から体液がドロドロ流れ落ちて、ろくろ首のような目も当てられない醜い姿になるんだと、ちょっと大袈裟(おおげさ)に話してあげたんです。

そして「死にたい人が何で相談に見えるの？」と。「本当に死にたい人は黙って死んでいく。でもここへ来たということは、生きたいからでしょう」と。天城へ来る女性は、ほとんどがそうなんです。

あなたはわがままゆえに死にたいとおっしゃるけれども、あなたの体を支えている何億という細胞は、皆「生きたい、生きたい」って毎日生まれ変わっている。だから自殺は苦しいんだと。あなたは絶対死ねないから、頑張るしかない。死ぬ勇気があるなら頑張れるから、一緒に頑張りましょうと手を差し伸べたら、私の手を握って泣き崩れたんです。

その子はいま一所懸命働いています。ほとんどの人が生きているんです。立派に立ち直って頑張っている女性の姿を見ますと、すごく嬉しいですね。本当に苦労しましたけど、サンガ天城を建ててよかったと思っています。

居酒屋でも、ドアを開けて入って来られた方に、「いらっしゃい」ってニコニコと笑顔を向けると、わっと泣き出されることがあります。そこから一時間なり、二時間なりいろんなお話をなさるのを、こちらはひたすら聴くだけなんですけれども、最後は「また来ていいですか？」って笑顔で手を振ってお帰りになる。その姿を見て、あぁこれでいいんだと。

6月9日

決勝戦直前の姉のひと言

伊調 馨　ALSOK所属レスリング選手

Kaori Icho

私には他の選手たちよりもずば抜けて秀でたものが本当になかった。ただ、短距離走がすごく速い人は長距離走が遅かったりするように、何か一つ飛び抜けた能力を持っている人は、必ず苦手なものを持ち合わせている気がして。自分には飛び抜けたものがない分、苦手なものも少ないんじゃないか、平均的に全部できれば強みになるかもしれないと考えたんです。それで、とにかく周りに「そこ弱いよね」って言われる部分を少なくしようと、懸垂にしてもロープ登りにしても、短距離走や長距離走にしても、常に平均より上位を目指して日々の練習、トレーニングに向き合っていきました。

大学では、確かに子供の頃と比べれば理不尽な辛い練習もたくさんありました。でも、それに耐えられたのは、やっぱり、姉の存在、一緒に練習する先輩・後輩がいたことが大きいですね。練習が終わった後に、「ほんと、やってられないよね!」って練習の愚痴を言いながら、「あの時は何が悪かったと思う?」「目指しているのは世界で勝つことだから明日も頑張ろうよ」みたいに支え合える仲間がいたからこそ耐えられた。一人だったらやめていたと思います。

実際、世界で勝つんだって必死に努力する先輩・後輩をたくさん見てきましたし、突然夜中に起きて公園で懸垂をしている人もいました。人が寝ている時に努力するというか、夜中に「きょうの練習はこれでよかったのかな」って、ふと思ったんでしょうね。そういう先輩・後輩、仲間から受けた影響は大きいですし、それを「夜中に懸垂なんておかしな人だ」で終わらせずに、「この人はすごい。自分も頑張ろう」と捉えられたことが、自分の成長にも繋がっていったのかなと思います。

アテネの時は、とにかくワクワクした気持ちしかなかったですね。ただ私が金メダルを獲得することができたのも、姉の存在があったからなんです。姉は別の階級で出場していたんですけど、決勝戦で負けて銀メダルになってしまった。その何十分後かに私の決勝戦が予定されていたのですが、姉妹一緒に金メダルを獲得することが目標、夢だったこともあって、いま自分は何のために試合をするのだろうと、闘う気力を失ってしまったんですね。

でも、その決勝戦が始まる直前に、姉が私のところにぱーっと走ってきて、「ごめんね。自分は最後勇気がなかったから負けた。馨は勇気を持って最後まで攻めてこい」って言ってくれたんです。試合を終えた姉は、本来ならすぐドーピング室に行かなくてはいけなかったんですけど、係の人に「自分が負けたことで妹が泣いていると思うから、ちょっと声を掛けにいってもいいですか」と伝えて、私を励ましにきてくれた。それで私が負ければ姉はきっと自分のせいにする、姉のためにも勝たなきゃっていう思いが込み上げてきて、再び闘う気力を取り戻すことができたんです。初めてのオリンピックで浮かれていた部分があったので、決勝戦直前の姉のひと言がなかったら、きっとぼろ負けしていたと思います。

6月10日

努力は人を裏切らない

奥田　透　小十店主

Toru Okuda

「二十五歳までに独立しよう」と決めたのは、修業から三年目のことです。転機となったのは、たまたま参加した講演会で、志摩観光ホテル元総料理長の高橋忠之さんの話を聴いたことです。その時の衝撃はいまでも忘れられません。二十九歳で料理長に就任し、独学でフランス料理を習得。伊勢志摩でとれたものしか使わないという高橋さんの料理哲学に涙が出るほど感動しました。このまま二十五歳で独立してお店を持てば、成功かもしれないが、本当にそれでいいのだろうか。料理にはもっと、深くて素晴らしい世界があるんじゃないか……。

　そんな時、徳島の産物のみを使った料亭「青柳」の主人の本『味の風』に出合ったのです。「これだ！」と確信した私は、半年間電話し続けてようやく採用していただけたものの、あてがわれた仕事は下足番でした。下足番ではお客様の顔を覚え、役職なども考慮してタイミングよく、時にはきれいに磨き上げて靴をお出しします。「料理はどれだけ気がつくかだ」という主人の言葉を胸に、常に相手が何を求めているのかを察する癖をつけていきました。下足番を卒業しても、徳島そごう店の支配人を命じられ、一切料理の勉強をさせてもらえませんでした。なぜ自分だけがと悔しい思いもしましたが、ここで逃げたらいままでの苦労が水の泡です。「教えてもらえないなら見て盗んでやろう」と気持ちを切り替え、先輩の背中を見て仕事を覚えていきました。

　主人はそんな姿を見ていてくれたのでしょう。三年後、ようやく調理場に入ることを許された。一年間修業を積み、静岡に念願の小料理屋をオープンしました。店は繁盛しましたが、より高みを目指して東京に出店を決意。勝負するなら東京の中でも銀座、しかも周囲に繁盛店が立ち並ぶ一等地と、自分を追い込んでいきました。しかし、子供も生まれ、いよいよこれからという時、厳しい現実が立ちはだかりました。お客様がまったく来ないのです。

　オープンして二か月後には資金も底をつき、家賃も給料も払えなくなりました。静岡の実家を担保に借金を重ねていたため、このままでは六十歳を過ぎた両親が家を失い、親戚を訪ね歩くようになるんだと思うと涙が止まりませんでした。死を覚悟し、高層ビルから飛び降りようと思ったこともあります。しかし、死ぬ前に一度、なぜお客様が来ないのか分析すると、まだこの店が知られていないのではないかと思い至りました。その日から雑誌数十社に掲載依頼を書き、ことごとく断られましたが、そのうちの一社が取り上げてくださいました。

　その後、口コミで徐々にお客様が増え、今日まで歩んでくることができました。いま思うと、これまで私が経験したささやかな成功の裏には、必ず大きな挫折や失敗がありました。人は辛い時、それが一生続くかのように考えがちですが、失敗の中には必ずチャンスがあると考え、心のバランスをとって努力し続けることが後の成功につながるのではないかと思います。

神はなぜ人類を創造したのか

桜井邦朋
宇宙物理学者・神奈川大学元学長
Kunitomo Sakurai

宇宙は最初、十のマイナス三十何乗秒という恐ろしく短い時間に急膨張して誕生したと考えられています。そのうちの一つの宇宙に私たちは生きているわけです。この地球上には万有引力のような、様々な物理定数があり、その数値が僅かでも違っていたら、この宇宙はできない。宇宙が数理的な法則に則っているからこそ、私たちは生存できるんですね。

太陽の源泉は核エネルギーの放出です。太陽の中心核の中では四個の水素が融合して一つのヘリウムをつくっています。そのプロセスで水素の質量の〇・七%がエネルギー転換して放出され、それによって太陽は輝いているんです。ただ、このエネルギーは〇・七%でなくてはいけません。これが〇・七一%でも〇・六九%でもいまの宇宙は成り立たないのです。

〇・七%より大きかったら、太陽はとっくに死んでいると思います。〇・七%より少なかったら、私たちの体をつくっている炭素や窒素、酸素はできません。そのように考えると、ものすごく限られた条件の中で私たちは生かされていることが分かると思います。よく僥倖といういい方をしますけれども、本当にそのとおりなんですね。

こういうことも言えます。もし地球上に磁気がないと考えると、地球の大気は三百度、四百度という高熱の天体になるんです。これでは生命どころではありません。専門的に申し上げますと、磁気というものは地球の外圏に広がる希薄な大気の運動をコントロールする働きがあります。磁気が強く働く勢力圏は磁気圏と呼ばれ、この勢力圏のおかげで私たちが現在経験しているような地球環境が形成されているわけです。

太陽と月と地球の距離も実に絶妙です。太陽と地球の距離は一億五千万キロで光の速度で八分十四秒かかります。これだって、もう少し太陽が近かったり、逆に遠かったりしたらいまの地球環境はできない。木星や土星、天王星には磁気がありますが、太陽からの距離が遠いために冷たくて住むことができないんです。

これはもう神業です。科学者がこんなことを言うと怪しがられますが、全能の神がいるとしか思えません。アメリカの物理学者ロバート・ディッケ先生は「この宇宙の歴史を誰かに解き明かしてもらいたい。そのために神は人類を創造したのだ」と言っていますが、私も全く同じ思いです。

6月12日

苦しい創業期を支えた八木重吉の詩

桑村 綾
紫野和久傳代表
Aya Kuwamura

私は二十四歳の時に京丹後で料理旅館を営む和久傳に嫁ぎました。ところが、地場産業である縮緬産業の衰退と共に経営は厳しくなり、一か八か京都市内に店を出そうと。最初は借家を探したんですが、なかなか見つからない。

ある時、中村外二さんという数寄屋造りの名工が手掛けた建物をたまたま見たんです。そうしたら他の建物が目に入らなくなった。しかもそこが売りに出されている。で、家主である東籬という旅館の女将さんに「貸していただけませんか」と直談判したら、「私は売りたいんや」と。「でも、私はお金がないし、銀行も貸してくれません」「ほな、この権利書を持っていきなさい」と言われたんです。

東籬の女将は本当に気風のいい方でした。ただ、銀行の人に「女たちはなんて怖いことするんや」って呆れ果てられましてね。総額三億円が必要だったので、ご贔屓になっているお客様とか、紹介していただいた京都の財界の方々を一軒ずつ訪ね歩いて、「後援会をつくってくださいませんか」と。法人は百万円、個人は五十万円で支援を募りました。

「やめておきなさい」「そんなことできるはずがない」と大変親切に言ってくださる方も多かったです。そういう中でも、三十六名の方が出してくださいました。それが信用になって何とか銀行から借りることができたんです。利息は八・九%の時代でしたけど、粘って八・六%にしてもらいました。

毎月毎月、利息の支払いだけでも大変でした。最初の二年間は調理場の上にある六畳の屋根裏部屋で寝泊まりする日々で、その時はもう本当に苦しくて苦しくて、「死んだら楽やろな」と思うことは何度もありましたね。その時に支えになったのが八木重吉の詩でした。それを何遍も何遍も読み、日記に書き留めながら心の糧にしていたんです。

「忍びてゆけ／突破しながらゆけ／頭をひくくたれひくくたれ／死ぬことができぬほどしつこくゆけ」

「くものある日／くもはかなしい／くものない日／そらはさびしい」

「蟲が鳴いてる／いまないておかなければ／もう駄目だというふうに鳴いてる／しぜんと／涙をさそはれる」

「うつくしいこころがある／恐れなきこころがある／とかす力である／そだつるふしぎである」

これらの詩に助けられ、「自分に恥ずかしくなく生きていきたい、自分がたまらなく好きだというふうに生きていきたい、精いっぱい苦しさに向かっていきたい、荒波強風に向かって突進していきたい、ずるくなりたくない、綺麗に生きたい」って自分の心に誓ったことをいまも覚えています。

6月13日

死んでも構ん、踊りたい

堀内志保
元がんの子供を守る会高知支部代表

Shiho Horiuchi

詩織は自分が悪性のがんであり、しかも生存率が低いということを知っています。それは告知をしたというよりも、私自身がとにかく病気に関する情報を得たいと様々な学会などに顔を出していたことから、いつの頃からか自然と気づいていたようでした。もちろん、本人もすべてを受け入れているわけではなく、体調に異変があれば「自分も死ぬんじゃないか」と不安を顕にすることはあります。しかし、「あなたは大丈夫。何があっても私が守るから」と抱きしめながら、今日まで歩んできました。そんな詩織が地元高知でも有名なよさこいチームである「ほにや」に入ったのは、七歳の時です。激しい運動は禁止、体育の授業も見学と先生に言い渡されていたのですが、入院している時から「よさこいを踊りたい、踊りたい」と言っていたのです。

五月五日のこどもの日に「ほにや」さんが子供たちに「正調よさこい」を踊らせる企画があると聞きました。正調よさこいは、昔ながらの振り付けで、動きも激しくありません。

数日後、詩織は「ママ、ほにやのチームに入って踊りたい」と言い出しました。「ほにや」は「よさこい」祭りで毎年賞を取り続けているチームです。しかも正調よさこいとは違ってかなり激しい振り付けです。もし真夏のよさこい祭りで踊ったりしたら炎天下の中、かなり体力を消耗することになりかねません。「そんなことしたら、あんた死ぬかもしれんで」。思わず口をついて出た言葉でした。しかし詩織はまっすぐ私を見返してこう言ったのです。

「死んでも構ん、踊りたい」

一瞬、言葉を失いました。わずか七歳の娘が死んでもいいから踊りたいと言う、その意志の強さに驚いたのです。そして、あの日心に決めたことを思い出しました。「そうだ、詩織の望むすべてのことをさせてあげると決めたんだ」。私は「ほにや」さんに入会を頼みに行きました。

県内屈指の人気チームですから、受かるとは思っていなかったので病気のことは伏せて申し込みました。しかし合格したからには黙っているわけにはいきません。社長さんに「踊っている途中で道端で倒れてもいいから、やらせてあげてください」とお願いしました。スタッフの皆さんは事情を知った上で詩織を温かく迎えてくれました。もちろん踊りに関しては一切特別扱いはありません。しかし、詩織は親の私も驚くほどの負けず嫌い。練習後、帰宅してからも家の窓ガラスを鏡代わりに自主練習を続け、次に「ほにや」の練習に参加する時までにはできるようになっているのです。

そうして七歳で迎えたよさこい祭り、詩織は「ほにや」の踊り子として参加しました。大人から子供までチームに登録している中から選抜された百五十名に入ったのです。一番のメインストリートである追手筋に入ってきた詩織の姿を見た時は号泣しました。それまではいつも、どこでも「いつ死ぬか、いつ再発するか」と病気のことばかり考えてきました。しかしいま詩織がこの大歓声の中で楽しそうに笑って踊っている。それは詩織の命が精一杯の輝きを放っているように見えました。

※堀内詩織さんは二十二歳（二〇二二年三月現在）になられたいまも元気に活動されています。

6月14日

できるかできないかではなく、やるかやらないか

金沢景敏
AthReebo代表取締役・元プルデンシャル生命保険ライフプランナー

Akitoshi Kanazawa

「フルコミッションの世界なら、どこまでも自分の力を試すことができる。また保険を通じて、スポーツにすべてを捧げ、圧倒的な努力をしてきた尊敬するアスリートの手助けもできるかもしれない」と、すべてを抛(なげう)ち、大手テレビ局からプルデンシャル生命への転職を決意したのです。しかし、転職後の二か月はいくら電話をかけても、もうこれ以上ないというほど断られる日々が続きました。こちらの名前を名乗った途端、「保険の営業ですか」と電話を切られてしまう……。しかし、ある時、ふと手に取った『鏡の法則』という本の中でこんな言葉に出合ったのです。

〝あなたの人生の現実は、あなたの心を映し出した鏡〟

自分が冷たい対応をされてきたのも、逆の立場だったら同じことをしていたかもしれない。そう思うと、いくらかは相手の気持ちが理解できるようになった気がしました。商談が失敗しても、アポが取れなくてもすべての原因は我にあり――。自分がされて嫌なことは相手にもしない、自分がされて嬉しいことをとことんやっていこうと発想を変えました。そして保険営業という枠にとらわれず、お客様の役に立てることはなんでも提案していこうという営業スタイルを築いていったのです。

法律や資産の知識に乏しいアスリートの方がいれば弁護士・税理士を、独立を考えている方がいれば、志を同じくする経営者を自分の損得を考えず紹介していく。それによって、自分もまた人と人を結ぶ役割を果たせるこの仕事にやり甲斐と誇りを見出していきました。

プルデンシャル生命のライフプランナーが提供する保険はすべてオーダーメイド。私自身もお客様一人ひとりの人生に寄り添い、心を込めて保険プランを設計していくのです。営業後の資料作りや設計が終わるのは朝の三時か四時頃です。寝袋を会社に持ち込んで、家に帰るのは週に一度きりということもありました。転職して京大アメフト部時代には理解できなかった水野彌一(やいち)監督の言葉の一つひとつが、不思議と心に響いてくるようになりました。「男は三十歳までに器が決まる。それは〝頑張れる器〟の大きさだ。おまえら、一回死ぬほどしんどい思いをしろ」

思えば京大アメフト部時代の経験、そしてテレビ局に入ったばかりの二十五、六歳の頃、ADとして雑用や人のやりたがらない仕事をとことんした経験があるからこそ、いまの生活ができているのだと感じています。当社の営業コンテスト（個人保険部門）終盤、トップとは大きな差がありました。「できるかできないかではなく、やるかやらないか」水野監督の言葉を胸に、最後は自らを〝二者択一〟へと追い込んでいきました。「あと一件訪問するのと、会社に戻るのと、あと一本電話するのと、明日電話するのと、どちらが日本一に近づけるだろうか」。そうやって「一歩余計に」を地道にコツコツ積み上げることに徹していったのです。そうしてそれらの積み重ねから不思議な縁が生まれ、終盤に差し掛かるにつれて大きな商談が次々と決まっていきました。最後の最後、まさに〝奇跡〟ともいうべき逆転勝利でした。

6月
15日

人物を知る五つの標準

森信三　哲学者

Nobuzo Mori

人を知る標準としては、第一には、それがいかなる人を師匠としているか、ということであり、第二には、その人がいかなることをもって、自分の一生の目標としているかということであり、第三には、その人が今日までいかなる事をして来たかということ、すなわちその人の今日までの経歴であります。

そして第四には、その人の愛読書がいかなるものかということであり、そして最後がその人の友人いかんということであります。

大よそ以上五つの点を調べたならば、その人がいかなる人間であり、将来いかなる方向に向かって進むかということも、大体の見当はつくと言えましょう。

しかしながら、翻(ひるがえ)って考えるに、今申したようなもろもろの点は、結局は一つの根本に帰するかと思うのです。

たとえば、自分の一生の目標を何と立てるかということも、結局はその人が、師の人格に照らされて初めて見出されるものであって、人間は師をはなれては、生涯の真の目標も立たないと言ってよいでしょう。

またいかなる書物を愛読するかということも、結局は師の教えの光に照らされて、おのずから見えて来ることでしょう。

またその人の過去の来歴というようなことも、その人が自分の師を発見しない間は、いろいろと彷徨して紆余曲折(うよきょくせつ)もありましょうが、一たび心の師が定まった以上は、迷いもおのずから少なくなり、また自分一人では決し得ないような大問題については、師の指図を仰いで身を処しますから、結局大したつまずきもなくなるわけです。

かくして今友人関係において、真に尊敬するに足る友人とは、結局は道の上の友ということでしょう。したがって道の上の友ということになると、結局は師を共にする場合が多いと言えましょう。つまり同門の友というわけです。

6月16日

変えられるもの、変えられないもの

樋口廣太郎　アサヒビール社長

Koutaro Higuchi

うちの広告を見ていただくとおわかりになると思いますけど、「この味がビールの流れを変えようとしている」というのね。変えたとはまだいってないですよ。

私が社員や経営会議のメンバーにいうことは、みな、これからなかなか大変だとかなんとかいうのを黙って聞いているけれども、君たちは世間さまに向かって何ていっているんだ。この味がビールの流れを変えようとしていると世間さまに申し上げておきながら、自分たちが、変えられるか変えられないかわからない、ひょっとしたら変わるかもわからん、というような考えなら、もうやめてくれ、と。すぐに隣で辞表書いて持ってこい。本当にこの流れが変えられるんだ、この味で変えるんだ、この味こそ変える力があるんだということを自分で信じなきゃあ、駄目だということをいうんですね。

これはもう、この三か月間ぐらいいうてるんですが、だんだんみなその気になってきますわね、変えるんだ、変えるんだっていってますから。やはりね、一人一人がそういう気構えになってこないと、いつまでもキリンやサッポロの後塵を拝するということから抜け出せないわけですよ。ただ、何も「抜く」なんていってない。「抜け」ともいってない。流れを変えるんだっていっているだけです。流れが変わって、要するに同業他社もみんながドライに移った、と。そうなればそれはそれで結構だと思うんです。よそがまねしたら悪いとはいいませんし、うちはよそのまねをしないから、うちのまねをするのはやめてくれとはいいません。ただ、同じようなラベルとか同じようなデザインで売るというのは、お客さまが混乱するからやめたらどうかといっているだけでね。

やはり初めてうちがやったんでね。私は、初めてやった人間に対する尊敬というものはものすごいもっていますよ。日本人の思考の中には、特に理科系の人には、最初に物事をやった人間に対して、非常に敬意を表するというのがあるでしょう。これが人間として、進歩する人間の特徴なんですよ。だからね、やはり、二番手でも三番手でもいいや、というんじゃないんです。新しいものを創るということは大変なことなんだ、と。それに対する尊敬なんです。

もちろん、先に造ったからといって、二番手、三番手に負けたら、それはうちのビールの味が悪いんだから、しようがないじゃないか、そんなものにぐじゅぐじゅいったって女々しいじゃないか。一番手に造ったものがうまいと思ってんだから、これは売れるはずだと。こういってるんです、私は。だから、変えられるものを変える勇気と、変えられないものについては、これを冷静に見過ごすということの忍耐、これが一番大事なんですね。これは変えられるものか、変えられないものかということを認識する判断力というものを経営者は持たないといけないでしょうね。で、変えられるものは勇敢に変えていく、変えられないものについては時期がくるまで待つとか、あるいは諦めるとかね。

6月17日

三種類の師

西堀榮三郎　理学博士

Eizaburo Nishibori

先生とか師というものは如何様にも解釈することができるので、たくさんの先生や師といわれる人たちを持ってきた。それは時代、時代によってみな違う。けれども、私は特定の先生とか師というものは、むしろ、それほど重要に思っていない。

師には、解釈によっていろいろな種類があるが、私は三通りに分けている。

まず、自分に知識をさずけてくださる人

次に、人生の指針を与えてくれる人

三番目に、自分の考えていることを実行するのにおいて援助してくれる人

の三通りが師と呼ばれ得る人々である。

〝知識を与えてくれる師〟には、学校の先生がいるが、私は自分で勉強して知識を獲得するということに重点をおいている。文献を読むことで知識は得られる。しかし、もっと大切な対象は、現実の現象そのものである。いいかえれば、自分の探求心によって求めさえすれば、だれからも、あらゆる現象のどんな事柄からも知識は得られる。従って、自分に知識を与えてくれる師は、森羅万象すべてである。

第二番目の〝自分に人生の指針を与えてくれる〟師には、身近な人々や過去のいろいろな先人の経験談がある。自分が悩んでいるようなときに心の琴線にふれる、そんなときに強く師を感じる。これまた、いたるところに師あり、といってよい。

第三番目の〝自分のやろうということに援助してくれる人〟は、もしその人を師と呼びうるならば、非常に大切な師である。特に、自分がだれもやっていないような新しい事柄、考えを持っているときには、いっそう得難い。一般に普通の考えを持った人々は、新しいことを考えたりする人間をつかまえて、バカ扱いする。すでにある考え方にのっとった行動や行為は、普通の人がやっているから常識的なことなので、その常識からはずれた新しいことをやろうとすれば、非常識といわれてもしょうがない。その非常識な人を世間では、バカと呼んでいる。

しかし、バカ扱いしているだけでは、なにも生まれない。大物というのは、ある意味の実力者、これがなんとはなしに現れて、バカがおおいにやれるように援助してくれる。このバカと大物がそろったときに、はじめて新しい事業ができる。この大物を師というならば、それはなかなか得難いものである。

6月18日

王貞治監督から学んだプロのあり方

小久保裕紀　元福岡ソフトバンクホークス選手

Hiroki Kokubo

僕がプロで成功した一番の要因は王貞治監督との出会いだと思っています。亡くなれた根本陸夫（りくお）監督の後を引き継いでダイエーの監督に就任されたのは僕がプロ二年目の時でした。その出会いからトータルで十五年、王監督の下でプレーさせてもらったんですけど、僕はその教えを忠実に守ることを心掛けてきました。

王監督からは例えば「楽をするな」って教わったんですよ。「練習の時に楽をするな。練習の時に苦しめ」と。練習は普通センター返しが基本と言われていて大方の選手はそうしているわけですけど、僕の場合は王監督から「ボールを遠くに飛ばせ。それにはバットを振った時、背中がバキバキと鳴るくらい体を百二十％使え」と言われました。

皆、練習の時は適当にやって、試合で百％の力を発揮しようとするのですが、これは間違いだということがいまはよく分かります。

王監督のことでは強く印象に残っていることがあります。怒ったファンからバスに卵をぶつけられたことがありました。忘れもしません、一九九六年五月の日生（にっせい）球場での公式戦最終日です。

負けが続いていて、怒ったファンの方がたくさんの生卵を僕たちのバスに投げつけたんです。卵が飛び散って外の景色が見えないくらいだったのですが、そんな時でも王監督はどっしり構えて絶対に動じられなかった。後ろをついていく人間としてリーダーがここまで頼もしく思えたことはなかったですね。帰ってからのミーティングでも「ああいうふうに怒ってくれるのが本当のファンだ。あの人たちを喜ばせるのが俺たちの仕事なんだ。それができなければプロではない」とおっしゃいました。

僕はまだ人間が小さいですから「あんなやつらに」とついつい思っていたのですが、それだけに絶対に言い訳をしようとしない監督の姿には学ばされました。

6月19日

顔の化粧ではなく、心の化粧を

渡辺和子　ノートルダム清心学園理事長

Kazuko Watanabe

人間の進むべき道というようなことは、難しくてよくわかりませんけれども、とにかくまずは自信を取り戻すことですね。しかもそれは正しい意味での、人間しか持たないぬくもり、優しさ、強さであり、自分と闘うことができ、自分の欲望にブレーキをかけることができるということへの信頼です。

例えば、私はいま学生たちに、「面倒だからしましょうね」っていうことを言ってるんです。面倒だからする。そういう心を学生たちはちゃんと持っています。それは強さだと思うんです。そういう、人間にだけ神様がくださった、神の似姿としてつくられた、人間にのみ授けられた人間の優しさと強さ。かけがえのない、常に神様に愛されている自分としての自信。そういうものを取り戻して生きていかないと、科学技術の発達するままのこれからの時代に、人間の本当の姿が失われてしまうのではないかと思います。

いまの学生たちは、ポーチの中にお化粧道具をいっぱい持っています。だから彼女たちには、お金をかけてエステに通ったり、整形手術を受ければ綺麗にはなるけれど、美しくなるためには、面倒なことをしないとだめなのよ、と言っているのです。自分が座った椅子は元どおりに入れて立ちましょうね。落ちている紙屑は拾いましょう。洗面台で自分が落とした髪の毛は取って出ましょう。お礼状はすぐに書きましょう……というように、なるべく具体的な行動の形で示しています。

「ああ、面倒くさい、よそう」と思わないで、「ああ、面倒くさいと思ったらしましょうね」と言うと、学生も、何か変な標語のようだなと思いながらも、覚えていってくれるみたいです。

「人はある程度の年を取ったら、それ以上綺麗にはならないけれど、より美しくなることはできます。その美しさというのは、中から輝いて出るものだから、自分と闘わないと得られません。お金では買えないのよ」ということを言うと、「ああ、シスター、顔の化粧ではなくて、心の化粧なんですね」と言ってくれます。

6月20日

俳句を詠むことに命をかけた松尾芭蕉

山田風太郎　作家

Yamada Futaro

人は死に直面すると、多くは悔いが残り、恨み言が出るようです。こうした中でも、私が好きな死に様をした人物がいます。弟子にみとられ静かな死を遂げた松尾芭蕉がその人です。

元禄七年九月九日から芭蕉は大坂に来ていましたが、何度かの句会の間、しばしば頭痛や腹痛に悩まされ、十月に入ると、一日二十回に及ぶ下痢症状まで起こすようになったので、五日、南久太郎町御堂前の花屋仁右衛門方の離れ座敷を借りて病床に就きました。赤痢であったといわれています。度重なる下痢のため、十月八日もうろうとして床上に身を横たえていた芭蕉は、九日午前二時ごろ、隣に寝ていた弟子の呑舟を起こして、いまできたという発句を書き取らせました。

旅に病んで夢は枯野をかけ廻る

十日の朝、彼は行水して身体を清めたいといいだします。みなは懸命にとめたが聞かず、やむを得ず三人の弟子が湯で身体をふいてやり、そのときに布団も寝間着も新しいものと取り換えてやりました。そうすると、「一生旅で過ごし、かねては草を敷き土を枕にして死ぬ自分と覚悟していたのに、こんな立派な褥の上で、大勢の人々に付き添われて死ぬとは冥加に尽きる」と涙を浮かべて言ったそうです。

夕方から熱が出、苦しいらしく、ときどきうわごとをいうようになり、その夜、彼は三通の遺言状を弟子にしたためさせたそうです。そして、去来がおそるおそる辞世の句を問うと、芭蕉は「旅に病んでの句は、辞世のつもりではないが、辞世でないこともない。昨日の発句は今日の辞世、今日の発句は明日の辞世だ。近ごろ詠みすてた句は、どれも辞世だと思ってもらいたい」と言ったといいます。

亡くなる十二日には、もう下痢をするものがないくらい彼は涸れ果ててしまいます。それでも、日の当たった障子に蝿の群れが止まっているのを、弟子たちが捕ろうとしている光景を見て、ある可笑しみを感じたらしく、

「何事にも上手、下手はあるものだな」

といって、弱々しく笑ったそうです。

それから眠りに入り、午後四時頃「埋火のあたたまりの冷むるがごとく」息を引き取ったのでした。静かな死であったようです。

芭蕉や西行に共通することは、どちらも漂泊の果てに死を覚悟していた点です。当時の旅といえば、危険が多く、死を覚悟せねばできなかったでしょう。それゆえに、芭蕉は「……こんな立派な褥の上で、大勢の人々に付き添われて死ぬとは冥加に尽きる」と、たいそう喜んだわけです。芭蕉の辞世の言葉にあるように、その日詠んだ句が最後の句になるような死と隣合せの現実の中に日々身を置いていたからこそ静かな死を迎えられたのではないでしょうか。つまり、芭蕉は、自分が生きることそのものに価値があったのではなく、死を覚悟して俳句を詠むことに命をかけたのだと思います。

6月21日

主人公——禅の公案

千玄室 裏千家前家元

Genshitsu Sen

復員して京都に帰ってからの私には、「死に損ないの自分は胸を張っては歩けない」「戦友に申し訳ない」という忸怩たる思いが消えることはありませんでした。

修行のために僧堂へ入り、ある時、庭の草抜きをしていたんですね。すると後藤瑞巌老師が立っておられて「あんたはいま、どんな気持ちで草を抜いてるんや？」と聞かれた。そう言われても、別段何も考えていない。老師はそのまま黙って行かれたのですが、後で呼ばれてこう言われたんですね。

「あんたは戦争から生きて帰ってきて、忸怩たる思いでいることは分かってる。けどな、あんたが抜いてたあの草も生きてるのやで。その草をなんとも思わずに抜いてたらダメや。生きてる草に〝抜かせていただきます〟という気持ちを持たなあかん」

この言葉を聞いてハッとしました。生きて帰ってきたことは何も恥ずべきことではない。生かされて帰ってきたからこそ仲間の分まで頑張らねばならないのだ。そう思った時、私は滂沱と涙しました。

僧堂の修行は、ある意味で軍隊よりも厳しいものですよ。軍隊は命令に従って動いていればいいのですが、僧堂では何一つ指示されない。だから最初は何をしていいのか皆目分からず、先輩に聞いても知らん顔をしている……。

結局大徳寺には一年ほどいて、翌年アメリカへ行きましたが、その後も老師の元へは参禅しました。私がアメリカへ行くと告げた時、老師は「なんでアメリカなんぞ行く必要があるの？」と言われた。茶道の普及にまいりますと答えると、そんなに容易いものじゃないぞと言って渡されたのが

「主人公」

という言葉でした。禅の公案にある、自分自身をよく見つめ直せという教えですね。

唐代の瑞巌師彦和尚は、自分自身に「主人公よ」と呼び掛けては、「惺惺著」（おい、しっかり目覚めているか？）、「喏」（はい、しっかり目覚めています！）と自問自答したといいます。

向こうの国へ行けばいろいろな人からいろいろなことを言われる。おまえは居眠りをせず、目と心をはっきり開けておけ。己に与えられた大きな使命を自覚し、それを全うせよと。この教えは大変ありがたかったですね。

6月22日

サービスを提供する側も紳士淑女たれ

高野 登
ザ・リッツ・カールトン・ホテル日本支社長
Noboru Takano

「リッツ・カールトンでの高野さんの仕事って何ですか」とよく聞かれます。もちろん営業やマーケティング、プランニングなどいろいろやっているわけですが、私はそのDNAをつないでいく伝道者になっていくということしか頭の中にないんですね。大阪が開業した時も人材戦略だとか、いろいろ細かい部分に関わりましたが、最終的に何をしているかというと、リッツ・カールトンのDNAをきちんとした形で進化させる伝道者としての活動です。これが私の中で一番大事な心の立ち位置ですね。来年（二〇〇七年）四月に東京が開業しますが、そこでの私が関わるとすれば、再びリッツ・カールトンのDNAを形として表すことだと思っているんです。

コミュニケーションを通してお客様のことを知る、お客様に自分たちのことを伝えるという行為は、アメリカですら多くなかったはずです。日本もそうでしょうが、サービス業の世界は、お金を払う側と払っていただく側、奉仕される側と奉仕する側の斜めの目線なんですね。携わる者が召し使い的な感覚でいる以上、どうしても本当のコミュニケーションは生まれません。

ところが、「サービスを提供する側も紳士淑女」と言われた場合、この意味を勘違いしてしまう従業員もいるんですね。ただ単に対等に口を利いてもいいんだと。これは大いなる誤解です。なぜかというと、お客様のほうが圧倒的に経験が豊富だし経済的にも豊かで社会的地位も高いわけです。お客様の価値観が三メートルの物差しだとすると、従業員のそれは三十センチの物差しかもしれないのです。

この言葉の意味するところは、たとえいまは従業員の物差しが三十センチでも、努力をすることによってお客様が三メートルの物差しで感じることを感じ取れるようにならなくてはならないということなのです。お客様の生活は見ることができないし、体験することもできないのだけれども、コミュニケーションを通じてその思いや価値観を自分の物差しでつかむ努力をしていく。これが「自分たちも紳士淑女」と言い切った一番大きな目的です。

例えば、入社してすぐに二日間のオリエンテーションがあるんですが、この二日間で、これまでの業種の中で経験できなかったリッツ・カールトン独特の価値観を教えます。かといって、その人が培ってきた価値観を捨てるわけではない。新しい価値観にバージョンアップするわけです。

またこのオリエンテーションは、採用が決まったスタッフを、いかに温かく迎え入れるかという二日間でもあるんです。新しい職場での緊張感と不安感を取り除き、早くリッツ・カールトンの一員として馴染ませてあげると同時に、そのホスピタリティーを肌で体感してもらうねらいもあります。

6月23日

兵隊教育と将校教育の差

和地 孝 テルモ社長

Takashi Wachi

全店の業務を統括する業務企画部に配属になった時、びっくりしたんです。普通は前任者からの引き継ぎがあるじゃないですか。その上司は「ここは自分で考える部署だ。引き継ぎ事項はなし」。要するに自分で考えろということです。これは胃がギリギリと痛みました。

その上司から「君はどんなことを考えているの?」と聞かれ、いくつか挙げると「いいね、それを書類にしてくれ」と。で、その日の晩に飲みに連れて行かれて、別れたのが午前様。ところが翌朝出勤すると「和地君、昨日言っていた書類はどうした?」と言うんです。「だって昨日は一時まで一緒に飲んでいたじゃないですか」と言うと、「一時から九時まで何時間あると思っている。書類の一つぐらいつくれるだろう」と。

それから毎晩この上司に飲みに連れて行かれましたが、こっちも「このやろう」と思っているから、家内に鉛筆を削らせておいて、毎晩家に帰ってから書類を書いて翌朝提出。それを三か月間続けたら、上司はピタッと何も言わなくなりました。これはすごく自信になりました。どんなに飲んでも翌朝書類を提出するクセがつきましたし、他部署へ行っても非常に役に立ちましたね。

国際部門時代、副部長に「組織改正をやりたいから、考えてみろよ」と言われ、その日はそのまま飲みに連れて行かれました。日付が変わってお開きになりましたが、これで家に帰っていたら間に合わないと思って、丸の内のホテルに泊まり、翌朝まで八つくらいの案を書類にまとめて提出しました。「おまえ、いつやったんだ」と副部長に驚かれましたが、そういうことで次第に行内で認められていきました。

また、業務企画部の副部長もユニークな人でした。朝九時、忙しいのに「お茶飲みに行こう」と食堂に連れて行かれるんです。そこで歴史から音楽から絵画から、いわゆる教養の話ばかりを延々十一時五十五分までしてくれて、後の五分が仕事の話。でも、この時の経験が、特に海外勤務や海外の会社とやり取りする時にすごく役に立ちました。

その副部長が口グセのように言っていたのは、「兵隊教育と将校教育は違うんだよ。将校教育をしなければ企業はダメになる」と。いまになってなるほどな、と思います。だからいまテルモでもストレートに仕事のことだけではなく、幅広い視野を養うような教育を心がけています。

6月24日

ジュンク堂書店・再出発の原点

工藤恭孝　丸善ジュンク堂書店元会長
Yasutaka Kudo

阪神・淡路大震災で瓦礫の街と化した時でも、もう自分の店を再開することしか頭になかった。お客様のために、というわけじゃないんですよ。早くオープンしないと会社が潰れるから。ところが「いざオープン」と開ける段になって、これだったら社員は自宅待機にしておいたほうがよかったなとか、休業手当を支給して社員には七掛けぐらいの支払いで済んだかもしれない、お店がガラガラなら電気代を払うのだけでももったいない、しまったな、と後悔しました。でも皆が必死に働いてくれて、なかには避難所からリュックを背負い、三時間もかけて歩いて通ってくる者もいる。そういう社員に「やっぱりやめるわ」なんて、いまさら言えないでしょう。仕方なくガラガラガラッ、とシャッターを開けてみたら、そこに五十人ぐらいのお客様が並んでいたんです。そしてオープンの十時に、雪崩れ込むように店に入ってこられた。

その後もどんどん入ってくる。どこから来たか、どうやって来たのか、なんて聞いている余裕もない。とにかく周りに誰もいなかった三宮の街に信じられないほどの人がどんどん入ってきて、店が潰れてしまうぐらいの混みようになったんです。それも驚きなんですが、あの時にお客様からすごくお礼を言われたんですね。「よう開けてくれた」とか「ありがとう」とか「頑張って早よう開けてくれたなぁ」とか。その頃は誰も僕のことを社長とは知りませんでしたが、床に水で張りついた本をモップで一所懸命削っている掃除夫の僕にも「ありがとう」「ありがとう」と入ってくる人のほとんどが言われるんです。帰られる時も「ホンマにようやってくれた。ありがとう」って。同じように仕事をしていた社員も皆、声を掛けられて、凄く頬を紅潮させていた。そんなわけで、皆が非常に感動しながら仕事をしたという一日でした。

その日の店が終わってから、祝杯、というのも変ですが、皆で慰労会をやったんです。その時に社員たちが「（しんどいばかりの仕事と思ってたけど）社長！　本屋やっててホントによかったですね」と、こういうことを言ってくれましてね。さすがにあの時は僕も泣きそうになりましたね。

そういう体験を僕らはしているので、それからはやっぱり、儲かるよりも喜ばれる店をつくろう、そのほうがやり甲斐があるよねということで、会社の方針も変わっていきました。以来、新しい店をつくるたびにどんどん面積が大きくなって、品揃えが充実していったんです。それはやっぱりあの二月三日に、お客様から感謝されるとか、喜んでもらうとか、必要とされているということが商売の一番の基本であり、大事なことであると叩き込まれたからでしょう。他の商店主の人からも「あっ、こんな時でも店を開けたら人が来るんだ」とか「なんだ、ジュンク堂がオープンしたらお客様来てるじゃないか。我々も頑張ろうよ」とか「負けてられないね」とか。自分たちも早く店に明かりをともそう、早く街に光をともそうという雰囲気になって、その明かりがだんだん広がっていったんですね。

6月25日

織田信長の戦いにみる「創意工夫」

吉田忠雄　吉田工業社長

Tadao Yoshida

「桶狭間の戦い」におけるいろいろな解釈の中でも「これこそが信長らしい創意工夫の見本だ」と考えている解釈の仕方が一つだけあります。それは、槍や刀といった同じ武器をもった戦いにもかかわらず、信長は、二万五千と三千という、どう比較をしても勝ちめのない戦いを互角な立場での戦いにしてしまったということです。

おそらく信長は、物見の兵から今川方が桶狭間で休息をしているという一報を聞いた時、考えるというよりも、二万五千と三千をイコールで結ぶ戦い方が瞬間的に閃いたのではないかと思うのです。こればかりは本人のみが知ることですので推測するほかに手だてはありませんが、私はそう信じています。

その閃きとは、どのような大軍であっても、狭い谷間にタテに位置しているのであれば、団子状態での戦いとは違って、一度に全員と戦うことはないということです。つまり、全体では二万五千ではあっても、タテ一列に位置をしているのであれば、その側面をつけば、こちらが三千なら相手方も三千にならざるを得ないということです。そして、その三千を義元のところへ集中させたことが、無勢にもかかわらず信長方の勝利になったと私は思うのです。

この考え方、ひらめきは、当時の人海戦術がほとんどであった戦い方のなかにあっては、まったく意表をついたものと言えます。

同じことは、この桶狭間の戦いから十五年後の「長篠の戦い」にもいえます。一発打っては弾込めをする火縄銃を、三段構えにして機関銃のように間断なく発射させ、三百丁の銃を倍にも三倍にも役立てた戦い方は、相手方の武田軍にとっては思いも及ばない戦い方であったろうと想像されます。こうした考え方は、当時の常識では考えられないことであったと思います。いってみれば、道場で学んだ剣術からは生まれてこない戦い方であり、発想法をしたところに、信長の愁眉が開かれたものと思うのです。

その幼少の頃から奇行で知られた信長が、仲間を集めては野っ原で腕を磨いてきた、いわば、野戦の一刀流ともいうべき肌で覚えたものがあったればこそ、と言っても過言ではないでしょう。

これも私の推論ですが、信長がもし公家のような安穏な生活をして育ったとしたならば、おそらく、信長といえども常識人になっていて、二万五千と三千という数字だけで、戦わずして今川方の軍門に降っていたと思うのです。「創意工夫」ということは、これらの例でも窺い知れるように、まず、常識にとらわれていては生まれてこないものであると同時に、普段身の回りで起きる事を「あッ、面白かった」で済まさずに、ケース・スタディの一つとして自分なりによく考え、学ぶところはどこか、どうすればよりよくなったか、という考察を加えていくことで自然に身についてくるものなのです。

6月26日

会社に入ったら三種類の本を毎日読みなさい

上山保彦　住友生命保険社長

Yasuhiko Ueyama

私は入社したときに、先輩から、本を読みなさい、と。いわゆる経験というのは限りがあるから、三種類の本を十分でもいいから毎日読みなさいということを教えられましてね。それをずうっと三十分ずつ今でも続けているんです。もう三十年くらいにはなりますでしょうねえ。

一つは仕事に関する本ですね。それから時流というか、時代の流れを知る本です。三番目は、自己修養の本ですね。それを毎日、少しずつ読むのが大事だということでね。

ただ、偏るんですね。三つを満遍なくとはいかない。ですが、ともかく活字に接しようということで、最低、三十分はやりました。お酒を飲んで、ときには夜明けころに帰ることがあるんですが、ともかく活字を三十分読みました。

その三十分が三十年で何冊になるかと計算したりすると、これは急にはできないことだと思います。日曜日に朝から晩まで一冊の本を読み上げる、というのはビジネスマンはどうしても無理なんですね。ですから少しずつ、毎日続ける、継続は力なり、と、そういうことを心掛けてきました。

それから、もう一つ、先輩から教わったのは勇気。勇気とはなんであるかということですね。

精神的勇気というのはなんなのか。これはまあ、簡単にいうと、責任をとる勇気というふうになると思うんですが、言い訳をしない、あるいは他人に失敗を押しつけないとか、むしろ逆に、自分がやったことでも他人の手柄にするとかですね。これは大変、勇気が要りましてね。

処分を受けるときでも、つい、言い訳をしたくなる。あるいは他の人も関わっていることなら、つい、他の人のせいにしたくなる。そういう勇気ってのは難しいなあと思って、これもずっと心掛けてきたつもりではいます。なかなか肉体的勇気というより精神的勇気が難しいような感じがします。

6月27日

君はいい時に社長になった

鈴木治雄　昭和電工会長

Haruo Suzuki

森矗昶（昭和電工創立者）さんからだけでなく、他の方からいわれたことにも、ずいぶん感動的な言葉がありました。私は昭和二十年、終戦の年に昭和電工の常務になったんですが、公職追放に遭いましてね。それでね、昭和電工の建物に入っちゃいけないし、選挙に出ることもちろんできないし、小学校の先生になるなんてこともできない。だから事実上、職業を封ぜられたってことですね。

その頃、伊藤忠の創業者である伊藤忠兵衛さん、この方には私が学校出てから、ずっと可愛がられていたので、伊藤忠兵衛さんに会ったんです。そのときに伊藤さんは、自分が紡績をやってて一番パニックの時は、借入金の合計と資産の合計を差し引きすると二十億円とか二十五億のマイナスだっていってました。昭和二十二年頃の金ですが、今でいえば五千億円ぐらいでしょうかね。ところが、一番順調なときは、逆にそれと同じくらいの正味資産があった。だけどね、鈴木君、一番マイナスの多いときと財産が増えたときと、一日に食べる物は似たようなもんだ、と。

一日で食べる物は限られてる。お金があるからいろいろ食べるわけじゃないし、贅沢してもたかがしれてる。また貧乏になっても大差はない。だから最後のところは心配しないでやりなさいよっていわれたんです。それはたんに論理的な話じゃなくて、ご自身の体験から出てきた話ですからね、非常に私は感銘しました。感動しました。

それともう一つは、今から十五年ぐらい前ですが、私が昭和電工の社長になったときには、例の阿賀野川事件や公害問題で毎日のように新聞、雑誌で攻撃されてたんです。その時に、富国生命の社長だった小林中さんね、あの方はうちの大株主だったし、いろいろ親しくしていただいてましたから、小林さんのところに挨拶に行った。そしたら「君はいい時に社長になった」っていう。

だいたいの人は「気の毒だね、大変なときに社長になったね」っていう人がほとんどなんですが。それで「社長なんか順調なときになったってろくなことはない。一番悪いときになればそれより悪くなることはない。必ず良くなるんだからね。君はいいときに社長になった。幸せだよ」と。これも凄い激励でしたね。その他にもいろんなこと聞きましたけれども、小林さんという人もやはりスケールの大きな方でした。だからそういう感動的な瞬間というのは随分ありますね。そういうのは忘れ難い。

で、それが普通の人とは違う切り方でね。しかも自分の長い体験から出てますからね。小林さんも帝人事件にひっかかって随分苦しい時があったんだと思いますが、そういうひどい時というのは、なんていうか陰の極みみたいなものだということなんでしょうね。だから、むしろ大吉みたいに人が羨むような非常にいい時期に責任ある立場につくことは、場合によると不幸だ、と。一番上に立つと下り気味になってることがあるんだよということで、激励してくれたんだと思います。

6月28日

素直になれない人は大成しない

二子山勝治
財団法人日本相撲協会理事長
Katsuji Futagoyama

私が三段目のころだったと思いますが、真夏でね、とてつもなく暑い日でした。稽古に次ぐ稽古でね、もう汗も出ないほどになって、まるでサウナで脱水状態になったようなものでした。それでも、まだ力道山が「ほら、来い」といって稽古をやめないんだね。私はもうくたくたでね、投げられて力道山の足元にはいつくばって放心状態。しかし私は、口もきけない。もうこれ以上稽古できないくらいになっても、「ごっつぁんでした」といって降参したことはありませんからね、エイッ、こうなりゃあ態度で示してやろうと思ってね、力道山の左のスネにかみついてやりましたよ。

力道山は激怒してね、私の肩を嫌というほど蹴飛ばしましたよ。でもね、やっぱり、それだけ向かっていく気力がなければね。何の社会でも同じじゃないですか。

まあ、そんなこともありましたけれども、何事もやっぱり真剣にね、そして手抜きのない稽古しなきゃ。仕事でも何でも一緒ですよ。

自分の肉体をいじめ抜いて強くなるんですよ。だから、病気もしなかったし、怪我(けが)もしなかった。厳しいから怪我をしないんです。生半可な気持ちで稽古すると、怪我をするんだ。いい加減な稽古なら、むしろしないほうがいい。厳しく、激しい稽古が怪我をしない体をつくるんです。怪我をするのは、心に隙(すき)があるからです。勝負そのものに真剣に勝負してないから怪我するんであって、私ももういろんな面から研究して考えてきたけれども、それしかないね。心に透き間風が入るっちゅうことは、そこで緊張感がふっととぎれるんです。そういう場合に、やっぱり怪我ってものが起きるんだね。

だから、日常の生活もみんな、この中に入るんですよ、たった一つの十五尺の土俵の中にね。やはり日常生活の中から何か研究、工夫してね、どうしたら、おれは硬くならないで稽古場の力を土俵の上で出せるかというようなことも上位の者は研究してるんですよ。この社会というのは、みなさん知ってのとおり、番付っていうものがある。これ、階級ですからね。そして、そこに礼儀作法がある。清潔、整頓、そういうふうなものが入ってるんですから。それがなくなったら、もう相撲道というものもおしまいなんだからね。だから、私なんかから力士像を見ると、やっぱり病気、怪我しないことが一番大切だよね。あと、上下の規律ね。先輩後輩の線をきちっと敷かなきゃなんない。

それとあと、本当の稽古でもって丈夫な体をつくる、健康な体をつくる。これなんですよ。どんなに苦しい稽古にも耐えられる肉体をつくるってことです。だから、陰日なたのある人間じゃいかん。師匠が見てるから稽古してやろうとかいう気持ちじゃなくて、師匠がいまいが、先輩がいまいが、毎日こつこつこつこつやる者が大成していくわけですよ。人間は素直でなきゃならない。屁理屈(へりくつ)こねて、素直になれない人は大成しないね。

6月29日

一日一センチの改革

鈴木 武 環境プランナー

Takeshi Suzuki

排出物の分別置き場には、いくら分別の注意書きを貼っても真面目(まじめ)に読んでくれる人はほとんどいません。だからといって、指示通りに出してくれない社員をその場で呼び止めて注意しても効果はありません。自分の仕事と関係なく、やりたくもないゴミ出しをやらされて頭にきている人を説教すれば、火に油を注ぐようなものです。「あの生意気な環境の新人はなんだ」と反感を買い、その後の協力が望めなくなるばかりか、悪い噂が広がりクビにつながる可能性もあります。だから私は、こうしなさいと命令したことは一度もありません。指をさしたらその相手は敵になるのです。ではどうやって無関心な社員の意識を喚起し、気分よく協力してもらうか。すべては仕掛け、仕組み、工夫次第です。

まず、前日の夕方に分別の棚を全部きれいに片付けて雑巾(ぞうきん)がけをしました。そして各コーナーに一つずつ、排出物を模範的なやり方で出しておくのです。翌朝各部署から排出物を持ってきた人がそれを見ると、「よそは結構きれいに置いてるな。いいかげんな出し方はできないぞ」となります。出しておいた排出物がモデルになって私の代わりにしゃべってくれるのです。出しておく位置を毎日少しずつ変えておけば不自然な感じはせず、私が演出していることがばれずに済みます。

コピー用紙の束を持ってきた人が、縛り方が悪いために荷崩れしてしまった時には、「これは私がやりますから」と、まず自分がやって見せながらうまく協力を求めます。「実はこの荷造りでは、業者のおばちゃんが腰を痛めるし、引き取りの値段も減ってしまうんです。だからできれば次からは、おばちゃんのためにもこんなふうに縛っていただけるとありがたいんですが」。そう言えば、「分かった、考えとくよ」と、怒りに火がつかないし、「俺もやるよ」と手伝ってくれる人も出てきます。

それから、私は七つ道具を常に携帯していろんな場面で活用しました。ゴミの出し方について説明する時など、懐からおもむろに十手を出して指し示しながら話をする。まるで漫画です。しかめっ面をしていた相手の表情も「それ、何ですか」と和らぎ、笑いの中で分別に興味を持ってもらえるのです。

置き場が隣接していたガラスと電池は、なかなか指定通りに分別されず、よく二つが交じった状態で放り込まれていました。考えに考えた結果、私は一つの妙案を思いつきました。排出物を入れる缶の位置を、床から一メートル高く設置したのです。人間の心理とは面白いもので、入れ物が床にあればろくに分別もせずに放り投げるけれども、位置が少し高くなっただけでそばまで寄ってきて丁寧に分けて入れる。これは劇的な効果がありました。

何をやるにせよ、それにとことん燃えて取り組んでいると、次々とアイデアが閃(ひらめ)くものです。朝の三時、五時、六時と閃いては目が覚め、メモしたアイデアを私は次々と実行していきました。その結果、それまでゼロに等しかった松下通信工業のリサイクル率は九十九%になり、それによって約二億円かかっていた廃棄物の処分費が節減できました。

6月30日

笑顔に咲いた天の花

浦田理恵　ゴールボール女子日本代表

Rie Urata

目が見えなくなったのは、徐々に徐々に、じゃなくて、二十歳の頃にガクンと来たんですね。左の目が急に見えなくなって、すぐに右の目、とスピードが早かった。小学校の先生になるための専門学校に通っていた時で、卒業を間近に控えた三か月前の出来事でした。これまでできていたことができなくなるのが本当に怖かったです。

一年半くらいは一人暮らしのアパートから出られず、両親にも友達にも打ち明けられないままでした。

もう本当に凄くきつくて、お先真っ暗で、見えないのなら何もできないし、できないんだったら別に自分がいる意味なんてないと考えたりもしました。

二十二歳のお正月の頃、もう自分ではどうにも抱えきれなくなって、このまま死んでしまうぐらいなら親に言おうと思ったんです。

その決心がようやくできて、福岡から久しぶりに熊本へ帰りました。熊本へは電車で帰ったのですが、全く見えないわけではないので、こう行けばそこに改札があったなといった記憶も辿りながら、駅のホームに降りて、改札口のほうへ向かいました。

すると、すでに母が迎えに来てくれていたようで、「はよこっちおいで。何、てれてれ歩きよると?」と声がしました。

あぁ、お母さんや、と思って改札のほうへ向かったんですが、母の声はするんですけど、顔が全然見えなくって……。

その時に、あぁ、私、親の顔を見たのはいつやったかな、親の顔も見えなくなったんだということで、自分の目がもう見えなくなったことを凄く痛感させられた。改札のほうへも、さっさとは歩けないのでちょっとずつ歩いたのですが、母は私がふざけていると思ったそうです。改札をやっと通り抜けて母の元へ行き、「私……、お母さんの顔も見えんくなったんよね……」と言ったら、母は「ほーら、また冗談言って。これ何本?」って指を出されたんですが、その数も全然分からなくて、母の手を触って確認しようとした。その瞬間、母はもう本当に、改札の真ん前だったんですけど、ワーッとメチャクチャに泣き崩れて……。それを見てる私も、自分は何をやってるんだろう、とやるせない気持ちになったんですが、でもこれまでずっと自分一人で抱えてきたものを伝えられたと、肩の荷がちょっと下りた気持ちでした。

それと、親がしばらくして「何か自分ができることを探さんとね」と声を掛けてくれた。その時に、あぁ自分がたとえどんな状態になっても親は絶対見捨てないでいてくれるなと実感できたんです。

それまでは家族の存在も、まるで空気のように当たり前に感じていたのですが、いてくれることのありがたさというのが初めて身に染みて感じられました。そしてこれだけ応援してくれたり、励まして支えてくれる人がいるんだから、自分も何かをやらないと、とそれまで後ろ向きだった気持ちが少しずつプラスに変化していきました。

7月 *July*

三宅宏実（重量挙げ女子日本代表）
大山泰弘（日本理化学工業会長）
市江由紀子（特定非営利法人コンビニの会コンビニハウス・コーディネーター）
川上哲治（元巨人軍監督）
杉山芙沙子（次世代 SMILE 協会代表理事）
平田雅彦（松下電器産業元副社長）
飯尾昭夫（BMW 正規ディーラー）
北里英郎（北里大学医療衛生学部教授）
桑原晃弥（経済・経営ジャーナリスト）
畠山重篤（牡蠣の森を慕う会代表）
數土文夫（JFE ホールディングス社長）
中村征夫（水中写真家）
番匠幸一郎（自衛隊陸将補・西部方面総監部幕僚副長〈第一次イラク復興支援部長〉）
豊田良平（コスモファイナンス相談役・関西師友協会副会長）
芹沢光治良（作家）
西舘好子（NPO 法人日本ららばい協会理事長）
西園寺昌美（五井平和財団会長）
越智直正（タビオ社長）
鮐 久晴（コーセル会長）
丹羽耕三（土佐丹羽クリニック）
杏中保夫（公文教育研究会社長）
城島慶次郎（サンパウロ学生会名誉会長）
寺田一清（社団法人実践人の家常務理事）
村上和雄（筑波大学教授）
三浦綾子（作家）
田口佳史（イメージプラン社長）
坂田道信（ハガキ道伝道者）
杉原幸子（歌人）
川喜田二郎（文化人類学者）
谷田大輔（タニタ社長）
五十嵐勝昭（五十嵐商会会長）

7月1日

バーベルが挙がる条件

三宅宏実　重量挙げ女子日本代表

Hiromi Miyake

やっぱり絶対に表彰台に立って笑顔で日本に帰りたかったですし、せっかく目の前にチャンスがあるのに、それを自分で掴めないのは悔しいという思いでしたね。

オリンピック前年の世界選手権で銅メダルを獲ったんですけど、それは他の選手が失敗したから結果的に銅メダルだったという試合でした。受け身で終わってしまったわけです。だからオリンピックでは絶対に攻めの試合をしたいと思っていて、実際にそのチャンスが目の前にあったので、最後の三本目は自信を持って攻めることができました。

三回目を挙げた後にバーベルに抱擁（ほうよう）したことが注目されましたが、バーベルに対して、挙げさせてくれてありがとうっていう感謝の気持ちですね。

二〇一二年からの四年間は心身ともにすごく辛くて、金メダルを狙っていたにもかかわらず、思うように調整が進まなかった。そういう中で、失格寸前から銅メダルを獲ることができた。その嬉しさとすべてやり切ったことへの安堵（あんど）感から、思わず抱きついてしまいました。

あと、この四年間にバーベルをつくっている職人さんにお会いしたことも大きかったですね。本当に小さな工場で四～五名の方が、機械ではなくて一本一本手間隙（ひま）をかけてつくってくださっている。そういう姿を見た時に、もっと物を大切にしなきゃいけないなと。もちろん練習が終わった後に掃除や道具の手入れは以前からしていましたけど、より一層気持ちを込めてやるようになりました。

道具と対話するというと変ですけど、毎日練習しながらちょっとでも軽くなってほしいって思ったり、いつかは挙げることができますようにって願いを込めたりするんです。相手は鉄なので返事はありませんが、でも、バーベルとコミュニケーションを取りながらバーベルと一体化しないと挙がらないと思います。

ウエイトリフティングって大地を踏みしめて下から上に物を挙げる競技なので、バーベルだけじゃなくて、体と地面も一体になるというか、力の方向が頭から足まで一本にならないと挙がらないんですね。だから、大地から湧いてくるパワーと空から降ってくるエネルギーをいただくというイメージでいつも試合に臨んでいます。

よくゾーンに入るって言うと思うんですけど、心技体が整ってバーベルや大地と一体化できた時は重さを感じません。それができるのもほんの一瞬だけで、きょうできても明日できなかったりする。なので、ウエイトリフティングの練習は毎日同じことの繰り返し。でも、私はウエイトリフティングという競技が好きで、達成できた時の喜び、嬉しさを知っているからこそ、どんなに辛い練習があっても乗り越えられる。ちゃんと必ずご褒美があるんです。

7月2日

人間の究極の幸せは四つある

大山泰弘
日本理化学工業会長

Yasuhiro Oyama

会社に入って三年たった昭和三十四年の秋に、知的障害者を教育する都立青鳥養護学校の先生が、飛び込みで当社の門を叩かれましてね。三月に生徒が卒業するので、就職できるところを探しています。うちの生徒を引き受けてもらえませんか、とおっしゃるのです。知的障害者のことを当時は精神薄弱者と呼んでいました。私はまだ福祉の知識がまったくなかったこともあるんですが、その言葉のニュアンスから、そんな人を雇用するなんてムリですよ、と頭から受け付けなかったんです。

しかし熱心な先生で、お断りしたのに、その後二度も訪ねてこられました。二度目はお断りしたのですが、三度目に来られた時の言葉に心を動かされたんです。就職できなければ、生徒は親と離れて地方の施設に入らなければならなくなります。一度入ればそこでずっと過ごすことになって、一生働くことを知らないまま人生を終えることになるんです。少しの間で結構ですから、働く経験だけでもさせてやってもらえませんかと。

それで私も、少しだけならという気になりまして、万一トラブルが起きたらすぐに引き取りに来ていただく約束で、二人の女生徒を二週間だけ実習でお預かりすることにしたのです。二人ともまだ十五歳でしたが、はたから見ても感心するくらい一所懸命に働くのです。昼のベルが鳴っても、他の従業員が食事に誘うまで一向に休む気配もなく、黙々と仕事をやり続けるんです。

現場には中年の女性が多かったものですから、みんな二人に対して次第に自分の娘のような感情を抱くようになりましてね。実習が終わった時に皆で私のところへやってきて、二人ともあんなに熱心にやってくれるんだから雇ってあげましょうよ、と言うんです。親子離れ離れになって施設に入るのもかわいそうだし、私たちがちゃんと面倒を見るから、たった二人ならいいじゃないですかと。

私も同じ気持ちでしたから、翌年二人を就職させたのです。他の学校の訪問も受けましたが、あれほど熱心な方はいませんでしたね。

「一生働くことを知らないまま人生を終えることになるんです」という心からの訴えが、いまの当社の原点になったと言っても過言ではありません。その先生の働きかけで、その後も一人、また一人と知的障害者を受け入れていきました。しかし私の中ではこのまま雇用を続けていいのかという迷いもありました。

そんな折に取引先の法事でご住職の隣の席になりましてね。そのことを相談してみたのです。うちで雇った知的障害者は皆、一所懸命に仕事をしてくれるけれども、本当は施設で面倒を見てもらったほうがずっと幸せなのではないでしょうか。なぜみんな毎日頑張って会社に来てくれるのか分からないのですと。

ご住職は人間の究極の幸せは四つあるとおっしゃったんです。それは愛されること、人に褒められること、人の役に立つこと、人に必要とされることだと。そして、愛されること以外の三つは、社会に出て働いてこそ得られるもので、彼らも我々と同様、人間の幸せを求め毎日仕事をしに来るんですと。

7月3日

与えられた能力をどこまで使い切れるか

市江由紀子
特定非営利法人コンビニの会コンビニハウス・コーディネーター
Yukiko Ichie

重い障害のある人にも社会参加を認めてくださいって、一所懸命訴えるんですけどなかなか認めてくれないんです。「この人たちは喫茶店に行くのに車椅子(いす)を押してくれる人がいないと行けない。行政がそれを保障してくれなければ、この人たちは命を絶たれるんですよ」と言うと「本当にお茶を飲みに行きたいと言ってるの?」って。言葉にできないけどきっとそう思っている。現に彼らを喫茶店に連れて行くとパッと表情が変わるんです。そういうことがなかなか理解してもらえない。

行政が認めなければ施設運営に必要なお金も流れてきません。日本の障害者の生活水準は、先進国では際立(きわだ)って低いんです。GNPは世界二位なのに、福祉にはその数%しか使われていません。だから障害者は、週に一、二回のお風呂で我慢していて、それで仕方がないと諦めている人が多いのです。そんなのはおかしいと私たちは言い続けているんです。誰もが健常者と同じ生活をするべきだと思うし、する権利がある。それが生きる喜びに変わって生命の維持につながっていくんです。

たまたま言葉が自由に使える体を与えられましたからね。私はクリスチャンで、神様が与えてくださった能力は、フルに使わなければ絶対にダメだと思っています。だから言葉を与えられ、動かない体を与えられたということは、体が動かない人の代弁をしろということだと考えているのです。

私は与えられたものが少ないから分かりやすいんですよ。私の病気は、四万人に一人といわれる難病で、体の筋肉が徐々に壊れていくんです。だから以前は座れたんですが、手足の筋肉や背筋、腹筋が落ちたので座れなくなりました。昔はパソコンのキーボードを両手で打てましたが、いまは動きにくくなって、棒やマウスで操作しています。首の筋肉が落ちて、こうやって道具で頭を支えています。臓器をつかさどる筋肉も若干落ちてきていて、呼吸が弱く、脈がすごく速くなったりという状態なんです。

何年もかかって落ちてきていますから、すごく苦しいということはないんです。いまは寝返りも自分でうてませんから、二十四時間の全面介助が必要な体ですが、車椅子に乗れば自由に外出できるし、二十歳の時からずっとアパートで一人暮らしなんですよ。いずれ呼吸器をつけることになると思いますけど、それでも自宅で暮らそう、死ぬまで普通に地域で生きようと思っています。その時間は普通の人より短いかもしれません。でもその間にやれる仕事を精いっぱいやって、それが終わればもういいよって天国に行かされるわけですから、何も不安はないです。

だから大事なことは与えられた能力をどこまで使い切れるか。百与えられて五しか使わずに終わるか、百使い切るか。それによって天国で「頑張ったね」とか「もうちょっと頑張ればよかったね」と言われるんでしょう。いま、やりたいことが見つからないと言って悩んでいる若い人がたくさんいますが、私はラッキーだと思います。こういう体であることで自分のやることがハッキリ見えていますから。

7月4日

天才とは「努力する能力のある人」

川上哲治　元巨人軍監督
Tetsuharu Kawakami

勝つときの勢いもあれば負けるときの勢いもあるわけで、負けてるときにどうやって早く歯止めをかけるかですね。そのためにはまずチームワークを確立することです。一人じゃどうにもならんわけだから、みなが力を寄せ合って戦うことですね。あるいは傑出したプレーヤーをつくっておくと、その選手が大事なところでホームラン打って負けそうな試合を一気に引っくり返して勝つこともある。一人一人の選手をしっかりつくっておくからこういうことができるんです。

あるいは人がやらんような奇手・奇略をもちいてやる奇想天外な作戦でも用兵でも監督がもっとるというようなことですね。こういうものは勉強しておかないと身につかないわけですが、それも必要ですね。いずれにしても、技術と気力です。心技両面にわたる力でそれに歯止めをかけることです。五連敗するところを三連敗で止めておけばそれだけ大きいし、その分だけプラスになるわけですから。

王とか長嶋とかは確かに素質もあったし、天才といってもいいでしょう。しかし、天才といっても努力しなければ〝ただの人〟なんですよ。天才とは、いってみれば「努力する能力のある人」だと思う。人はみな努力していると思っているし、人一倍努力していると思ってるかもしれない。しかし私にいわせれば、それは嘘ですよ。努力に際限などないし、努力していると思っている間は、本当の努力をしとらんのですよ。努力しているという意識が消え、唯一心になって初めて努力しているといえるんです。

八百六十八本というホームランは、王の天稟からのみ生まれたのではない。よく〝血と汗の結晶〟などというけれども、そんな言葉すら色あせて見えるほどの努力から生まれた人ですよ。王といえども、初めは三振王といわれたし、一本足打法に開眼してからも、相手投手に微妙にタイミングを狂わされ、スランプに陥ったこともしばしばあるんです。そのたびに王は苦しみ、もがき、そして、もちまえの負けん気と努力ではい上がり、新境地を切り拓いてきたわけですよ。その結果が〝世界の王〟として結実しとるんですから。

王は若い時から一途なところ、ひたむきなところがあった。球史に残る数々の記録を樹立した背景には、筆舌に尽くし難い努力の軌跡があったんですよ。十数年前だったと思うが、王が「このごろようやくボールのカーブの縫い目が見えるようになりました」といっていた。実にうれしかったね。長嶋の場合も同じようなもんですよ。

7月5日

真の「負けず嫌い」とは

杉山芙沙子
次世代SMILE協会代表理事
Fusako Sugiyama

選手育て、子育て、人育てを通して、このことが自分育てに大きく影響していることを学びましたが、更にこの学びを日常生活の中で感じることがあります。

例えば玄関のシューズを揃えるとか、ランドセルをいつも同じ場所に片づけるといったことが出来ない子供は、自分の頭を整理した行動を取ることが難しいので、試合でも実力をなかなか発揮できません。

人は毎日がよい日ではなく、調子のよい日があれば悪い日もあります。当然、調子の悪い日に試合があたることもあるわけで、そういう時にも実力を発揮できるかどうかは、普段の生活のこうした自分の頭を整理することにかかってくるというわけです。また、「自分は毎日、本を十五分読む」という具合に、どんな小さなことでも毎日これをやるのだと目標を自分で決めて、コッコツ積み重ねていくと、やれば出来るのだという自信が生まれ、やがて目には見えないこの自信が自己肯定感へと繋がっていくのだと思います。

そして、選手育てをしていてしばらく経ってから得た大きな気付きの一つに、「負けず嫌い」という言葉があります。これもまた一流選手にとって大事な人間的な資質と言えるでしょう。しかし、この「負けず嫌い」を選手がどう捉えているかがこの資質を更に磨くことにつながるということです。一流選手たちにとっての「負けず嫌い」というのは、他人に対して「負けず嫌い」なのではありません。むしろ彼らは自分自身に対して「負けず嫌い」なのです。

選手たちが悔しくても嬉しくても涙を流すのは、試合で相手に負けたからではなく、自分に課した目標と結果とのギャップを真摯に受け止められているからなのです。「あいつには負けたくない」という相手と比較して勝敗を競うことではなく、本当の「負けず嫌い」というのは、自分自身に対して挑戦していく中で、その目標、過程、結果の精度に対しての自分の自分に対する自分の評価を追求していく状態なのだと思います。つまり、常に初心に帰り自分に向き合う姿勢こそが「真の負けず嫌い」であり、このことが自分を人として成長させてくれるのではないでしょうか。

7月6日

松下幸之助が拝んだ人

平田雅彦
松下電器産業元副社長
Masahiko Hirata

松下電器では戦後しばらくの間、労使紛争が起きることはありませんでした。しかし、昭和三十年代初頭、他の大手企業の激しい闘争の波は松下にも押し寄せ、労使の関係が次第に険悪になっていったのです。

このことは従業員を家族のように思って育んできた創業者をとても苦しめました。経営の神様と言われた創業者もこの時ばかりはなかなか気持ちの切り替えができなかったといいます。そこで組合との交渉を一手に引き受けたのが髙橋荒太郎さんでした。髙橋さんは持ち前の粘り強さによって組合と交渉を重ね、その中で信頼関係を築き上げていきました。

しかし、その髙橋さんをしても交渉に行き詰まる例があったのも事実です。昭和三十三年、ベースアップを巡ってどうしても折り合いがつかず、直接談判という組合側の要求に創業者が応じることになったのです。委員長、書記長を前に創業者はこのように語りかけました。

「わしは髙橋さんから相談を受けているから、組合との交渉はすべて髙橋さんに任せているんや。髙橋さんくらい会社のことを考え、従業員のことを考え、組合のことを考えている人はおらんで。あの人は絶対に手練手管はやらん。あの人は神様や。わしはいつも髙橋さんの後ろ姿を拝んでいるんや」

以上は当時の書記長で後に取締役になった高畑敬一さんが書き留めた言葉ですが、これを聞いた組合幹部は創業者と髙橋さんの信頼がこれほどまでに強固なのかと驚き、いたく感動するのです。結果として組合はすぐに要求を取り下げ、交渉は妥結しました。髙橋さんが海外担当の副社長になった後も、組合側との最終交渉は常に髙橋さんの役目でした。髙橋さんが出てこない限り、組合側は決して納得しません。それは一方で、髙橋さんが創業者だけではなく組合員からも厚い信頼を得ていた証左でもありました。苦労人である髙橋さんは、従業員の気持ちに寄り添える懐の深い人でした。髙橋さんの業務秘書時代、忘れられない話があります。当時の風潮として、年齢別賃金に代わる仕事別賃金を導入しようという動きが高まっていました。いまでいう能力主義賃金制度のハシリです。私も松下の近代化には賃金制度の改革が欠かせないと考える若手の一人でした。全国の経理責任者が集まった懇親会の席上、たまたま仕事別賃金に話が及び、私も皆と口を揃えて「いまの時代、年齢別賃金は古いと思います」と発言しました。すると髙橋さんの表情がたちまち険しくなり、厳しい口調で私を一喝したのです。

「平田君、君は現場の人たちの声をちゃんと聞いているのか。給料や賃金といったことは人間にとって一番大事な問題だよ。その一番大事な問題を、現場の人たちの理解を得ないまま君らだけで進めることなど絶対に罷りならん」

現場の人たちの気持ちを誰よりも理解している髙橋さんだからこその厳しい叱責でした。このひと言は半世紀を経たいまも心に焼きついています。

7月7日

営業に魔法の杖はない

飯尾昭夫
BMW正規ディーラー
Akio Iio

BMWでトップセールスを続けていた中で、忘れられない出来事があります。四年くらい経った頃だったと思いますが、テレビや雑誌から取材を受けるようになり、私は一時期、有頂天になってしまっていました。その当時はまだBMWが日本に進出して間もない頃で、向こうの環境でつくられた車は高温多湿な日本の気候に合わず、故障が多かったんです。

私が出社すると、電話はもう鳴りっぱなし。二十件近く修理や整備の依頼がくる。工場に予約を取り付け、それから故障車の引き取りや納車をしていくわけですね。その合間に商談もこなさなければなりませんし、修理を心待ちにしているお客様に「明日にしてください」とは言えません。

ある日、私は工場長と電話で話していた時、「まだ直らないのか、冗談じゃない」と怒鳴り散らしてしまったのです。ふと気がつくと、工場長は無言になっていました。

「もしもし」

「……」

「おい、聞いてんのか」

「……」

私は内線を切って、二階の事務所から工場まで走っていきました。「……すみません」

工場長は目を真っ赤にして涙ながらにこう言いました。私はこの瞬間、ハッと我に返りました。こんなことをやってはいけないと。

その頃、修理の現場では難しい修理が重なって手いっぱいの上に、いくらトップセールスだからといって、私のお客様だけを優先することもできず、大変な思いをしながら仕事をしていたのです。何か問題が生じた時に、おまえの責任だっていうのは簡単ですけど、それではなんの解決にもならない。そのことを思い知らされた瞬間でした。やはり、すべては自分の責任だと思います。私はよく本を読むのですが、そういう意味では新渡戸稲造の『武士道』などは非常に精神的な支えになりました。

営業においても自分が最高の状態にない限り、人を動かすことはできないわけですから、売れなくても自分の責任なんですね。

私はこれまで約九千件の商談をしてきましたが、そのうち買っていただいたのは二千四百台ですから、四件に一件程度しか売れていないんです。残りの七十五%の人たちはよそで買っているわけで、何か自分に原因があるわけですよ。それを商品のせいにしたり、価格のせいにしたりするのは、腕がないことを認めているようなものです。営業マンが一所懸命やれば、商品も輝くわけです。ちょっと手を抜いたり、せこさがあると、商品は輝かないと思います。

それから謙虚な自分をいつも見つめていないといい仕事はできません。人間はちょっといいことがあったり、成功したりすると、「自分が売ったんだ」「俺が、俺が」と、どうしても傲慢になってしまうんですが、そうではないと自分で自分を戒める気持ちがないと、その先の成功はないと思いますね。営業にはこうやれば絶対に売れるという「魔法の杖」はありません。すべては自分の努力次第です。

7月8日

熱と誠

北里英郎
北里大学医療衛生学部教授
Hidero Kitasato

一八九一（明治二十四）年、ベルリン滞在中の北里柴三郎を、一人の青年が訪ねてきた。ストラスブルグ大学留学中の医化学者で、後に京都帝国大学総長となる荒木寅三郎である。

当時三十八歳だった柴三郎は、こんな言葉で彼を勇気づけた。

「君、人に熱と誠があれば、何事でも達成するよ。よく世の中が行き詰まったと言う人があるが、これは大いなる誤解である。世の中は決して行き詰まらぬ。もし行き詰まったものがあるならば、これは熱と誠がないからである。つまり行き詰まりは本人自身で、世の中は決して行き詰まるものではない。熱と誠とをもって十分に学術を研究したまえ」

寅三郎はこの言葉を心に深くとどめ、一心に研究に打ち込んだ。結果、恩師であるホッペザイレル教授の信用をますます得て、医化学者として大成したという。

当時の日本は開国からまだ日が浅く、近代医学においては欧米諸国の後塵を拝していた。そんな中、様々な障壁と闘いながらも自ら道を切り拓いてきた柴三郎がその体験に基づき、伝えようとした一つの信念だったのだろう。

北里柴三郎は「日本の近代医学の父」といわれるが、研究面における最大の業績は、世界の誰も成し得なかった破傷風菌の純粋培養に成功したことだろう。柴三郎が三十三歳でドイツ留学した一八八六（明治十九）年当時、破傷風に罹患した人の致死率は極めて高く、人々から恐れられていた。しかし、その菌を培養するのは至難の業で、研究先進国であるドイツでも不可能とされていた。だがその難業を、医学後進国の日本から来た留学生の柴三郎が、自らの知識や技術、根気などの能力を総動員し、僅かな年月で成し遂げてしまったのである。しかし柴三郎の真骨頂は、そこで研究を終わらせなかった点にこそある。翌年、柴三郎は、破傷風の原因が菌から産生される毒素にあり、それに対して我われ人間は免疫体（抗毒素）を体内につくることを発見した。そしてこの原理を元に血清療法を確立して実際の予防や治療へと応用し、多くの人々の命を救った。

柴三郎の根底にあるのは、この「実学」の精神である。幼少時より儒学に接していた柴三郎は、肥後の藩校・時習館、また熊本医学校に入り、横井小楠を祖とする実学の精神を学んだ。また、四書五経などの書物から「忠恕」の精神を学び、自分の良心に忠実かつ他人の身になって物事を考える素地がこの頃養われていったと思われる。

ドイツ留学時代に門を叩いた恩師のローベルト・コッホも、柴三郎に次のように語った。「学問は高尚なる事を研究するのみにて、独り自らを楽しむは本意にあらず。これを実地に応用し人類に福祉を与えてこそ学者の本分を尽くすものにして、真にこれ学者の任務なり」。いかに独創的で、先端的な研究であっても、実地応用に還元されなければ、単なる自己満足でしかない。それは研究者・柴三郎の生き方を貫いた信念であったと言えよう。

7月9日

エジソンの閃きはどこから生まれたのか

桑原晃弥　経済・経営ジャーナリスト

Teruya Kuwabara

蓄音機の発明に続いて挑んだ白熱電球にしても、エジソン以前に似たような原理を発明した人たちはいました。しかし、電気を動力と位置づけ、電球を使ってニューヨーク全体を明るくしてみせるという思考ができたのは、おそらくエジソンただ一人だったはずです。

その証拠にエジソンは自らの構想を実現するには単に白熱電球をつくるだけでなく、送電システムやソケット、スイッチなど周辺機器の開発、量産化など様々な課題をクリアしなくてはいけないことに気づき、そのことに挑み続けるのです。エジソンは白熱電球の発明家という言い方をされますが、むしろ電気事業そのものの発明家と言うべき存在でした。

では、エジソンのそういう閃きはどのようにして生まれたのでしょうか。閃きを支えた一つの要因が彼の徹底した勉強でした。十五歳でデトロイト公共図書館の会員になったエジソンは、全部の本を読んだという伝説を残していますが、その真偽はともかくとしても、このような勉強熱心な姿勢が終生、変わることがなかったのは事実です。しかも、ただ学んで満足するのではなく、そこに書かれた実験をすべて自分でやってみようと考えるのですから、その知識欲は半端ではありませんでした。千三百に及ぶ発明は、そのような知識が下地となって生まれたものなのです。

エジソンの言葉に、「失敗などしていない。うまくいかない方法を一万とおり見つけただけだ」「楽な道を歩もうとする人は多い。そんな人には平凡な結果しか待っていない」とあります。発明家は閃き型と努力型に分けられますが、エジソンは閃きも多かったものの、むしろ実験の試行錯誤の中で成功を掴む努力型だったと言われています。白熱電球の発明はその典型でした。開発に当たりエジソンは、必要なあらゆる文献に目をとおし、研究所のメンバーとともに寝食を忘れて開発に励みました。当初「六週間で完成させる」と豪語していたエジソンですが、白金など金属製フィラメントを使った実験はことごとく失敗。実験に次ぐ実験で大量の時間と資金が費消されていき、「絶望がメンロパーク（研究所）を支配している」と書く新聞さえありました。だからといって、エジソンは決して弱気にはなりませんでした。「翌日になると、朗らかな少年のように喜びに溢れて同じ実験を始め、皆の元気を奮い立たせた」「困難が起こった時には、いつも彼（エジソン）の偉大さがはっきりと分かった」という研究員の言葉からは、困難を極める中、嬉々として研究に臨むエジソンの姿が目に浮かぶようです。そして、結果的にエジソンはすべての金属製フィラメントの実験を打ち切り、最後には京都の竹を材料に選び、白熱電球の開発に成功するのです。

エジソンが千回、二千回と実験を続け、ことごとく失敗したと言えば、単に向こう見ずで無謀な人のようにも思えます。しかし、エジソンは「狙いのない試行錯誤はしない」と言っているとおり、その豊富な知識から、方向性さえ正しければ必ず成功に至るという確信を得ていました。実験を成功に導いた鍵は、徹底した準備と実行にこそあったのです。

7月10日

漁師が木を植え始めた理由

畠山重篤
牡蠣の森を慕う会代表

Shigeatsu Hatakeyama

それまで我々漁民は、海のことは全部海がやってくれる。〝太平洋銀行〟に任せておけば大丈夫だと考えて、あまり反対側の上流を見ていませんでした。しかし諸々の要因はどうも反対側にあるのではないかと考えるようになったんです。それを確信したのが、フランスに行った時でした。それで牡蠣の研究所の職員と一緒に三人でレンタカーを借りてフランスの沿岸を半月ほどつぶさに見てきたんです。これが非常に大きかったですね。

ロワール川河口の養殖場に行ったら、牡蠣が実にいいんです。そして干潟(ひがた)にはカニ、タツノオトシゴ、エビなど、たくさんの小動物が生息していて生命力に溢れていました。そこに注ぎ込んでいるロワール川は、すごい川なんです。ウナギの稚魚(ちぎょ)のシラスウナギを向こうではシベルというんですが、これが大量に揚がって名物料理になっている。川に食料にするほど大量のシラスウナギが上っているということは、川の流域がいいってことでしょう。流域がいいってことは、その上流をたどっていくとやっぱり森林が豊かなんですね。

その体験からも思ったんですが、環境、環境と声高に言わなくても、食べ物の側から見ていったら、結構身近に感じるんですよね。例えば、フランス人が秋に一番食べたがる料理はジビエといって、野生の鳥、シカ、クマを料理したものなんです。そのためには餌が要るから、木の実がたくさんなる豊かな森がなければならない。料理の側から見ていくと、なるほどなと分かるわけです。日本は寿司文化でしょう。でもそのネタは全部川の水が流れ込んでくる汽水域で捕れるものです。だからおいしい寿司を食いたかったら、みんな海のことばかり騒いでいますけど、川の流域を見なきゃいけないんですね。

同様に気仙沼の牡蠣の問題も、海のゴミを拾うだけではどうにもならない。そこに注ぎ込む川の流域全体をなんとかしなければという発想に立ったのです。海から川を遡(さかのぼ)ってみますと、そこには文字どおり人間模様が横たわっています。家庭排水、工場排水、それから農薬、除草剤といった農業現場の問題。さらにはダムの建設問題とか、造林計画で杉一辺倒になった山がほとんど手入れをされずに放置されていたり。これはえらいことだと思いました。

我々のところのたった二十五キロの川でもこれだけ問題が山積しているのに、北上川とか信濃川といった、何百キロもある大きな川となれば、それこそ流域にいろんなものが横たわっていますから、これは大変だなと。でも誰かが声を上げないといつまでもよくならない。それをやってすぐ効果があるわけではないけれど、なんとか皆さんに振り返ってもらいたいと強く思ったんです。ですから、森林の持っている意味とか、森林からどんな成分が流れてきているとか、そういう科学的知識は全然なくて、何かをやらなければという衝動で木を植え始めたわけです。その運動の中でいろんな出会いがあり、科学的な裏付けもとれるようになって、これはすごく意味あることだということが、分かってきたんです。

7月11日

西山彌太郎の三つの訓戒

数土文夫
JFEホールディングス社長

Fumio Sudo

私が入社した昭和三十九年は不景気で、例年二百～三百人採用する新卒を六十人しか採りませんでした。当時西山彌太郎（やたろう）さん（川崎製鉄初代社長）は七十歳でしたが、我々の間近なところに座ってお孫さんを諭すように諄々（じゅんじゅん）と語り聞かせてもらった訓辞は、いまも鮮明に記憶に残っています。

一つは、会議がある時には必ず五分前に来て、何をしゃべるか、何を聞くか、よく考えた上で参加しなさいと。

二つ目は、スペシャリストというのは最初からはいない。最初は誰でも素人なんだと。いまはいろんな本が出ているから、三か月一所懸命勉強したら、大学で勉強したのと同じくらいの知識を得られてスペシャリストの端くれになれる。だからしっかり勉強しなさい。

三つ目は、新入社員の六十人のうち四十人は技術屋だったんですが、技術屋でも人に会え。人に会って話を聞きなさいと。この三つでした。

西山さんが千葉に工場を造ろうとした時には、当時の金融引き締め策に逆行する巨額投資だというので日銀から大反対されて、時の一万田（いちまだ）総裁から「建設を強行するなら、ぺんぺん草を生やしてやる」とまで言われたんですね。一万田総裁が相手にしてくれないものだから、西山さんは世界銀行のブラック総裁にかけ合って、二千万ドルの融資を取り付けて千葉製鉄所をつくりました。

すごいと思うのは、西山さんはその時、会社のオーナーでも何でもなかった。大学生の頃から新製鉄所構想を温め、四十代の頃には構想の全体をほぼ固めていたと思います。そして、川崎重工業から川崎製鉄を分離独立させ、製鉄所の建設を敢然と実行に移した。決して、川崎重工の社長が主導的役割を果たしたのではないのです。そういう中で千葉に製鉄所を造ったというのだから、恐ろしい人もいたものです。

7月
12日

人間の一生はレールが敷かれている

中村征夫 水中写真家

Ikuo Nakamura

人間が介入してはいけない部分が多々あると思うんです。これは海を見てきてすごく感じました。僕は若い頃、東京湾で卵を抱いてる母ガニを見つけて、こんな所で産むのはかわいそうだ、もっときれいな海がおまえたちの故郷なんだろうって、真鶴(まなづる)海岸に連れていって堤防から放ってあげたんですよ。ここで元気な赤ちゃんを産みなさーいって。

それで自己満足に浸っていたんですが、帰りの車の中で、いま頃どうしてるかな。あそこの深さは七、八メートルあるよなと思った途端、アッと思った。あのカニには、水中を泳ぐという習性がありません。おそらくもがきながら落ちていっただろう。捕食者たちには一発で食われただろうと。卵を抱いてるから大変なごちそうですよ。あぁ僕は何という偽善者だって落ち込みました。それ以来、僕は自然界の弱肉強食の現場を見ても、一切手出しをしなくなったんです。

人間が良かれと思って自然環境にしてあげていることを、果たして自然は喜んでいるのかなってつくづく考えます。おせっかいなことをしないでよ、と思われているかもしれない。サメやクジラは国境なしに自由気ままに泳ぐだろうけども、ほとんどの生き物は小さなマイホームを持っていて、その縄張りを懸命に守っています。五ミリとか一センチとか、そんな小さな生き物が、あぁこんな所で生きていたのか、と発見するたびに、自然の中で生きるとはどういうことかを教えられます。そういうひたむきな姿を見ている限り、いまの仕事はやめられないですね。

僕はこの頃、人間の一生というのは、生まれた時からレールが敷かれているのかもしれないと思うようになりました。一切カメラに触れたこともなかった自分が、なぜ二十歳の時にいきなりカメラをやり始めたのか、ずっと不思議でした。カメラとの接点は何も思い当たらないんです。ところが数年前にハッと思ったんです。生後二週間で母親が亡くなって、僕は見知らぬ遠くの農家に預けられました。そこで育った僕は、当然そこが自分の実家と思っていました。ところが四歳の頃、突然面識もないおじさんが来るようになるんです。それが実の父親で、僕のことを返せと言ってくる。その農家も物心ついた僕のことを手放したくない。僕は土間の物置に隠されて、返せ、返さないって争う声を中で聞いているんです。あの人が来るたびに僕はこんな所に隠される。一体誰なんだろうと思いながら、僕はそのやりとりを真っ暗な物置の節穴からのぞいて見ている。実はそれがカメラだった。節穴はファインダーだったんです。

僕は母親と死別したけれども、その後の様々な試練や厳しい体験なども、カメラマンになるために敷かれたレールの上にあったことだと考えるようになりました。ただ、いくらレールが敷かれているといっても、うまく乗れるか乗り損ねるかは自分の生き方次第。与えられた人生の中で、その時その時きちんと真摯に生きていくことで最後の目的地まで行き着ける。

7月13日

隊員全員の名前を覚え信頼関係を築く

番匠幸一郎
自衛隊陸将補・西部方面総監部幕僚副長（第一次イラク復興支援群長）
Koichiro Bansho

部隊編成から出発までの約三か月間、群長としていくつもの大きな仕事をこなさなくてはなりませんでした。その一つが部隊の編成です。千名ほどの隊員がいるわが第三普通科連隊も約八割がイラク行きを熱望していました。国のため、国民のために生きようと自ら志願して自衛隊に入隊した彼らが、復興支援の仕事に強い思いを抱くのは当然です。しかし派遣できる人数は基本計画で約六百人と決められていて、私は多くの隊員の中から要員を選ばねばなりませんでした。残ってもらう隊員たちをなだめ、励ますことは大変辛いことでした。

二つ目の大きな仕事は訓練です。私たちは日頃の訓練を欠かしません。しかし中近東というまるで違う環境の中で十分な働きをするには、平素の訓練だけでは不十分です。アラビア語の習得をはじめとして、暑さや砂嵐の対策、さらには様々な害虫などから身を守る工夫も必要になってきます。

そして三つ目が物心両面における準備でした。先進国へ海外旅行に行くのであればパスポートとクレジットカードさえあれば現地調達も可能でしょう。だが、物資が欠乏したイラクでは現地調達はほとんどできません。何もないところから、すべて自分たちで準備せねばなりませんでした。私たちの日常の必需品、車両等の装備品など計算すると二十フィートのコンテナを千本以上、日本から運ぶ計算になりました。これは千軒以上の家を引っ越しさせるほどの量に相当します。宿営地を設けるのは、一つの小さな街を造りあげるのと同等の労力が必要なのです。荷物を日本からクウェートまで飛行機や船で運び、そこで部隊と荷物を合体して、サマーワまでは陸路を運ぶ。これを逆算して日本で積み込むのはいつ頃がベストか、どのコンテナにどのようなものを詰めたらいいのか、こういう段取りを整えるのも物の面での準備です。

一方、併せて重要なのが心の準備でした。約六百人の隊員が平常心を持って仕事を誠実にこなすには、自分たちは何のためにイラクに行くのか、どのような姿勢で臨むのか、といったメンタル面での指導を欠かすことができません。トップが階級を笠（かさ）に命令し隊員を従わせるだけでは、いざ極限状態に置かれた時に組織は動きません。組織に魂を吹き込むのに最も重要なのはお互いに信頼し合い、自ら納得できる関係なのです。そのために私が強く意識したのは、上に立つ者が形式的な階級意識を捨て、皆が同じ価値観を共有し、一つの目的に向かって歩もうという雰囲気を醸成（じょうせい）することでした。私たち陸上自衛隊では、指揮官である連隊長の下に百人単位をまとめる中隊長、さらに三十人単位をまとめる小隊長がいます。だからといって隊長は中隊長や小隊長の名前を把握していれば済むという問題ではありません。一人ひとりの隊員は、その家族から見ればかけがえのない父親であり、ご主人であり、子どもなのです。そのために私は自分の努力目標として隊員一人ひとりのフルネームを覚え、彼らのバックグラウンドを知ることを実践しようとしたのです。

第一等、第二等、第三等の人物とは

豊田良平 コスモファイナンス相談役・関西師友協会副会長

Ryohei Toyoda

われわれは毎日、毎日、進化創造しながら、年を重ねていくわけですが、どういう職業についても、その環境に応じて自分を変化向上させていかなければなりません。そういう意味において、『呻吟語』は、われわれに非常な教訓を与えてくれています。つまり、それは、吾れを新たにするための教えであり、日々にその徳を新たにする教えです。

『呻吟語』の冒頭には、「深沈厚重なるは、是れ第一等の資質」とありますが、この深沈厚重なる人物になるためにはどうしたらいいかということを呂新吾先生が、ご自身の体験をもとに、全巻を通じていろんな角度から書かれたものと私は思います。

事業は人物です。いかなる事業に従事することになろうと、深沈厚重、どうすれば、どっしりと落ち着いた人物になれるか。そこには人物となるという一念がなければなりません。その一念をどう養い、どう鍛えていくかを『呻吟語』は説いているのです。そこで私自身が、『呻吟語』のどの言葉によって心を養うべく努力してきたか、一念が啓発されてきたか、その言葉を引きながら紹介したいと思います。

@第一等の人物とは

「深沈厚重なるは、是れ第一等の資質。磊落豪雄なるは、是れ第二等の資質。聡明才弁なるは、是れ第三等の資質」(性命)

これが『呻吟語』の全巻を貫く思想です。後章に出てくる品藻篇には「安重深沈なるは、是れ第一の美質なり」ともありますが、深沈厚重と安重深沈の二つの言葉は、本書の思想の中心をなすものです。

深というのは、深山のごとき人間の内容の深さであり、沈は沈着毅然ということです。厚重は、重厚、重鎮と同じで、どっしりとしていて物事を治めるということです。上に立つ人は、それぞれの立場において重鎮することが必要です。言い換えると、その人が黙っていても治まるということです。あくまでも「治まる」のであり、「治める」のとは内容が違います。沈は沈静ですから、重鎮は静かに治まるということにもなります。そして重厚ということは、人間の幅が広く厚いということです。

磊落というのは、大きな石がごろごろしておる、恬淡で恬然としているということ。豪雄とは、優れた人のことです。つまり、あっさりしていて腹中に大きなものを養っている人を第二等というのであります。

「聡明才弁なるは」、聡明で弁も立つということですが、こういうことは人間にとって第三等だというわけです。

深沈厚重といい、磊落豪雄といい、聡明才弁というも、それぞれの持ち味があります。その持ち味をいかに生かすかということが大切です。

7月15日

真っ赤になって怒っていた富士山

芹沢光治良　作家

Kojiro Serizawa

その時代ってのは、日本の農村も漁村も貧しかったわけですからね。子供だけは、貧乏人の子沢山というように、多かったでしょう。子供なんてのは、「ごくつぶし」っていわれてたですからね。僕が小学校に行くようになってもね、毎年十二月末から三月上旬まで西風が吹くんですが、西風が吹くと漁師は出漁できないんですね。

そうするともう、お弁当が持って行けない。子供たちは学校行って、お昼の鈴が鳴るとね、井戸端へ出て、水を飲んでね、我慢した。病気になったからといって医者にもかけてくれないんですな。「腹を干す」といって絶食させて寝かせておくんです。そのまま死んでも「口減らし」ができたと家族はほっとした時代です。そんな状態でしたからね、中学なんて行くことできなかったわけです、本当ならね。

そんな時に、伊藤博文が亡くなって、国葬になった。これは非常に印象的でした。僕が教えてもらってた先生が、僕をおだててね、伊藤博文だって貧乏でね、食べられないような百姓だったけど、一所懸命勉強したから、こうして国中の人が感謝するようになったんだ、だから、お前、失望しちゃいかん、お前も頑張れ、なんておだてられた。子供だからね、本気にしちゃうのね。勉強なんかできる境遇じゃなかったわけですけどね。実の父親が子供のときから割合と読書家だったらしいのね。勉強家だったから、財産を宗教に捧げて出て行ったりするんだってことで、僕は一切本を読んじゃいけない、教科書も開けちゃいかんといわれたわけです。

ある日、同級生の子供が雑誌を貸してくれてね、初めは教室だけで読んでたんだけれども、面白いものが載ってたんで家に持って帰って読んでたんです。そしたらおじさんに見つかってね、いきなりその本を取られて風呂の焼き場に捨てられちゃった。もう、とてつもなく申し訳なく思ってね、死ぬ以外にないと思ったの。当時はね、修身てのがあってね、修身てのは親に孝行することだってこと、そして親を安心させることだっていうようなことでね、一緒に帰ってる子が、ある日、自分は兄弟が十二人いる、その下から三番目でね、「親に孝行するのは口減らし以外にないんだ、おれは死ぬよ」なんていうのね。まさかとは思ったんだけど、それがね、本当に川に飛び込んで自殺したのが、本を焼かれた三週間ぐらい前だったの。だから、ああ、そこに飛び込めばいいわいと思ったんです。

ところが、いざ飛び込もうと思ったらね、やっぱり僕は意気地がないんですね。三度試みたけど、飛び込めなかった。そのとき、川を隔てて富士山が見えたんです。夕方だったもんですからね。真っ赤に夕焼けを浴びた富士がね、何か富士山が真っ赤になって怒ってるというふうに想像しちゃった。ああ、死んじゃいけないんだ、あんな顔して怒ってるから、死んじゃいけないと思って、泣きました。

そんなことがあってから、自分は富士山が自分の恩人だというふうなことを、子供心に思ったわけです。そのことは随分やっぱり生きていく張り合いになったですね。

7月16日

虐待を受けている少年の悲痛な叫び

西舘好子
NPO法人日本ららばい協会理事長
Yoshiko Nishidate

僕の声を聞いて

「おかあさん　ぶってもけってもかまわないから　僕を嫌いにならないで。

おかあさん　おねがいだから僕の目をちゃんと見て。

おかあさん　おまえを生まなければよかったなんていわないで　僕は今ちゃんと生きているんだから。おかあさん　優しくなくてもいいから、僕に触って。おかあさん　赤ちゃんの時抱いてくれたように抱いて。おかあさん　僕の話にうなずいてくれないかなあ。

つらい、悲しい、もうダメ、お母さんの言葉ってそれしかないの。赤い爪魔女みたい、ゴム手袋のお台所、お部屋のあちこちにある化粧品、僕の家のお母さんのにおい、僕の入れない世界で満ちている。おかあさん　お母さんの匂いが欲しい、優しい懐かしいにおいが。

おかあさん　お願いだから手をつなごう、僕より先に歩いて行かないで。おかあさんお願いだから一緒に歌おう、カラオケ屋じゃないよお家でだよ。おかあさん　５００円玉おいてくれるより、おにぎり一個のほうがうれしいのに。

おかあさん　笑わなくなったね、僕一日何度おかあさんが笑うかノートにつけているの」

母親から虐待を受けている少年の悲痛な思いを綴った文章です。私が小さい頃にはなかったことですけど、親が我が子に暴力を振るい、時に死に至らしめてしまう痛ましい事件が、近頃は日常茶飯事になりました。

親の愛情というのは、子どもにとって絶対的なものでしょう。それがいま、根底から揺らぎ始めています。いまの親というのは、家庭で父親はどうあるべきか、母親の役割は何かということが分からなくなっている。父、母という言葉の重みがなくなって、家庭が喪失してしまっているんですね。特に、子育てに直接関わる母親の力が家庭から失われてしまったことが、こうした事件が頻発する根源じゃないかと思っています。

母親の力が家庭から失われてしまったのは、戦後に核家族化が進んで世代間の交流がなくなり、家庭という場で代々伝えていかなければならない大切なことが、伝えられなくなってしまったことが大きいでしょうね。

虐待を受けた子たちの施設に行くとよく分かるんですけど、いまの親は子どもの抱き方も知らないの。まだ首も据わっていないうちから変な抱き方をされて、骨折してしまった子もいるんですよ。

子育てって上の代から伝承されていくものだし、家庭は本来人間の基本を養う大切な教育の場だったと思うんです。でも残念ながら、いまはそれを担える家庭が少なくなっているんじゃないでしょうか。

7月17日

人間の意識は本来どこまでも進化し続ける

西園寺昌美　五井平和財団会長

Masami Saionji

私は人間の意識は本来どこまでも進化し続けるものだと思っています。宇宙の進化から人間一人ひとりの生き甲斐、細胞レベルまで、目的を持ってそれを求めて求めて、そしてエネルギーを出し切って目的をクリアできた時に進化は起きるものなのです。ただ、意識、想念というのはすべてを創り出すエネルギーを持っています。世の中を平和にもできるし、戦争・破壊に導くこともできる。一人ひとりの心によって、どんな武器よりも強い力になる。だから、欲望を動機として想念を発すれば当然破壊に向かいます。いままではそういう時代でした。しかし、人々の意識が高まり、平和や調和という正しい目的に向かって人類が歩み出したとすれば、本当の意味で人類は進化したといえるのではないでしょうか。そしてそれが本来の人間の姿なのです。

私は自分の神秘的体験などを通してはっきり確認した真実があります。それは人間の本当の姿は、一人の例外なく神聖そのものであり、限りなく尊い存在で、素晴らしい潜在能力を持っているということです。人間は本来光り輝く神の子、神そのものであって、決して不幸でも不完全でもないのです。しかしそれを忘れて、自分は駄目だ、自分はできない、バックグラウンドがない、貧乏だなどと否定的な部分だけを見つめてしまう。そうすると、村上和雄先生がおっしゃるように、遺伝子がオフになって一生駄目のままで終わってしまうのです。

逆に、自分を改めて見直して自分にはこういういいところもある、他にないものがあると気付いた時、あるいは本心が希求するものに向かって踏み出した時には、その高い意識によって、目的成就に必要な能力、バックグラウンド、お金といったものがもたらされるというのが私の考えなのですね。では、一人ひとりがどうすればいいかというと、何かに依存するのをやめることです。例えば生命保険だ、弁護士だ、宗教だ、医者だとすべてに頼ることで自分が安心してしまうでしょ。でもその裏でそのお金を払うために体を削って働いて働いて、挙げ句には自分が駄目になってしまう。私はそこに疑問を持つのです。なぜ最後まで自分の責任において自分の意識で生きられないのか、自分の人生なのだから自分の力で人生を創造できないのかと。

五井平和財団の基本理念である生命憲章とは、人間が生きる上で最も大切な命の尊厳やお互いの違いの尊重、大自然への感謝、精神と物質の調和などの内容を盛り込んだものです。「地球は進化する一つの生命体であり、地球上のあらゆる生きとし生けるものは、それぞれがみな、地球生命体を構成する大切な一員である」「地球進化の担い手はつまるところ私達一人一人であり、平和の実現は人類一人一人の責任と義務に他ならない」というのがその前提にある考えなのです。つまり私たち人間はこれまでのような二元対立や差別意識を超えて、ともに地球を進化させるという共通の使命があり、その自覚のもとで平和と調和の世界を築いていかないといけない。そのように考えております。

7月18日

読書百遍意自ずから通ず

越智直正　タビオ社長

Naomasa Ochi

丁稚には、六人の仕事場兼寝室として六畳間が与えられ、朝七時の起床から、片づけが終わる深夜まで働きづめでした。横になると肩と肩がくっつくほど狭く、寝返りでも打とうものなら先輩に脇下をつねられるのです。言葉も風習も違う四国から何も分からずに出てきた私は、恰好のいじめの対象ともなっていました。あまりの辛さに辟易（へきえき）していた時、先輩から夜店に連れて行ってもらう機会がありました。その時、ふと一軒の古本屋が私の目に留まり、その時思い出したのが「中国古典を読め」という国語教師の一言だったのです。

「中国の古典という本はありませんか」という私の求めに、店主が取り出してくれたのが『孫子』でした。初めて手にする中国古典。〝まごこ〟とはまた変な名前を付けたものだと思いつつ頁をめくると、上に原文、下に読み下し文が書かれていました。

それからというもの、仕事の合間や消灯までの僅かな時間を使って、辞書を片手に『孫子』を読みました。もちろん、すぐにはその意味は掴めません。先生に言われたように何度も何度も読み返しました。

もし、他の級友と同じように高校に進学していたならば、知識としてこれを学んだことでしょう。だが、丁稚の厳しさに打ちのめされそうになっていた私にとって、偶然手にした『孫子』は生きる上での唯一の教科書であり、いつの間にか何よりの心の支えとなっていたのです。三年後、十八歳になる頃には、『孫子』の全文を諳（そら）じるまでになっていました。

孫子の兵法を実際に仕事で使ってみることもありました。ただ独学の私にとって、それはあくまでも自分に都合の良い解釈でした。金払いの悪いお客相手に代金回収に行く場合などの駆け引きの方法、テクニックとして兵法は確かに役に立つのです。時には、得意げになっている私を見て「あんたは椿（つばき）三十郎みたいやな」と評する人もいました。褒め言葉ではありません。当時流行した黒沢明監督の映画の名セリフ「あなたはギラギラして、まるで抜き身の刀のようだ」になぞらえて、からかっているのです。私はそのように見られていることがいささか心外でした。そういう時、思い出すのが『孫子』の一節でした。

孫子曰（いわ）く。兵は国の大事にして、死生の地、存亡の道なり。察せざるべからず。故に之に経（おさ）むるに五事を以てし、之を校するに計を以てして、其の情を求む。一に曰く道、二に曰く天、三に曰く地、四に曰く将、五に曰く法。

孫子は軍備をするのに必要な五つの事項の真っ先に「道」を挙げています。

一つの古典を身に付けるのには、道を求め人間性を高めなくてはならないと思うようになった私は、三十歳頃から『論語』『十八史略』『史記』などの古典を進んで読むようになりました。三年間かけて『孫子』をじっくりと学んだためでしょうか、ある程度は古典も読めるようになり、その意味を掴めるまでになっていました。

7月19日

人生には三回ピンチが訪れる

飴 久晴　コーセル会長

Hisaharu Ame

伊藤肇さんのある本に、人間は人生で三回ピンチが訪れ、それを潜り抜けることで一人前になれると書かれてありました。私の経営人生を振り返っても、もう二進も三進もいかない、夜も眠れないというピンチが二回訪れました。

一度目は当社を立ち上げたばかりの二十代半ば。売り上げの四割を占めていた得意先が倒産し、不渡りを食ってしまった時です。その手形を全部仕入先に回していたため、連鎖倒産の危機に追い込まれました。

この時の心境は、雪道を運転中にスリップしたとでもいいましょうか、どんなに強くブレーキを踏んでもズルズルッと滑って道を逸れていくのです。目の前は崖っ淵で、もうどうしようもない。ただただ祈ることしかできないという状況でした。

私は取引先に迷惑をかけたくない一心で奔走し、手形を回した先様に勧めて給料から差し引いてもらうというところまで話が進んでおりました。ところが、支払いを待ってもいいと言ってくださる業者が現れたのです。これぞまさに天の助け。前輪のタイヤが落ちたところで車が止まったのです。それまで電子部品の販売のみを請け負っていましたが、それではとてもとても借金の返済には追いつきません。そこで外回りを終えた五時過ぎからの時間を使って稼げないかと考えました。昼間注文をもらい、夜は制御盤や配電盤を作る。夜中の二時、三時の帰宅は当たり前。一日で普通の会社の二日分働きました。

借金を返し終え、個人商店から株式組織にしてから数年後、二度目のピンチが訪れました。昭和四十九年の第一次オイルショックです。売り上げは前年比三割ダウンで、ボーナスも分割払いでなければ支払えないほどの低迷ぶり。その混迷期に社員たちは組合を作って鉢巻きをして、赤旗を振り続けました。

私はショックでした。社員はともに会社を運営していく同志だと思っていました。だからこそ皆に株を分配したのに、なぜこの苦しい時に労使として対立せねばならないのか。押し寄せてくる焦燥感と虚無感に押し潰されそうでした。このまま仕事をせず、組合活動ばかりされては赤字が膨らむばかりで、お客様に迷惑をかける前に会社を整理しようかとも思いました。

しかし、「いま自分は試されているのではないか」。ここで会社が潰れたら自分の人生も潰れる。試されているならとことん運命と勝負してみようじゃないかと思うと、闘志が湧いてきました。

振り返れば逆境と呼べるピンチは私の人生でこの二回。「伊藤さんは三回訪れると言っている。いつか来る、絶対来る」と思いながら経営にあたってきました。結局三度目は訪れていませんが、「いつか来る」という危機感が自分の身を助けていたのかもしれません。良かったと思う半面、二回しか乗り越えていない自分は、まだまだ半人前、せいぜいコンマ六くらいの人間ではないかと思っています。

7月20日

真の医療と真の治療

丹羽耕三
土佐丹羽クリニック院長
Kozo Niwa

ぼくには忘れられない話があります。息子の剛士が発病する二、三年前ですが、ある有名な大学教授の奥さんが胃がんになって私の病院に来られたんです。ぼくはご主人にこう説明しました。「奥さんは胃の出口が完全にがん細胞で閉鎖されてしまいました。もう何を食べても吐いてしまいます。あと四、五日の命でしょう」

ところが、そのご主人、「何とかお粥一口食べさせる方法はないですか」「良い痛み止めはないですか」とぼくにすがりつくんですね。七十人、八十人の患者さんが狭い待合室を階段の上まで上って待っているなか、その先生、ぼくのところに三時間おきにやって来て、粘っては泣きつく。ぼくは病院のなかを逃げ回りながら、言葉には出さなかったが「有名な大学の先生が、何と物わかりの悪いことか」と心のなかでさげすんでいたのです。

申し訳ない限りです。ぼくは、剛士が亡くなる三か月前になって、この先生とまったく同じことをやっていたんですね。剛士はすでにがん細胞が全白血球の九十パーセントを超え絶体絶命のところまできていました。

ぼくは、帰りの特急に乗るためタクシーを医大病院前にギリギリまで待たせておいて、嫌がる剛士にお粥一口、オレンジ八分の一を食べさせてやろうと必死でした。おだてたり、すかしたり、怒ったりしているぼくの姿を、主治医や婦長がシラッとした目で見ているわけですね。ぼくは勘がいいからわかるんです。国際リウマチ学会の招待講演まで受けて、テレビや新聞でしょっちゅう取り上げられている著名な臨床医が何というありさまだろうかと、そんな気持ちだったに違いありません。

そのとき、ぼくは、あの大学の先生を思い出した。「ああ、先生に悪いことをした」と自分の行為を恥じ、懺悔の心でいっぱいになりました。人間、いよいよ追いつめられたら、何とか奇跡を祈る心しかない。これは医者も科学者も素人も変わらないんですよ。

ぼくがいま抱えている進行がん、末期がんの患者さんは全国で四千人から五千人います。そのなかには残念ながら助からない人もいます。死ぬ間際の患者さん、家族にとって神仏はありません。医師こそが神様なのです。自分一人だけに優しくしてくれるかけがえのない神様のような存在なんです。ところが、医者の立場からすれば、全体の何百分の一、何千分の一として扱ってしまいがちになるんですね。

医者として心掛けるべきことは、どんなに患者さんが多くても、一人ひとりと対面して、苦しむ患者さんの身になって考えるということです。とくに何もしてあげられない末期がんの患者さんには、優しい治療をしてあげることが一番大事なんです。そして、これが真の治療につながるんです。

7月21日

逆境が自分を磨いてくれた

杏中保夫
公文教育研究会社長

Yasuo Annaka

当時の証券マンというのは、成績を上げるために、その場その場で調子のいいことばかりやって、お客様にご迷惑を掛けることが多かったんです。理想を追求していくためには、そういう過去に蓄積された業とも闘っていかなければいけなかったんです。ですから、本当にお客様の立場になってやろうと思うと大変です。それだけ結果が求められますから、人の何倍も努力しなければならないんですね。しかしまぁ、ここは修業だと思いましてね。

例えば、人が土日に百枚手紙を書くなら、私は千枚書く。千枚というと、封筒を車で持って帰らなければならないくらいの量です。しかし、百枚書いて一人お客様ができるなら、千枚書けばその十倍の十人のお客様ができると考えたんです。

ただ、いくら頑張っても、一年くらいはびくともしないんですね。ところが、一年半ぐらいたったころから評判が立ち始めて、口コミでバーッと広がっていき、それから一、二年たつと私のファンがたくさんできたんです。

さまざまな不信感がお客様にあるなかで、私は一年、一年半と、手紙やポスティングを休まず続けてきた。お客様はそこに一貫するものを見てくれたんですね。この男は言っていることが全然ブレないと。そして、お客様がお客様を紹介してくれるんです。紹介して大損するかもしれない、というリスクがあるにもかかわらず、私を信頼していただき、お客様の輪がどんどん広がっていったんです。

私はとにかく、何のためにこの仕事をするのか、ということを常に大事にしてきたんです。お客様第一という創業者の精神がまずあって、投資家の財産形成のお手伝いを通じ、国の直接金融の担い手として社会に貢献していく。常にその本質から外れてはいけないと思ったんです。

野村證券に勤めた最初の十八年間で、私は十回も転勤を経験しました。そのくらい上の人間にとっては使いにくかったのかもしれません。自分が理想を貫こうとするなかで、どうしても日々上司や同僚との葛藤がある。そういうものに何とか流されずに、人間の本来あるべきところから離れないようにするために、当時は人生や生き方についてつづった本を読みあさっていました。

中村天風(てんぷう)先生や安岡正篤先生の本は、何度も何度も読みましたよ。周りにそういうことを教えてくれる人がいなかったものですから、本から学んで自分を奮い立たせながら頑張ったんです。

ありがたかったのは、野村證券という会社では、実績を上げた人間は、抜擢(ばってき)して仕事や立場をどんどん与えていくことが鉄則なんです。プロセスの段階ではいろいろな評価があったかもしれませんが、最終的な成績が半端ではなかったので、どんどん責任ある役割をいただくことができたんです。

結局、逆境が私を磨いてくれたんです。野村證券というタフな職場で苦悩してきたからこそ、いまこうして公文(くもん)でやっていくことができるんです。野村證券は私にとって人生道場のようだった、と感謝しています。

7月22日

江崎グリコ創業者と松下幸之助の秘話

城島慶次郎
サンパウロ学生会名誉会長
Keijiro Jojima

江崎グリコの創業者・江崎利一さんと松下幸之助さんは、お互いに業種は違っても、事業に対する信念、精神には相通ずるものが多く、どちらも裸一貫から事業を興した境遇が似ているせいか、非常に尊敬の念を覚え、かつ意気投合したものである。そして時折会って話を交わそうではないかということになった。

二人とも一文無しから商売をはじめたのだから「文なし会」といつとはなしに名付けられた。江崎さんは戦後間もなく長男をなくした。あとを継がせるべく専務として育成中のことで、江崎さんは失望落胆した。すでに七十歳近くになり、孫はまだ幼い。親類の人たちは「もうこれ以上、事業は広めるべきではない。大阪だけでこぢんまり縮小した方がいい」と忠告し、そうするようにすすめた。どうしたものだろう、江崎さんは決断がしにくいので松下さんに相談した。

「私があんたのところの重役になろう」

このくだりは江崎さんの『商道ひとすじの記』に感動的に書かれている。

「すると松下さんは『江崎さん、今さら何をいうのか。ここまで営々と築きあげたグリコはもうあんた一人のものではない。日本のグリコだ。やりなさい。やりなさい。親類がどういおうとやりなさい。あんたがこれだけ広げたことはたいしたことだ。もう息子さんのことでくよくよしなさんな。よし私があんたのところの重役になろう。なんでも相談に乗ろう。

あんたが死んで、あとうまくいかんようやったら、私がうちの若い者を引っぱってきて応援する。お孫さんのことは引き受けたから、あんたはいままで通り積極的にやってほしい。いやいっしょにやろうじゃないですか』そういって力強く励まし、私の肩をゆさぶってくれた。さすがの私も、このときばかりはなすすべもなく、ただ男泣きに泣いた。松下さんの友情はほんとうにうれしかった。持つべきものはほんとうの友人だということを、しみじみ感じた。感動にうちふるえながら私は松下さんのいうように長男の死を乗り越え、事業の鬼になることを心に誓ったのである」

松下さんは、江崎さんの孫の勝久さん（当時の江崎グリコ社長）が大学を卒業したとき、「はじめから江崎グリコに入れると甘やかされるから一人前になるまでうちで鍛えてやる」と、三年間預かって鍛えた。また江崎グリコが株を公開すると、さっそく株をもって、死ぬまで重役として応援しつづけた。江崎さんと松下さんの交友は深く、友情というより、切っても切れぬ人間的なつながりになっていた。松下さんを盟友にもったことは、私の誇りであり、心の財産だと、話されたこともある。たかが子供の十銭菓子からグリコ王国を、電気ソケットから世界一の家電王国を築いて悔いなき生涯を終えたふたりは今、あの世で熱海の湯につかりながら、あれこれ話がはずんでいることだろう。おふたりに受けた有形無形の深い感銘が温かく甦ってくる。

7月
23日

わが身に降りかかる事はすべてこれ天意

寺田一清
社団法人実践人の家常務理事
Issei Terada

昭和四十五年、多年入院中の奥様のご逝去に引き続き、その翌々年、ご長男の急逝という予期せぬ事態が勃発しました。先生は齢七十七歳でした。そして「逝きしわが子への身の償いとして」単身、倒壊寸前の廃屋同然の貧しい一軒家に許されて入居せられるという次第でした。これが先生の生涯における、最大最深の悲痛事ではなかったかと思われます。

そして玄米食と味噌汁を基本とした独居自炊の生活が始まりました。果物屋でもらって来た木製リンゴ箱を食堂にし、先生手づくりの一汁一菜の簡素な食事を共にお相伴したことがありましたが、まことに〝隠者の夕暮〟を感じ、私の方がかえって憂愁に閉ざされがちでした。

そうした言わば悲愁の底にあられても、先生は、立居振舞をいよいよ俊敏になされ、二畳の間に書斎の城を築かれ、机上を踏みこえては、雄々しく出陣という出で立ちで、旅の講演の行脚や海星大学の出講に休みなく通い続け、また各地の読書会にも積極的に参加されました。

そうした人生最大の悲劇に遭遇された当時七十七歳の先生と、わたくしは、身近に接することが出来た一人として、先生の身心に秘められた耐忍力の強さに驚嘆せざるを得ませんでした。さすがに直後の一時期、いかな先生も、「もう一切の蔵書はいりません。聖書と仏典これだけあればいいです」とおっしゃられたときもありました。

森先生の逆境に対する耐忍力のすばらしさ、これはどこに由来するものがあるのでしょうか。それは第一に、天地宇宙ならびに人間界における深い哲理に透徹しておられるが故ともいえましょう。それについて森先生の語録を辿りつつ、ご賢察をたまわりたいとも思います。

▼絶対不可避なる事は即絶対必然にしてこれ「天意」と心得べし

▼信とは、人生のいかなる逆境も、わが為に神仏から与えられたものとして、回避しない生の根本態度をいうのである。

▼わが身にふりかかる事はすべてこれ「天意」。そしてその天意が何であるかは、すぐには分からぬにしても、噛みしめていれば次第に分かってくるものです。

▼この世における辛酸不如意・苦労等を、すべて前世における負い目の返済だと思えたら、やがては消えてゆく。だが、これがむつかしい。

▼わが身に降りかかった悲痛事に対して、その何ゆえか（ＷＨＹ）を問わない。それよりも如何に（ＨＯＷ）対処すべきかが問題。

▼すべて悩みからの脱却には行動が必要。「南無阿弥陀仏」という仏念称名もそのひとつ。手紙を書くのも、掃除をするのも、はたまた写経をするのも、――それぞれに良かろう。

7月24日

遺伝子をＯＮにする条件

村上和雄　筑波大学教授
Kazuo Murakami

一九七九年、ドイツのハイデルベルクで開かれた国際高血圧学会で純粋なレニンの抽出に成功したことを発表したときは、会場から拍手が起こったほどの反響でした。

次なる課題は、人間のレニンの遺伝子情報解読です。ところが、青天の霹靂とも言うべきニュースが飛び込んできました。フランスのパスツール研究所とアメリカのハーバード大学でヒト・レニンの解読に取りかかり、すでに八割方は解読しているというのです。学会で出かけたドイツのハイデルベルクで情報を集めてみると、確かなことのようです。先を越されたか。私は暗い気持ちでカフェに入り、ビールを飲んでいました。すると何とそこに遺伝子工学では世界的権威の京都大学の中西重忠教授が入ってきたではありませんか。

私はビールの酔いも手伝って、ヒト・レニンの解明は諦めると、嘆き節を吐きました。すると、これもビールに酔った中西教授が、何を言うか、勝負はこれからだ、協力するからヒト・レニンをやれ、と叱咤激励されました。

私の胸に火がつきました。ボスが思い定めると、研究室全体にその火は広がっていくようです。京都の中西教授の研究室に出向いた学生は、文字通りの不眠不休でがんばりました。さらに幸運が重なりました。東北大学から通常の十倍のレニンを含む人間の腎臓の腫瘍の提供を受けたのです。これが、研究の進展を大きく助けてくれました。こうして私は、ヒト・レニン遺伝子の情報解読に世界で最初に成功したのです。まさに逆転満塁本塁打でした。

私は偏差値的に言えば、大した研究者ではありませんが、いくつかの研究成果をあげることができたのはなぜなのか。

何と言っても大きいのは、感動です。遺伝子を通して感じたサムシング・グレートへの感動。それが私を遺伝子工学研究の深奥へ導く原動力でした。感動が労を厭わず粘り抜く研究者魂の遺伝子をＯＦＦからＯＮに切り替えたのです。そして、中西教授をはじめ、腎臓腫瘍を提供してくれた東北大学、ウシの脳下垂体を提供してくれた食肉業者、睡眠をぎりぎりまで削って細かい作業に立ち向かった研究室の学生たちなどの叱咤激励、協力への感動。それらが多段ロケットの噴射のように、研究に向かうための遺伝子を次々にＯＦＦからＯＮにしたのでした。よい遺伝子をＯＮにする最大のものは感動であると思わないわけにはいきません。

感動によって研究に向かうための遺伝子がＯＮになると、高血圧で悩む何億という人々に喜んでもらおうという志が、さらに高まってきます。どうしてもこの研究をやり抜くのだという思いが、より強まっていきます。それがまた、よい遺伝子を次々とＯＮにしていき、成功に結びついていくのです。

そして、このような形で私という存在を生かしてくださるサムシング・グレートに対して、限りない感謝の気持ちが湧いてきます。感動と志と思いと感謝。これこそがＯＦＦになっている遺伝子をＯＮに切り替えていく環境だと言えましょう。

7月25日

受けた試練は宝玉のようなもの

三浦綾子　作家

Ayako Miura

十三世紀のころ、シチリアにフリードリヒ二世という王がいたそうです。この王は人間はすべて自分本来の言葉を持って生まれてくるはずと固く信じ、その考えを実現しようとして生まれたばかりのみどり児を集め、養育係にひとことも話しかけてはならないと厳命した。

言葉をかけられたことのない赤ん坊たちは、自ら言葉を発することは、むろんできなかったばかりでなく、やがて衰弱していき、ついにはみんな死んでしまったそうです。

言葉をかけるかかけないかということは、実に生死にかかわる重大なことなのですね。十三年間の療養時代、私は愛の言葉のある環境にありましたが、そうでない方たちもたくさんいらっしゃいました。あの時代は日本中が貧しかったですからね。当時の妻たちは食べるものも食べず、身を粉にして働いて、その結果、結核になった。結核患者とすれ違うときは口を押さえて、駆け過ぎる人もいた時代です。

それでも妻たちの入院の当初は、夫たちは見舞いに来た。しかし、病気が長びくと次第に見舞いの足も間遠になり、一年もすると、当然のように離婚用紙を持ってやって来ました。妻たちは「仕方がないわ。何の役にも立たない嫁なんだもの」と、自らを卑下していました。しかし、消灯後彼女たちは、布団をかぶって忍び泣きをしていたものです。

役に立たない体になったときこそ、手を差し伸べるのが夫婦ではないのか、と私は幾度も思いましたが、現実はそうではありません。

ハンセン病の人の歌を見ると、悲しい歌が多いですね。「何十年ついに一度も妻は見舞いに来ない」とか「ふるさとの妻は三人の子の母となるという、いかなる人と暮らしているのだろう」とか……。

いかに一生愛し続けようと思っても私たちは変わりやすい。ハンセン病でなくても、リウマチの妻を捨て、精神病の夫を捨てるというように、この世で最も慰め力づけてやらねばならない伴侶が、一番慰めを必要とするときに離れ去ってしまう。

私たちはこんなにも変わりやすい、弱い人間なのだ、ということですね。

私は長い病気の間、この世に病気がなければよいと思った。自分の人生にこんなに病み続ける日が来ようとは、と嘆いたこともあった。でも、いまは、その受けた試練は、宝玉のようなものだと感じています。もしもいままで、ただの一度も試練に遭わず、つまり愛する人との死別にも生別にも遭わず、病むことも知らず、思いのままになる人生であったとしたら、私は涙というものを知らない人間になったと思います。

泣く者とともに泣くことはもちろんのこと、喜ぶ者とともに喜ぶ優しさも持ち得なかったに違いありません。神は無駄なことはなさらないお方だと思いますね。神の与えたまう試練には、それなりの深い意味があるのだと、いまは思っています。

7月26日

生きることには必然性がある

田口佳史　イメージプラン社長

Yoshifumi Taguchi

外国で生死の境を彷徨（さまよ）う大けがをして何か月間も休養し、やっと会社に行こうとしたとき、「申し訳ないが、会社は解散したよ」。もう、目の前がまっ暗になりましたね。そうした落胆の極みのときでした。大学時代の友人たちが、「田口が、あれだけ壮絶な体験をして生還したんだから、励ましてやろう」ということになって、同窓会を計画してくれました。

ところが、自分はもうそんな気分じゃない。職もなければ金もない、将来の夢さえないわけですからね。そんなときに「お前は大した者だ」といわれるのがつらくて、同窓会に行けなかった。駅のベンチに座ってね、「なんでおれはこんな過酷な人生を歩まなければならないんだろう」と思ったら、涙が流れて止まりませんでした。何か自分が可哀相だなんて、駅のベンチで泣いてる男なんて、見ていられない、なんと情けない男なんだろう。いったい誰のことを恨めばいいんだと思った。

そして、ふと、走ってくる電車に飛び込もうと思ったとき、たまたま隣にいた千葉から行商に来ているおばさんの話が耳に入ってきたんです。

「今朝、ここで自殺があってね、血だらけだった。あの状態では完全に死んだだろうねえ」っていってる。それで現場を見たら、何もなかったかのように電車が入ってきては、人が乗り降りしているわけです。その光景を見たとき私は、ぞっとしました。人の大切な一生がそこで終わったなんてことは全く感じない。つまり、死というものが、そこで全く風化してしまって、何事もなかったように、いつものように電車が走っているだけなんですね。

死なんて、やっぱりそういうものなんだな、生きるということを根本的に見据えていかなければいけないんだということに、はっきり気がついた。その瞬間、何か目の前がさあーっと開けてくるような感じがしました。

その日からまず思ったことは、これは今、当社の社員三原則にしていることなんですけれども、一つは、否定語を使わないっていうこと。ノット（Not）とか「～できない」とか無理だとか、そういう否定語は絶対に使わない。可能性なんてものはもう自分の見ようによって、いくらでも広がっていきますからね。

それから二番目は、自己憐憫（れんびん）です。自分が可哀相だと思ってることぐらい情けないことはない。逆にいうと、すべての原因は自分にあるということ、うまくいかなくても社会のせいでもなんでもないわけです。

三番目は、嫉妬です。あの人は偉くなったといって嫉妬をしてはいけない。やはり偉くなるには、それなりにその人の努力とか修練というものがありますからね。素直に、そのことを喜んであげること。この三つだけはもう忘れまいと心に決めたわけです。

ですから私の体験を通していえることは、生きるということには必然性があるんだ、人間は必然があって生きている、生かされているんだということ。生かされているんだったら、それを十二分に生き通すことが大事だということです。

7月
27日

ハガキに秘められた無限の可能性

坂田道信　ハガキ道伝道者

Michinobu Sakata

私の家内は結婚前は大阪に住んでいて、日産生命のトップセールスでした。で、私の本が出て、記念の講演をしたとき知り合ったんです。私がハガキの話をしたら、えらく感激しましてね。それが縁になって結局、昭和五十七年に結婚したんですが、しばらくは彼女は大阪、私は広島で生活しておった。でも、ちょうど一年前に広島に移ってきたんです。仕事はまったく新規からのやり直しです。ところが、この十一月の成績で、広島支局の一番になったんですよ。で、支局長が、どうしてそういう成績をあげた、ときいたら、やっぱりハガキだ、と。火の出るように、寝てもさめてもハガキを書いてますよ。

セールスだけではなしにね、学校の先生もハガキを書くといいですよ。よくできる子には賞状を出す先生がいますが、あまりできん子にはハガキを出してやってくれ、と私はよく言うんです。その子の可能性をみつけ、励ました一枚のハガキが、何よりの絆になって、その子の一生を豊かにするようなことにもなるんですから。ハガキにまつわるいい話というのがたくさんありましてね、向原の私の友達の娘さんが恋愛するんです。でも親も親類もみんな反対する。それでもその娘さんは結婚してね、親から縁を切られてしまい、東京に逃げて行ったんです。そのうちに、孫が生まれた、という風の便りを聞く。そしたらその友達が、坂田さんどないしょうか、孫が生まれたいうが、私は母親として何もやってやることがでけん、と。それで私はハガキを書くことを勧めたんです。一週間に一通、生まれた子供の名前で書くといいですよ、と。

そしたらある日、東京の娘さんから母親に電話があってね。お母さんありがとう、このハガキ、子供が大きくなったら、おばあちゃんのハガキだといって読ませるからね、とまるで宝物にするようなことをいうらしい。その友達とついこの間も会ってね、どうや、書きよるか、と聞いたら、書きよる、と。で、いま孫が三人いるらしいんですが、三人がくれというらしい。だから、三人連名で書けばいいといったら一枚ずつハガキをくれというらしいんですよ。

それからね、妻に書くハガキもいいですよ。涙ながらに読んでくれて、ご主人が帰ってみると、そのハガキが額に入れられていた、という話もあります。また、お母さんに対する一日一信を十年以上続けている人もいます。

ハガキは一つの修行ですが、一日一信がその最たるものです。これは自己との戦いですよ。やっている間に恐らく何回もやめようと思うでしょうね。で、ある人に忙しいときどうするのか、と聞いたら、今日は何もありません、と一行でもええから書いて出す、それでも親は喜ぶ、と。書くか書かんかが勝負なんです。いいことを書かんのなら出さん方がいいというのは間違いです。一枚の紙きれが行くかどうかが勝負なんです。ただ、このハガキはただの一枚の紙きれではないんですよ。ハガキ一枚書くのに十分かかるとする。命が八十年としたら十分も命です。つまり、ハガキとは命の分身なんですよ。

7月28日

六千人のユダヤ人を救った命のビザ発給秘話

杉原幸子　歌人

Yukiko Sugihara

夫（杉原千畝）はいいました。「私は外務省に背いて、領事の権限でビザを発給するよ。いいだろう?」「そうしてください。でも、私たちはどうなるのかしら」「ナチスから問題にされるかもしれないが、家族にまでは手を出さないだろう。外務省にはとがめられるだろうが、そのときはそのときだ」。それは夫の覚悟の表明でした。

夫は近くのソ連領事館に出かけていきました。ビザを発給したユダヤ人たちが日本までソ連領を無事通っていけるよう、交渉に行ったのです。交渉は成功でした。ソ連の領事は夫の巧みなロシア語にすっかり胸襟を開き、ユダヤ人たちのソ連領通過の安全を保障してくれたということです。

「ビザを発給します。間違いなく出しますから、順序よく並んでください」

夫がそう告げたときの人々の喜びようはありませんでした。

それからほぼ一か月、夫の奮闘は続きました。ビザを発行するには、受け入れ国の上陸許可証があるか、目的地まで行けるお金があるか、あるいはそれらを今後準備できるか、一応面接しなければなりません。その上でビザに記入し、発行するのです。

朝、階下の事務所に下りていくと、夫は夜まで上には上がってきませんでした。ビザを求めるユダヤ人は次から次へと列をつくって待っています。昼食をとっている暇はないのです。夫は睡眠不足で目は赤く充血し、痩せて顔付きまで変わりました。ビザを書きまくる右腕は硬直して痛み、毎晩その腕をもむのが、私の役目になりました。

しかし、休むわけにはいきません。ソ連からの領事館退去要請は切迫しています。

夫がビザの発給を続けたのは、八月二十八日まででした。もうそれ以上は持ちこたえられませんでした。私たちはあわただしく荷物をまとめ、機密書類は焼却して領事館を出、ホテルに避難しました。そのホテルにも、まだビザを手にしていないユダヤ人はやってきました。ソ連の勧告ぎりぎりまで夫は正式なビザに代わる日本通過の許可証を、ホテルで出し続けました。私たちはカウナス駅からベルリン国際列車に乗りました。そのホームにもユダヤ人たちはやってきました。夫は発車間際まで汽車の窓から許可証を書きました。発車の時間は来ました。

「許してください。もう時間がありません。皆さんのご無事を祈ります」。私たちを乗せた列車は走りだしました。すると、そこに集まっていた人々から、声が上がったのです。「スギハァラ、私たちはあなたのことを忘れません」。人々は泣きながら手を振りました。「あなた、よかったわね。あなたは素晴らしいことをしたんだわ」。私が言うと、夫はこう答えました。「いや、私は当たり前のことを当たり前にやっただけだよ」。それから、一語一語かみしめるように言いました。「私を頼ってくる人々を見捨てるわけにはいかない。でなければ、私は神に背く」

7月29日

夢とは過去に抱いた願望の結晶

川喜田二郎　文化人類学者

Jiro Kawakita

夢というものは実際にものすごい働きをなして、次の現実を作り出すんでしょうね。

ぼくは人類学者なもんだから、異民族の研究をした時に、時々、住民の夢を調べたんです。今までの人類学者は住民のビジョン調査をしたことがないが、ぼくはそれをやった。商店など私はしたことがないけれども、結局商売以外でも同じだと思うんですね。

私がヒマラヤの技術協力をやった時も、学者のくせに学者にあるまじき脱線をしたことをやると、ようみんなから思われました。学者は象牙の塔に立て籠もって、一つ専門をしんねりむっつり研究していればいいという伝統があるでしょ。どうも私も「こうだ」と思ったら、肥後もっこすじゃありませんが、やってみないと気にいらない性分なんですよ。それが幸せなことに、この通りちゃんと社会的黒字で住民は喜んでくれています。やれば何ごとも道はあるんですよ。

ぼくのやった技術協力なんていうのはみんなそうです。住民の中に眠っていた夢を引き出してやった。あそこに橋をかけたいとか、ここの砂漠を緑化したいとか、世界中のどんな所へ行っても、明日の現実を夢みない国はないんですよ。夢というのは、過去の時点で「こうありたい」と願ったある意味の結晶です。その原動力がなかったら、何もできやしない。

ぼくはヒマラヤの山奥にロープラインをつけたいと思った。軽量の架線（ワイヤーロープ）で、草や薪木を短距離輸送できる。これは住民のものすごいニーズ（欲求）であったわけです。

ところが社会科学者の世論調査なんて、バカバカしいじゃないですか。彼らはアンケート用紙を住民に配って、「あなたがたが、今、一番必要として協力を求める技術は何ですか」ということを聞いたとします。しかし、彼らは「ロープラインが必要です」とは書きませんよ。

理由は簡単です。彼らはそんなもん、生まれてから見たこともない。それを見て、社会科学者がしたり顔でいわく「この科学的調査によれば、ロープラインの必要性はゼロである」と、科学的なつもりでおっしゃる。それは、真っ赤な嘘だ。

その証拠に「ロープラインというものが日本にはあって、相当安い値段でみなさんの村にもつけることが出来るんですよ」と私が口火を切った途端に、ワァーッと突然「こんなものが世の中にあったのか」と、爆発したかの如く燃え上がった。これこそ社会的欲求、ソシアル・ニーズなんですよ。

7月30日

人生万事因己

谷田大輔　タニタ社長

Daisuke Tanida

一九八三年七月に本社のタニタ製作所の副社長として配属されたわけですが、このとき会社は二期続けての赤字決算を出し、最悪の時期でした。私を副社長にした後、会長職にあった父も社長に返り咲き、会社の再建が始まったのです。

副社長といっても、実質は社長と同じ権限を持っていました。私はずっと営業畑を歩んできて製造の経験はありませんでしたので、経験豊かな現行の役員さんの力をお借りしなければ、自分一人では何もできません。よく新しい社長になると、自分のブレーンを連れてきて役員をがらっと替える人がいますけれど、私はそういうことはしませんでした。

これは副社長に就任したときに肝に銘じたことですが、イエスマンばかりでは自由な議論はできません。耳にやさしく心地良い言葉からは、何も生まれてこない。だから、私はあえて役員には一切手を触れず、定年まで務めていただきました。

役員とは、とことん話し合いました。飲み屋がカンバンになろうが、お構いなしで議論したこともありました。なかには「おまえみたいな素人に、この会社が立て直せるか」と捨て台詞（ぜりふ）を吐かれたこともありました。「チキショー、いまに見ていろ」と思いましたが、ぐっと堪え、私はそれを発奮材料にしていきました。そういう発言をしたからといって、左遷したり降格したりしたのでは、言いたいことなど言えるはずもありません。権限を持ったその日から、そのようなことは一切しないと決めたのです。

副社長に就任してからも、社長になるまでの五年間で四期の赤字を計上し、累損も約二億六千万円に達しました。売上高も六十億円に届かず、五十億円を切った年もありました。五百人もの従業員を抱え、どうやったら赤字から脱却できるのか。いろいろ意見を聞きましたが、やはり最終的には自分で決めなければなりません。日々刻々が決断の連続で、はらわたがよじれるような苦悩の日々が続きました。

そんなとき心の支えになったのが「人生万事因己（おのれがもと）」という言葉でした。この言葉は私の実家の欄間に掛かっていた額の言葉で、いまでは私の座右の銘にしていつも自分に言い聞かせています。

再建をしていく段階で、いろいろ失敗したり、つまずいたりして悩みましたけれど、すべての責任は自分にあるんですね。だから、何かにつまずいたときは、自分をどう変えれば良くなるかと考え、自らを異質化してきました。

一つひとつの決断が、すべて自分の責任であり、その決断が会社の存亡を左右する。それこそ背水の陣で臨んだ改革でしたが、決断をしてうまくいけば、それが自信になって、だんだん「己が因」で思いきった決断もできるようになりました。

7月31日

支払い日　人生で一番楽しい日——信用は無限の財産

五十嵐勝昭
五十嵐商会会長
Katsuaki Igarashi

会社を起こしてから一つ、意識して心がけたことがあります。そしてそれが、これまで創業以来四十九年間、赤字を出さずにやってこられたポイントではないかと考えています。

それは、支払いは楽しくするということです。と言うと、何を馬鹿な、と言われるかもしれません。いつも楽しく支払いができるようだったら世話はない。資金繰りに詰まってお金がなく、支払いができないような状況がしばしばある。楽しく、などと言っていられない場合が起こる。それが商売というものではないか、という声が聞こえてきそうです。

確かにそうかもしれません。しかし、本当でしょうか。会社を起こすすとき、私は加わっている倫理法人会の人に助言を求めました。

「約束を守りなさいよ。その中でも特に支払いの約束を命がけで守りなさい」

言われたのは、これだけでした。しかし、これこそが商売の根幹と、深く胸に刻みつけました。私はサラリーマンとして信用金庫に勤めていました。内勤も外勤も経験して、商売を営んでいる多くの人を見てきました。そして、支払いを渋ったり先延ばしする傾向が強いところは、やがて経営に破綻をきたすことが多いことも知りました。

商売を営むからには、支払いは必須のものです。そして、支払いを受ける側にとっては、それが大きな楽しみであり、喜びです。それなら支払いの期限は絶対に守って、楽しく支払うようにしよう。私はそれを強く心に誓ったのでした。これを実践して、いろいろとわかったことがあります。支払いを渋る。先延ばしする。あるいは支払うにしても仏頂面になる。これは全部、自分に対する甘えと妥協するところからくると思うのです。

「何日後にお金が入る。そしたら必ず支払うから」。これは支払いを先延ばしするときによく聞かれるせりふです。だが、その人にはお金が入る何日後まで食べていくお金があるわけです。それなら、どうしてそのお金を支払わないのでしょうか。絶食しても支払う。やろうと思えばできるのです。それをしないのは、自分に対する甘えと妥協してしまうからにほかなりません。

支払いはきちんと楽しく。これをやっていると、多くの利点がもたらされます。支払い期限を守るために勢い計画的になります。

そして何よりのご褒美は、あそこの支払いはきちんとしているという絶大なる信用を得ることができます。商売の根本はズバリ信用です。信用があると商売上いい話がたくさん舞い込んできます。この信用がいざというときの助けになるのです。

私は会社に「支払い日　人生で一番楽しい日」と書いて掲げています。どうしてもこれだけは守るのだという決意を確かにするためです。最初はお金がなくて大変でしたが、年月が経ち、いま仕事が順調にいくのは仕入れ先の皆様のおかげです。そう思うと、支払い日は感謝の日です。不思議なことです。文字通り喜んで払うことができます。喜んで払うと決心して、実行し続けたらお金に好かれ、お金の巡りがものすごく良くなるのです。

8月
August

佐藤幸夫（シリウスグループ代表）
秦 恒平（作家）
北御門二郎（農林業・トルストイ研究家）
平櫛弘子（平櫛田中令孫）
鳥羽博道（ドトールコーヒー名誉会長）
柴田和子（第一生命保険相互会社営業調査役）
田中繁男（実践人の家理事長）
加藤楸邨（俳人）
高 史明（作家）
桑島常禎（知床グランドホテル創業者）
岡本綾子（プロゴルファー）
中村信仁（アイスブレイク社長）
鳥濵初代（富屋旅館三代目女将）
野沢錦糸〈四代目〉（文楽三味線・人間国宝）
東井義雄（教育者）
杉 良太郎（歌手・俳優）
三浦朱門（作家）
角谷俊雄（青函トンネル元トンネルマン）
叡南俊照（比叡山律院住職）
村上信五（関ジャニ∞）
北田典子（ソウルオリンピック 女子柔道銅メダリスト）
小西浩文（無酸素登山家）
香田誉士史（西部ガス硬式野球部コーチ・駒澤大学附属苫小牧高等学校野球部元監督）
大田嘉仁（日本航空元会長補佐）
渡辺利夫（拓殖大学顧問）
大西 宏（パナソニック客員）
石井頼子（棟方志功研究・学芸員）
西澤真美子（坂村真民記念館館長補佐〈学芸員〉）
窪田慈雲（代々木上原禅堂師家）
宮田正彦（水戸史学会会長）
安岡正篤（東洋思想家）

8月1日

物事を成就するには狂を発揮せざらん

佐藤幸夫
シリウスグループ代表
Sachio Sato

平成六年、四十六歳で住宅会社を創業して十八年。脇目も振らずに事業に邁進してきた結果、おかげさまでこれまでに立てた経営目標をすべて実現することができました。あの悪夢のような出来事を機に、秋田の田舎で家業の豆腐屋を営んでいた私の人生が大きく展開したことを思うにつけ、運命の不思議さを感じずにはおられません。

あれは四十一歳の節目の秋。私は足の怪我から生じた血栓(けっせん)がもとで突如肺梗塞(とつじょはいこうそく)となり、担ぎ込まれた病院で三度にわたる心肺停止を経て奇跡的に生還を果たしたのです。魂が真っ暗な地の底からスーッと上昇するような感覚を得て、三途(さんず)の川から引き返した私は、六か月もの苦しい療養生活を耐え抜き、新しい一歩を踏み出したのでした。

「どうせ一度失った命。死んだ気でやればなんでもできるはず」

そう考えた私は、あえて地元秋田県を離れてなんの縁もない岩手県へ移り、背水の陣を敷いて会社を設立したのです。

その時立てた目標は、五年で岩手県一番の住宅会社になり、十年で県内に進出している大手住宅メーカーもすべて抜き、十五年で売上高五十億円を達成するというものでした。無謀ともいえる高い目標を立てたのは、自分の力をとことん試してみたかったからです。

これを実現するため、私は最初の三年間、年間三百六十日、朝の七時から夜中の十一時まで働くことを誓いました。自分に一億円の保険をかけ、万一失敗して会社が破産したら、仙岩峠から飛び降りて保険金で借り入れを支払おう。文字どおり命懸けで創業したのです。

顧客基盤のなかった私は、毎日百軒、毎月二千五百軒の戸別訪問を実践して仕事を獲得しました。

当時、心の支えになっていたのは、かねて愛読していた幕末の志士たちの物語でした。命懸けで時代を開いた彼らに比べれば、自分の苦しみなど取るに足りません。中でも高杉晋作の言葉は心の中で何度も反芻(はんすう)しました。

「凡人なる者が物事を成就するには狂を発揮せざらん」

普通の人間が何か事を成そうと思えば、人から狂ったと言われるくらいに無我夢中で打ち込まなければ成功はおぼつかない。この言葉に発憤し、ひたすら全力疾走を続けた結果、当初の目標をすべて達成した上に、前期まで八期連続で岩手県内持ち家住宅着工戸数一位を実現。人が本気で覚悟すれば何事も成ることを身を以て体感しました。

当社の社名シリウスは、銀河系で最も明るく輝く恒星の名を冠したものです。この星の如くにお客様や社員を導き、幸せをもたらす存在であり続けたい。社内木鶏会を導入し、技術を超えた人間力の養成に務めているのもそうした思いからです。

8月2日

肉体と魂を悲哀の餌食とせず

秦 恒平 作家

Kohei Hata

窪田空穂の短歌に、

今にして知りて悲しむ父母がわれに
しまししその片おもひ

たふとむもあはれむも皆人として
片思ひすることにあらずやも

がある。人は自分の「片思い」はよくわかる。しかし、自分がさせている「片思い」にはなかなか気づかない。

自分の存在が、人を悲しませたり、辛い想いをさせたりして、その結果、魂を失わせてしまうことがある。死して気がついても遅きに失する。ここに人が持っている根源的な悲しみがあるといってよい。

しかも、この場合の悲しむは、親に対する新たに実感した〝愛情〟が、その裏打ちになっている。

私の場合も、「死なせた」と自覚したことで、表と裏が合うように一つになった。その一つになった何かをもし名付けるなら、それが「きづな」というものか……と、私は、思うようになった。

ここで一つ付言しておかねばならないことがある。まず石川不二子の短歌を味わっていただきたい。

しづかなる悲哀のごときものあれど
われをかかるものの餌食となさず

世の中には、悲哀の感情と狎れ合うことに喜びを見出す人がいる。私たちは悲しみを自分の体に貯めこんで、怪物をつくり、肉体や血潮や魂を餌食にしてはならない。

母に「死なれ」て、私は小説を書きだした。書きつづけるうち、あれは「死なれた」という以上に「死なせた」のだと分かってきた。父のときは、確かに「死なせた」と身を刺すほどに感じた。

「死なれた」から「死なせた」へ、私の文学は、愚直にゆっくりと歩をはこんできたのである。

それを母や父のみちびきでないと思うほど、私は、傲慢ではないつもりである。創作や執筆の生活が、そのまま「悲哀の仕事＝モゥニング・ワーク」であったことだけが、いま、しみじみと思われる。

8月3日

感動をもって教えればその感動が伝わる

北御門二郎　農林業・トルストイ研究家

Jiro Kitamikado

トルストイが次に私を案内してくれたのが『論語』です。とても愛読していたんですよ。『論語』だけじゃなく、『老子』も仏典も読み込んでいます。『論語』というと、私たちは学校で勉強していますでしょう。でもね、学校で習っているときは、全然おもしろくなかった。

それが、トルストイを通して読んでいきますと、がぜんおもしろくなっていくんです。これ、どういうことだか、おわかりになりますか。

学校の先生の授業は、ご自身が『論語』に感動していないんですよ。感動がないと、文学面だけの解説になります。感動をもって教えれば、子どもにもその感動が伝わるはずです。この差は大きいですね。

トルストイは孔子のことを高く評価しています。作品を読んでいると、その気持ちが言葉のはしばしでわかるんです。ところが、私は孔子のどこが偉いのか、とんとわからない。なまじいに、いろんな章句を暗記させられていましたので、逆に手がつかないでいました。でも、トルストイが高く評価していますのでね、心のどこかでいつも孔子のことが、ひっかかっていました。

トルストイに触れて以来、私はだんだんと官学（学校教育）に失望していきました。それでも、天下の東大に入学することは魅力でした。しかし、門をくぐった私を待っていたのは〝幻滅〟以外の何物でもありませんでした。

二年目を迎え、熊本に帰省したときのことです。先輩と故郷の山を歩き廻っていて、ふと次の文章が心に浮かんできました。

「哀公問う、弟子、孰か学を好むと為す。孔子、対えて曰く、顔回なる者有り、学を好む。怒りを遷さず。過ちを弐たびせず。不幸、短命にして死せり。今や則ち、亡し。未だ学を好む者を聞かざる也」

孔子には三千人の弟子がいたといわれています。お側近くに限定しても、七、八十人はいたことでしょう。なのに「学を好む」とのお墨付を与えられたのは早死した顔回一人だけだというのです。

このとき、孔子は「学」という言葉を非常に厳粛な意味で使っているのだなと感じました。そして、東京帝国大学の学問に幻滅していた私は、東大の講義を孔子は決して「学問」とはいうまい、と痛感したのです。

トルストイが、なんでそこまで孔子を高く評価しているのか、という思いですね。家に戻り、さっそく『論語』を引っ張り出して読み返しました。すると、わからないところはあるにしろ、行間から人間孔子のイメージが浮かび上がってくるではありませんか。こうなるとしめたものです。次々と興味がわき、何度も何度も読み込むことになります。一つの言葉がわかれば二つ目がわかり、やがて三つ目に感動し、四つ目に小躍りし、五つ目に泣き、六つ目に手の舞い足の踏む所を知らずといったぐあいです。

岡倉天心が平櫛田中に諭したこと

平櫛弘子
平櫛田中令孫
Hiroko Hirakushi

彫刻がすべてだった祖父・平櫛田中が、最も大きな影響を受けたのが岡倉天心先生でした。晩年、このように書いています。

「私は、岡倉先生に直接指導していただいた、彫刻家のたった一人の生き残りであるが、先生なくして彫刻家としての自分はあり得なかったと思う。永眠されてもう六十数年になるが、その教えとお姿は、いまだに心の中に生き続けている」

祖父が岡倉先生と初めて会ったのは、明治四十年だった、ということです。

「岡倉先生とお会いした席でどんな話が出たのか、もういまとなっては記憶にない。しかし、自分たちの窮状を訴え、作品の売れない苦しさから『何とかして売る道がつかないものでしょうか』とお尋ねしたときだった。私の作家生活において、生涯忘れることの出来ない言葉を聞いたのである。

『諸君は、売れるようなものをお作りになるから売れない。売れないものをお作りなさい。必ず売れます』

目の洗われるような思いであった。売れるようなものを作ろうとするのは、もうすでに、ものにとらわれた姿である。何とかして売れるものを作ろうとすればするほど、心はくもる。そんな世事世俗にまみれた心から、良い作品は生まれるはずがない。そういう『はからい』は捨てよ、そして捨てようとする意識さえも捨てきれ——岡倉先生はそこを突かれたのであろう」

岡倉先生のこうした教えは、祖父の彫刻に対する姿勢として、一生涯を貫くものになっていたと思います。

大正二年、岡倉先生が亡くなったときは、一年間、雨の日も風の日も毎日、上野桜木町の自宅から染井のお墓まで墓参りに行っていたということです。祖父にとって、岡倉先生はまさに人生の師そのものだったのでしょう。

後年、祖母が〝人に何をいわれても意に介さない祖父が、岡倉先生に何かいわれたときだけは考えこんでいる様子だった〟と話していたものです。

8月5日

努力にも段位がある

鳥羽博道　ドトールコーヒー名誉会長

Hiromichi Toriba

なんで自分がここまでやってこられたんだろうかって振り返ってみると、我欲がなかったからだと思うんですね。会社を立ち上げる前から、給料をもっと余分にもらいたいと思ったことは一度もないですし、もちろん地位を求めたことも一切ありません。目の前の仕事を真剣にやっているると、自然に物事がうまく展開していく。

地元の高校を三か月で中退し、着の身着のまま上京しましてね。十七歳の時にある飲食店に勤めていたんですけど、半年しか働かなかったにもかかわらず、二十歳の時にその飲食店の社長から手紙が来て、「ブラジルへ来い」と誘われまして、海を渡ったわけです。

移民船で四十二日間かけてブラジルに行き、コーヒー農園で三年間働きました。そうしたら、今度はブラジルに渡る直前に勤めていた日本のコーヒー卸会社の社長から電話がかかってきて、「船賃全部出すから帰ってきてくれ」と。そういう形で、一つひとつの出来事を振り返ると、我欲がなく、見返りを求めず、真剣に無心に没頭してやってきたことが自分を運んでくれたように感じます。僕もコロラドをつくる時に、僅か七百五十万円なんだけれども、お金がないわけですよ。そうしたら、大手総合商社の担当者が、当時まだ三十歳の平社員で決裁権はないわけですよ。にもかかわらず、彼は自ら進んで会社を説得して、私が十二万五千円の手形を六十枚切って持っていったら七百五十万円貸してくれたんです。これなんかはまさに僕の思いと一所懸命さに相手が貸したくなったんじゃないかなと思います。

もう一つはね、当時二十坪くらいの土間コンクリートの事務所で仕事をしていたんですけど、そこへある時、中堅のコーヒー卸会社の社長が来て、「鳥羽君、こんなところで社員を働かせたら社員が気の毒だ」「どこかいい場所ないのか」って言うわけですね。「いや、あるにはあるんですけど」って答えると、「ちょっと見せてみろ」と。芝浦に三十坪の木造二階建てがあって、そこを見せたんですよ。

すると「おお、鳥羽君、これいいじゃないか」、「いいけど、お金がないんです」って言ったら「明日取りに来い」って。それで一千万円借りて、その土地を買ったんですね。この時も貸してほしいって言ってないのに貸してくれた。よくフランチャイズの経営者たちが「努力してるのに商売がうまくいかない」って言うんですけど、僕は「努力にも段位がある」という話をするんです。「あなたはいま自分の精いっぱいの努力をしてると思うかもしれないけど僕から見たらまだ五段だ。少なくとも八段まで行かないと名人とは言わないように、八段の努力をしないと商売はうまくいきませんよ」って。ただ八段の努力をしてるだけではダメで、人間性が大事なんでしょうね。一所懸命やればこうなるっていう期待や打算があってはいけない。無心でなきゃいけない。それが人生を展開していく大きな鍵になるんだと思います。

8月6日

挑戦こそ生きる力

柴田和子　第一生命保険相互会社営業調査役

Kazuko Shibata

この仕事を始めて、今年で三十一年になりますけど、昭和五十三年から二十三年間、ずっと日本一を取り続けてきました。で、毎年のように営業成績の記録を更新し続けていたんですけど、数字もばかみたいに大きくなっちゃって、平成九年からはもう新記録が出なくなったんです。

新記録は修正基準成績で年間四百四十五億です。保険料ベースで見た場合は、普通のセールスマンの約八百人強分を集めています。既契約も被保険者数で約二万五千人ですし、要するにもう化け物数字なのよね。だからいつも「もう今年でおしまいだ」なんて思うけど、弱みを見せずに、挑戦こそ生きる力と思い、自らを鼓舞しながら頑張っているんです。

ですから自分のなかでも、ずっと記録にはこだわってきました。今年はこれだけの数字をやらなければならないと思うと、これくらいの企業をいくつ攻略して、そこから何人契約してという具合に考えるんですけど、私って心配性だから、常に最悪の場合を想定しながら計画を立てるんです。甘い計画は立てません。最悪ここまで落ちたらこういう手を打とうっていつも次善の策を考えているから、挙がってくる成果もそんなにブレはないんです。

ときどき、大きな数字がポンと入ってくるんですけど、そんなときは「これは頭の中の数字に入れないぞ」って自分の気持ちの中では横に置いといて、ほかで頑張るんです。もし入れてしまうと、それで満足して、ほかが一件も取れなくなってしまうからです。仮に保険金額で百億円取れても、自分のなかでは十億円くらいに換算して次に進むんです。

ただ、顧客数が多くなると保全に時間を取られて、新契約を取りに行く時間も少なくなって困っています。それに顔が売れてますので紹介をいただいて営業に行こうにも、同じ会社で一所懸命やっている人としょっちゅうバッティングするんです。これが他社の人だったら、ぶっ飛ばすこともできますけど、会社の中では私は一応横綱だから、十両の人を投げ飛ばすわけにはいかないわけ。身を引かなければならないことが結構あるんですよ。

昔は何も知らなかったから、やりたい放題にガンガンやってましたけれど、なかなか自由に羽ばたけなくなっちゃって。これには一時ずいぶん苦しみましたね。おまけにこの社会情勢で、お客様のアフターフォローも新しい成約も半端なことではできない。とにかくいろんなものが押し寄せてくるから、腕力が要りますね。

それでもまた気持ちを新たに、動いて、動いて、動き続けているうちに、希望が湧いてきて、新しい見込み客もどんどん増えてくる。壁もなんとか乗り越えて、また一つ悟りを開く。そんなことの繰り返しです。

8月7日

人が育つ三つの条件

田中繁男

実践人の家理事長

Shigeo Tanaka

森信三先生のお話を生徒の親御さんたちにも聞いてもらいたいと思い、PTAの講演にお呼びしました。

そのときのお話も私の意表をついたものでした。森先生は水差しの水をコップに入れて、次のような話をされたのです。

コップは上向きにしないと水が入りません。それと同じで、教育は子どもの心を素直にするという受け入れ体制が大事です。朝、起きたら「おはよう」と挨拶をさせる。次に「ハイ」と返事をさせる。それから履き物を揃えさせる。子どもにやらせようと思っても難しいことだから、親から先にやる。そして、「これが私の一代の学問の結実です」ということをいわれました。一生かかってやってきた学問の結論が、コップを上向きにすることだと聞いて、私は大変に驚きました。

森先生は人が育つのには三つの条件があるといわれました。

第一は「素質」です。素質が第一の条件だと聞いたとき、私は首を傾げました。素質がなければ人は育たない、と受け取ってしまったからです。しかし、森先生がそのようなことをいわれるはずがない。

そこで、私は次のように考えました。大概の人は私が感じたように、「そうか、やっぱり自分には素質がないから駄目だ」と思ってしまうでしょう。しかし、いよいよ駄目だというところまで本気になってやってみなくて、自分に素質がないと判断してよいものだろうか。このように先生はいわれたのだと思いました。

森先生はたびたび質問をすると、「そういうことはご自分で考えてください」といって怒られる方でした。「素質とはなんですか」と質問すれば、きっとそういう答えが返ってくると思ったので、私は一人で考えたのです。

二つ目が「逆境」です。これはだれにでもやってきます。むしろ、人より自分のほうが恵まれていない、と思うことのほうが多いかもしれません。しかし、そういう苦しいときに自分ができるのだといわれるのです。

三つ目が「師」です。本を読んだりいろいろな人の話を聞くのもいいが、できれば生きた人から直接声を聞く。そして「この人こそ私の先生だ」という人を、一生かかって探しなさいといわれました。

幸い私はごみを拾えといわれたときから、この人を私の一生の先生にしようと決心をしました。何も高名な学者である必要はない。「この人からこう学ぶのだ」と決めた人に、できるだけ接して学ぶことです。

ある人から次のようなことを聞いたことがあります。社会的地位も高く、かなりの年齢の方から、森先生を紹介してほしいと頼まれたので、先生にその旨を通じると、「その方の先生はどなたですか」と聞かれました。特に師とあがめている人はいないといわれたので、そう答えると、「その歳になって先生がいないというような方とはお話ができません」といわれたそうです。

8月8日

よい俳句をつくる条件

加藤楸邨　俳人

Shuson Kato

詠む対象が生きてなきゃならないのと同時に、その対象と感合しなきゃいけない。このにじみ合いというものがうまくいかないと、いい作品は生まれてこないでしょうね。芭蕉は、「物の光が消えぬうちに句とせよ」といっていますが、私は同じことだと思っています。一方的な把握や努力だけではなかなか物の光を見ることはできません。しかし、時あって物は向こうから近づいてくることがある。

そして、このときを逃さず、純粋な感覚の胸中に入れる。で、身の内から光とともにこみ上げてくる熱気を一気に句にするんです。そういうことですよ。出会いは一回きりなんですよ。ですから、私の作品の中でも、自分でいうのも何ですが、いい作品というのはそうないですよ。強いて挙げれば、

火の奥に牡丹崩るるさまを見つ

という句ですね。私の半生で一度出るか出ないかの作品だと思っているんです。戦争の末期に、家が焼夷弾で焼かれたのですが、そのとき私は病気の弟を背負い、家内に水をかけてもらって脱出しようとした。で、ふっと焼け落ちる家のほうを見たら、そこに豪華な牡丹が咲いているんです。それが家とともに焼夷弾で焼かれていくんです。で、自分もひょっとしたら命を落とすかもしれない。そういう一瞬のときに、私の目には真っ赤な牡丹が自分のものとして感合して、あの作品は生まれたんです。

真剣勝負というと大げさになりますがね、やはり、その人間、その人間の人生の匂いがするのが、俳句だと思いますね。で、そうした人生の匂いというか、新しい自分を発見していくためには、常に努力をしていかなければならないということです。八十五歳という年で、筆墨展のような新しい試みをするのは、そのためなんですよ。私ね、この年まで生きてきて、人生というものは喜びは喜びだけで終わることはないし、悲しみっていうのも悲しみだけで終わるものじゃないと思うんです。

芭蕉の言葉に、

「まことありて悲しみをそふる」

というのがあるんですが、私、この言葉が好きでね。三十歳のころだったか、隠岐まででかけていって句作したことがあるんですよ。ご承知のように、足利氏によって後鳥羽院は隠岐に流された。そのときのことを思い、私も隠岐まで旅したんですがね、私も、人間が生きていくうえでの真実さとは何か、悲しみとは何かをつかみたくて実際に歩いてみたんです。そのことはずいぶん作風に影響しましたね。古利根川の岸で鳥を見たり、植物を見たり、魚を見たりして句を詠んでいるときよりも、東京へ出て詠んだ句は非常に自分の内生活を追求するようになったし、それで我慢できなくなって隠岐に行った。そうしたら、隠岐の大自然に触れ一事一物を自分の中に入れて生かすときに、ある程度激しさをもって生かせるようになった感じです。別の言い方にすると、自分の体全部で出せるようになったということかな。その人の人生体験が転機も左右するでしょうし、作品そのものを決定づけるということです。

8月9日

父から教わった復原力

高 史明 作家

Samyon Ko

　幼い時はとにかく貧しくてね、食べるものがなくなることはしょっちゅうで、そんなときは兄か私がお米を借りに歩き回るわけです。

　父は私たちに一升マスを持たせるわけですが、その一升の米すら貸せる家がないときがあるんですね。何軒回っても借りられないときもあります。そんなときは石垣に生えていた木の葉や、貝をとってきて食べましたよ。

　そんなときです。私たちの家には朝鮮式床下暖房のオンドルがあったのですが、これは火をたかないと逆に冷房を入れているように冷えるわけです。

　家には薪が一本もないときです。寒くて寒くて寝られない。それで、子供心にもつらくて、ある日、学校の帰りに道端に落ちていた木の根を引きずって家に持ち帰ったんですね。

　すると父は、「どこから持ってきたのか」という。「道端に転がっていた」と答えたわけですが、父は怒って「返してこい」というんです。父の口癖は、「カミ一枚　トッテクルナ、ハシ一本　モラッテクルナ、クギ一本ヒロッテクルナ、人ヲナグル者ハ、背中ヲチヂメテ眠ルガ、人ニナグラレタ者ハ、手足ヲノバシテ眠ルコトガデキル」というものでした。父が、道端の何でもない荒地を耕して、白菜を二畝作ったりしたことがあります。それが、ある夜、一畝を残して全部盗まれてしまった。兄と私はカンカンになって怒ったのですが、父は、「必要な人が持っていったのだから、いいだろう」という感じで、じっと見ているだけなんです。恨みを持たない人でした。無器用なんですね。

　一方、朝鮮人が闇市で威張っているといううわさが流れてきたときです。軍国主義日本の敗戦を心から喜んだ父がいったことは次のようなことでした。

「日本人は朝鮮人が困っているとき、助けてくれようとはしなかった。じゃが、今は、日本が困難に見舞われているときじゃろ。朝鮮人は、この困っている日本人を踏みつけにして恨みを買うようなことをしていいのじゃろか。困っているときは誰とでも助け合うのが人の取る道じゃろ」と。

　私はいつもこの言葉を思い出すのですが、私たち兄弟にとって、この父は怖い人であると同時に、やさしい人でした。とてつもない頑固者であるとともに、勤勉な働き者でした。しかし、何よりも父は朝鮮人でしたね。父は過去の暗い時代の苦難を、あくまで一人の朝鮮人として生き抜くことによって、苦難を超えて、人間のやさしさを心にすることができたのだと思います。

　父は全然字は読めないし、日本語はほとんど使わないというような、ある意味で非常に頑固な人でした。それだけにつらい思いもいっぱいしてきたんだろうと思うのですが、生きるということについては、ある意味では根底に足腰が据わっていた人のような気がするんですね。「頑固じじいだ」とか、「偏屈じじいだ」とかいわれたようですが、私が人間として立ち直っていく復原力は、この親父から与えられたものだなという思いはあります。親父の存在は有り難かったなと思います。

8月10日

真心・真実を売ろう

桑島常禎　知床グランドホテル創業者
Nobuyoshi Kuwajima

そもそも観光地というのは、自分たちだけでは成り立たない。地域としてのまとまりがなければならない。それに、温泉ももっと本格的なものでなければ、お客さんにとって魅力的なものにならない。そんなところから、鉱山をやってた人と郵便局長をやってた人と商店をやってた人と、それに私の四人で相談して、知床観光開発という会社をつくって銀行から資金を借り、温泉ボーリングに取り掛かったんです。

眠られぬ思いをしたが、出ました。昭和四十七年です。それから現在まで十一本掘って、いまは四本が稼働しています。温泉は平均六十五度です。これで堂々と知床温泉と名乗れるようになった。温泉は宇登呂温泉事業協同組合をつくって管理しています。四人の温泉発案者のうち三人は亡くなったので、残った私が理事長を引き受けています。

私のことを知床観光のパイオニアと言ってくださる方もおられますが、それは大げさです。やらなければ生きていけないから、いろいろやったまでのことです。毎日毎日鍬を振るって開墾したのと同じことです。

昭和四十八年に鉄筋六階建て二十四室を増築しました。これは各室にバス・トイレがついたホテルスタイルで、計画を持って信金に融資を頼みに行ったら、贅沢すぎると一度は断られた。今昔の感ですね。知床横断道路が開通する二年前の昭和五十二年には先を見てさらに鉄骨七階建てを増築し、「知床グランドホテル」に名称を一新しました。

その日の食べ物にも困っていた開拓農家がホテルのオーナーにといえば、大変な飛躍のように思われます。だが、私にそんな実感はない。先を見通したというのでもない。その日その日をどう生きるかだけに一所懸命になっていたら、ここに来ていたというのが本当のところです。

開業時に決めたこと「真心・真実を売ろう」がうちのモットーです。これは換言すれば、「正直」ということです。これが私の宝物です。そして、この宝物を思う時、知床という土地のありがたさを感じずにはいられません。この地域があって私がある。この頃つくづくそう思うのです。この土地の過酷さを恨んだこともありました。だが、風土が過酷だからこそ生きるためには体を動かすほかはなかった。体を動かすのにごまかしは通用しません。衒いも格好づけも意味がありません。生きるために体を動かす。体を動かして生きる。すると、誰しもが正直になるし、正直でなければいられません。私はこの知床という土地のおかげで正直な生き方を授かり、それがいささかでもこの地の新しい歴史を刻むのにお役に立てた。ありがたいことだ。そんな気がしています。

8月11日

一流プレーヤーに共通したもの

岡本綾子　プロゴルファー

Ayako Okamoto

ゴルフは、瞬間の勝負ですから、心の切り替えを早くしなければやっていけない。ミスショットして、くよくよ悩んでたら、それこそ余計にミスの連続になりますから。たとえ、ミスしても、自分はミスしたなんて思わない。それが「自分をコントロール」することであり、「自分との戦いに勝つ」ことだと思います。それと同時に、練習のときはだらだら練習しないように心がけました。私は自分がきょう十八ホール終わったあと、なんとなく納得がいかなくて五番アイアンなら五番アイアン一本を持っていくわけです。で、ストンストンと打って、スパーンとヘッドが振り抜けたときに、ああ、なんでこのショットができなかったんだろうと思って、それでもうやめるわけです。

それを続けてやってみようとしないのは、惰性になってくるからです。で、そうすると、また次にショットが悪くなると、それが二重三重に増えていくわけですね。で、もう一球いいショットが出たら、もう一球出たらと、それが三十、四十、百球になってくると、もう集中力がなくなってくる。だったら、もう、いいときにやめる。

私はゴルフをずうっとやってきて、「ゴルフというのは決断と実行のゲームだ」と思います。例えば、クラブ五番にするか四番にするか、迷ってる。自分が見た目で感じたクラブで打つ。で、それが見た目よりも距離があって失敗すると、それが経験になって、次に目が肥えていくという経験ができれば、同じ境地になったときに、いい判断ができるだけですね。だから、そのときに感じたフィーリングというのがありますね。それを大事にするということで、決断。で、それを決めたら、四番なら四番とパッと抜けば、迷わないで、次の行動に移すということです。

決断が鈍ってるときに、実行はうまくいきません。決断しないと実行に移せないし、迷ったまま行動を起こしても、結果は必ずというほど自分の満足できるものにはなりません。同時に、プレーをやってきて痛感したのは、どんなスポーツでも一所懸命にやっているうちに、奇跡というのが呼べるんだな、ということです。

それは単なるツキとか偶然だけでは説明のつかない、まさに奇跡。プレーヤーなら誰でも一度や二度は自分で信じられない力が出たということを体験しているはずです。そういう体験を何度できるか。その回数が多ければ多いほど、トッププレーヤーということになるんじゃないでしょうか。それと、よく一流選手に共通したものはと聞かれますが、やはり、同じ団子の中から、秀でる人っていうのは、何かが違いますね。光るものを持ってますよね。それが目であろうが、顔であろうが、その人の頭の上に霊みたいなものがあるのかもしれないですが、光ってますね。だから、そういう人を見るとそれに近づきたい、近づくことによって、何かを肌で感じるかもしれない、ひと言があるかもしれない。そういうものはものすごく感じます。

8月12日

厳しい環境が人を育て上げる

中村信仁　アイスブレイク社長

Shinji Nakamura

入社一年目の営業手帳を見返してみると、三百六十五日のうち、三百六十日働いている。休んだのはアポイントが取れなかった年末年始の五日間だけ。二年目も三百五十五日働いている。私は最初の二年間で営業の基礎を徹底的に学んだように思う。

自宅から会社まではバスに乗って約一時間半。私はバスの座席を自分の書斎だと思い、ひたすらに本を読んでいた。田舎ゆえにバスの本数が少なく、始業時間は十時だったが、その二時間前に着くバスに乗るしかない。朝六時に起床、六時半過ぎのバスに乗り、八時前には会社に着く。こうして二年間、私は毎日誰よりも早く会社に行っていた。私にとってこの朝の二時間は、まさに夢時間であった。

皆が出社するまで、まず社内の掃除をし、お湯を沸かしてお茶の用意をしておく。その後、一日の仕事の準備やプレゼンのイメージトレーニングをする。一方、他の社員は十時前に出社すると、昼過ぎまでダラダラと過ごし、昼食に行ったりプレゼンに出掛けていく。テレアポ業務であるため、仕事のエンジンが掛かるのはお客様の繋がりやすい夕方くらいからだった。

私はそういう無駄な時間を過ごすことが嫌だったので、電話が繋がりにくい昼間は百貨店へと出掛けた。最上階からすべての売り場を回り、スタッフの名前をメモしてくる。すぐにオフィスへ戻って、「○○売り場の○○さんをお願いします」と百貨店に電話を掛ける。そうやってアポイントを取りつけていった。他の社員が「どうせ昼間に家に電話掛けても出ないし」と投げやりになっているところ、そういう状況の中でどうやったら売れるだろうかと、朝から晩まで必死に考え続けたのだ。

その結果、入社三か月で営業成績全国三位に入り、初年度から世界トップテンに名を連ねることができた。また、二年目には紹介をもらう独自の営業手法を編み出したことで、一週間に三つの契約を上げる状態が二十一週続き、日本記録を樹立したのである。

その後、自ら希望して札幌から東京に戦いの場を移した。一番厳しいであろう日本の首都・東京で結果を出さないとダメだと思ったのである。ところが、東京は英語に対するニーズが高い上に当時はバブル景気の真っ只中。札幌時代の十分の一の努力で、十倍の数字を上げることができた。

売りにくい中で必死にイエスを取り続けた札幌の二年間がどれほど私を大きく成長させてくれたか、その恩恵は計り知れない。やはり厳しい環境が人を育て上げるのだと実感する。

8月13日

特攻の母・鳥濱トメの願い

鳥濱初代　富屋旅館三代目女将

Hatsuyo Torihama

ある特攻隊員さんの手紙の中にこういう一文があります。

「私がいなくなっても、みんな健やかに大きくなって、明るい家庭を持つようになる。そして皆が楽しく助け合って、美しい生活を営む。私はそれを祈っております」

この〝美しい生活〟とは何を意味するのでしょう。それはお互いが相手を想い、助け合いながら生きていくことではないでしょうか。ある時、トメは私に本のようなものを手渡し、想い合う心の大切さについて教えてくれたことがありました。

「戦時中、食べ物を分けてくださいという青年が食堂を訪ねてきてね。食べ物をお分けすると、青年はこの本を差し出して、こげん（このように）言いました。『おばさん、いまのこのご時世、何の役にも立ちませんが、僕の気持ちです。どうぞ受け取ってください』って。

ここにね、伝えていかんな済まん大事なことがあっとよ。人は役に立つとか、立たないとかではなく、相手を想う心ですよ。相手を想う心があれば、日常の些細な揉め事も、食い違いも、いさかいも、人が人を殺し合うような戦争にまで発展していかない。相手を想い合う心とはね、思いやりとはまたどこか違うと思う。思いやりは片方が高い所から思ってやっているという言葉。思い槍ともなってしまう。けれど想い合う心は双方が同じ目線に立って初めて成り立つということ。これを伝えていってほしい」

先祖への供養の心、感謝の心、そして思い合う心――。それらは、もともと日本人が幸せに、美しく生きていくために、大事に守り伝えてきたものだったけれども、戦後の豊かな生活の中で、いつの間にか忘れ去られてしまいました。そのことを特攻の母・トメは私たちに教えてくれているのでないでしょうか。

特攻隊員さんが遺した歌を二つを紹介します。

国のため　捨てる命は　惜しからで
ただ思わるる　国の行く末

風に散る　花の我が身は
いとわねど　心にかかる　日の本の末

8月14日

体に染み込ませたことは忘れない

四代目 野沢錦糸

文楽三味線・人間国宝

Kinshi Nozawa

鶴沢綱造師匠（四世）はそのころ事情があって文楽には出ていなかったのです。それで尋常六年のときに、先代の野沢喜左衛門師匠のところに預かり弟子ということで稽古に行くようになったのですが、これが厳しかった。学校があるので、稽古は土曜と日曜ですが、師匠の家がある横町の角を曲がると、足が震えたものです。それで稽古が終わると、これで五日間は極楽やと。

マンツーマンいうんですか、師匠と一対一で向かい合ってやるわけです。まず本を渡されて文章を覚えさせる。つっかえるとビシッとビンタです。それから師匠が弾くのを聴いて、次は師匠と一緒に弾いて、最後に自分一人で弾いて、上げるわけですが、すんなりとはさらえませんわな。何度もつっかえる。そのたびにビンタが飛んでくるわけです。一つ上げるまで何度ビンタを張られたことやら。

確かに効率的ではありませんな。その点、いまは違います。いろいろと本が出ているから、あらかじめ覚えておくことができるし、師匠の三味線をテープに取れば、電車の中でもさらうことができる。師匠と向かい合わなくとも、いろいろと稽古ができるようになっています。だから、いまの若い人は私なぞに比べたら、大変覚えが速い。稽古でビンタもなくなりました。しかし、こういう稽古だと、どうも肝心のものが身につかない。

テープのような機械を相手に稽古すると、どうも頭だけで理解し、体の中に染みていかないのじゃありませんかね。私は五十年前にビンタを張られてさらったもので、それから一度もやっていないものでも、さあ、弾いてみいといわれると、さあっと弾ける。体に染みているのです。どうもいまの若い人はそういう具合にはなっていない。頭ではわかっても、手はすぐに忘れてしまう。それに機械相手に稽古すると文楽三味線にとって、もっとも大切なことが身につかない。

文楽三味線は義太夫につけるわけですが、義太夫は長唄や小唄と違って、音楽ではないのです。語りです。だから、一人でなら弾けるが、太夫の語りと一緒になると、弾けなくなってしまうという人は、案外多いのです。文楽は太夫と三味線が一体になって、一つの感情に染まらないと、うまくいきません。

ところが、音楽ではなく語りだから、太夫は一人ひとり〝間〟が違う。吸う息吐く息が違う。またそのときそのときでも違ってくる。それと一体になるには、日ごろから人間と人間とが向かい合って稽古していないと、駄目なのです。機械相手の稽古ではその呼吸が体に染みつかない。もっといい稽古の方法があるのかもしれません。ビンタがいいとも思いません。しかし、少なくとも文楽三味線にとっては、師匠と向かい合って、叱られ、ビンタを張られながら稽古をするのは、理にかなった方法だと思いますね。ビンタは痛かったし、師匠に叱られるのは怖かったし、そのときはつらいことばかりでしたが、いま思うと、私はいい稽古をつけてもらったのだなあ、幸せだったなあと思います。

8月15日

お母さんの力

東井義雄　教育者

Yoshio Toui

長崎に、原子爆弾が落ちました時、当時、十歳であった荻野美智子ちゃんの作文。

雲もなく、からりと晴れたその日であった。私たち兄弟は、家の二階で、ままごとをして遊んでいた。その時、ピカリと稲妻が走った。あっというた時にはもう家の下敷きになって、身動き一つできなかった。

（大きいお姉さんが水兵さんを呼んできて、美智子さんは救出されました。しかし……。）

その時、また向こうのほうで、小さな子の泣き声が洩れてきた。それは二つになる妹が、家の下敷きになっているのであった。急いで行ってみると、妹は大きな梁に足を挟まれて、泣き狂っている。四、五人の水兵さんが、みんな力を合わせて、それを取りのけようとしたが、梁は四本つづきの大きなものでびくともしない。水兵さんたちは、もうこれはダメだと言い出した。よその人たちが水兵さんたちの加勢を頼みに来たので、水兵さんたちは向こうへ走って行ってしまった。お母さんは、何をまごまごしているのだろう、早く早く帰ってきてください。妹の足がちぎれてしまうのに……。

その時、向こうから矢のように走ってくる人が目についた。頭の髪の毛が乱れている。女の人だ。裸らしい。むらさきの体。大きな声を掛けて、私たちに呼びかけた。ああ、それがお母さんでした。

「お母ちゃん」私たちも大声で呼んだ。あちこちで火の手があがり始めた。火がすぐ近くで燃えあがった。お母さんの顔が真っ青に変わった。お母さんは小さい妹を見下ろしている。妹の小さい目が下から見上げている。お母さんは、ずっと目を動かして、梁の重なり方をみまわした。

やがてわずかな隙間に身をいれ、一ヶ所を右肩にあて、下くちびるをうんとかみしめると、ううう一と全身に力を込めた。パリパリと音がして、梁が浮きあがった。妹の足がはずれた。大きい姉さんが妹をすぐ引き出した。お母さんも飛び上がって来た。そして、妹を胸にかたく抱きしめた。

しばらくしてから思い出したように私たちは、大声をあげて泣き始めた……。

お母さんは、なすをもいでいる時、爆弾にやられたのだ。もんぺも焼き切れ、ちぎれ飛び、ほとんど裸になっていた。髪の毛はパーマネントウエーブをかけすぎたように赤く縮れていた。体中の皮は大火傷で、じゅるじゅるになっていた。さっき梁を担いで押し上げた右肩のところだけ皮がべろりと剝げて、肉が現れ、赤い血がしきりににじみ出ていた。お母さんはぐったりとなって倒れた。お母さんは苦しみはじめ、悶え悶えてその晩死にました。

これは、特別力持ちのお母さんだったのでしょうか。四人も五人もの水兵さんが、力を合わせてもびくともしないものを動かす、力持ちのお母さんだったのでしょうか。皆さんのお母さんも皆さんがこうなったらこうせずにはおれない。しかもこの力が出てくださるのが、お母さんという方なんです。

8月16日

舞台で死んで本望

杉 良太郎 歌手・俳優

Ryotaro Sugi

二十五歳で京都・南座で初座長を、その後名古屋・御園座と舞台にも出演するようになり、そこで出会ったのが脚本家・中江良夫先生。亡くなるまで私のための脚本を書き続けてくださった恩人です。

その中江先生が私のこれまでの人生を聞いて書いてくださった脚本が、二十九歳で挑んだ明治座の「清水次郎長」の演目でした。芝居の中にはいまでも一言一句覚えている台詞があります。大親分・小幡の周太郎が、私が演じる若い次郎長に語り掛ける場面です。

「次郎長どん、みなせえ。あの紅葉を。きれいじゃねえか。わけえ青葉の頃を力いっぱい生きてくりゃこそ、散り際にあの色艶を残せるんだよ。次郎長どん、大きくなりなせえよ」

青葉が空に向かって大きく枝を伸ばすように、若い頃地道に努力してこそ、見事な色艶のある晩年を過ごせる――中江先生が舞台を通じて私に語り掛けてくださった言葉でした。脚本を初めて読んだ時、タオルがぐしょぐしょになるほどむせび泣きました。「てにをは」の一文字一文字にも血が通っていて、こんな台詞を書く人がいるのかと。おかげで公演は好評で、千秋楽まで大入りが続きました。

一九七〇年代からテレビは視聴率競争に突入し、数字の取れるオマージュ作品が増えるようになりました。当時の放送作家は週に一本を書くのが当たり前。しかし中江先生は舞台とはいえ、一年に一本しか書きませんでした。視聴率を取るための安易な作品を絶対につくらず、お金を払って舞台を見に来てくれるお客さんに対して真剣勝負で脚本を書いていたのです。

当然、一本では生活できません。しかしお金ではない。お粥を啜る生活になっても自分の作家としての命を懸けて書き上げる。その気概で生み出された作品には、絶対に他の人には書けない台詞が鏤められていました。ある時、中江先生にどうやって脚本を書いているのかを伺ったことがあります。

「明治座や新歌舞伎座から君の写真を五～六枚もらうんだよ。朝起きると、君の写真をずっと見ている。それを夜まで続けるんだ」

「大体六か月くらい見つめていると、君の顔が泣いたり笑ったりしてくるんだよ。終いには可哀相になってくる。それから脚本を半年くらいかけて書き上げるんだ」

作家の生き様、役者を思う気持ちが溢れた中江先生の脚本。そこに描かれた人物に乗り移る気持ちで舞台に臨み、舞台で死んで本望だと本気で思っていました。中江先生がいなかったら舞台役者・杉良太郎は生まれなかったでしょう。

8月17日

哲学とは、砂漠の中の懐中電灯である

三浦朱門　作家

Shumon Miura

砂漠を旅行したことがあります。夜、だだっ広い砂漠の中で寝袋に入って寝るわけです。ふと小便がしたくなって目が覚める。しかし、寝袋から起き出してすぐ近くで小便をするのは他の人の手前はばかられるから、離れたところでしようと懐中電灯を片手に少し歩いていって、小便を済ませる。さて、寝袋のあるところに戻ろうとすると、戻れないんですね。何もないのっぺらぼうの砂漠では、方向感覚も距離感覚も簡単に怪しくなってしまう。

だから夜、砂漠で野営地を離れる時は、懐中電灯は持っていくのではなく、明かりを点けて寝袋のところに置いておくことが大事なんです。その明かりを見失わないように離れれば、容易に元の場所に戻ることができる。哲学というのはその懐中電灯のようなものでしょう。懐中電灯を点け、寝袋のところに置いて離れるには、そのことに意識的にならなければならない。

毎日の中には必ず意識的にならなければならない場面があります。そういう時に哲学が明確だと、的確に方向を選び取っていけるということですよ。

私が二十年近く前に文化庁の仕事をした時のことです。文化庁の予算があるわけです。何百億円という見たことも聞いたこともない金額です。これだけのものを文化施策に割り振っていけば、何ほどかのことはできるかもしれないと思いました。ところが、そうはいかない。予算の九十%は毎年使い道が決まっていて、どうにも手が出せないんですね。自分の裁量で動かせるのは、わずかに数%です。これじゃ誰が文化庁長官になっても同じじゃないかと思いました。

しかし、違うんですね。わずか数%でも、自分の裁量のうちにあるものを意識的に動かしていく。すると、それが動かせない九十%に逆作用して、動かせないはずのものが徐々に動き出していく。

8月18日

青函トンネルを掘り抜かせたもの

角谷俊雄　青函トンネル元トンネルマン

Toshio Kadoya

青函トンネルの命懸けの掘削作業もだいぶ進んだ昭和五十年代、皆から可愛がられていた青年のA君も、作業機械に挟まれるという悲惨な事故で亡くなりました。A君は角谷班で一年ほど働いた後、別の班に異動していたのですが、ある日私のもとを突然訪ねて来たんですよ。写真を出して「俺、結婚したよ」って。それで私が、「もう一人じゃないんだから、頑張れよ!」とばんばん肩を叩いたら、彼も「はいっ!」と返事をしてくれました。翌年には子供の写真も見せに来てね。その年のことでした。夜、私が自宅で休んでいた時に、現場から連絡を受ける直通の電話機が鳴ったんです。これが鳴るとたいていよいことはありません。それで「A君が大怪我をした」と。

私はすぐに搬送された病院に駆けつけたのですが、既に息を引き取った後でした。子供を連れた奥さんが、A君に泣き縋(すが)る姿はいまも忘れることはできません。

先進導坑貫通は昭和五十八年一月。いよいよ青森側の先進導坑と繋がる(貫通する)という日、最後の爆破を任されたのは私たち角谷班でした。その日、私は水風呂で身を清め、新しい作業着でトンネルへ向かいました。胸ポケットには亡くなった同僚三人の写真を入れてね。最後は、当時の中曽根首相が首相官邸から電話回線を通じてスイッチを押すと、私たちが設置した発破装置が爆発するという仕組みになっていました。失敗は許されませんので、とても緊張しましたが、中曽根首相がスイッチを押すと爆音とともに壁が崩れ、無事貫通させることができました。

その後、先進導坑の後から掘り進めてきた「本坑」も、昭和六十年に全貫通し、昭和六十二年十一月に青函トンネルは完成しました。掘削開始から、二十余年の歳月が流れていました。完成した時は、当然嬉しさはありましたが、その一方で非常に複雑な感情も込み上げてきましたね。何十年と掘ってきて、その途中で友は失う、怪我人も出る、障碍が残った人もいる。悲しい、苦しい、もう酷いというものじゃない。人間ここまで苦しまないといけないのかと思うくらい苦しみました。結局作業中の事故で亡くなった人は、北海道側、青森側の作業員合わせて三十四人に上ります。

また、青函トンネルが完成したことで、北海道と本州を繋ぐ主要な輸送手段だった連絡船が廃止になり、多くの方が職を追われました。もちろん青函トンネルで働いていた人も同様です。(北海道)新幹線が開業し、注目を集める青函トンネルですが、そのような現実の上に完成したということだけは忘れないでほしいと願っています。まさに「闘魂」という二文字がなければ、青函トンネルは絶対に貫けませんでした。

海の下を掘っていくというのは、自然との闘い、はっきり言って命懸けですよ。自然と人間、どちらが勝つか、負けるか。だから一時も気が休まる時がない、毎日が命懸けの闘いの連続でした。そしてそのような闘いに勝って物事をやり遂げるには、まず忍耐力、それから絶対に弱音を吐かないこと。冷静であること。自分の中で弱音を吐いたら負けです。

8月19日

お不動さまの憤怒と慈悲

叡南俊照（旧姓・内海）　比叡山律院住職

Shunsho Enami

回峯行は行不退といいますからね。入ったら最後、休めない。途中で失敗したからやり直すということはきかないのです。途中で挫折したら、それで坊さんとしての生命は断たれる。昔はそのために短刀を持ってました。いまは、死出ひもで首をくくれ、という建前です。しかし、私には首をくくる勇気がないんです。だから小僧二人に支えられながら、睡眠薬でも飲ましてもらおうかなぁ、と考えたり、逃げだそうかと思ったり……。

そんな状態である日、午後二時頃に坂本についた。普通、初めてのご婦人でも夜中の一時に出ると朝の六時には坂本に着けるんですが、私はそういう状態だから、午後になってしまった。すると、私のおじさんに当たる人、師匠の兄弟弟子ですが、あんまり、私の状態がひどいもんだから迎えにきてくれてたんです。で、一服させてくれた。行者は指定の場所以外では腰かけてはいけないんですが、あんまりひどいもんだから私も一服させてもらった。するとそこに師匠が来ましてね。私は叱られるから師匠には内緒にしておいてほしかったんですが、励ましの意味で、その人が師匠を呼んでくれたんです。しかし案の定、師匠は私の顔を見るなり「なにしてんのや」という。「行者というのはこんなとこで座ってるもんと違う。はよ、行け」。それでおじさんをつかまえて「なぁ、おい、こんな行者みたことあるか」とこうです。私も叱られるのはわかってたけど、ちょっとくらいは励ましてくれると思ってたんです。それが私の弱さなんでしょうけどもね。それで、こんちくしょうと思ったら急に歩けるようになりました。それで山へ上がったのが夜の十時頃でした。

それで少し仮眠して、また午前一時に出発したんです。行不退ですから。そして朝の六時頃でしたかね、あるところを通りかかると、おーいおーいという声がする。見ると、師匠の弟子です。御前さまがお見えになっているという。私はきのうどなっただけでは足りんから、また来たのかと思った。まぁ仕方ないから、その弟子についていきますと、ドライブウエイを横切るところに車が止まっている。私が近づくと、スーッと行ってしまいました。

その時に、なんとなく涙が出てきたんです。師匠は突然夜中に小僧を起こして見守りに来てくれたんです。自分も行をした身だから、道はわかる。その場所で待っててくれた。私はそんなことで普通より六時間くらい遅れていたんですが、六時間、深夜に車を止め待っててくれた。それを聞いた時に、歩きながら涙が出てきました。師匠こそ本当のお不動さまだと思いましたね。表ではバカモンといいながら、心では心配で見にきてくれたんです。お不動さまというのは、憤怒の相で怒りを示しているけれど、心では慈悲を表しています。私の師匠はまさにそれだと思いました。

それで涙を流しながら峰道を歩いていると、はるか彼方から夜が明けてきましてね。その明るいのを見たときに、どうせ死ぬなら歩きながら死ね、と本当にそう思いました。五百日六百日歩かせていただいて、そう思ったのは、それが初めてです。

8月20日

ジャニー喜多川さんの褒め方・叱り方

村上信五　関ジャニ∞

Shingo Murakami

実は僕、最初のコンサートで失敗したんですよ。僕の役割は、エンディングでKinKi Kidsのお二人が持っている旗を受け取ったら、三百六十度のステージを一周回って、ステージの後ろに引っ込むというものでした。リハーサルの時はうまくできたものの、いざ本番になると、大阪城ホールに約二万人のお客様がいるわけですよね。見たことのない別世界、ワァーという大歓声で、もう飛んじゃったんですよ。

で、ものすごいスピードで一周回ったら、まだKinKi Kidsのお二人が歌っていらっしゃるんです。僕は音楽が終わったら戻る、まだ音楽が鳴っているから戻っちゃいけないと思って二周目を切りました。そうしたら途端に音楽が終わって他のジュニア（デビュー候補生）はワァーッといなくなったんです。ステージに残っているのはKinKi Kidsのお二人と僕だけ。

このコンサートの最後はKinKi Kidsのお二人がガラスケースに入ったら、そのガラスケースがパリンと割れてコンサートが終了するという演出でした。それがまかり間違って僕が旗を持ってシューンと真ん中を滑ってKinKi Kidsのお二人がパリンって消えた後、ステージから消えた。

振付の先生からは「おまえ何やってるんだ。リハーサル通りやれって言っただろう」と怒鳴られ、これはジャニーさんにも絶対怒られると思っていたら、なぜかあの人だけが「ユー、根性あるよ」と褒めてくださったんです。

ジャニーさんから褒められたのは二度だけで、もう一回は初めてのテレビ収録の時、右も左も分からなかったんですけど、「ユー、素直でいいよ」って。

あとはずっと怒られていました。振り返ると、やっぱりチャレンジした時は怒られなくて、チャレンジしなかった時に怒られましたね。

それといま思い出したのは、コンサートの時に各ジュニアにお小遣いを渡して「これでユーたちの好きな物を買ってきちゃいなよ。レシート絶対忘れちゃダメだよ」って言うんです。それで買ってきてレシートを渡すじゃないですか。すると、ジャニーさんはそのレシートを一枚ずつじっくり見るんですよ。それで「ユー、センスあるよ」「ユー、センスないよ」って。

当時は「何を見てんねやろ」と思っていたんですけど、たぶん品物のチョイスなんですかね。理屈は分かりませんが、独特の感性を持っていた方だと思います。

8月21日

負けは死を意味する

北田典子　ソウルオリンピック 女子柔道銅メダリスト

Noriko Kitada

講道学舎では、「負けは死を意味する」という暗黙の了解があるほど勝利に対する強いこだわりを選手全員が持っていました。といっても、敗北したこと自体で怒られることはありませんでした。要は、「負け方」なんです。勝っても勝ち方が悪ければ怒られましたし、負けても勇気をもって一歩踏み込んだために負けたのであれば、逆に褒められました。

ですから、技術的なこと以上に、「なぜあの場面で攻めに行かなかったのか」といった精神面、人間育成の根幹である人間力を教え込まれました。

話は少し逸れますが、古賀稔彦が金メダルを獲得した一九九二年のバルセロナ五輪の時、古賀は試合十日前に靭帯を痛めて全治一か月の怪我を負ってしまいました。おそらく、世間には「古賀はもうメダルを取れない」という諦めの雰囲気が漂っていたと思います。しかし、講道学舎の中では、「これで条件は揃った。古賀は勝てる」と皆が確信していたんです。

というのも、オリンピックの舞台はどんなに実力があっても、〇・一パーセントでも油断があれば勝てない世界です。古賀の場合、技術面はこれまで培ってきたものがありますから、最後の勝敗を分けるのは心です。怪我をしたことによって緊張感が研ぎ澄まされますから、「これで古賀は勝てる」とスタッフたちは確信しました。試合前に祖父が古賀に掛けたのは、「人間力で闘いなさい」のひと言だけでした。

そして古賀も古賀ですごかったのは、「自分は足が一本ないくらいで負けるような練習をしていない」と腹が据わったこと。見事、判定勝ちで金メダルを手にすることができました。

他にも祖父からこんなことを教えられました。オリンピック直前、私は「金メダルを取って女子柔道界に貢献する」と自分を追い込んでいたため、プレッシャーに苛まれていた時期がありました。

それを察した祖父が私に放ったのが、「だったら出るのをやめなさい」との厳しい言葉でした。「おまえが出ることで、何百人の人間が涙を流している。そんな生半可な気持ちでオリンピックに臨むなら、やめてしまいなさい」と。

普通の家庭だったら、「まあそう言わずに頑張って」と励ましてもらえるのかもしれません。でも、結局これって私の甘えだったんですね。自分だけが苦しい、自分だけが闘っていると勘違いをしていたんです。代表選手に選ばれたからには、出られない選手の悔しさや苦しみをすべて背負って闘っているということを忘れてはいけないと教えられました。

8月
22日

危機には何らかの予兆がある

小西浩文　無酸素登山家

Hirofumi Konishi

幸い、私はどんな厳しい登山でもかすり傷一つ負うことなくここまで来ましたが、死に直面した経験は十回以上に及びます。かけがえのない仲間を失ったこともありました。一つの頂を目指し、共に支え合い励まし合いながらいくつもの難所を越える中で、仲間との間には何ものにも替え難い絆が生まれます。その仲間を失うことは登山家としての最大の悲しみです。

一九九六年秋、私は標高八千八百四十八メートルのエベレストの無酸素登頂に挑みました。パートナーはロブサン・ザンブーというネパールの高地民族の男性でした。標高七千五百メートルの斜面を登っていた時、私たちの遥か上、標高八千メートルの地点で大雪崩が発生したのです。幅二百メートルもある見たこともない巨大な雪崩が、時速数百キロという信じられないほどのスピードで目の前に迫ってきます。しかも、酸素が希薄で一歩を踏み出すだけでも重労働に思える世界にあっては、走って逃げることもままなりません。

この大雪崩を私に教えてくれたのは十メートル前方を登っていたロブサンでした。彼の指笛のおかげで私は大雪崩に気づき、傍にあった氷壁にへばりつきました。硬い氷壁の後ろを大雪崩が凄まじい勢いで流れ去り、私は間一髪のところで一命を取り留めましたが、ロブサンはそのまま大雪崩に巻き込まれて千メートル下に転落、帰らぬ人となりました。その遺体はいまだに標高六千五百メートルの雪の下に埋もれたままです。

なぜ彼は亡くなり、私は生き残ったのか。私にはたまたま避難する場所があり、彼にはなかった。ただ、その差でしかありません。

しかし、いま思うと危険を知らせる何らかの予兆があったことも確かなのです。ロブサンは登山家としての腕は確かで、名だたる登山家からも高い信用を得ていた男でした。ところが、この時、自分のピッケルをカトマンズのアパートに忘れてきていたのです。一流のクライマーとしてはあり得ないことでした。

さらに六千五百メートルのキャンプで一日休養を取った時、彼は「小西ダイ（さん）、体も疲れているし、五千三百メートルのベースキャンプまで一度戻って、少し休んでから仕切り直さないか」と言ってきました。その少し前、エベレストで遭難事故が起き、私たちも救援作業を手伝ったので確かに疲れていたのかもしれません。しかし、常に強気の彼にしては信じがたい言葉でした。「いつもの彼らしくない」と思った私は彼の要求を拒否し、彼もそれ以上は何も言いませんでした。

もし、この時、私がロブサンのリクエストを受け入れていたら、彼は死ぬことはなかったでしょう。私のこの辛い経験を通して言えるのは、すべての事象には必ず何らかの前触れがあるということです。それは多くの場合、微かな兆しのようなもので、気づかずに終わってしまうことが多くあります。しかし、その兆しをキャッチすることは危機管理の上ではとても重要なのです。そして、もちろんそれは登山に限った話ではありません。

8月23日

常識破りの努力

香田誉士史
西部ガス硬式野球部コーチ・駒澤大学附属苫小牧高等学校野球部元監督
Yoshifumi Koda

私たちに大きな壁となって立ちはだかったのが、北海道の冬でした。授業が終わり、「さあ練習だ！」と外へ繰り出すと、既に辺りは薄暗く、寒く、グラウンドは雪で覆われており、部員の士気は否応なく下がるのです。この地域的なハンディにより、北海道のチームは本州のチームには勝てないという思い込みが浸透していました。

しかし、甲子園出場、そして日本一という目標を実現するためには、なんとしてもこの冬を克服しなければなりません。強いチームをつくるためには、ピッチングやバッティングなどの個々の技術ばかりでなく、様々なせめぎ合いの中で、守備時には相手にホームを踏ませないための、攻撃時には一つでも多くのホームを踏むための様々な連携力を磨いていかなければなりません。冬場に野球から遠ざかっていては、大会本番までにとても間に合わないのです。そこで私は、ブルドーザーを調達してきてグラウンドの雪を取り除き、冬場はまともに練習できないという常識に挑戦したのです。

当初吹雪(ふぶ)いている日に「外で練習をやるぞ！」と言うと部員たちも怖じ気(おけ)づいていましたが、続けるうちにそれが当たり前になり、内心これは寒いだろうなと思う日でも「きょうはどうだ？」と聞くと「大丈夫です！」と元気な声が返ってくるようになりました。人間、本気になればなんでもできるものです。厳しい冬と懸命に闘ってきただけに雪解けを迎える喜びは格別でした。気候に恵まれた地域の野球部には絶対に負けない。それが私たちの合言葉でした。そうした常識破りの努力を重ねてきた結果、七年目の平成十三年に念願の甲子園出場を果たし、十六年に初優勝。その後、田中将大(まさひろ)を擁(よう)して、十七年には五十七年ぶり六校目の二連覇。その翌年、史上二校目となる三連覇こそ逃したものの決勝まで進出し、引き分け再試合という熱戦の末、準優勝を成し遂げました。

北海道という未知の場所での得がたい体験を通じて、野球は個人の能力以上に組織力が重要であることを実感しています。それは動かす側と動く側がどれだけ分かり合えるかということ。選手と監督だけでなく、スタッフや選手の父母、そして部を取り巻く地域をも巻き込み、一つの方向に向かっていくことだと思います。その責任の重さを痛感していた私は、「姿(すがた)即心(こころ)、心即姿」を座右の銘とされていた恩師・太田誠監督に倣(なら)い、常に己の表情や立ち居振る舞いに気を配り、皆がついていきたくなるようなエネルギッシュな指導者であり続ける努力を続けました。

四千校以上が参加する高校野球の頂点に立てるのはたった一校。リーダーの信念に寸分たりとも迷いがあれば、勝利はこぼれ落ちてしまうと思います。私はチームが弱小の頃から、北海道で初の優勝旗を手にするのは駒大苫小牧であり、その時の監督は自分だと強くイメージし、周囲にも言い続けてきました。そしてそれを実現できたのは、私が常識の枠に収まらない非常識な監督であったからかもしれません。

8月24日

リーダーとマネージャーの違い

大田嘉仁　日本航空元会長補佐

Yoshihito Ota

企業経営をする上で最も大事なことは、経営幹部に立派な人間性をもつすばらしいリーダーを据えることである。どんな困難に直面しても逃げずに真正面から取り組む勇気があって、また部下や仲間を大切にする優しさをもっている。さらに常に謙虚で努力を怠らない。そういうリーダーでなければ小さな部門さえまとめることはできない。しかしＪＡＬに着任し、会議に出席し、現場を訪問する中でＪＡＬには本当のリーダーと呼べる人間がいないことを痛感していた。それではいくら立派な再建計画を作っても、達成できるはずはない。また上の立場の人間の意識が変わらないと、部下の意識が変わるはずもない。逆に幹部の考え方が変われば自ずと部下の考え方も変わる。だからどうしてもリーダー教育を早急に始めなければならないと思っていた。

そこで、当初より意識改革推進準備室のメンバーには、「大西社長を含め役員や主要な幹部社員を五十名ほど集めて、週五回、一回三時間程度のリーダー教育を始めたい」と伝えたのだが、そもそもリーダー教育というコンセプトにも納得していなかったので、最初は「絶対無理だ」と反対していた。

それでも私は、彼らに私の考えをまとめて報告書を作ってほしいと頼んだ。しかし、返ってくる報告書のタイトルはマネジメント教育になっていた。「そうじゃない。私はリーダー教育のプログラムを作ろうと思っているのだ」と指摘しても、返ってきた報告書にはまたマネジメント教育と書かれていた。

おそらく彼らは当初リーダーとマネージャーが同じものだと理解していたのだろう。これは無理もない。普通の大企業でも管理職になったらマネジメント教育を受ける。そしてコンプライアンスの重要性、人事評価の方法、目標数値の設定の仕方などを学ぶ。それが一般的だから、リーダー教育というとマネジメント教育のことだと考えてしまったのだ。準備室のメンバーは「大田さんの言っているリーダー教育を一般的にはマネジメント教育というのだけれど、たぶん大田さんは知らないのだな。京セラの人はマネジメント教育をリーダー教育と呼んでいるのだろう」と解釈したのかもしれない。そこで私はリーダーとマネージャーの違いを繰り返し説明した。

「部下を管理するマネジメントについては、あなたたちはよくわかっているし、優秀かもしれない。しかし、今ＪＡＬに必要なのは部下をまとめて同じ目標に向けて引っ張っていけるリーダーを育てることなんだ。優秀なマネージャーであれば、困難に遭遇すればその迂回策を考えるだろう。うまくいかなかったら、その言い訳を探して、責任逃れをするだろう。そんなマネージャーばかりだから倒産したんだ。再建を成功させるには、どんな困難にぶち当たってもあきらめずにやり遂げようとする、一つの目標に向かって部下を鼓舞してなんとかまとめていこうと考える、そんなリーダーが必要なんだ。これからはそのようなリーダーを育てなくてはいけない」

そのような話をしてリーダー教育の必要性をどうにか理解してもらった。

8月
25日

児玉源太郎・後藤新平に学ぶリーダーの器量

渡辺利夫 拓殖大学顧問

Toshio Watanabe

かくして児玉源太郎・後藤新平による大検疫事業が開始されます。消毒缶の設置は、後藤が衛生局時代に共に働き、ロベルト・コッホ研究所でも起居を共にした、当時既に細菌学者として名を成していた北里柴三郎の助力を得ることで可能となりました。一日に六百人を超える兵士を消毒缶で十五分、六十度以上の高熱に耐えさせコレラ菌を死滅させるという設計でした。さらに船舶消毒、沐浴、蒸気消毒、薬物消毒、焼却施設、火葬場まで建設。徹底した対策を講じます。後藤は命の危険が伴う最前線に立ち、不眠不休で陣頭指揮を執り続けました。

しかし、時間も手間も掛かる検疫手順に、一刻も早く故郷に勝利の錦を飾りたい帰心矢の如き兵士たちの不満が募っていきます。「これがあの酷い戦争を戦い抜いた兵士を迎えるやり方か!」と、現場で指揮を執る後藤に対する非難には轟轟たるものがありました。この暴動寸前の状況を制したのも、果断をもって知られる児玉の権威と機略でした。旅順に出陣していた征清大総督の小松宮彰仁親王が五月二十二日に凱旋される。親王を説得し、兵士と同じ手順で検疫に臨んでいただければ皆の不満は一気に収まるだろう、というのが児玉の考えでした。実際、親王が説得に諾として応じたことで、全兵士の憤懣は収まり、検疫事業は再開されることになります。難題を果断に次々と解決していく児玉の非凡な判断力を見た後藤は、改めてこの人物についていこうと臍(ほぞ)を固めたことでしょう。記録によれば、僅か三か月間で六百八十七隻、二十三万二千三百四十六人を検疫し、検疫所で罹患が証明された兵士の数は真性コレラ三百六十九人、疑似コレラ三百十三人、腸チフス百二十六人、赤痢百七十九人に上りました。この数の罹患者が検疫なくして国内各地に帰還していたなら、被害は深刻なものになったはずです。

検疫事業の成功で「相馬事件」の汚名を雪ぐことができた後藤は、第四代台湾総督として赴任する児玉に同道、総督府民政長官として「土匪」を制圧、アヘン漸禁策、土地・人口調査、南北縦貫鉄道建設、糖業振興など、世界の植民地経営史に名を刻む数々の偉業を成し遂げるに至るのです。

児玉と後藤の検疫事業から見えてくる明治の教訓は、主に二つあると私は思います。一つには、コレラという当時はまだ有効な治療法がなかった感染症に対して、限られた資源を能う限り迅速果断に凝集し、事態に対処しようとする危機管理意識を指導者が共有していたことです。あるいは、共通の危機意識を創り出すリーダーシップ、この人にならついていきたいと思わせる人間力が指導者に備わっていた。二つには、事態の対処に当たる指揮官に有力な人材を抜擢・配置し、彼らに現場指揮の全権を任せて事に臨むということです。特に専門知識と行政能力を兼ね備えた人物をトップに据える。そして、細かいことは言わず、現場の判断を信じ切り、任せ切る。そこには、自らの判断が正しいかどうかは後の歴史が証明する、という気概と豪気もあったのだろうと思います。

8月26日

矛盾することを同時に成し遂げろ

大西 宏 パナソニック客員

Ko Onishi

松下幸之助さんの生き方や考え方に、私は自分の親以上に影響を受けました。なかでも私の人生のバックボーンになっているものをいくつかご紹介しますと、一つは、

「自力が十で他力が九十」

という考え方です。一見消極的なようですが、十という自力を精いっぱい出してどうにもならなくても、あと九十の力が残っていると。他人様の力、天の力、縁の力といったものがね。その九十は他力に違いないけれども、自分の頑張り次第で引き寄せることも可能です。そう考えれば自分の力は十倍にもなる。引き寄せたところでそれはやはり他力なのだから、感謝の心を持つほかありません。私は若い頃にこの言葉に出合って、随分助けられました。

それから、

「できないからできる」

という言葉です。

私が音響事業部に所属していた時に、八千円くらいで販売していたトランジスタラジオが五万台くらい売れていたんですけれども、幸之助さんが「もう少し売れるはずだ。半額にできないか」とおっしゃったんです。最初、それは無理だと誰も本気にしなかったんですが、しばらくして「もうできたか」と。幸之助さんは本気だということで、現場もようやく真剣に取り組み始めたんです。その時は幸之助さんを交えてそのトランジスタラジオをバラバラに分解し、一つひとつの部品を設計からやり直した結果、本当に半額になって、そのトランジスタラジオは二百万台も売れたのです。

その時、バラバラにしたものを一人ひとりが知恵を出し、それからみんなの知恵を集める。本まで遡り、衆知を集めたら知恵というのは無限だということを繰り返し言い聞かされましてね。できないからできるというのは、以来私の信念になりました。

また、

「矛盾することを同時に成し遂げなければ、大きな成功はない」

という言葉にも影響を受けました。

例えば、製品のコストを下げようとすると品質も下がるということがありますね。そういう時には中途半端ではなく、品質の向上とコストダウンの両極を徹底追求する。すると想定外のいい知恵が生まれるというのです。

九州の販売会社の責任者の時に、コスト削減のために複数の拠点を一つにまとめたんです。するとどうしてもお得意先との距離が遠くなって不便になり、売り上げが減りそうになりました。そこで私はこの教えを思い起こし、一つになった拠点の品揃えを圧倒的に増やし、配送の回数を増やしました。さらに余った人員を市場開発チームに充てて顧客開拓に一層力を入れ、業績向上を実現しました。そうした体験からも、矛盾する両極を中途半端でなくとことん追求していく先に、まったく新しい世界が開けてくることを実感しました。

8月27日

棟方志功が版画家から板画家になるまで

石井頼子　棟方志功研究・学芸員

Yoriko Ishii

棟方の第二の転機は昭和十七年、三十九歳の時です。この年から棟方は自分の「版画」を「板画」と表記すると宣言しています。どのような心境の変化があったのか。その前年に掲載されたインタビュー記事で棟方はこう語っています。

「今までの版画家は、一枚の版画にばかり凝っていた。展覧会へ出品するための版画ばかりつくって、版画の生命を忘れていたと思うんです。版画はその複数たる本質を生かさなくちゃなりません。人から人の手へ移って、最後には（棟方の）名前がなくなる。擦り切れてしまって棟方がなくなるところに、はじめて棟方版画が生きたということになるんだと僕は信じているんですよ」

「棟方は個性的だとよくいわれますが、反対に僕は個性をなくしてしまおうと常に努力しているんですよ」

「とにかく多くの絵描きは一作業毎に満足し、制作の歴史は満足の歴史なんだけれども、僕のは一つ一つが足跡に過ぎないんですよ。生きてゆくうえでの否応なしの足跡だと思うんです。丁度僕らが雪の上を歩くと足跡がつくように、僕の仕事もあれなんですよ。完成しない。ただ完成への無限の憧憬なんです。完成とは作品のなかの僕がなくなることなんです」

他の版画家とは一線を画す想いもあったのでしょう。「板画というものは板の生まれた性質を大事に扱わなければならない」「板の命を彫り出すこと、板から生まれる板による画」という意味を棟方は「板画」の文字に込めました。

戦争をはさみ、棟方は真宗大国富山に疎開します。他力の世界を深く理解できるのではないかと考えた故なのですが、残念ながら納得には至りませんでした。

昭和三十年代に入ると、念仏を唱えるように板画が自然に湧いてくる、そういう境地で作品が生まれるようになることを望みました。ただ、一貫して棟方は努力の人でした。事前の勉強を怠らず、構成や構図を練りに練って何百回と下絵を重ね、手が勝手に動くまでに下準備を重ねた上で板に向かう。だからそこからは一気呵成、無心になって息つく間もなく描き上げ、彫り上げることができたのです。

平素「板画は他力の在り方から生まれるものである」と語った棟方ですが、その基盤となっているのはひたすら努力を重ねる自力の姿勢でした。

8月28日

「念ずれば花ひらく」の詩 誕生秘話

西澤真美子
坂村真民記念館館長補佐（学芸員）
Mamiko Nishizawa

父・真民は四十歳の頃、朝三時に起きて大乗寺で坐禅し、帰ってきて家族五人で一緒に朝ご飯を食べ、学校に行くという生活をしていました。父自身が「猛烈な精進」と言っているように、雲水さんと同じ厳しい修行に打ち込み、自戒をたくさん立てて、食事制限をしたり、四十二歳から『大蔵経』（仏教の聖典を総集した膨大な量の一大叢書）を読み続けて三回読破するんです。なぜ『大蔵経』を読んだかと言うと、暁烏敏先生の本を読んだ時に、「疑えば花開かず、信心清浄なれば花開いて仏を見奉る」という言葉に出逢って感動し、その原典を探そうと思い立つんです。その『大蔵経』が当時勤めていた吉田高校に全部揃っていたというのもすごいんですけど、ずっと読み続けていく中で、無理が祟ったのと栄養失調も重なって、目や内臓を患い、四十六歳の十月にとうとう寝込んでしまう。

当時住んでいた吉田から、名医として評判だった宇和島の眼科まで行った。待合室に入り切れないほど混んでいたので、道を隔てたところにあった護国神社で待っていたんですね。秋ですから、黐の木に赤い実がなっている。それを見て母を思い出すんです、母の名前がタネですから。で、その時に生まれたのが「念ずれば花ひらく」なんですね。

「念ずれば花ひらく／苦しいとき／母がいつも口にしていた／このことばを／わたしもいつのころからか／となえるようになった／そうしてそのたび／わたしの花が／ふしぎと／ひとつひとつ／ひらいていった」

それで目は何とか治ったんですけど、栄養失調がずっと続いて、翌年の三月頃、何を口に入れても痛くて飲み込めなくなる。その大変な時に、父を救ってくださった方が二人いらっしゃるんです。お一人が杉村春苔尼先生。父は杉村先生のことをずっと詩母様とか詩霊様とお呼びしていたんですが、その杉村先生が聖観音様の絵を描いて、送ってくださった。

それからもう一人が利根白泉先生。お医者さんが内臓の痛みの原因は癌だから手術しようと言った際に、利根先生がそれは癌じゃないと。栄養失調で筋肉にしこりのようなものができて、それが痛みとして出ているんだと言って、漢方を処方してくださるんですね。で、父が気力を喪失しかけて、いよいよもうダメだという時に、利根先生が「あなたはどうして自分で生きようとしないか」と叱る。それで痛くて食べられなかったカステラを、もうどうにでもなれと思って口に入れた。そうしたら痛くなかった。一晩明けても痛みがなかった。そこで生まれたのが、「桃咲く」なんですね。

「病いが／また一つの世界を／ひらいてくれた／桃咲く」。失明寸前の時に「念ずれば花ひらく」が生まれ、栄養失調で極限の状態の時に「桃咲く」が生まれたんですね。四十代が父にとって一番の試練でした。もし大乗寺に参禅し、『大蔵経』を読んでいなかったら、信仰というのはこんなに深くなっていなかっただろう。だから、尊い試練だった、この試練を乗り越えたから自分が深くなったと、父は言っていました。

8月29日

見性してからが本当の修行の始まり

窪田慈雲 代々木上原禅堂師家
Jiun Kubota

安谷白雲老師に見性を許されたのが二十五歳の時です。ところが、見性すれば全部分かると思ったらそうではなかった。見性したら今度は六百以上ある公案をやれという。まあ、乗りかけた船だからと思って、そこからより一層、真剣に修行に励んで、三十歳の時にようやく六百以上の公案の調べを終えました。

普通であれば、これで参禅の修行も一応は終わったと思うんですが、私の最大の疑問だった生死問題が明確に解決されたとは言えない。そのことを正直に老師に申し上げたところ、「まだ本当に徹底しないからだろうね」とおっしゃる。そこで直ちに再参を申し入れ、もう一度最初から公案に参じたんです。

二回目の公案の調べを終えたのが一九六八年、三十六歳の時です。その前後から安谷老師が不在の折に指導されていた山田耕雲老師にも独参するようになったのですが、別の独特な公案があって多大な啓発を受けました。そして山田老師の接心に何度か参加するうち、だんだん生死問題が気に掛からなくなっていったんです。そういう中で一九七二年三月、四十歳の時に仏道修行終了の証しである「罷参斎」を特別にしてくださり、安谷老師から「慈雲軒」という軒号をいただきました。

私の運命を変える本当の転機が訪れたのは、まさに罷参斎をしていただいた翌年でした。その頃、社命を受けてロンドンに転勤となったのですが、とにかく言葉は違うし、保険の仕組みも全く違うしで、もうくたびれましてね。そんなある日、仕事を終え、重い鞄を手に疲れ果てて地下鉄の駅に入り、長いエスカレーターを下っていると、電車がものすごい音を立ててホームに入ってきた。その音を聞いた途端、全く自分の存在がなくなってしまったんです。

鞄を持っている手、改札を歩いていく足はあっても、自分がいないんです。まるで夢を見ているような気分で家に帰ったのですが、この体験があってからしばらくは、坐禅を組んでも三昧というか、深い静かな坐禅なんです。そして数日経ったある夜中に、ふと目が覚めました。ところが全く自分がいない。ああ、自分は完全に死んじゃった。明日の朝になったら、このことを本社に報告して後任を派遣してもらわないといけない……そんなことを夢うつつに考えていると、あっちこっちから黒い物体がものすごい勢いでわーっと飛んでくるんですよ。それらが私の左右の足や左右の手、頭や胴になって、一つの身体になったと思った瞬間、「俺は生きていたんだ」とはっきり目が覚めた。

『般若心経』でも「色即是空」「空即是色」、形あるものはすべて「空」だといいますが、私もロンドンの体験で、そもそも自分という存在はどこにもなかったんだと分かったんです。私はこの時、初めて本当に見性したと思いました。

不遜に思われるかもしれませんけど、お釈迦様も大悟された時には同じような世界を見たのだと思います。そういう体験がなければ『般若心経』の教えを説くこともできなかったと思うんですよ。

大政奉還決断の根底にあったもの

宮田正彦　水戸史学会会長
Masahiko Miyata

徳川慶喜公の大政奉還の決断に対して、「政権を投げ出した」「自分が権力を握るための政略だ」などという見方が多くありますが、それは違うと私は考えています。

なぜなら、この時、慶喜公は政治の実権から離れようとはしていないからです。『大政奉還の上表』の中にも、「……当今、外国ノ交際日ニ盛ナルニヨリ、愈、朝権一途に出申サズ候テハ、綱紀立チ難ク候間、従来ノ旧習ヲ改メ、政権ヲ朝廷ニ帰シ奉リ、広ク天下ノ公議ヲ盡シ、聖断ヲ仰ギ、同心協力、共ニ皇国ヲ保護仕リ候得ハ、必ズ海外万国ト並ビ立ツベク候……」と記されているように、政治から身を引くとは言っていません。

つまり慶喜公は、このまま幕府と倒幕派の対立が激化すれば、西洋列強の介入の危機を招いてしまう。国内が分裂し、西洋列強の介入の危機を招いてしまう。だから、ここは政権を朝廷にお返しして、聖断を仰ぎ、共に心を合わせ力を尽くしましょうと言っているのです。

そして慶喜公の大政奉還の決断の根底にあったのは、自分が権力を握りたいといった私欲ではなく、二十歳の時に伝えられた「朝廷に向ひて弓引くことあるべくもあらず」という水戸家の家訓、水戸学の精神だったのだと思います。

事実、明治三十四（一九〇一）年頃、伊藤博文に「どのような信条で大政奉還をなさったのでしょうか」と訊ねられた慶喜公は、「私は水戸の生まれですから、父の教えに従ったまでですよ」と答えたといいます。ただ、これは大政奉還から三十年以上も経った時の証言であり、信頼性に欠けるとしてほとんど取り上げられません。しかし、次の歌を見てください。

泣く〳〵もかりの別れと思ひしになかき別れとなるぞ悲しき

しばしだに君がおしへや忘るべき我になおきそ露も心を

けふよりはいづくの空にいますとも心はゆきて君に仕へん

慶喜公二十四歳、烈公が逝去された時に詠んだ歌です。これらの歌から伝わってくるように、特に二十歳の頃に念を入れられた父の教えが、将軍になった時、そして大政奉還を決断する時に、慶喜公の心の中に常にあったということは、私には嘘だと思えません。

もし慶喜公が最後の将軍でなかったら、あのタイミングで、あれほどそっくり幕府が持っていた権力を朝廷に返すという大政奉還の決断はできなかったでしょう。

8月31日

青年の運命を決する問題

安岡正篤　東洋思想家

Masahiro Yasuoka

青年は意気地のないことや、だらしのない身持ちを恥じて、熱烈な理想を持つこと、世に周知のクラーク先生の名言を引用すれば、青年よ、大志を持て Boys, be ambitious!（ボーイズ・ビー・アンビシャス）です。

それは決してとてつもない計画を立てろというようなことではありません。こんなだらしのないことでどうするか！　俺はもっと立派な人間になるんだという憤発心を起こすことです。太陽の光に浴さなければ物が育たないのと同じことで、人間の理想精神というものは、心の太陽です。理想に向かって情熱を沸かすということは、日に向かう、太陽を仰ぐということです。これがないと人間のあらゆる徳が、したがって才智芸能も発達しません。

その大事な条件は、われわれの心の中に日常生活に真剣な理想像を持つということです。もっと具体的に言うならば、「偉大な人物に私淑（ししゅく）する」ということ。

近代の教育家なら大抵かならず一度はその門を叩く大家に、ウィリアム・ジェイムズという人があります。いわゆるプラグマティズムの開祖といわれる人であり、アメリカの思想・学問、とくに教育学上に不朽（ふきゅう）の足跡を印しておる人です。日本にもずいぶん影響のあった人で、西田幾多郎（きたろう）教授などにも影響しておりますが、このウィリアム・ジェイムズが、「人間は青年時代に（いくつになっても同じだが）心のなかにはっきりした、正しい理想像、すなわち私淑する人物を持って、この理想像に向かって絶えず努力する、そこに到達するように努力するということが青年の運命を決する問題だ」

と言っております。

実は何もジェイムズを引用する要はありません。古来、識者がひとしく言っておることです。人間はできるだけ早いうちに、できるだけ若いあいだに、自分の心に理想の情熱を喚起するような人物を持たない、理想像を持たない、私淑する人物を持たないのと持つのとでは大きな違いです。

なるべく若い時期にこの理想精神の洗礼を受け、心の情熱を燃やしたことは、たとえ途中いかなる悲運に際会しても、いかなる困難に出会っても、かならず偉大な救いの力となる。若いときにそういう経験を持たなかった者は、いつまでたっても日陰の草のようなもので、本当の意味において自己を伸ばすということができない。ことに不遇のときに、失意のときに、失敗のときにこの功徳（くどく）が大きいものです。

いろいろと基本的な知識や技能もなるべく子供のあいだに与えておかなければならないが、それよりもっともっと根本的な問題が、なるべく少年時代にこの理想精神を喚起する。偉大な人物に向かって感激の情熱を燃やさせる、この勝因に逢（あ）わせることです。この力は大きい。「勝因に逢う」ということは地蔵菩薩（さつ）（ぼ）の功徳の一つといわれます。

9月

September

松月清郎（ミキモト真珠島真珠博物館館長）
櫻井健悦（ケイ・エス代表取締役・石巻木鶏クラブ会員）
尾車浩一（尾車部屋親方〈元大関・琴風〉）
羽田登喜男（人間国宝・京友禅）
大村 智（北里大学特別栄誉教授）
堀澤祖門（泰門庵住職）
大島修治（ジェイ・コスモ代表取締役）
川崎和男（名古屋市立大学大学院教授・工業デザイナー）
木田 元（中央大学名誉教授）
陰山英男（尾道市立土堂小学校校長）
清水義光（美術家）
橋本保雄（日本ホスピタリティ推進協会理事長）
五十嵐 薫（一般社団法人ピュア・ハート協会理事長）
菊池恭二（社寺公舎代表）
矢野博丈（大創産業創業者）
佐藤愛子（作家）
吉田玉男（文楽・人形浄瑠璃・人間国宝）
浜田和幸（国際未来科学研究所代表）
西村 滋（作家）
松井幹雄（ホテルオークラ東京会長）
鷺 珠江（河井寛次郎記念館学芸員）
山口良治（京都市スポーツ政策監）
後藤俊彦（高千穂神社宮司）
松尾新吾（九州電力会長）
鈴木秀子（聖心女子大学教授）
北川八郎（陶芸家）
山廣康子（広島県立安西高等学校校長）
日野原重明（聖路加国際病院理事長・名誉院長）
遠藤 功（シナ・コーポレーション代表取締役）
古森重隆（富士フイルムホールディングス会長兼CEO）

9月1日

真珠王・御木本幸吉の信念

松月清郎
ミキモト真珠島真珠博物館館長
Kiyoo Matsuzuki

養殖中に英虞湾に発生した赤潮で、二年の歳月と全財産を懸けたアコヤ貝が全滅したことがありました。御木本幸吉はそこで諦めることなく、その翌年、鳥羽の相島（現・ミキモト真珠島）で養殖中の貝から五個の真珠を見つけました。世界で初めて養殖真珠が誕生した瞬間でした。

しかし喜びも束の間、幸吉の最大の理解者であり、幸吉を支え続けた妻うめが、三十二歳の若さで病に倒れました。「子供のことは引き受けた。今後は真珠をつれあいに」と幸吉は心に誓い、さらに研究に邁進します。

半円ではありましたが、宝石としての価値を認めていた幸吉は、裏側を補って半円真珠として売り出し、大好評を博しました。一方で大きな丸い真珠を求めて研究を重ねますが、またしても赤潮が発生し、養殖中の八十五万個の貝が全滅します。しかし幸吉は、一つひとつ貝を開いてその中から五個の真円真珠を見つけるのです。様々な困難に見舞われますが、幸吉は決して悲観することなく、それを逆手に取って活路を見出しました。

ところが、幸吉が心血を注いでつくり上げた養殖真珠は、海外で擬い物との風評を立てられ窮地に立たされます。天然真珠で利権を得ていた真珠業者たちによる排斥運動でした。幸吉はこれに対抗すべく民事裁判に訴え、英オックスフォード大学や仏ボルドー大学の権威から、「養殖真珠は天然のものと本質的に変わらない」との証言を獲得。ミキモトパールの名は一躍世界に響き渡ったのでした。

「いままで誰も成功していない仕事こそ、男児一生を懸けるに相応しい」

「十年もかかりたる仕事ゆえ、花の咲き方も大なり」

幸吉の強固な信念が垣間見える言葉です。私自身は「悪い案も出せない者によい案が出せるか」という言葉を指針にしてきました。どんな場でも積極的に自分の意見を述べることの大切さを教えられるとともに、様々な意見に耳を傾け、周知を集めたことが、幸吉をして偉大な事業を成さしめ、また社員から「大将」と慕われた所以と考えるのです。

九十三歳の時に出演したラジオ番組では、余命はおそらくあと五年と自ら語り、

「だからこうして話しているきょう一日がよほど大きくなくてはならない」

「残された五年で十五年生きる」

と、その事業意欲は最後まで衰えることはありませんでした。それは敗戦で焦土と化した日本の復興に少しでも貢献していきたいという思いの表れでもありました。幸吉はその言葉通り生涯現役を貫き、九十六歳で真珠一筋の人生を閉じました。

身を挺し研修生を救った木鶏の仲間

櫻井健悦　ケイ・エス代表取締役・石巻木鶏クラブ会員
Kenetsu Sakurai

中国では一人の日本人男性の命懸けの行為が国民の間で大きな感動を呼びました。宮城県女川町の佐藤水産専務・佐藤充さん。享年五十五。子供の頃から先輩として親しみ、石巻木鶏クラブの大切な仲間でもありました。

二〇一一年三月十一日。東日本を巨大地震と大津波が襲ったこの日のことは私たちの記憶から一生消えることがないでしょう。佐藤さんはその時、港のすぐ傍にある会社で業務に当たっていました。佐藤水産は東京築地市場をはじめ、全国の主要都市に出荷を続ける生ウニの老舗で、佐藤さんはその営業責任者でした。近年では中国遼寧省の大連から研修生を受け入れており、三年という期限付きで二十人が加工や出荷に携わっていました。

震災が起きたこの日も、いつもどおり冷たい水作業に手をかじかませながら和気藹々と仕事に勤しんでいたのです。

午後二時四十六分、突然の激しい揺れが襲いました。驚いた研修生たちはすぐに寄宿舎の傍の小高い場所に避難しました。しかし彼女たちには津波に対する十分な知識がありません。佐藤さんは怯えながら寄り添う研修生の姿を発見するや「もうすぐ津波が来る。早く避難しなさい」と大声で伝え、高台にある神社まで連れて行きました。そして、残っている従業員や研修生はいないかと、自らの危険を顧みることなく再び会社に戻ったのです。すでに津波は目前に迫っていました。

水かさは一秒ごとに増していきます。佐藤さんは屋上に逃げたものの、高台にいる研修生の前でついに社屋ごと津波に呑まれ、そのまま行方が分からなくなりました。研修生たちはなすすべもなく、泣きながら見守ることしかできなかったといいます。大雪の中、帰る場所を失い途方に暮れる研修生たちを助けたのは佐藤さんの兄で社長の仁さんでした。

仁さんは悲嘆に暮れる間もなく、山手に住む知り合いに助けを求めて研修生の居場所を確保し、二十人全員を無事中国に帰国させたのです。

「あの時、もし佐藤専務に助けられなかったら、私たちは全員津波の犠牲になっていた」

研修生たちがそう涙ながらに語る姿を、中国のテレビや新聞は一斉に報じました。

報道は国民の間で大きな反響を呼び、同国のポータルサイトには「彼は愛に国境がないことを教えてくれた」「彼の殺身成仁精神を中国人は決して忘れない」という声が殺到しました。私も佐藤さんをよく知る一人として、彼の犠牲的精神に心から敬意を表し、縁あってともに学び、語り合えたことを誇りに思わずにはいられません。

倒壊した社屋の瓦礫の下から佐藤さんの遺体が発見されたのは四月十日。震災から一か月後のことです。時間は経過していましたが、損傷の少ないきれいな姿でした。地元では火葬もままならないため、奥様やご子息などと一緒に秋田まで遺体を運び、十三日に火葬を行いました。地域の経済界を担うリーダーと目されていた人だけに、本当に惜しい人を亡くしたものだと痛恨の念に堪えません。

9月3日

人間は苦しんだ分だけ強くなれる

尾車浩一
尾車部屋親方〈元大関・琴風〉
Koichi Oguruma

怪我して一年休場して、戻った年に幕下三十枚目から関脇まで戻りました。四場所連続勝ち越して、今場所優勝すれば大関といわれた大事な場所で、また左膝を怪我してしまったんです。今度は前回より重傷で、靭帯も半月板も千切れてしまいました。

周りの人は「かわいそう」と言ってくれましたけど、不思議と自分ではかわいそうと思わなかったし、前回のような「なんでこんな目に」という被害妄想もなかったんです。再起不能といわれましたが、自分は「もう一度やれる、絶対やれる」と思っていました。冷静に現状を考えればどうやっても無理なんだけど、とにかく絶対やれると信じて疑わなかったですね。

だから、成功確率は低いといわれた手術も「自分さえしっかりしていれば絶対大丈夫」と思って受けたんです。

とにかく僕には皆さんにきちんと土俵に上がって活躍する姿を見せる責任と義務がある、それを果たすまではやめるわけにはいかないんだ、と思っていましたから迷いはなかったですね。

だから復帰は早かったですよ。手術した翌日からリハビリして、一か月後には土俵に戻りましたから。千切れた靭帯と半月板は二度と元には戻らないから、膝の回りの筋肉を鍛え上げて関節を保護しようと考えました。それでまわしにロープでタイヤを括りつけて毎日浜辺を引っ張って歩いたんですね。とにかく痛かったし、膝に水がたまるけれど、僕はやめませんでした。

朝から晩まで浜辺を歩きながら、いつも心の中で神様に叫んでいました。「俺はいまこんなに苦しいんだ。辛いんだ。でも逃げ出さないで我慢しているんだ。ちゃんと分かってくれよ。幸せは公平に分けろよ！」って。まあ神様に喧嘩を売っていたというんでしょうかね。

やはり若い頃に苦労したことがよかったと僕は思っているんです。苦労したからこそ、「あんなに辛酸を嘗めて、努力して、まだご褒美をもらっていないじゃないか、やめてたまるか」という気持ちが支えになったんですね。だから、下っ端の頃に大した苦労もせずのほほんと過ごしてきたら、ほんのちょっと辛いことに出合っても「まあいいか」と思ってやめたでしょうね。

怪我に苦しんでいた時期を知っている皆さんから、「逆境を強い意志で乗り越えた」というようなことを言われることもありましたが、何の根拠もなかったら前向きにはなれませんよ。努力もしないで、「やれる、やれる」と言ってもただおめでたいだけです。

結局、「俺はこれだけ努力して、これだけの苦労を乗り越えてきた、だから負けない」と自分自身を納得させ、鼓舞してきたから怪我も苦労も乗り越えられたんです。人間は苦しんだ分だけ強くなります。人生の局面に支えになるのは、結局自分がやってきたことだけです。

9月4日

仕事にどっぷりつかる年月

羽田登喜男　人間国宝・京友禅

Tokio Hata

こういう技術は、やはり天分がなければ駄目です。ただ、天分は大勢の中での一つのラインにすぎませんから、その上に運がなければいかんと思います。時代の変わり目というものがありますからね、私の場合は戦争です。戦争という、友禅にとっての苦しい時代がなければ、やはり、京都は伝統の深い土地柄ですからね、私のようなよそ者が頭角を現すことなどできなかったかもしれません。時代の変化は、大きく影響するとはいっても、自分から求めて状況ができあがるものではありませんからね。

本人の心掛けも良くなければならんでしょうし、よき先生、よき先輩に導かれるということもありましょうが、そういうことは、心掛けしだい、自分の努力で報われることができます。しかし、運は別物ですね。

修業そのものは、そりゃあ辛抱して習い覚えねばなりません。昔のことですから、手取り足取り教えるわけではありませんからな。横で手伝いしながら盗み取る、これは職人であればみな同じです。この過程をつらいといえばいえるかもしれません。しかし、これは考えようでしてね。人様からはつらいと見えても、私にとっては好きな道ですからね。うまく描けないといった苦労はあっても、それは当たり前のことでしてね、私にはつらいことでも何でもないんです。

それと、私が感じることは、職人はやはり、住み込みせないかんということです。そして、仕事というのはおもしろいもので、才能あるものは、寝とっても覚えるものなんです。私のところにも何人も住み込みの弟子たちがいますが、手を取って教えても駄目な者は駄目でしてね、自由にさせとっても身に付けていく子がいます。

ただ、仕事というものは、まず、気持ちも体もどっぷり仕事につかっているという、年月というものが必要なんです。どんなに賢く、器用な人でも、体で覚えるためには、仕事につかる年月が必要です。生活から何からすべてがつかりきって、なじんでいくんです。ですから、私、「見習う」という言葉はいい言葉やなあと思う。理屈じゃない、実際に見て覚え込んでいくんです。

苦難は人間を謙虚にする

大村 智　北里大学特別栄誉教授

Satoshi Omura

山梨の農家に生まれ、夜間高校の理科教師を経て研究者になった私の人生には苦労がつきものでした。その中で一番の苦難と言ったら北里大学教授を辞任して北里研究所の理事、副所長に就任した、五十歳前後の頃だと思います。

その少し前、北里研究所の監事だった私は、研究所が赤字で倒産してもおかしくない状態であることに気づきました。研究所の経営再建と老朽化した附属病院の建て直しを理事会に提案したところ、「そんなにいろいろなことを言うなら副所長をやってみろ」と。理事たちは私が何もできないと踏んでいたのでしょうが、私は本当に教授職を辞して、研究所の副所長になったんです。

その頃の私は借金が膨らんで経営難に陥っていた北里研究所を何とか救わなきゃいかんと、寝ても覚めても、とにかくそればかりでした。幸い研究のほうは若い連中が育ってくれていましたので、私は運営のほうに専念することができたんです。

ある時、埼玉県北本市に新しい病院を建設する準備の段階で、相談に乗ってくれるはずの医師会から待ち合わせ時間に突然追い返されましたし、またある医師に「会議で話を聞いてやる」と言われて行ったところが、待てど暮らせど呼んでもらえない。ようやく会議が終わるという頃に声を掛けたら「おまえ、何しに来たんだ」と、本当にそんな言い方でぞんざいに扱われたこともありました。そういう医師たちの姿を見て、日本医師会の創設者である北里先生はどう思われるだろうかと、悲しくなったこともあります。

三年間は本当に苦労しましたよ。しかし、もしあの時私が研究所を潰していたら、北里先生がお札に登場されることはなかったでしょう。いま思い返しても、この苦難があったからこそ私は人間的に少しは成長できたのだと思います。

苦難という経験は大切にすべきですね。苦難は人間を謙虚にする。謙虚になるところからすべては始まると思います。その困難な道を乗り越えさせたものは、何よりも使命感でしょうね。「北里研究所を残そう」という使命感。もちろん、再建の途中では「こんなこと、なぜ始めたんだろう」と悩んだり、夜眠れなかったりということもありました。そういう苦しみの中でも「今度、どうしたらあの人たちを説得できるだろうか」という思いが湧いてくるんです。

私は大学時代に長距離スキーの選手をやっていて、再建の途中、長距離を滑っていた当時のことをよく思い出しました。「いまの状況は、ゴールの何キロ手前のあの坂の辺りだな。ここを乗り切ったら必ずゴールに到着できる」と。私の中にいま湧き立っている使命感があるんです。それは研究を通して、世の中の人を救うためにより多くの貢献をすることです。

9月6日

再誕——自分が自分自身を生み直せ

堀澤祖門
泰門庵住職
Somon Horisawa

私は旧制高校最後の学生なんです。新潟高校の寮に入寮した日の夜に寮長が「おまえたち、なぜこの学校に入ってきたのか」と聞くんです。なぜかと聞かれましても、なかなか答えにくいのですが、続けて「諸君がここで学ぶのは先生方の授業だけではない。一番大事なのは自分が自分自身を生み直すことだ。それが最大の学びだ」と。寮長はそれを「再誕」という言葉で表現しましたが、私はここで初めて人生問題と出合ったわけですね。

再誕するにはどうするか。とにかく知識が圧倒的に足りないわけですから、三年間、古今東西の古典、先人の教えに飛びついて学びました。しかし、本を読んで思索し散々悩み苦しみましたが、結局答えは出ない。再誕できなかったんです。そのまま京都大学で経済を学ぶことにしました。哲学に進まなかったのは、哲理や知識ばかりでは何も得られないだろうと思ったからです。

しかし、経済を学んでも再誕の問題には何も触れることができなかった。それで大学に通ったのは最初の一週間だけで、あとは下宿でぶらぶら過ごしておりました。

二か月間もそんな自堕落な生活をしていると、年をとった新潟の両親がわざわざ生活費を送ってくれるのに、自分は何もやっていないことに強い葛藤を覚えるようになりましてね。それは二十一歳の誕生日の夜でした。深刻な気分になって眠れずに悶々としていると、真っ白になった頭に突然、「比叡山」という想念が飛び込んできたんです。それまで私は法然さんや親鸞さんのことは本で読んでいましたが、最澄さん、比叡山についてはあまり関心がありませんでした。それなのに何で比叡山という想念が頭に浮かんだのか、これは非常に不思議な体験でしたね。

その夜はそのまま眠りに入りましたが、翌朝目を覚ましても昨夜のことがはっきり残っているんです。「これは山に行かなあかんな」と思って比叡山に登り、そのまますぐに下りてくるはずだったのが、もう少しここにいたいという気持ちに駆られ、無動寺という回峰行で有名なお寺を訪ねました。叡南祖賢という和尚さんに「ここにおってもいい」と言われて二か月間ほど滞在することになるわけです。

その二か月の間、命懸けで行をする回峰行者に出会って、なぜそこまで真剣に行に打ち込むのか聞いてみたのですが、そういう行者の姿を通して「ここまでやらなければ問題は解決できない」という思いに駆られたことが、出家へと繋がるんです。

あの夜、比叡山という想念が浮かんでからその四か月後には大学を中退し、叡南祖賢和尚のもとで得度、出家していました。

9月7日

人はその人の性格にふさわしい出来事に出合う

大島修治
ジェイ・コスモ代表取締役
Shuji Oshima

約六年前、私が会社の社長室で仕事をしていると、ドアをノックする人がいました。「はい」と言って扉を開けた瞬間、何者かが私にガソリンをかけ発煙筒を焚きつけました。熱い――。燃え盛る衣服を剝ごうとして、私の右手は焼け爛れてしまいました。その後、救急車で病院に担ぎ込まれましたが、体の六割以上が焼けてしまった私を見て、医師は「もう無理です。助かりません」と言ったそうです。しかし、私は悪運が強いんですね。五度の危篤状態に陥り、血圧が二十以下に下がってもまだ生きていました。奇跡的に一命を取り留めましたが、ベッドに横たわり考えるのはいつも死ぬことばかりでした。全身焼け爛れ、ちょっと消毒するにも金だわしで傷口を抉られているように感じます。「なぜこんなに俺を苦しめるんだ！　いっそひと思いに殺してくれ!!」。病院中に私のわめく声が響き渡ることも少なくありませんでした。

そして、さらに私を打ちのめしたのは右腕の切断宣告でした。これでもう経営者として復帰できないと思った私は、死を考えました。しかし悲しいかな、焼け爛れた私の右手には指がありません。首を括ろうにも紐を握ることもできない。ならばビルの屋上から飛び降りようと思っても、まともに歩くこともできないのです。

切断手術の前日、両親が見舞いにきました。聞けば両親は事件の日から一日も家に帰らずＩＣＵ（集中治療室）の外で見守っていたといいます。当時両親は父が八十六歳、母が七十五歳。その八十六歳の親父が、「今度修治をやっつけに来る奴がいたら父ちゃんが守ってやるけん」と言って、木刀を杖代わりに待機してくれていたのです。また、母は涙を流しながら、「どんな体でもいい。おまえが元気になったら母ちゃんはもう一人子どもを産んだと思うからな。頑張れよ。生きろよ」と言ってくれました。

翌日、覚悟を決めて手術に臨みました。術後、麻酔が覚め意識が戻り、私は驚きました。右腕がついているのです！　医師は「切断はいつでもできる」と言って、腐った肉だけをすべて削ぎ落としてくれたのでした。骨の上にわずかな肉があり、その上に筋がある。そしてその上に血管が乗っているだけの細い細い腕。しかし、それでも動くのです。私は、「人間ってすごい」と思いました。

どうにか元気になって退院することができましたが、私は犯人をどうしても許せないのです。憎い。忌々しい。いつか見つけ出して仕返ししてやる。いつもそう思っていました。そんな憎悪の念を燃やしている時、友人の誘いで参加した講演会で私は運命を変える一言に出合ったのです。「人はその人の人生でその人の性格にふさわしい出来事に出合う」

私は目から鱗がぼろぼろ落ちました。

「自分が大やけどを負ったのは犯人のせいじゃない。自分の性格が悪かったんだ。だから敵を作ったんじゃないか!!」。私は、再び歩み出した二度目の人生は、よい人間関係を築き人様のお役に立てる人生にしようと心に刻みました。

自分流を貫く

川崎和男
名古屋市立大学大学院教授・工業デザイナー
Kazuo Kawasaki

僕は常に爽(さわ)やかで潔く生きたいと思っていますから、自分がいやだと思ったことはスパッと言います。そういう自分の我がままが許される世界で生きてくることができたことはとても幸せなことだと思っています。またデザイナーとしてもいろいろなしがらみにとらわれることなく、自分の発想を大切にして自分流を貫くことはとても重要なことなんですね。

交通事故で車椅子(いす)の生活を余儀なくされて自分流で生きていかざるを得なかったという面もありますが、じゃ車椅子になって大変だったかというと、そうでもない。僕みたいな人間は、車椅子ぐらいに乗せておかないと、とんでもない人間になっていたんじゃないか、と思うんです。車椅子になったおかげでいろいろな目移りもなく非常に集中して仕事ができるようになったし、それで現在があるのですから、人生、何が幸いするか分かりません。

おかげで僕は二つの人生を歩むことができた。一つは歩くことができた二十八年の人生。もう一つは車椅子の人生。いま僕は五十四歳なんですが、五十六歳でちょうど半分になる。それこそパーティーでもやってお祝いをしようかと思っているんです。

人間というのはたぶん生まれてきた時に、その人に宿っている運命、つまり宿命みたいなものが決まっているんだと思うんです。でも、僕は運命は変えることができるものだと思っています。その人に与えられた何らかの使命を果たした時に、きっとそのご褒美として運命が開けてくるんです。

たぶん僕は有頂天(うちょうてん)になって我がまま放題のことをしていたから、二十八歳の時に天命が下った。その時は「俺はこれから車椅子という宿命を背負って生きなければいけないのか」と半分諦めに近い思いを持ったものですが、幸いデザイナーは手さえ動けば、あとは創造してモノをつくることができる。いまから考えると、それが僕に残された唯一の使命だったんですね。

僕にとっての使命とは、世の中がよくなるために真剣に考えて「いいモノ」をつくることです。僕がデザインしていいモノをつくれば、それを使う人の生活自体を変えることができる。その人の生活が変われば、その人と社会との関わりも変わってきて、最終的には社会全体も変わるはずなんですね。そのためにはデザイナーは我がままであると同時に、我を通す喧嘩師でなければならない、と考えてきました。

そうやって僕は真剣に仕事に取り組み、それが自分に与えられた使命だと考えて夢を実現してきました。その結果、そのご褒美として運命が開けていったのだと思っています。これが僕の運命観であり、自分の生きざまの根幹をなす考え方なんです。

使命感を持って自己決定してやっていれば、人生の中で臆(おく)するものは何もない。使命を果たすべく、ひたすら自分の信ずる道を正々堂々と歩んでいけばいいのです。

9月
9日

暗記法三か条

木田 元 中央大学名誉教授
Gen Kida

私の語学の勉強は、徹底して集中的に単語を暗記するんです。これをやったら、夏休みが終わる頃には旧制高校で週に二、三時間やってきた連中よりもドイツ語が読めるようになりましたね。二年生になってからギリシャ語、三年目にラテン語をやりました。フランス語をやったのは院生になってからですね。こうして語学をものにしていったわけです。

大学受験で一年間英語を独習した経験から、私は自分流の語学独習法を身につけました。だから、そのやり方でやったわけです。具体的には単語を徹底的、集中的に暗記することですね。暗記の仕方は中学生の頃に父からやり方を教えられたことがあります。それが土台になっています。

昨日のことは覚えているが、一昨日のことは忘れる、と父は言うわけです。だから、毎日やらなきゃ駄目だと。一日でも空けたら忘れる。忘れるとおもしろくないからやめちゃう。だから、暗記に取りかかったら、一日でも空けてはならないと。毎日やる。これが一つですね。それから、普通の頭なら五日間同じことをやったら、まず覚えるものだと。だから、最低五日間は同じことを繰り返せというわけです。これが二つ。三つ目は目で見ただけでは駄目で、手で書いて覚えるようにしろ、ということですね。中学の時には聞き流していたのですが、この三つは確かに有効でした。

例えば、ギリシャ語は大学の二年生になった四月一日から始めたのですが、こんなふうでした。ギリシャ語というのは、ラテン語もそうだが、ヨーロッパには長い古典語教育の伝統があるから、実によくできた教科書があるんですね。これは八十課から成っている。で、一日一課ずつやるんです。

一日目は第一課の単語も名詞や動詞の変化も全部暗記する。そして、二日目は第一課の分を暗記し直して、第二課の暗記をやる。三日目は第一課と第二課の暗記をおさらいして、第三課を暗記する。このようにして五日間で第五課までやると、六日目は第一課は外して第二課から第五課までおさらいして第六課を暗記する。七日目は第二課も外して第三課から第六課までをおさらいし、第七課を暗記する。

このようにして、第八十課まで毎日やるわけです。ほかのことは何もしないでギリシャ語だけに集中しても、こういうふうに暗記していくと、一日八時間から十時間はかかりますね。それに一日でも休むと、確かに前日や前々日にやったことを忘れてしまう。前に戻ってやり直さなければならなくなる。だから、一日も休めない。風邪もひけないわけです。

演習の下読みや講義のノート整理などもやらなくてはならないから大変です。それをやりながら毎日八時間から十時間、ギリシャ語に集中しました。でも、これを八十日間やると、一つの言語が基本からしっかりと身につきましたね。

9月10日

事実こそ自分の教科書

陰山英男
尾道市立土堂小学校校長
Hideo Kageyama

私の実践に対して、子どもたちはどんどん答えを出してくれました。自信も深まり、子どもたちが伸びてくれることが非常に楽しく感じられました。

しかし、ゆとり教育という世の中の流れに逆らうような自分の教育法を貫くことに、迷いがなかったといえば嘘になります。実際、私の指導法が世間に知られるようになると、父母や周囲の教師以外の見知らぬ方々からも、あれは詰め込み教育だとか、ストレスで子どもが荒れてしまう、といった批判が次々と寄せられるようになりました。

しかし私は、子どもたちに学力をつけてあげることこそ、本当のゆとりにつながると思うのです。学力がつけば、勉強ができないことの辛さから解放され、自信を持って自分の将来を築いていくことができるからです。また、学校は本来勉強するところですから、教師が子どもたちにきちんと勉強をさせ、学力をつけてあげるのは当然だと思うのです。

ある時から私は、周囲の無責任な批判に耳を閉ざし、自分はもう事実しか信じないことにしました。一番大切なのは、私の実践に対して子どもたちが示してくれる事実だ。事実こそ自分の教科書なのだ。それ以外のものはもう信じない。そう腹を括(くく)ることによって、迷わなくなりました。周囲の声に流されて大切なものを見失い、本当にやるべきことをやれなくなってしまうことのほうが問題だと思ったのです。

面白いもので、間もなく私の実践がＮＨＫの番組で取り上げられたのを境にして、あれだけ多かった批判は、逆に称賛の声へと変わっていったのです。人の声というものは、こんなものだということがよく分かりました。しかし今度は、称賛の声に交じって、こういう声も聞こえてくるようになりました。偉そうな顔をするな。そういうことは昔から誰だって言っていたんだ、と。

私は、自分が立派なことを言っているとは思っていません。読み書き計算の反復練習。早寝、早起き、朝ご飯。いずれも、日本では昔から言われてきたことなのです。しかし私はそのシンプルな真理を、周囲が〝ゆとり〟という風潮に流され、見向きもされなくなった間も一貫して言い続けてきたのです。当然風当たりは強かった。しかし、一番苦しい時に言い続けたからこそ、いま多少なりとも世間で評価していただいているだけのことです。

9月11日

我を学ぶ者は死す──中川一政の生き方

清水義光
美術家

Yoshimitsu Shimizu

中川一政先生はとても厳しい方でしたけれども、半面、愉快な人でもありました。よく僕に電話をしてこられましてね。「ああ、先生」と言うとクスクスと笑われてね。こちらも喋るのを忘れてクスクスと笑う。家内が不思議に思うくらい、二人でいると喋るよりも笑ってばかりいました。何も喋る必要はないが、何でも喋れるというのか、そういう関係が二十三年間、先生が九十七歳で亡くなるまで続くわけです。

しかし、根本はやはり厳しい人でした。人に対して優しくなる一方、自分に対する厳しさのため、制作の邪魔になる人は出入りを禁止するようになられました。僕に電話があって「某という人が訪ねてきたんだけど、来ないようにできないかね」と相談を受けたこともあります。

先生は「書について」の講演をされましたけれども、その趣旨を私なりの言葉で表現すると「我を学ぶ者は死す」ということだと思います。結局、人は本当に大切なことは教えられない、自分で掴む以外にないということです。自分が学んで手応えを積み重ねる。それが本当の自信で、それなしにただ人から褒められたからといって過信しているのは他信だというのです。

先生は次のようなお言葉を残されています。

私が探し求めていたものは何だ。それは手答えである。手答えがあれば人が何と云おうとよいと思い、手答えがなければ人が讃めても満足できない。

人のパレットは自分のパレットにならぬ。人の技法は自分の技法にならない。それがわかるまでに何年時間を浪費したのであろうか。

私達は研究所や美術学校で教わるということがなかった。教わるということは人から餌を与えられることである。教わってもそれに満足出来ないで檻をやぶって出て来る者が、古来画かきになったようだ。

勉学には干渉も束縛もない。一人一人が独裁者である。

牛や馬や鶏は人に飼われている。それは自分で餌食を探さない。与えられて満足している。猛獣はそうではない。どうしても満足出来ず、自分で原野にさまよい出て戦って餌食を得る。終始危険に身をさらしている。独学の精神とはそういうものである。そうしなければおさまらぬ腹の虫を持っているのが芸術家と思う。

師と同じような顔をしているのは尊敬していない証拠だともおっしゃっていました。セザンヌの後に出たゴッホ、ゴッホの後に出たピカソやルオー、その画風は皆違う。芸術はそうでなくてはいけないと。そういう意味で先生が「これはいい」「これはダメだ」と作品を評価される視点は非常に厳しかったと思います。

9月12日

感性を精一杯働かせて仕事をする人がプロ

橋本保雄　日本ホスピタリティ推進協会理事長
Yasuo Hashimoto

山の上ホテルで私がウエーターをやっていた時に、社長から売り上げ倍増命令が下りましてね。料理長にも、倍増のためのうまい料理を作れと。ところが職人気質でへそ曲がりの料理長は、言われてやるのがおもしろくない。

それで社長は私に、「魚河岸に通って、おまえが買ってきた魚をお客様に食べさせろ」と言うんです。つまり、買ってきた魚を、そのへそ曲がり料理長に頼んで料理してもらわなければならないのですが、彼は「俺はおまえに指図されて料理を作る気はないよ」と相手にしてくれない。

どうすればその人の気持ちをこっちに向けさせることができるか。私は挨拶だと思ったんですよ。そして毎朝丁寧に「おはようございます」と挨拶し始めたら、最初はフンと横向いてろくに返事もしてくれなかったのが、一か月たつと「おう、おはよう」なんて返事をしてくださるようになった。

さらに私は、その料理長をお客様のところに引っ張り出しては、「作ったのはこの料理長でございます」と紹介したり「うまかったよ」「ありがとう」という声を直接聞かせたりしたんです。すると料理長以下どんどん真剣になってきて、売り上げも倍増どころか、四倍、五倍ぐらいになったんです。

だから、一定のレベルで満足してしまうか、それとも一つひとつに真心を込めて、さらによいものを目指していくか。それが大きな違いになるんです。朝食も十把一絡げに作るのと、ターンオーバーのフライドエッグ一つ作るのにも、どうしたら喜んでもらえるかと精一杯工夫を凝らして出すのとでは、お客様の喜びもまったく違う。そういうふうに、感性を働かせて仕事をしていくこと。私はこれがとても重要だと思いますね。感性を精一杯働かせ、お客様に喜んでいただけることを発想し、それを行動に移す。これがやっぱりプロだと思います。

神様が描く一本の鉛筆――マザー・テレサとの問答

五十嵐 薫
一般社団法人ピュア・ハート協会理事長
Kaoru Igarashi

私の人生の大きな転換となったのが、インドに建設したレインボー・ホームでした。ことの起こりは、マザー・テレサが亡くなる四年ほど前に遡ります。

ある日本人の団体がマザー・テレサに会いに、バングラデシュからマザー・ハウスにやって来ました。残念ながら彼女は留守だったため、代わりに私がマザー・テレサの施設を案内してあげたのです。聞けば、彼らはバングラデシュで親のない子供たちのお世話をしているとのこと。いろいろと話を聞くうちに、それこそ私がライフ・ワークとしてやりたかったことではないかという気持ちが湧き上がってきたのです。その思いは毎朝の祈りを通して日増しに高まっていきました。そしてある日のこと、思い切って打ち明けました。

「マザーは貧しい人の中で最も貧しい人たちを助けているけれども、私はインドの親のない子供たちにお母さんを与えるような家をつくりたいと思っています」

マザー・テレサは目を閉じて数秒間沈黙したのち、私にこう問いかけました。

「あなたに私と同じことができますか」

いつも微笑みを湛えている時とは違い、彼女はとても厳しい表情で私を見据えました。

私は即座に「世界中、誰だってできません」と答えました。

「そうでしょ。私にだってあなたと同じことはできません。人にはそれぞれ役割、ミッションがあります。あなたは自分のやりたいと思うことをやりなさい。しかし、祈りを忘れないこと。祈りなさい。あなたの祈りが神に届いたら、きっとその願いは叶うでしょう。ただし、あなたがやるのではありません。神がやられるのです」

それから私は毎日のように祈り続けました。ところが祈ろうとすればするほど雑念で心はザワつきます。孤児の家をつくれば周囲から褒められるのではないかなどという不純な心が顔を出し、祈りが祈りになりません。それでも真剣に祈り続けると、ある日、自分の心に響く声がありました。

「Make pure heart and I build.」。純粋な心をつくりなさい、そうすれば私がつくろう――。

突然、私は肩の力がふっと抜けていく気がしました。自分がつくろう、つくろうと思っているうちは祈れない。「つくる人は私ではない、見えない世界にいる」と感じました。私はマザー・テレサが言っていたように、自分も天に身を委ねて一本の鉛筆になればいい。与えられているものをすべて受け入れられたら、もう迷わない。そう意を決した瞬間、内なる声が心にストーンと落ちたのでした。

そして日本に帰り、講演に招かれるたび、出会う人に自分の夢を語っていきました。そのうちに私の思いに賛同してくださる方が次々と現れ、祈っていたらいつの間にか孤児たちの家「レインボー・ホーム」ができたのです。

9月14日

焼き上がる——遠野の言い伝え

菊池恭二　社寺工舎代表

Kyoji Kikuchi

うちの工場（岩手県遠野市）が約半日もの間、燃え続けるほど大きな火事だったのです。木材が約八百石焼けました。警察の現場検証があったのですが、結果として出火の原因は特定できませんでした。

二、三日後には、施主である宮司さんや住職さんが騒ぎを聞いて訪ねてきました。「あんたのことを信頼して頼んだのに、うちのお寺（神社）を本当に建ててくれるのか？」ということですよね。あの時は、目を見られるのが何より辛かった。菊池さん、あんたは死んだ目してんのか、生きた目してんのか。俺の仕事をやる気あるのか、ないのかと、目をじっと見られるのが辛かった。

とにかく、三か月で木材を揃えるから待ってくれと、平身低頭お願いしました。もしもあの時、全員が契約解除で前渡金を返してくれといわれたら、倒産して死ぬしかなかったですね。

その晩は女房と二人、途方に暮れて泣きました。近所の人にも迷惑をかけたから、お詫びして歩きました。出火が原因不明ですから、警察も「菊池恭二っていう男は人から恨みを買われるような人間か」と聞いて歩いたんだね。大変だったなと言ってくれる人もあれば、冷たくなった人もいたし、近所で会っても、目をそらして離れていく人もいました。おそらくかける言葉もなかったんでしょう。どん底から見上げているような感じでした。

それまでいろいろな会のお役を引き受けていましたが、全部辞めて、これからは仕事しかしないと決めたんです。

木材と一緒に機械や道具も失っていますから、新たに設備投資をした分、借金も増えたわけです。お金が入ってきたら支払い、また入ってきたら支払って、まさに詰め将棋のような感じですよ。でも、材木屋さんも木工機械の会社の人も、みんな「菊池さん、仕事があるなら使ってくれ」と助けてくれた。これに救われました。

また、そうやって「この仕事をやり切る」と定めたら、強い気持ちも湧いてきたんだね。火事で人が死んだわけじゃない、殺したわけでもない。職人たちの腕を切られたわけでもねぇ。頭と腕と足さえあればまた仕事はできる。『三国志』の戦いじゃないけれど、後には引けない、やるしかない。人生最大の逆境だけど、逆に攻めるしかないという境地でした。その年は千七百万円の赤字決算でしたが、二年目には火事の時に預かっていたすべての仕事を仕上げ、おかげで税金を納めることもできました。

遠野に「焼き上がる」という言葉があるんです。大変な試練に遭っても、それを乗り越えられた人はさらに大きくなれる、という意味です。確かに私も以前は経営のことも何も分からなかったけれども、倒産ギリギリのところに追い込まれ、目の色を変えて勉強して、人間としても経営者としても強くなったんだろうと思います。二度とあってはならないことですが、もしもう一度同じ試練に遭っても、乗り越えられるという思いはあります。

9月15日

教育とは、しつこく言い続けること

矢野博文　大創産業創業者

Hirotake Yano

われわれの商売は生活必需品ではないので、売れ行きに応じて在庫を増やすと、明日から売れんようになるか、明後日から売れんようになるかという恐怖感に襲われるんです。ちょうどマラソンの高橋尚子選手が、負けてはいけないから必死で練習するのと同じように、売れなくなったら自殺しないといけないから頑張る。自殺する怖さや悲しさから見れば、倒産を防ぐために頑張ることなど、なんのことはない。いい車に乗って、贅沢することよりも、頑張って自殺や倒産より一歩でも二歩でも遠くに逃げておきたいですね。百円という、これ以上安くできない非常に弱い商売をやっているわけですから、頑張るという十字架を背負ってひたすら走り続けるしか方法がないんです。

だから私は、ライオンのように才能や力で押していけるような強い経営者ではなくて、羊のようにいつ食われるかという恐ろしさから、周囲をキョロキョロ見て常に用心しながら、足を鍛えて臆病に臆病に生きているわけで。最初から弱者の商売であり、弱者の社長ですから、もう「ダイソーはもたん」「俺はもう潰れる」って一日に何回も言い続けているんです。

そういう私が大事だと感じるのは、そこで働く人たちがどういう気持ちでお客様に接しているかということです。「いらっしゃいませ」と明るく言うのと、ぶすっと暗く言うのとでは全然違う。やっぱりお客様は商品ではなくて、お店で楽しさとか、優しさというものを求めていらっしゃるんで、楽しさや優しさを作れない商売は生きていけませんね。ただ、なかなか教育というのはできませんねぇ。しようというポーズをするぐらいの程度だと思います。イトーヨーカ堂の伊藤雅俊会長にお会いした時に、「矢野さん、教育してるか」と言われて、「いや、してません」と答えたら、「だったらいいわ。みんな教育というものは、セミナーに行かせることだと勘違いしてるけど、あんなものは何もなりゃしない。教育というものは親が子に『勉強しろ』と何百回、何千回繰り返して言うように、しつこく言い続けること。それと、背中を見せることだ。これ以外は教育にならないから間違うなよ」

実際に伊藤会長の後を継いだ鈴木敏文会長は社員に対して三十年間同じことを言い続けてこられたと。これはすごいですよねえ。で、何を言い続けてきたかというと、欠品をするな、掃除しろ、挨拶しろ、お客さんに親切にしろといったことだそうですね。セブン‐イレブンでは月に一回全国の幹部を集めて会議をやります。中に親しい方もいるので、時々「今回はどういうお話でしたか」と聞くんですが、決まって「いやぁ、いつもと一緒ですよ」と。

鈴木会長も普通の人で、決して奇をてらったようなことはおっしゃらないけれど、当たり前のことを言い続けること。それを一所懸命積み重ねていくことによって、普通の人でなくなったんですよね。同じことを言い続けるということはとても辛いんですよ。

9月16日

人は負けるとわかっていても

佐藤愛子　作家

Aiko Sato

『花はくれない』で、父（佐藤紅緑）を書きます時に、日記とか何かいろいろ読んでますと、バイロンの言葉で、

「人は負けるとわかっていても、戦わねばならないときがある　バイロン」

というのがあちこちに書いてあるんです。それで『花はくれない』を出す時に副題としてその言葉を扉の裏に書いて出版したんですけどね。

その後、『戦いすんで日が暮れて』のような経験をして倒産しましたでしょ。昭和四十二年の二億円の借金ですから、もう何がなんだかわからないという金額です。夫は行方がわかりませんし、子どもが小学校に行っていますから私は逃げるわけにいかないから家にいると、借金取りが私に向かってやいやい言う。その時にね、「人は負けるとわかっていても、戦わねばならないときがある」っていう言葉を思い出すんですよ。それで借金を片っ端から背負ったんです。

その頃母が一緒にいましてね、「もうおまえと一緒に暮らしていると、そういうむちゃくちゃなことをするから私は生きたそらがない」って言いましたけど。

それともう一つね、私は現代医学をあまり信用しないので整体に行ってるんですけど、整体の先生がある日私の体を診て、「佐藤さん、何があったんですか。ひどい体になってる」っておっしゃる。

「実はうちは倒産していま借金取りでこうでこうで」と言ったら、「佐藤さんね、苦しいことがあった時に逃げようとするとね、かえって苦しくなりますよ。その苦しさの中にもう座り込んでね、受け入れたほうが楽という場合もあるんですよ」って言われたんですよ。

それで、私はその整体の先生を尊敬してましたので、父の日記に書かれていたバイロンの言葉と先生の言葉とで借金を引き受けたんです。

何も私が背負わなければならないような保証の裏書きなんかしてないんですから、逃げようと思ったら逃げられるんですけどね。そういう向こう見ずな紅緑の血が、私にもあるんですね。

9月17日

大人の目で芸を見るようにならんといかん

吉田玉男
文楽・人形浄瑠璃・人間国宝
Tamao Yoshida

師匠と二人のときは、師匠にも小言や文句いうたり忠告したり、偉そうにいうたりして、お客さんが来たりしたら、もう一遍にころっと変わる。そんなことからも、やはり芸の、その役に応じて変わっていく、自分を変えられるということを覚えてきたのだと思いますね。逆に、怒られたりしたときも、くよくよしないですよ。怒られたかて自分の身に付くんだからね。

ですから、怒られようと思って、わざと失策することもあるんですよ。こういう世界は、師匠のほうから手取り足取り、「ここはこうしろ」と教えてくれる世界ではないですからね。昔から、習いに来たら教えるけれども、わざわざ教えてくれる人いうのはいませんでした。そやから、怒られ、注意を受けたときに、もう一つここも聞かんならんために、もう一遍注意を受けようというようなときもあります。よその師匠なんかでも通りがかったら、自分が人形持ってわざと下手にしてると、「お前、それ何してるのや」「いや、何々の振りしてますのや」「そんなん違うわ、こうや」なんて教えてくれることもありましたよ。

ですから、若い時分にしっかりと基本を身に付けることです。人形遣いの場合は足遣いですから、足でうんと小言いわれてくることです。また、足遣いの修業中でも、その次の段階の左遣いの人が小言いわれたりしてれば、自分がいわれてるのやなと思って聞いておく。聞き捨てはならんということです。それを腹の中で笑ってるようでは自分が芸を身に付けられない。

私は、師匠との間が入門してからの七年間しかありませんでした。亡くなりましたからね。かなりの年でしたし、師匠と私の間は、もう陸軍大将と兵隊のようなものでね。将校の中佐とか大佐、大尉あたりの人には私らの師匠はいろんなことをよく注意してましたけどね。だから、私の場合は師匠からいわれたんやなしに、やっぱり芸というものはこういうもんやいうことは、自分で悟ってきたということやね。

私自身は弟子に対してはこういう指導をしています。人形を遣う、動かすことがすべてわかってきたら、今度は性根や、と。つまり芸というものを大人の目で見るようにならないかん、いつまでも幼稚じゃいかん。子供の心のようにね、線香花火みたいに動いてるのばっかりがよいのではない。義太夫の語りのよいところで、人形の動作のよく動くところがありますが、そういうとこばっかり見てるのやなしに、それまでのつながり、その後先(あとさき)のいろんなことがあるのや、つながりがね。

物言うてからふっと横向く動作の一つでも、向くタイミングもあれば、向く角度もある。そういうようなことも注目しておかなければ駄目だということです。動かすだけ動かせても、でくの坊になってたらいかんということやね。そやから、早く大人の目で芸を見るようにならんといかんということは、やかましく言いますね。

9月18日

エジソンの発想法

浜田和幸 国際未来科学研究所代表

Kazuyuki Hamada

エジソンは、肉体や精神、宇宙などに対し、独特の世界観のようなものを持っていて、自身の発明の原動力についてこう述べています。「人間、自然界すべての現象は、われわれの思いもよらぬはるかに大きな未知の知性によって運命づけられている気がしてなりません。私自身も、これらのより大きな力によって動かされて、数多くの発明を成し遂げることができました」と。

この「はるかに大きな未知の知性」のことを「リトル・ピープル・イン・マイ・ブレイン（頭の中に住む小人）」と呼んでいたエジソンは、発想の原点であるリトル・ピープルの声を聞くこと、つまり一％のひらめきを得ることが大事だと、日記の中で繰り返し述べています。「最初のひらめきがよくなければ、いくら努力しても無駄である。ひらめきを得るためにこそ努力はするべきなのに、このことをわかっていない人があまりにも多い」と、自分の発言が世の中に誤った解釈で伝わってしまったことを嘆いているくらいです。

エジソンは、発明や研究に行き詰まると、海辺に行き、釣り糸を垂れるのが常でした。ただし糸の先に餌はつけません。潮風に吹かれ波音を聞き、自然の中に身を置くことで、不思議と頭を悩ませていた問題の解決策が浮かんでくるというのです。自然界や宇宙から流れてくる未知の知性のアイデアをキャッチし、新しいひらめきを釣る。エジソンの釣りには、そんな意味が込められていました。

しかし、これは天才・エジソンだからこそできることです。では、私たちはどうすればよいのでしょうか。

エジソンは、研究に行き詰まったエンジニアにこんなアドバイスをしています。「問題は君の考え方にある。大事なことは、頭の中に巣食っている『常識』という理性をきれいさっぱり捨てることだ。もっともらしい考えの中に新しい問題解決の糸口はない」

エジソンの研究所が最盛期を迎えた一八八〇年代から九〇年代といえば、ちょうどアメリカ先住民族との戦争が終了したころ。世の中には、まだ人種差別の名残（なごり）が色濃く残っていました。

そんな中エジソンは、世界初の、男女も国籍も関係ない「平等」な会社をつくります。最盛期には一万人もの人が働いていた研究所では、多くの女性や黒人、外国人研究者の姿がありました。また、多くの日本人の若者が、エジソンのもとで勉強しながら働いていたのです。電球のトップセールスマンであった日本人青年は、業績が認められて幹部まで上りつめました。青年の名は岩垂（いわだれ）邦彦。のちにＮＥＣの創業社長になった人です。

エジソンが採用の際に、もっとも重きをおいたもの、それは知識が豊富で、常識という枠にとらわれない柔軟な発想ができるかどうか、そして、誠実で社会や人のために貢献できる人物か、ということでした。そういう意味では、西洋とは全く違う東洋の価値観を持ち、日本古来の「礼」や「誠」「仁義」という考え方が染み付いた日本の若者は、エジソンにとって、とても新鮮な存在だったのです。

人間は義務だけでは駄目だ

西村滋 作家

Shigeru Nishimura

ベストセラーになった自伝的小説『お菓子放浪記』がなぜ生まれたのかについてちょっとお話ししますね。昭和十五年の暮れ、孤児院から逃げ出した僕は、お腹が空いちゃって、あるパン屋さんの店先で菓子パンをね、ちょっと失敬してしまったんですよ。お砂糖が配給になって、甘いものがだんだんなくなってくる時代でした。

ところが情けないことに、その菓子パンを食べる前に刑事さんに捕まっちゃってね。年の瀬を一回だけ警察の豚箱で迎えているんです。ある少年院に回されることが決まると、僕を捕まえた刑事さんに連れられて目的地まで行くわけですよ。

子供だから大丈夫だろうと、手錠もつけずに僕の手を引いて行くんです。バス停でバスを待っていたんですが、向かいに汚い駄菓子屋があって。もう甘いものなんかないはずの駄菓子屋さんに、売れ残った菓子パンが二つだけありました。それを刑事さんが買ってくださいまして、「バスが来ないうちに食っちまえ」って言うんですよ。袋の中には二つありますから、当然一つは刑事さんが食べるんだなって思って、一つだけ取り出して返したんです。そしたら、人のよさそうな刑事さんでしたが、にやっと笑って「ばか、一人で食べていいんだよ」って言われた時に、急に涙が溢れてきちゃって。

僕はそれまで一人で二つ食べるなんていう経験はないんですよ。少年院や孤児院などどこに行っても頭数で分けられる。公平はいいことですよ。でも寂しいことです。それがこの時は一人で二つ食べていいという。夢のような出来事でした。

それで少年院に行きましたが、僕はこの刑事さんのことが忘れられないんですね。食糧難が戦争でどんどん広がっていく。菓子パンどころか米までなくなるような時代が始まります。だから余計に、僕にとってこの時に食べさせてもらった、たいして甘くもない菓子パンが思い出になっちゃうんですよ。

刑事さんにしてみれば、こいつは少年院に入ればもう甘いものも食えなくなるし、戦争も酷くなってくるから、せめて売れ残った菓子パンだけでもという、単なる思いつきだったかも分かりません。

ただ、本来であれば刑事さんは僕を逃さないように警察から少年院に届ければ役目はそれで終わりでした。なにも僕に菓子パンを買ってくれなくてもいいわけです。その「しなくてもいいこと」をされた僕が、八十六歳にもなってですよ、一所懸命お話しするくらいに心に植えつけられているのはなんでしょうかね。

僕はよく言うんですよ、人間は義務だけでは駄目だって。報酬をいただいて義務を果たすのは当たり前。義務の上に何がくっつくのか、人間として何がくっつくのか、ここが大事だと思うんですね。

小さなことこそ大事にする

松井幹雄 ホテルオークラ東京会長

Mikio Matsui

私は本をものすごくよく読むほうで、心に響くものがあると書き留めておくのですが、そういう中で、結局自分自身が変わり、チャレンジしていかなくてはダメだということが分かるようになったのです。

しかしそれ以前に、私という人間がいわゆる商人(あきんど)なんですね。それは、自分が店主だと思って仕事をするということです。これはうちの社員にもよく言うのですが、一人ひとりがサラリーマン根性で仕事をしていたら会社は絶対によくならない。魚屋のおやじは、きょう売れ残ったら腐ってしまうから、いかに売れ残らないようにするかを必死で考えている。それは自分が店主だからです。だから、皆が店主になれば、会社はものすごく強くなりますよ。

私は常にそういう意識でやっていますから、些細なことですけれども、必要もない所で電気がつけっ放しにしてあると、自分で消して歩きます。商品を搬入するのに扉を開け放しにしているのを見ると、エアコンが抜けてしまうのが気になってしょうがない。

そういう精神は、先輩方が代々築いてきた伝統ですが、特に元社長の野田岩次郎は本当の商人でしたね。マイホテルという感覚がものすごく強い人でした。私はその人の下で三十年仕事をしてきましたが、〝もったいない〟という言葉を実によく使っていました。

もったいないという言葉くらい日本人の心に響く言葉はないと私は思っています。こういうニュアンスの言葉は、どこの国にもないそうですね。そういう気持ちが社員にあると、合理化だとか、節約だとか、そんなことをいちいち言わなくても、自然に会社はよい方向に進んでいくのです。

野田さんは最も影響を受けた人ですが、印象に残っているのが、私がまだ宴会の予約係だった頃、私のところに電話がかかってきましてね。きょう自分が紹介したお客様が婚礼の相談でお見えになる。値引きを要求されるだろうが、君たちが一所懸命つくったプランをまけるのは忍びない。だから一番コストの低いところだけまけろ、と。

それを聞いて、この人は大変な人だなと私は思いました。要するに、小さなことこそ大切にしろ、というのが野田さんのおっしゃりたかったことだと思うのです。松下幸之助さんも、大きなことはグチグチ言わなかったけれども、細かいことはとことん言ったといいます。大きなことは慎重にやるからそう失敗しないが、細かいことは安易に考えて見過ごしがちなのですね。それが商売では一番ロスが大きいのです。

商売というのは、結局小さいものの積み重ねなんです。だから、苦労してつくったものを簡単にまけてしまう営業は、やっぱり駄目だと思いますよ。

言葉の力

鷺 珠江　河井寛次郎記念館学芸員
Tamae Sagi

祖父の河井寛次郎が戦中戦後に書き溜めた言葉は、昭和二十三年に『いのちの窓』として出版され、ここに掲載された言葉はいまも私たち家族の羅針盤（らしんばん）となっています。中でも、私が最も支えられたのが次の言葉です。

「助からないと思つても
助かつてゐる」

私事で恐縮ですが、二十年以上前、四十一歳の時にスキルス性胃がんを患（わずら）いました。早期発見により、いまでは元気に日々を過ごすことができていますが、スキルス性という、放っておくとすぐに全身に転移する恐ろしいがんであり、当時二人の子供は中学一年生と幼稚園生で、大きな不安がありました。しかし、寛次郎の「助からないと思つても　助かつてゐる」の言葉が根拠のない自信となり、不思議と落ち着くことができました。

他にもいくつか心に残る言葉を紹介したいと思います。

「心刀彫身（しんとうちょうしん）」――心の刀で身を彫（ほ）る――自分をつくるのは他の誰でもなく、自身の心の刀であるとの思いを込めた言葉です。

「鳥が選んだ枝
枝が待ってゐた鳥」

私たちは枝を選ぶ鳥は見えても、なかなか鳥を待つ枝には思いが至りません。寛次郎は物事の両面性、多面性を問う人でもありました。他にも、

「ひとりの仕事でありながら
ひとりの仕事でない仕事」

「過去が咲いてゐる今
未来の蕾（つぼみ）で一杯な今」

「此世（このよ）は自分をさがしに来たところ　此世は
自分を見に来たところ」

などリズム感のある言葉を多く残しているのも寛次郎の魅力です。

「仕事のうた」とよばれている詩があります。

「仕事が仕事をしてゐます
仕事は毎日元氣です
出来ない事のない仕事
どんな事でも仕事はします
いやな事でも進んでします
進む事しか知らない仕事
びっくりする程力出す
知らない事のない仕事
聞けば何でも教へます
たのめば何でもはたします
仕事の一番すきなのは
くるしむ事がすきなのだ
苦しい事は仕事にまかせ
さあさ吾等はたのしみましょう」

つらい仕事も明るい気持ちで乗り越えられそうな詩ですが、同時にとても深い思いが込められた言葉でもあります。仕事には苦悩がつきものですが、その苦しみは仕事に任せて、自分は仕事そのものを喜びたい。苦しみがあってこそ仕事で得られる喜びは大きく、そしてそれが自分の血肉になるのだとの思いが、寛次郎なりの言葉で表現されています。似た意味では、**「仕事が仕事をしている仕事」**という言葉もあり、仕事をする人（自分）と仕事に区別がないほど一体化する。それが本当の仕事であると表現しています。

9月22日

伏見工ラグビー部の原点

山口良治
京都市スポーツ政策監
Yoshiharu Yamaguchi

三十一歳まで日本代表でいて、最後のころの遠征では山口のキックが外れて負けたという試合がいっぱいありまして、舌をかんで死のうかと思うぐらい責任を感じました。

それで教師になって伏見工業高校に行くんですが、日本代表の名選手が先生になって来てくれるんですから、ラグビー部の連中はみんな大喜びで私を待ち受けてくれているだろうと思って行ったのに、「何が全日本や、関係あらへん」という連中で、これはもう貧乏くじ引いたなと思いましたね。学校の中をバイクが走り回る、先生に暴力を振るうというひどい学校だったんですよ。

しかしそういう学校に行って、こいつら問題を起こしても注意もしてもらえないで、きっと寂しいだろうなと思ったんだです。俺がこの学校でしなければならないことは、俺たちの学校、俺たちの母校、俺たちの恩師といった誇りを植え付けてやることだと思った。それには自分にできることは、自分が青春を懸けてきたラグビーしかないと。そういう思いでラグビー部の監督になるんですが、ぼろ負けした花園との最初の試合で生徒に教えられるんですよ。百二十対ゼロで負けるんですが、途中までは「何をやっているんだ、タックルいかんか」とか、「何びびってる、同じ高校生やろう」とか言ってどやしつけていたんですが、生徒は「何わめいているんだ」という感じで生徒と私との間に通い合うものはなかったんです。

もう放って帰ろうかとも思った。何もしてやれないもどかしさの中で、花園の選手が弱い伏見相手にトライするたびに巻き起こる拍手や歓声が嘲笑に聞こえてきたんですよ。「ざまーみやがれ山口」という。悔しくて涙が出て、その涙が私に何を教えてくれたかというと、初めて、こいつらどんな気持ちで試合をやっているんだろう、めちゃくちゃやられて悔しいだろうな、と思えた。そのときに、俺はこいつらにいままで何をしてやったろうかという気持ちが湧いてきた。

偉そうに「何してる、ちゃんとやらんかい」と冷たい言葉を言うだけだった。その言葉の裏には、俺は全日本選手だったんだ、俺は監督だ、俺は教師だという気持ちがあって、よく考えたら何もしていないことに気づいたんです。そんな自分に気づいたとき、本当に涙で謝ってました。「すまん、俺は偉そうにばかり言って、何もしてやっていなかった」と。あの気づきが、僕は指導者の原点だと思います。やっぱり自分に矢印を向ける勇気が一番大事なものだと思うんです。

その後、伏見工業は五年かかって、花園に勝つんですよ。そして翌年には全国一になりました。

9月
23日

日本人は稲作で誠実な生き方を学んできた

後藤俊彦　高千穂神社宮司

Toshihiko Goto

日本人は稲作によって生き方を学んできたのです。いまのような経済だったら運次第で株価が上がってお金を儲けたりしますよね。しかし、あの時代は勤勉・勤労でなければ秋の実りは得られない。まず誠実でなければ、豊かな暮らしはできない。これが天照大御神様や瓊瓊杵尊様が実践された誠の道。それを神武天皇も引き継がれて、いまでも皇居で天皇陛下が稲をおつくりになっている。

ちなみに、天照大御神様は稲作だけではなく、養蚕や機織もやっておられましたから、現在でも皇后陛下が皇居でお蚕の飼育に携わっていらっしゃるわけです。

それと、遊牧民族だったら誰か一人がリーダーシップを執って多くの羊を飼ったり、次から次へ牧草地を求めて移動できるんですけど、稲作というのはその場に定住しないとダメ。また、一人の力では収穫できません。近くの川から用水路を引いてきたり、台風が来る時には川が氾濫しないように皆で守ったり、多くの人たちが力を合わせないとできない。

そして、狩猟で生きていくのは一過性ですけど、田植えから収穫までは半年ほどかかるわけです。その間に、大事な働き手が怪我をして動けない時は周りの人が助けてあげなきゃいけない。それはお互い様なんですよ。協力し合って収穫を共に喜ぶことが皆の幸せだという生き方はこうして育まれてきましたし、それが村社会に根づいて、日本の文化へと発展していったんです。

私は若い頃、神楽の担い手の方々と共に二度ヨーロッパへと渡り、フランスやオランダ、ベルギーなど、様々な国で高千穂の夜神楽の公演をやりました。オランダでは終演後、会場満員のお客さんが総立ちで拍手して、私たちが帰ろうとすると追っかけてくる人がいるほどの反響だったんです。

いま当神社には若い神職が四人おりまして、彼らに次世代を担う素晴らしい神職になっていただきたいと希望を託しつつ、三年前から日本の神楽をユネスコの無形文化遺産に登録しようと運動を始めました。神楽というのは地域や歴史に根ざした伝統文化であり、共同体を守っていく大きな力を持っています。ですから、ただ単に無形文化遺産にするだけではなくて、神楽を継承し、後世に遺していく目的で活動しているんです。

9月24日

穴は深く掘れ。直径は自ずから広がる

松尾新吾　九州電力会長

Shingo matsuo

仕事がきつい、苦しいと思ったことはなかったですね。ただ親父の言いつけを守って辞めさせられないようにしよう、そのために仕事をきちんとこなそうと、それぱかり考えてやってきました。

若い頃の話で一つ申し上げますと、私は人付き合いが得意ではなかったんです。夕方になると同僚や先輩が目配(めくば)せをして一緒に飲みに行ったりする。「あんなにうまく融(と)けこめるかな」と思うと、とても不安でしたね。いまのようにお酒も飲めませんでしたから。

そんな時、出典は忘れましたが、こんな言葉に出合いました。

「穴は深く掘れ。直径は自ずから広がる」

これを自分なりに解釈したんです。「穴を深く掘れとは、仕事を一所懸命深掘りすることだ。深くなればなるほど直径は広がっていく。この直径は人の輪、交流だな」と。

交流を先にやるのは苦手なものだから、とにかく仕事を懸命にやろう。それなら俺にだってできる。そう思うと、何か精神的に救われたような気がしました。

深く掘るというのは、仕事に精通してプロになるということで、直接的に輪を広めることにはならないけれども、仕事を通して人との固い絆(きずな)が生まれます。そして、それは簡単には切れるものではない。

この言葉と出合ったのは三十代の頃です。以来、私はそのことをずっと心掛けてきました。すると不思議に人脈もでき、人付き合いも上手になりました。

熊本支店に人事係長として赴任した時、それまで就いた何人もの上司の私に対する評価をたまたま目にしたことがあるんです。思ってもみない高い評価をいただいていたことに大変驚きましてね。

世の中には直径を広げることだけに汲々(きゅうきゅう)としている人が結構います。自分の仕事を掘り下げるか。直径だけを広げようとするか。これはいまも私が人を見る一つの物差しですね。「俺はあの偉い人を知っとる」とか、そんなことばかり言う人間は、あまり仕事をしていない。

9月
25日

死に行く人が望んでいること

鈴木秀子　聖心女子大学教授

Hideko Suzuki

二階から下の階まで転落し、病院で意識不明の状態で五時間を過ごした次の日、私は身体中が痛くて、動けませんでした。しかし、心は得もいわれぬ至福感で満たされているのです。

私は、東京に帰り、後遺症がないか検査のために入院しました。その時、英国人の友人が見舞にきて、レイモンド・ムーディの著書である『かいま見た死後の世界』の話をしてくれました。後日、その本を読んで私は、「死後の世界へ一歩足を踏み入れた」ことがわかったのです。この奈良での体験の直後から、私は、重症の病人のところへ招かれるようになりました。

そして、病人のところに行くと、誰に教えられたわけでもなく、自然に手が伸びて、その人に触れます。呼吸を合わせ、静かな時を持つのです。ある時は、病人のいろんな話に耳を傾けることもあります。

数年前に、親しい友人と永別した時のことでした。彼女は、発病してからわずか四か月の命でした。その間、私は、彼女が回復することを願いながら、できるだけ夜の時間を共に過ごしたのです。時折、話を聞いてあげることもしました。

ある日の夜、彼女の苦しみが一瞬消えたかと思えるほど、病室が平和な空気に満たされたです。彼女は、大きく目を開き、ゆっくり厳（おごそ）かな声で私に話しかけました。

「聞いてください。これはあきらめではありません。私は、人生をまっとうした気がします」

彼女の表情には、見事に人生を完結した人の気品と、安らぎが溢れていました。

私が、病人にすることは、共にいることだけです。私が、手を当てると、心地よい眠りに入る人もいます。時には、深い心の底から噴き上げる思いを話し続ける人もいます。

死に行く人たちは、自分の人生を振り返り、自分の人生の意味を見つけるのです。そして、未解決のものを解決し、不和を和解に、すべてを豊かな愛で結びつけたいと望んでいることがわかりました。そんな時、彼らが求めているのは、自分の心を安心して打ち明けられる家族以外の人です。何を話しても動揺せず、「あなたの伝えたいことは、こんな気持ちなのですね」と受け止めてくれる人を必要としています。

私たちは、人生最後の時の大切さを、共に考えていく必要があると思います。

9月26日

「返謝」で感謝が完成する

北川八郎　陶芸家

Hachiro Kitagawa

繁栄の法則の大きな柱である「感謝する」とはどういうことかについて話したいと思います。

感謝は、もらってありがたいと思うだけではいけません。ありがたいという気持ちで人に同じ喜びを与えて初めて感謝が完成するのです。人から与えられるばかりだと、もらうのに慣れてしまい返せなくなってしまいます。優しさや知恵や助けをいただいたら必ず返すことが大事です。これを私は「返謝（へんしゃ）で感謝が完成する」と言っています。

もちろん、感謝を返すといっても、それに見合うだけの物やお金を渡せ、と言うのではありません。大切なのは、多くの人のために自分の人生を人に費やすこと、つまり時間を与えることです。人を手助けすることもそうです。笑顔と優しい言葉で感謝の思いを伝えるだけでもいい。その人にできる範囲のことを善意を持って精いっぱい行えばよいと思います。

私は三十代までは他者からもらう時代、人生の折り返し地点の四十代からは他者に返す時代と思っています。四十代になれば、人からもらった優しさや知恵、運をできるだけ多くの人たちに返さねばなりません。五十代からでは遅すぎます。返すべき時にきっちり返しておかないと、そのツケは先送りされ、五十代、六十代と年齢を経るごとに苦しくなります。遊んだツケは後に病気などとなって返ってくるのです。

返謝はすなわち、その人の徳積みとなります。人知れず下坐（げざ）に徹し黙々と徳を積み上げることは、確かに自己犠牲を伴うことですが、それが苦になることはありません。自分の人生の時を削り他人のために何かをお返しする喜びが体得できてこそ、「ありがとう」という本当の繁栄に結びつくのです。

人生や事業で正しいことと正しくないことの見分け方があります。正しいことには必ずたくさんの支援や励ましがやってきます。自分が正しいと思ってやっていることで反対や批判が多い時、それを一時中止することが大切です。反対が多いことは正しくないこと、失敗を意味します。正しいことや良きことは必ず「世間が応援する」のです。時に中止する勇気、立ち止まる勇気も必要です。高速道路で車を追い抜きながら走っていると、休憩が惜しくなるようなもので、人生は休息、中止を体験せねばなりません。

9月27日

学校を変革させた掃除の力

山廣康子　広島県立安西高等学校校長

Yasuko Yamahiro

教頭として着任した高校の生徒たちの大半は、はっきりいって子どもの頃から落ちこぼれ。事実、分数も解けない、アルファベットも書けない学力レベルの生徒も結構多いんですね。その上、社会規範やルールも身につけもしないで社会に送り出したら、困るのは生徒たちです。そんなものは愛情でも何でもないし、学校としての役割を果たしていません。生徒にとってこの学校が最後の砦(とりで)です。絶対にこの学校をどうにかしなければならない。それにはまず、生徒云々(うんぬん)ではなく、教師の姿勢からだという思いが募っていきました。

最初に着手したのは、職員室の掃除です。といっても、教育的信念云々ではなく、あまりにも汚くてつい本能的にせざるを得なかっただけですが。給湯室も、ここで沸かしたお湯でお茶を飲む気にならない、というくらい汚い。生徒たちは廊下で飲み食いして、おにぎりやパンの袋はポイ、ジュースの缶もポイ、唾(つば)はペッ、それが休み時間ごとに繰り返されます。ある時は鶏ガラまで落ちていたんですよ！　先生方はどうするかなと見ていたら、知らん顔をして通っていきましたね。

私は独り黙々と校内の掃除を始めました。ただ、孤軍奮闘というのではなく、私は教頭で、後ろにはいつも校長先生がいらっしゃいました。私に対する苦情を言う先生や保護者に対し、「教頭のやっていることは私の考えです」と言ってくださった。私にも「遠慮せずにどんどんやってください」と背中を押してくださった。だからできたことです。

一学期中は校内で起きた大きな事件の後処理などにテンテコマイで、学校改革には何も手をつけられませんでしたが、夏休みから本格始動。先生方に毎日ちゃんと出勤してもらい、研修や会議などをびっちりやりました。「よーし、この機会にいろいろルールをつくるぞ」と思いながら、校門に続く長い階段を上って登校してきた時、ふと「ここにお花があったらどうかな」と思いついたんです。

生徒たちが食べながら登校してくるから、缶やビニールが散乱していました。そこにゴミがあるから捨てるのであって、代わりに花があったらポンポン捨てられないだろうと思ったんですね。思い立ったらすぐ実行が身上です。体育の先生と二人で農家に土をもらいに行き、毎日毎日水をやって、ベゴニアやサルビアなど、合計百個のプランターを育てました。この時もほかの先生たちは知らん顔していましたけど。

夏休みの間ずっと心配だったんですよ。一学期に私とバトルになった生徒たちは、私が育てたと知ったら踏んづけるんじゃないか、引っこ抜くんじゃないかと、実は祈るような気持ちで九月一日を迎えたのです。登校してきた生徒たちは、みんな「わあ、きれい」とか「すごー」と感嘆の声を上げていました。「きれいなものを見てきれいと思う健全な心があるじゃないの」と感動しましたね。先生たちはダメだ、ダメだと言うけど、この子たちはダメじゃない。絶対やればできると確信しました。

9月
28日

人は創めることさえ忘れなければいつまでも若い

日野原重明
聖路加国際病院理事長・名誉院長
Shigeaki Hinohara

私は一九七〇年、五十八歳の時によど号ハイジャック事件の現場に居合わせました。よく晴れた朝の七時頃、富士山の真上を飛んでいると、日本刀を抜いた若者たちが座席から立ち上がり、「我われ日本赤軍はこの飛行機をハイジャックし、北朝鮮の平壌(ピョンヤン)を目指して直行することを命ずる」と叫んだんです。

私も含め、百二十二人の乗客と客室乗務員は全員麻縄(あさなわ)で手を縛られました。機長は機転を利かせて「北朝鮮に行くにはガソリンが足りないから」と嘘を言い、いったん福岡に降りて給油することになりました。そこで子供や老人たちは解放されました。

北朝鮮へ向かう途中、赤軍の若者たちは「機内に本をいくつか持ち込んでいるから、読みたい者は手を挙げよ」と言いました。その中にドストエフスキーの『カラマーゾフの兄弟』がありました。乗客は誰一人として手を挙げませんでしたが、私一人だけが「『カラマーゾフの兄弟』を貸してください」と手を挙げた。開いてみると冒頭に『聖書』の教えの一節が出ていました。「一粒の麦もし地に落ちて死なずば、ただ一つにてあらん、死なば多くの実を結ぶべし」。私もここで一粒の麦となって死んでしまうかもしれない。けれども私のこれからの振る舞いが、後に続く人たちに何かの結果を及ぼすかもしれない――。そういう気持ちを持って心を静かにし、皆のためにできるだけのことをやろうと考えたんです。

私たち乗客は事件から四日目に全員無事、韓国の金浦空港で解放されることになりました。靴底で大地を踏んでその土の音を聞いた時「無事、地上に生還した」と感じました。そして「あぁ、これからの私の人生は与えられたものだ」と思いました。

帰国すると、千人を超える皆さんからお見舞いやお花が届いていました。私たち夫婦は皆さんに感謝の意を表し、礼状を出すことにしたのですが、妻は私の文章の後に続き、こんな言葉を添えました。

「いつの日か、いづこの場所かで、どなたかにこのうけました大きなお恵みの一部でもお返し出来ればと願っております」

妻は無口で出しゃばらず、いつも控えめな女性でしたが、この言葉は私を驚かせ、妻に尊敬の念を覚えさせました。そしてこの言葉が私の第二の人生の指針となりました。

その後しばらくして、マルティン・ブーバーという哲学者の本を読んでいた時に「人は創(はじ)めることさえ忘れなければ、いつまでも若い」という言葉に出合いました。そうだ、いままでやったことのないことをやってみようと。その四年後、私はライフ・プランニングセンターを創設して予防医学の重要性などを訴え、八十九歳の時に「新老人の会」を立ち上げ、七十五歳以上の新しい生き方を提唱してきました。その会に掲げた「愛し愛されること、創めること、耐えること」という三つのモットーは、それまでの私の人生体験を踏まえてつくられたものなんですね。つまりあいう事件に遭遇したことが、私に本当の生きる意味というものを教えてくれたんです。

9月
29日

進化し続ける企業の共通点

遠藤 功　シナ・コーポレーション代表取締役

Isao Endo

私が見てきた企業の中で、例えば花王などは現場力の塊(かたまり)のような会社である。二〇〇六年まで二十四年にわたり連続で増益し続けたのは有名な話だが、二十四年とは約四半世紀である。この間、経営環境も著しく変化する中、なぜそれが可能だったのか。

例えば、洗濯洗剤の「アタック」は二〇一二年で発売から二十五年目になるが、いまなお毎年商品改良を続け、新しい価値を加え続けている。加えてコスト削減の努力も続けている。商品改良によって新たな価値を加え、一方でコストを削減すれば、当然利益が生まれる。要するに、花王の現場はルーチン業務をこなしているのではなく、利益を創造しているのである。

毎年少しずつの改善・改良を地道に続けてきたからこそ、二十四年もの間、増益を続けられたのである。その継続性、執着性こそ花王の競争力の源である。

サービス業でいえば、例えばヤマト運輸である。いま、宅配便は当たり前のように指定した時間内に届けられるが、この背景には並外れた現場力がある。

日々、交通事情も違えば荷物の個数も違う。ヤマト運輸のセールスドライバーは「きょうこの個数を午前中に届け切るにはどうしたらいいか」と常に考え、工夫し、動いている。現場の知恵があるからこそ、時間指定配達は可能なのだ。

そもそも昔は時間指定などなかったが、それを生み出したのも現場である。配達時、不在であれば再度足を運ばなければならないから時間もかかるし、コストもかかる。また、お客様からも「〇時に届けてくれたら助かる」という声もあっただろう。新しいサービスを「やる」と決断するのは経営陣だが、それを実現するのは現場の力である。

ヤマト運輸にはセールスドライバー用のマニュアルがあるが、「マニュアルどおりにしたらクレームになる」と言われている。ここが欧米の現場との決定的な違いだ。たとえマニュアルどおりにやったとしても、時間内に配達できなければ、お客様満足は実現できない。だから、ヤマト運輸の現場では日々の状況を見て、自分たちで考え、いまどうすべきかを工夫しているのだ。

また、このデフレ下でも、ものすごく高い利益率を出しているスーパーマーケットがある。スーパーのオオゼキである。ここは個店主義を展開しており、それぞれの店の立地から自分たちで品揃えを考え、自分たちで売り場づくりを行っている。

製造業でも、サービス業でも、小売業でも、すべての業界において、現場が自発的にアイデアを出し、進化し続けている企業は圧倒的に業績がいい。現場力はそのまま業績に結びつくのである。

9月30日

生活と会社の仕事をどう両立していくべきか

古森重隆
富士フイルムホールディングス会長兼CEO
Shigetaka Komori

私もいろんな上司に仕えましたけれども、特に印象に残っているのは、営業マン時代に社長に直訴した時のことです。何かの会合で当時の社長と言葉を交わす機会がありましてね、「フィルムをもうちょっと改良すべきです。工場や研究所にはっぱをかけていただけませんか」と言ったんです。そうしたら、「それは私も言おう。けれども君はそのために何をしたか？　どうしたら現場が思うように動いてくれるか、君も考えて動いてみなさい」と言われてはっと気がつきました。あぁそうだ。何でも人頼みではなく、まず自分でなんとかしなくてはいけないんだと。要するに、人のせいにしないということです。

以来、会社で自分に問題が降りかかってきた時は、誰かが悪いのではなく、自分がそれを解決する努力をしないのが悪いんだと考えるようになりました。これはもの凄く大事なことです。それを一所懸命実行してきた結果、社長になったと言えるかもしれませんね。一番大事なことはやはり自分にも人にも誠実に向き合うことじゃないでしょうか。仕事にも、会社にも、人に対しても、すべてのことに真正面から取り組む。そういう誠実な心が大事だと思います。

少し前ですが、出張先で現地の従業員と一緒に飲んでいた時に、三十代の若い社員が私に聞いてきたんです。自分の生活と会社の仕事をどう両立していいか分からない。どれだけ会社にエネルギーを注げばいいんでしょうと。私はその時こう言いました。「とにかく半年間全力で会社のために働いてみなさい。そこで初めてどうバランスを取ればいいかが分かるから」。しばらくして彼は、分かったような気がします、と言ってくれましたけれどね。

誠実というのはそういうことにも通じると思います。やはり一途一心、一所懸命何かに取り組んでいかないと何も学べないし、自分も成長できないんです。私自身の経験に照らして言えば、やはりいつも会社のことを考えて行動する人間は伸びると思います。

会社のために一途一心、一所懸命頑張ることが自分の成長にも繋がるし、それを人はちゃんと見ているんです。あぁあいつは会社のためにいつも一所懸命やっている男だと。私にそういう信頼を抱いてくれた人が何かの形で返してくれる。情けは人のためならずといいますが、会社のためにベストを尽くしたら、自分にも返ってくるんです。

私はそう信じて、若い頃から、自分は会社に貢献しているか、中途半端な仕事をしていないか、いつも己に問いかけていました。上司との衝突も辞さなかった私が社長にまでなったのは、私がいつも会社のことを思ってやっていることをみんなが認めてくれたからだと思います。そういう生き方っていうのはいいですよ、実に気持ちいいものです。もちろん社長になる、ならないが重要なのではありません。自分の思う通りの人生を生きたかどうか、自分自身を実現できたかどうか、そこが一番大事です。それが人生の本当の勝者なんです。

10 *October* 月

井原隆一（経営評論家）
清川 妙（作家）
鍵山秀三郎（イエローハット相談役）
青木十良（チェリスト）
松本明慶（大佛師）
島袋 勉（ラシーマ社長）
安永蕗子（歌人・宮中歌会始召人）
山本一力（作家）
野中郁次郎（一橋大学名誉教授）
津曲 孝（ケーキハウスツマガリ社長）
伊與田 覺（論語普及会学監）
上甲 晃（志ネットワーク「青年塾」代表）
松原泰道（南無の会会長・龍源寺前住職）
堀地速男（銚子丸社長）
渡邊 剛（ニューハート・ワタナベ国際病院総長）
白鷹幸伯（鍛冶）
正垣泰彦（サイゼリヤ会長）
伊能 洋（洋画家）
田坂広志（多摩大学大学院名誉教授・田坂塾塾長）
小野田寛郎（小野田自然塾理事長）
藤沢秀行（囲碁九段・名誉棋聖）
小川良樹（下北沢成徳高等学校バレーボール部監督）
神崎紫峰（信楽焼陶工）
岡田幹彦（日本政策研究センター主任研究員）
佐野 孝（白根緑ヶ丘病院理事長）
櫻田 厚（モスフードサービス社長）
垣見恒男（垣見技術士事務所所長）
龍野勝彦（タツノ内科・循環器科院長）
村木厚子（元厚生労働事務次官）
小菅正夫（旭山動物園前園長）
川島廣守（本田財団理事長）

10月1日

人生の大病は、傲の一字にあり

井原隆一
経営評論家
Ryuichi Ihara

当時、埼玉県には七つの銀行がありました。私の勤めていた銀行の貯蓄銀行は、支配人と次長。七、八人の女子行員のみ。金庫もなければ机もない。いわば親銀行の居候みたいなものです。その貯蓄銀行へ、国民は戦費調達のため毎月貯金をしていけという。十人じゃとてもやりきれない。親銀行から男の行員を一人募集したんです。しかし誰も行く手がない。そりゃそうでしょう。親銀行には、千人近くの行員がいた。当時でいえば大銀行です。そこから十人の所へ行けといわれても、行くわけがありません。

私にも声がかかってきた。その時、昔読んだ『十八史略（しりゃく）』の中の言葉、「鶏口となるも牛後となるなかれ」を思い出したんです。千人の銀行にいたら、いつになっても肩書はつかないだろう。よぉし、それならば、たとえ小さな銀行でも、行けばいつか肩書くらいはつくだろうと。周りからは「なんてもの好きなやつだ」とか「あそこは女性が大勢いるから魅力を感じて移ったんだろう」などとずいぶん悪口をいわれました。まもなく戦争が激しくなって一県一行主義となり、七つあった銀行が一つになりました。私の肩書はそのままです。大学を出た先輩は平のままで、私は営業部長代理。小学校きり出ないのが、大銀行の鍵を預かる。そりゃあ嬉しかったですね。

しかし今度は失敗談です。一度、私はある人をつかまえて「私の長所を挙げてくれませんか」といったんです。そうしたら、「それが君の最大の欠点だ」。長所を挙げろとは何事だと。王陽明（おうようめい）の言葉に、「人生の大病は、傲（ごう）の一字にあり」とあるんです。なるほど、その通りだ。私はいつの間にか思い上がって、傲病にかかっていた。

では、この重い病を治すにはどうすればよいか。これは、傲病にかかっていない人と付き合うに限るんですね。そこで、エリート意識も何もない、町の人と付き合うことを考えた。終業時刻になると、町へ出て、たばこの吸殻（すいがら）を拾って歩くおじさんと話したり、いずれは日本一になるんだと語る石焼き芋売りの人たち、四十人くらいと付き合いました。銀行をやめるまで、二十年くらい続けたでしょう。

「仁」の一字をもって一生を貫かれたのは、孔子（こうし）様です。じゃあ、あんたを守る文字はなんだ？　と聞かれましたら、私の場合は「敬」の字です。

人を敬い、己を慎む。私はこの「敬」の一字を、自分の守り本尊にしてきたわけです。だから私は、部下を怒ったことは一回もありません。責任を全部、自分のせいにしてしまえばいいんです。相手のせいにするから、怒りたくなる。「怒らないと統制がとれないだろう」といわれそうですが、『韓非子（かんぴし）』にも出ています。「上に立つ人が使命を果たさねばならぬのは賞罰だけである」と。だから、私はぜんぜん怒ったことはありません。それでも、一番怖いのは井原だといわれました。賞罰を明らかにしたからです。

10月2日

年は八十でも心は十八

清川　妙　作家

Tae Kiyokawa

大伴旅人（おおとものたびと）の歌に、「生ける者遂にも死ぬるものにあればこの世にある間は楽しくをあらな」というのがあるんです。

生きてる人はみんな必ず死ぬものだから、生きてる間は楽しく生きましょうという意味ですが、少女時代に習った時、国語の先生は「大伴旅人は享楽（きょうらく）主義者だからな」とおっしゃったんです。でもそうじゃないと思いますよ。享楽主義じゃなくて、すごい意志を持って生きているんだって思います。

私がとても尊敬している主治医の先生がいらっしゃるんですけど、その先生が「医者の僕が言うのはおかしいけれど、清川さん、人間は百％死ぬんですよね」とおっしゃったから「そうですよ。先生も私も」って言いました。

人間は必ず死ぬんです。だからせめて楽しく生きましょうと万葉時代の人が言うのは、すごいと思います。楽しくといっても、ただただおめでたく楽しくという意味ではなくて、意志を持つということですよね。心の力を持つというか。主治医の先生が言われるには、「体というのは心なんですよ。直結しているんです」ということです。

年を取ってきますと、体がついていかなくて、何でも面倒くさくなりますでしょ。でも面倒くさいと思わないで、少しずつでも楽しみながらやることです。楽しむというのはコツだと思いますよ。楽しもうとする意志というか、日常の習慣にしちゃうということです。

夫を亡くして私が一人暮らしになった時に、「一人暮らしは寂しいでしょう」と言われたんですけど、自分の右肩の辺りに、見えない監督とか、マネージャーとか、介護人でもいいんですけど、そういう人をつけようと思ったんです。それで例えば「私きょうは三時間ぐらいしか眠っていないからだるいわ」と思うと、もう一人の自分が、「でも三時間でもぐっすり眠ったじゃないですか」とか言うわけです。そういうことを続けていると習慣になって、自分ともう一人の自分が一緒になっちゃって、いまはもうクビにしましたけれど。一番大事なことはどんなことがあっても習慣になるまで続けることですね。

人生で大事なことは、自分という人生は繰り返されない一度きりのものだから、自分を大事にするということが一番の基本だと思うんですね。そして、自分とは何かというと、体と心があるわけで、この二つは一体だから、体も心もケアしてあげるということじゃないでしょうか。客観性というか、自分自身を外から見る力というか、そういうものがとても大事だと思うんですね。自分自身をやりっ放しにしない。感情の赴（おもむ）くままにしたり、体をほったらかしにしないで、自己管理して、セルフコントロールですよね。そしてストップしない自分、いくつになっても進行形のままで自分を育てていくこと。育ちざかりに私は死にたいと思っています。亡き母が生前口にしていた言葉があります。「年は六十でも心は十六」。当時の私はおかしがって聞き流していましたが、いまは母の気持ちがよく分かります。「年は八十でも心は十八」。紛（まぎ）れもないまの私の心境です。

10月3日

請求書の人生と領収書の人生

鍵山秀三郎　イエローハット相談役

Hidesaburo Kagiyama

〝もっと、もっと、もっと〟

際限なく求めて欲しがって生きるのは、「請求書の人生」であると、知人の有吉説志様から教えていただきました。

有吉様は、幼い頃お祖母さんから、寺社にお参りした時は「ありがとうございます」と請求書ではなしに領収書のお参りをしなさい、と教えられたそうです。

向上心や探求心は人の成長に欠かせない大切な条件ではありますが、度の過ぎた欲求は人を卑しくし、ひいては国家の尊厳を傷つけることにも繋がります。

有吉様のお話を通じて、求めるばかりではなく、いま与えられているものごとに感謝の心を持つ「領収書の人生」を歩めと教えていただきました。

日本には領収書の生き方をしている方が大勢おられますが、そういう方は世間から注目されることはありません。請求書の生き方をする人が派手で目立つのに比べて、領収書の生き方をする人は地味で人目につかないところが共通しているからです。

誰からも注目されず、光の当たらないところで、いつ報われるか分からないことにも心を込めて取り組んでおられるそのお姿からは、卑しさは微塵(みじん)も感じられません。

他人に頼ったり、求めたりすることなく、人の役に立つことだけを念頭において、一途に歩み続けるお姿は、人を惹き付ける豊かな魅力を備えています。

このような方々は、お互いに住む世界は異なっていても、一度会っただけで朴訥(ぼくとつ)なお人柄に惹かれ、年来の知己のようになります。語り合ううちに、この方の成功を祈り、ささやかであってもお手伝いをしたいという思いが湧いてきます。そして、この領収書の生き方をされている方々同士のご縁を結ぶことの大切さを実感いたします。

10月4日

九千個の音符を拾い、吟味し、解読する

青木十良　チェリスト

Juro Aoki

九十歳のいま、予定している演奏会は年間九本ぐらいでしょうか。今年も年内にあと三つやります。

演奏家によってはある曲について若い頃に仕上げた解釈を一生使う人もいるでしょう。だが、私にとってはすぐれた曲が語りかけてくるものは無限です。一年前の解釈が、どうも違うぞ、と思えてくる。一楽章の音符の数は大体一千個ぐらいです。演奏時間約十分で三楽章とすると、音符は三千個。演奏会で私は三曲ほどやりますから、全部で九千個。これだけの音符を一つひとつ拾って吟味し、解読していくと、二か月はかかります。

譜面の中身をしっかり掴(つか)んで、楽器を通して掴んだ心を伝える。これが演奏家の使命です。ところが容易なことじゃない。言うはやすしでね。経験と同時に学問が必要なのです。その難しさはチェロを始めた頃から感じていました。西洋の名演奏を数多く聴いて、とても真似できないと思っていましたが、もう大変な苦労をしていることが少しずつ分かるようになりました。

それでよく生徒に言うのです。「お客様は、あなたの音楽を聴くために早めに夕食を摂(と)り、混雑する電車に乗って来てくださる。そういう人が何に心を打たれるか。大作曲家の偉大な精神を、どれだけ楽器で復元しているかだぞ」と。だから私は、この年になっても六時間は弾いています。皆、信じられないと言うけれども。

これを三百六十五日ですね。一つの曲について楽譜を分析し、それを演奏に固定して、作曲家がその曲に託したものを美しく力強く表現する一つの形をつくりあげる。だが、演奏してみると物足りないところが出てくる。作曲家の意図を汲(く)み取りきれていなかった。人間性への踏み込みが足りなかった。そういうものが見えてくる。そこでつくりあげた形を壊して、また楽譜の分析にかかる。その繰り返しですね。

損得を計算したら毎年赤字ですよ。使命感を感じるから、マイナスの仕事に平気で打ち込めるようになるのです。

10月5日

老師最後の口伝「佛来い」

松本明慶　大佛師

Myokei Matsumoto

佛縁にて、十九歳で野崎宗慶老師に弟子入りしましたが、当時八十を越えた高齢で一年半後には他界されました。

「一年半しか弟子入りしてないじゃないか」と言われました。しかし人との出会いは時間の長さだけでは測れないと思います。道を求めて出会い、ピタッと心が合致した人とは、何十年にも匹敵する濃厚な瞬間を共有することが出来るのだと感じます。いまでも師匠が彫っておられた御姿が瞼(まぶた)に浮かびます。いまでも御声が聞こえます。

師匠にいただいた一番大きなものは感動です。最後の京佛師と称された師匠に対する尊敬、彫られた秀作への憧れ。またいまとなっては技術だけでなく、一体一の対面で師匠から賜った慶派の流れをくむ口伝が、何より大きな宝となっています。それらは四十人の弟子を育成する現在の松本工房においても、脈々と継承されております。例えば、心がめげかけた時の仕事への向き合い方、みほとけに対してどういう姿勢で臨むのかという心構えや、阿弥陀如来はこういうみほとけ、不動明王はこういうみほとけと、造佛にあたっての基礎となる、佛教経典に説かれる教義などを話してくださいました。

こうした口伝の中で、最後の口伝となったのが一休さんと船頭の話でした。これが私にとって師匠からいただいた一番大きな宿題だったのです。一休禅師は京都木津川の畔におられたのですが、所用のため大坂まで淀川を十石船で下って行かれることになった。その際、船頭が「あなたは高僧なのだから、私に佛さんを見せることなんて簡単でしょう」と尋ねた。すると一休さんは何食わぬ様子で「分かりました」と。そして「それなら、大きな声で佛来いと叫びながら竿さし船を漕いでください」と条件を出した。船頭は言われた通り大きな声で叫びながら漕ぎ続け、一時間後に大坂に到着。一休さんが用事を済ませ再び十石船に戻り、その船頭に「どうや、佛観たか」と問われると「観た」と。

この口伝はこれでおしまい。一体どういう意味なのか、当時の私には理解出来ませんでした。なぜ佛が見えたのか、答えが出ませんでした。解けない疑問を頭に留めたまま、それから師匠亡き後も、心ある方々に見守られつつ彫刻を続けて十年経ち、二十年経ち、三十年経つと、だんだんようやく口伝の真意が見えてきたのです。大きな声で佛を呼び続けた人にしか、佛は見えないと。それは自分の作品が世間に少し認められ、もっと佛師の道を究めたいと思った頃のことでした。「佛を呼ぶ」とは自分の職業に一所懸命打ち込むことに他ならず、呼んだら呼んだ分だけ、佛さんが観えてくる。呼び方が少ないと、観えない。

御自身の余命を十分に察知しておられた老師が、みほとけを刻みながらポツリポツリと話された口伝は、いずれ闇夜の道をひとり歩むことになる若い弟子への燈明、命がけのエールだったのです。ひとえに感謝の念は尽きません。

10月6日

明るい顔、暗い顔をしていた人の違い

島袋 勉 ラシーマ社長

Tsutomu Shimabukuro

踏切事故で両脚を切断した後、地元・沖縄に、院内で義足をつくれる病院がなかったので、長野の「身体障害者リハビリテーションセンター」に転院しましたが、将来に対する漠然とした不安が拭いきれませんでした。リハビリとか、言われたことは一所懸命やるんですよ。でも、将来自分がどうなるか分からず、無気力でしたね。髭を剃るとか、顔を洗うといった身だしなみを整えることが億劫でした。

ある日、実家に電話をしました。母が出ましたが、しばらく話していたら、「痛い?」と聞くんです。「それは痛いよ」と答えると、母は、「こんな痛い思いをして何も学ばなかったら、ただのバカだよ。アハハハハ」と笑いました。

一瞬、「何を言っているんだろう」と意味が理解できなかった。でも、晩になってもう一度母の言葉を思い返して、ハッとしたんですね。自分は突然こういう体になって、「大変ですね」「痛いでしょう」という同情の言葉に慣れきっていたのではないか。だから、無意識のうちに母にもそういう言葉を期待していたんだなぁ、と。

確かに母の言うとおりです。こんな思いをしたのだから何かを学ばなければ、と思うようになってから、考え方が変わり、それまで見えなかったものがいろいろと見えてきました。

センターにはたくさんの身障者がいましたが、明るい顔をしている人と暗い顔をしている人の二通りなんですね。

ある日、私より一年前に片脚を切断した方と病室でお会いしました。その頃、私は社会復帰を目指しリハビリに励み、食事も残さず食べて、義足をつくるためその勉強もして、自分なりに一所懸命やっていました。片脚とはいえ、脚を失った先輩ですから、退院した後の心構えとして聞いてみたんです。「できないことは何ですか」と。

彼は「うーん」と考えて、「何もないよ。ただ何をやってもすんごく疲れるけど」と言いました。それを聞いた時、自分の頭の中では「大変なこと」と「不可能なこと」を区別できていないんだと気づきました。頭の中の考え方をすべて変えなければダメだと思いましたね。

同時に、センターの中にいて暗い顔をしている人と、明るい顔をしている人の違いが分かるようになりました。暗い顔をしている人は失った体の機能やそれによってできなくなったことばかりを考え、できないことに言い訳をしている。それに対して明るい顔をしている人は、残された機能でできることを考え、「これができるようになったから、次はあれができるようになりたい」といつも夢や目標を語っている。

それまでの私は、心のどこかでいつも失った脚のことを考えていました。それではいけない、残された機能をいかに生かすのか、と考えるようになり、これまで以上に真剣にリハビリに取り組みました。義足の歩行練習を始めたのもそれからです。

10月7日

短歌は啖呵である

安永蕗子　歌人・宮中歌会始召人

Fukiko Yasunaga

私は師範学校を卒業した後、教職に就きましたが、二十八歳の時に結核を患い、医師からは「あと十五日の命」と告げられます。父はすぐ葬式の心配をしたそうですが、母は八方手を尽くして特効薬の抗生物質を分けてもらい、おかげで私は一命を取り留めることができました。

しかしその後、七年間に及ぶ療養生活を余儀なくされました。手術をした際、肋骨を七本も摘出したため、一人では襖を開ける力さえありません。母はそんな私にこう言いました。「神様はどんなに絶望に見える時でもすべてを奪われはしない。何か一つは残してくださるもの。例えばそれは、野の花や鳥などを生かしている自然ではないかしら」。そして「毎日歌を一首作りなさい。人間を歌うより、目の前にある自然を詠み込んでいったらいい」と歌作を勧めました。

また、父は外が見えるようにと私のために天窓をつくってくれ、窓外に去来する風景に私は歌うべき何かを探していました。

体力も、気力も、将来の見通しもなかったある日、父の本棚に中城ふみ子さんの歌集を見つけました。彼女は三十歳を過ぎたばかりで病魔に侵され、死期を目前にしながらも、まじろがずに自己を見つめ、愛や性を艶やかに歌っていました。そこには、周囲へ温かな眼差しを向けながらも、己の無残さを見据える強さがありました。私はそこに一筋の光を見た思いがしました。

母が私に言ったのは「一日一首」と「一つのことを歌え」ということです。

例えば薔薇の花が咲いているとする。咲くということは、薔薇にとっては一大事である。薔薇がひたむきに咲こうとしているのなら、こちらもひたむきな姿勢で歌う。隣で咲いている他の花まで詠み込む必要はない、といった意味でした。

私が歌うのは「日の常なる姿」のことです。日とは太陽のこと、日の常とは朝、太陽が東から昇り、夕べ、西へ落ちる運行のこと。どんなに文明が発達しようとも、人間は自然を超えることはできません。その自然のありようをじっと見つめることによって、人間の営みや時代の姿が見えてくるものだと思うのです。私が四十歳を過ぎた頃からは、後進の指導も行うようになりましたが、根源となる自然への畏敬の念を持っていないと、それは燦然とした輝きを放ちません。

会の女性たちにはよく「短歌は啖呵である」と言います。歌とは、いま目の前にある自然や事物に対する素志を、定められた形式の中に簡明に詠み込むもの。それは一枚の絵を描くように、一瞬を歌ったもので、自分自身の実感が伴ったものでないといけません。従って、私は添削をする時も、その作品が生まれた場所や状況などの背景を必ず聞き、あくまでも原歌を尊重するようにしています。

10月8日

新聞配達で得た人生の教訓

山本一力　作家

Ichiriki Yamamoto

私の母方の祖母は、高知で日本舞踊の師匠のようなものを務めていて、地元ではそこそこの名士だったのです。ですから、おふくろも子どもの頃はいい暮らしをしていたのですが、結婚した父がやりたい放題をやって、ずいぶんお金も儲けたんですが、最後はスッテンテンになって死んでしまった。結局そこからはおふくろが女手一つで妹と私を育ててくれたのです。昭和三十年代でしたが、当時の社会は寡婦に対してまだ冷たく、高知にいても仕事がなかったので、東京へ出て新聞屋に住み込みで働いたのです。

私も後から東京へ出て、母が身を寄せていた新聞屋に一緒に住み込み、中学三年から高校を卒業するまでの四年間、ずっと新聞配達をやっていました。その中でいろんな人に出会って、世の中には本当に見返りを求めずにいろんな情けをかけてくれる人がいることを知ったのです。

新聞配達で一番辛いのは、いまの時期の雨です。雪ならまだしも、氷雨でも降ろうものなら、指先は冷え切ってちぎれそうになります。そこを我慢して配りに行かなければいけない。

私が配っていたのは渋谷の大山町と西原という、大高級住宅街なんですが、その一角に代々幡斎場という火葬場がありましてね。その斎場の職員の方たちの住居に新聞を配っていたんですが、そこの人たちが本当に優しかった。寒い日には熱いお茶、夏場には冷えた麦茶を飲ませてくれる。それで何をしてくれでもないんです。

私はその人たちとの触れ合いを通じて、世の中には心底からの親切というものを相手に示してくれる人たちがいる。本当に温かい心の持ち主がいることを知り、人の情けというものを取り込む根っこが心の中に養われたんです。自分の人生を何度振り返っても、やはり原点はそこに行き着きますね。

四年の間には風邪をひくようなこともありましたが、だからといって、休むわけにはいかないんです。だって、私が行かなければ新聞が届かないんですからね。風邪をひこうが頭が痛かろうが、そんなことは言っても仕方がない。

あの経験を通じて、物事というのは、自分がやらない限り他の誰も片づけてはくれないということ。そして、何かをやりたければまず目先のことを片づけてからでないと次へは進めないことを、理屈ではなく体で覚えました。これは本当に貴重な財産になりましたね。

10月9日

賢慮型リーダー・本田宗一郎

野中郁次郎　一橋大学名誉教授
Ikujiro Nonaka

賢慮型のリーダーというのは職人であり、クラフトマンであり、アルティザン、ヴィルチュオーゾなんです。

例えば本田宗一郎です。あの人はまさに職人です。彼は「人間を根底としない技術は意味をなさない。企業発展の原動力は思想なんだ。だから真の技術というものは哲学の結晶だと思っている」と言っています。また、彼には独自の審美眼がある。それは一つの思想とも言えるのですが、あくまでも実践を伴うものなんです。

本田宗一郎の研究をしている時に、デトロイトにある自動車の殿堂に行きました。そこには本田宗一郎のコーナーがあって、二枚の非常に印象的な写真が飾ってありました。一枚は本田宗一郎が地面に這（は）いつくばって二輪のライダーを見つめている写真です。おそらく目線をライダーと同じにして、ライダーの身になり切って現実を見ようとしているのだと思います。「神は細部に宿る」と言いますが、これはまさに真理が細部に宿ると信じるがゆえの行動でしょう。「マシーンを見ているといろんなことが分かるんだ」と彼は言います。あのカーブを切るにはこうすればいいというように、常に仮説や問題意識を持って現実を直視していると言っているんですよ。

それと同時に、彼は細部に宿る真理をきちんと普遍化している。それがもう一枚の写真に表れています。エンジニアを集めてしゃがみ込んで対話をしている写真です。よく見ると、地面にポンチ絵を描いている。現実で直感した本質をポンチ絵にしたり、モデルにしたり、最後はスペックにするまで徹底的に対話をしているんですね。

細部にまで目を凝らし、そこで見つけた真理を理想に向かって普遍化しているわけです。ミクロを見ながらマクロも見ている。そして、真善美の理想を持つと同時に極めて実践的である。徹底的に現場にこだわって現実の複雑な躍動するリアリティーの背後にある本質を見ると同時に、それをもっと大きなマクロの、つまり世のため人のためにどういう車がいいかという理想を描いて議論をしているわけです。

本田宗一郎は、個別の事象に留まっているだけではなく、個別具体の現実の直視をしながらそれを普遍的な概念に高めていくことのできる人だったと思います。

虫の目と鳥の目の両方を持って、それを絶えず回しながら個別具体と普遍の間を往還しつつ、最後には世のため人のためを求めるというところへ到達した人だと思うんですね。

10月10日

一日も休まずにデザインを描け

津曲 孝　ケーキハウスツマガリ社長

Takashi Tsumagari

エーデルワイスに入社して、比屋根毅社長にある時、デコレーションケーキのコンテストがあると耳にし、自分も有名になりたいと思って「社長、どげんしたらコンテストの一位になれますか」と九州弁で聞いたことがあるんです。そうしたら「一年間、一日も休まないで毎日デコレーションケーキのデザインを描け」と。その言葉を聞いて僕は三百六十五日、来る日も来る日も仕事が終わって夜中の三時頃までデザインを描き続けました。

自分が納得するまでやりましたね。朝一番に社長にケーキを見せると、黙って潰されることも一度や二度ではありませんが、一年経って最初に描いた作品の写真と見比べてみたら、明らかに上達しているのが自分でも分かりました。これまで賞と名の付くものはもらったことがないでしょう。それだけに初めてトロフィーを手にした時は人一倍嬉しかった。

そうやって毎年優勝経験を重ねたのですが、そうなると今度は不安になりましてね。周囲からも「賞を取り続けるのが当たり前」という目で見られるようになるし……。

入社六年目の時、比屋根社長から三か月間スイスに勉強に行くように言われました。僕はまだ二十六歳で、経営者になろうとか、そういう気持ちはまったくありません。僕に白羽の矢が立ったのは、海のものとも山のものとも分からん僕を、少しでも甲斐性のある人間に育てようという社長の親心だったのだと思います。

先方の名前も内情も知らされないまま、一枚の紙切れを手にスイスに向かいました。英語が喋れない男が単身で、見ず知らずの土地に行くわけです。命からがらの旅でした。着いて分かったのですが、そこは三百年続くチョコレートの名門店でした。そこで教わったのは原料、素材のよさがその菓子を決めるということです。その確信は私にとっては、仏教者でいう念仏やお経のようなものでした。

信念を通り越した素材狂と言っていいかもしれません。素材狂にならなくては、自分の技術的な未熟さは埋められないとすら思いました。悪い材料を使って、それをいくらテクニックや香料でごまかそうとしても、いつかは化けの皮が剝がれるものです。頼りになるのは、自分の目と舌と鼻。この三つで味、そして風味というものを感じ取らなくてはいけません。例えば、風味とは材料のメロンならメロンがどういう育ち方をしてきたかということで、素材を見るとても重要な要素なんです。

もちろん、そのためには自分の味覚のレベルも高めていかねばならない。僕の味覚の原点になったのは、貧しかった少年期です。育ててくれた祖母さんから「働かざる者、食うべからず」と教えられて、野山を駆けめぐり海に潜って食べ物を探しました。スズメから伊勢エビ、貝など自然の素材をそのまま塩であぶって食べ、それを通して自然から本当の味を教えられました。自然に勝る味はありません。だからお客様には菓子を通して緑のさわやかさ、太陽の光のようなものを感じ取っていただきたいと思っています。

10月
11日

大事を成すには一万回の祈りを捧げること

伊與田 覺　論語普及会学監

Satoru Iyota

『中庸』に「至誠の道は、以て前知す可し。国家将に興らんとすれば、必ず禎祥有り。国家将に亡びんとすれば、必ず妖孽有り」とあります。国がこれから大いに興ろうとする時には、そこに必ずめでたい兆しがあり、国家が亡びていこうという時には、前もって妖しい兆しがある。そういう兆しが少しでも現れた時、至誠を持っている人は、これは興るのか亡びるのかが分かってしまうということです。

各界リーダーの指南役と謳われた安岡正篤先生は、社会的に何の地位も肩書もない方でしたが、若い時分から国のことを我が事としてずっと想い続けておられました。だからこそ国の先行きに関わる兆しを鋭敏に察知し、総理大臣をはじめ国の要職にある人に的確な助言をしてこられたのです。安岡先生が多くの人から慕われた所以は、その学識、見識以上に、至誠の道を貫かれたその生き方にこそあったと私は考えます。

『中庸』には、次の一節もあります。

「故に至誠は息む無し。息まざれば則ち久しく、久しければ則ち徴あり」

「至誠」というのは天の心であり、聖人の心です。その心はもちろん本気です。思いつきではありません。「息む無し」とは休む時がないという意味で、本気だからこそ久しく続くということ。するとある時、ひょっこと兆しが現れるということです。

松下幸之助さんは、

「何か大事を成そうと思うなら、一万回の祈りを捧げることや」

とおっしゃっていました。一万回の祈りとは、ずっとそのことを考え続けることであり、至誠は息む無しという言葉に置き換えることができます。そうして一貫して努力を重ねていると、ある時シンギュラー・ポイント（特異点）に達し、事の成る兆しが現れてくるのです。

本気でやり遂げようと思うことがあるなら、周囲がそれに賛同しようがしまいが、ずっと思い続ける。そのうちに実現のための方法がいろいろと浮かんでくるようになります。

皆がすぐ賛同するようなことは往々にして誰もがやっており、大したことではないものです。人が馬鹿にしたり、眉をひそめるような大きなことや、常識を覆すような新説は、なかなか実現するものではありませんが、諦めずに挑戦し続けることで、遥かに遠く、広まっていくものなのです。

『中庸』は、「悠久は物を成す所以なり」とも説いています。物事というものは、久しく続けることが完成の第一です。いくらよいことでも、続けなければ完成はおぼつきません。そして本当の至誠というものは、限りなく続いていくものなのです。

立場は新入社員でも、意識は社長になれ

上甲晃
志ネットワーク「青年塾」代表
Akira joko

新人研修で、松下幸之助は仕事をする上での二つの心構えを説いた。「君らの立場は一新入社員やな。しかし、意識は社長になれ」

新入社員とかサラリーマンだと思って働いていると、意識まで雇われ人、使われ人になってしまう。だが、社長の意識になると、同じものを見ても景色が違ってくる。松下電器製のネオンの一角が消えていたとしよう。一社員の意識だったら消えていることに気づきもしない。万一気づいても「消えてるな」としか思わない。無関心である。しかし、社長だったら絶対にこう言う。「おい、うちのネオンが消えとるぞ。直せ」と。つまり、当事者意識に変わるのだ。

その日以来、私の意識はずっと社長だった。経営方針発表会の前日には、誰に言われたわけでもないのに、もし自分が社長だったらどんな方針を発表するかを考え、それを書いて当日に臨んだ。そうすると、「なるほどな。社長はいまそんなふうに考えとるんか。そういう見方もあったか」と自分との差に気がつく。ただ受け身で社長の話を聞き、ノートに写すだけでは得られない学びである。

あるいは、松下幸之助が現場視察に訪れた時など、大抵の人は畏れ多くて後ろに下がるが、私は逆に松下幸之助の後ろにピタッとつき、何を質問するか、どんなことを指摘するか、どこを見ているかを徹底して研究した。胡麻を擂るわけでも何でもない。その一挙手一投足から経営者としての物の見方、考え方を盗み取ろうと必死だったのである。

もう一つの心構えは、「上司は使うもんや」ということだ。私が松下電器での三十一年間を心から楽しく過ごせたのは、徹底して上司を使ってきたからだろう。自らに強い思いがあると上司を使える。しかし、強い思いがないと上司に使われてしまう。

一年間の研修を終え、私は本社報道部に配属された。そこで毎朝同じ人ばかり課長に叱られていることに気がついた。私から見たら真面目に仕事をしているあの人がなぜいつも叱られるのか。じっと観察して分かったのは、言われたことだけをやっているから叱られるということだった。

言われたことだけをやっているうちは受け身になる。これは精神衛生的に極めてよくない。自分から提案しよう。そう思い、例えば社内報にアメリカの記事を掲載する際、従来は電話で聞いて書いていたのだが、「それじゃあ本当の記事は書けません。やっぱり大事なことは現地に行ったほうがいいんじゃないですか。課長、私にぜひ行かせてください」と切り出した。

すると課長は、「そんな急に言われても、俺も行ったことないからな」と言う。そうなったらこっちのもので、「課長、先日の件は進めてくれましたか」と主導権を握ることができる。このように、とにかくやりたいことを自分から提案していたため、私は新入社員の頃から上司に命令されて仕事をした記憶がない。

白隠禅師の教え「南無地獄大菩薩」

松原泰道
南無の会会長・龍源寺前住職
Taido Matsubara

この地獄のような現実の世界を私たちは逃げてはいけない、また逃げられるものでもない。逃げずに、またごまかさずに、苦しみを苦しみとして、現実の苦を生き抜き、その苦しみの中から自分を鍛え上げていく。そして自分を鍛えるだけではなく、多くの人々も救うていこう。これが菩薩の生き方です。

白隠禅師が生きた時代には、富士山も爆発するような天災もございました。飢饉もございました。そういう逆境を生きて、人々を救おうと思って、「南無地獄大菩薩」と書いた。誓願を込めた墨蹟です。

この墨蹟の逸話でありますが、亡くなりましたが京都の南禅寺の管長の柴山全慶老師さまから伺ったお話であります。

実在の人物なので匿名にいたしますが、甲と乙という、非常に仲の良い大企業家がいた。本当に何から何まで親しくしていたそうです。

ちょうどいまと同じような昭和六年の経済危機の時に、たまたま乙が事業に失敗してしまいました。あれこれ工夫したけれども、どうしても融資が得られない。そこで恥を忍んで親友の甲に融資を頼みに行きます。

甲は静かに話を聞いていましたが、乙に向かってこう言いました。

「事情は分かりました。あなたが言われる融資の額があまりにも高額であって、いますぐにご返事いたしかねます。明朝、もう一度お出でくださいませんか。ご返事をしましょう」

祈るような気持ちで乙は一晩を明かし、朝を迎えて悄然と甲の家を訪ねると、家の者をして別棟の茶席に通すんです。そしてお茶とお菓子を出しただけで、誰も顔を出さない。茶室は狭い。何も見るものもない。退屈なので、改めて床の間を見ると、茶席には不釣り合いな全幅の大きな掛け軸が掛かっています。

なんとまあ大きな軸を掛けられたのだろうと思って見ると、白隠禅師の書の「南無地獄大菩薩」です。

南無地獄大菩薩、南無地獄大菩薩……。

彼は何度も繰り返し称えました。

南無地獄大菩薩、南無地獄大菩薩……。

逆境にあっては依頼心を捨てなければならない。また、自虐的に自分が意味のないものだと思ってもいけない。依頼心を捨て、地獄の中で仏道修行者が様々に苦しみながらも人々を助けていく、そういう誓願を持つ菩薩になれ。

白隠禅師の声が聞こえてくるように、その文字が迫ってきます。

南無地獄大菩薩、南無地獄大菩薩、南無地獄大菩薩……。

そうして何度も称えていくうちに、乙は何とはなしに力が湧いてきて、自力で逆境を処理することができたといいます。

いま、私たちもそれぞれに逆境にあります。そこで一つ、依頼心を捨て、また自分を必要以上に貶めることをやめて、「南無地獄大菩薩」と、お互いに自分の中に秘められている大きな力に目を向けて、この逆境を切り抜けてまいりたいと願って、このお話をご紹介申し上げるのであります。

10月14日

銚子丸の行動指針十ヶ条

堀地速男　銚子丸社長

Hayao Horichi

全員を一つにまとめ上げるのは容易ではありません。そういう時、全社員が共通して持たないといけない旗印となるのが理念だと思います。当社では「理念の実現」という手帳を全員が携帯することになっていて、機会あるごとにその内容を唱和しています。一部紹介しますと例えば「銚子丸の行動指針十ヶ条」というものがあります。

一、本物とは

常に、本物（Q・S・C）を目指し、妥協せずあきらめない事。ビジネスの本物とは価格の三十％以上の商品、サービスを提供することである。つまり、百三十円の価値のある商品、サービスを百円で提供する、そこに感動がある。

二、無駄とは

百万円のミスは許すが、十円、二十円の無駄使いは絶対に容赦しないこと。ビジネスは一円玉の積み上げである。

三、ジャスト・イン・タイムとは

その日に売る魚を、朝、必要なだけ仕入れ、夕方までに売りきってしまう。魚屋の精神を持つ事。

四、誰が

常に5W2Hは、明確にする事。誰が、何を、どこで、いつまで、なぜ、どんな方法で、費用。

五、すべて数字化に

ロケットを打ち上げ、成功させる為には、一人一人が正確、精密に行動する事。一つのネジが、不正確でもロケットは飛ばない。ここでいう正確、精密とはすべてを具体的な数字化にすることである。理念も文化も。

六、なぜか

腹が痛ければどうしてなのか、その因をつかみ、情報を集め科学的に療法する事。「なぜ」を五回問答することである。

七、七対三とは

常にすべてに七対三（正しくは78対22）の判断基準を持つことが天道に沿ったことである。例えば、強の中にも三つの弱があり、明の中にも三つの暗（影）があることである。その三つをどう調和させるかである。

八、ブランドとは

ブランドの力を創ること。ブランドとは商品サービスで「お客様に感動を売ること」そしてお客様と「信頼の絆」を育てることであり、それは我が社の理念を実現することである。一人のお客様を失う行為は万人を失うことを忘れるべからず。

九、営業力とは

営業力とは、お客様の口をこじ開けてねじ込むという行動基準を持つこと。北極でもうまい氷を売れる。それをやることが営業力である。つまり、貴族ではなく、野武士たれ、ということである。

十、人とは

男は一生に一度でいいから子孫に自慢できるような仕事をすべきである。女性は、十のことを子孫に伝導することが一生涯の大仕事である。それは、位でも金でもない。位、金を追えばそれは滅ぶ。それは人としてである。

10月15日

医師の心得十七か条

渡邉 剛
ニューハート・ワタナベ国際病院総長
Go Watanabe

四十一歳で金沢大学病院の教授になった時に、それまで折に触れて書き留めていた言葉を聖徳太子の十七条憲法に真似て、医師として、職員としての十七か条の心得をつくったんです。

「超一流をめざし修練を忘れず道を極めるべし。プロは自分のことを人間だと思っていない」

これは医師として大事なことの第一に掲げている言葉です。技術者として自分の手はまるで機械なんだと思い込まないと、僕はプロじゃないと思いますね。つまり、絶対にミスなんかしない。引き受けた以上は必ず元気にして帰す。手術中は自分の手を人間と思わず、徹底して精密な機械になり切る。

そういう点から言って、いま僕らの手術成功率は九十九・七%と全国平均から見たら高い数字ですけど、この数字にも全然満足していません。やっぱりめざすべきは百ですね。過去の数字の積み上げなので決して百にはならないんですけど、限りなく百に近い数字になるようにしていく。そうやって一生を終えるのかなと思いますね。

十七か条の心得

医師として

1、超一流をめざし修練を忘れず道を極めるべし。プロは自分のことを人間だと思っていない。

2、循環器、呼吸器、脈管、消化器病学の神髄を会得すべし。

3、専門医で終わる事なく広い他領域をあまねく勉強すべし。

4、他領域の一流人と交流すべし。

5、人に誠実、謙虚であれ。患者に真摯であれ。

6、白衣を着た神と称される、人としても品格のある医師であれ。

7、新たなる物に挑むときLion heart, Eagle eyes, Angel handsをもって行うべし。

職員として

8、後進にけじめを示せる先輩であれ。怠惰、狡猾（こうかつ）、稚拙（ちせつ）、下品の輩は去るべし。

9、人生にリハーサルはない。ベストを尽くすチャンスは一度しかない。

10、〝人〟を大切にせよ、〝人〟はNHWの礎（いしずえ）である。

11、NHWスタッフは選ばれしライトスタッフであれ。

12、良い仕事をすればよいpositionが得ることができる。

13、NHWの職員であることを誇りとし、NHWのために何ができるかを考えよ。

14、苦しいときも艱難（かんなん）を愛し、喜びてこの道を前に進め。

15、時計は逆に回せない。Goal directに後悔しない人生を生きるべし。

16、身分の高い人はより大きな義務を負う(noblesse oblige)。

17、夢をもち信じて事にあたるべし。信じれば何事もうまくいく。

※NHW＝ニューハート・ワタナベの略

10月16日

千年先を見越していた日本人

白鷹幸伯　鍛冶

Yukinori Shirataka

　西岡常一棟梁は、釘の強度を語るのに炭素の含有量など科学的なデータは無視されていました。ただ長年の経験から「千年の風雪に耐えた釘を観察すると、バウムクーヘンのように積層になっている。一つの層が破れても、次の層が破れにくくなっているから千年もっているのだ」とおっしゃっていました。さらに自然環境のことにも触れられて「風に当たったり雨に濡れたところはいくら材質がよくてももたない。風が当たらない、雨に濡れないところに打ち込まれた釘だけが残っている」と話されていたものです。

　もちろん、千年の寿命を保つのに人間の働きがあったことも、忘れてはいけない事実です。人間は瓦を発明し建物を守りました。例えば法隆寺の場合はひんぱんに修理が行われ、千三百年の間、木を腐らせることがありませんでした。とても鍛冶屋の技術や鉄の成分がよかったから、だけではありません。人間の崇高な信仰心と努力が鉄を一千年以上もたせてくれたといってもいいでしょう。

　〝千年の釘〟は大自然の絶妙な計らいと人々の努力によって千年の命を保ってきました。この大自然の摂理に敬服、感動され、そこに古人の知恵を見出してこられたのが他ならぬ西岡棟梁でした。

　棟梁はよく、「山の南に育った木は建物の南に、山の北に育った木は北に配せよ」と言われていました。「南に育った木は太陽が昇る時に下から日が差すから節が多い。北に育った木は節は落ちてしまって綺麗だけれども材質は弱い。それをそのまま建物に使った方が自然の摂理にかなっている」というのです。それに「ねじれた木は、反対にねじれた木と対に組め。人もやんちゃな人同士は向かい合わせに使った方がいいんだ」とユーモアを込めつつ、お話しされていました。

　古代建築にはこのような先人の知恵があらゆる個所に取り入れられていますが、気づく人は稀です。現代の建築学者でも発見できなかったこれらの知恵を、西岡棟梁は見事に見抜かれて、宮大工として生かしてこられました。

　材料を調達するのにも単に材木屋から買うのではなく、山に実際に木を見に行って自分の目で選ぶ。それが棟梁のやり方でした。

　私は時々、古代人が、なぜ千年以上の耐久力を持つ樹齢千年の建築材にこだわったのだろうか、と考えることがあります。

　それは、檜の幼木が伽藍となり朽ち果てる頃には、新たな樹齢千年の檜が育っているという大自然のサイクルの中で、すべての物事を考えてきたからではないかと思います。太古の日本には、利潤追求に走る現代の建築とはまるで異なる考え方が根付いていたのです。

　西岡棟梁は、深く仏教に帰依され、各地で講演しても、そのお金はすべてお寺に寄付されるほど清廉な方でした。だからこそ、大自然の摂理を悟り、世界的な宮大工と仰がれるまでになられたのだと思います。

10月17日

サイゼリヤ飛躍の原点にある母の教え

正垣泰彦　サイゼリヤ会長

Yasuhiko Shogaki

一九六七年、大学在学中の二十一歳の時に千葉県市川市で洋食屋を始めたわけですけど、当初は食べ物屋なんてやりたいとも何とも思わなかった。たまたまアルバイトをしていたのがきっかけです。飲食店のコック長から、「おまえ、食べ物屋をやってみないか。向いてるぞ」と言われたのがきっかけです。サイゼリヤと共に生きてきた半世紀を振り返ると、これはエネルギーの仕業（しわざ）だなと思っています。

エネルギーがよりよい調和のためにこういう環境をつくってくれたんだなと。好きとか嫌いとかは関係なくて、好きでも嫌いでも、いまやっていることが最高なんです。いまある環境も、共に働いてくれているスタッフたちも、日常に起こる様々な現象も、すべて最高なんです。これ以上のものはない。そう思えるかどうか。

よく若い人が「自分の好きなことをやりたい」とかって言いますけど、それは自分中心に考えているだけだから、うまくいかない。皆に喜んでもらいたいとか困っている人を幸せにしてあげたいとか世の中を変えたいとか、自分の利益じゃなくて誰かの役に立つことを優先して考えると、結果はよくなるんです。

かく言う私も店を始めたばかりの頃は欲の塊（かたまり）ですから、楽をしてお金をたくさん儲けたいと思っていました。しかし、来る日も来る日もとにかくお客さんが全然入らない。一日の来店客が六人だけということもありました。

当時の店は二階にあって、一階には八百屋さんとアサリ屋さんが入っていました。狭くて見えにくい階段を上がっていかなきゃいけないのに、階段の入り口に荷物が置いてあるから飛び越えたりどかしたりしないと通れない。深夜に店を開ければ集客できるだろうと営業時間を朝四時まで延ばしたところ、ならず者のたまり場になっただけ。揚げ句の果てには客同士の喧嘩で石油ストーブが倒れ、店は燃えてしまったんです。開店から一年九か月後のことでした。

立地は悪いし、ならず者しか来ないし、火事にはなるし……こんな店でいくらおいしいものを出してもお客さんは絶対に来ないと思っていました。店を辞めることも考えましたし、再開するにしても別の場所でやろうと。

ところが、ある時おふくろにこう言われたんです。「火事に遭ったあの店はおまえにとって最高の場所だから、辞めちゃダメ。八百屋もアサリ屋も、せっかくおまえのためにそこにあるんだから、逃げちゃダメ。もう一度同じところで頑張りなさい」って。

お客さんが来ないことを立地のせいにしないで、お客さんが来てくれるようにひたむきに努力することが大切なんだと、おふくろは教えてくれました。だから、立地が悪いのもならず者しか来ないのも火事になったのも、すべてエネルギーの仕業で、より幸せになるようにやってくれていたことに気づかされたんですね。

伊能忠敬が初の実測日本全図を作れた理由

伊能 洋　洋画家
Hiroshi Inoh

先祖の伊能忠敬(いのうただたか)は一七四五（延享二）年に、上総国(かずさのくに)に生まれ、十七歳の時、伊能家へ婿養(むこ)子に入ります。伊能家は佐原村の旧家で造り酒屋でしたが、約五千冊もの蔵書がありました。元来勉強好きだった忠敬には、恵まれた環境でした。ただし、本を読みふけって商売を疎(おろそ)かにしたわけではありません。熱心に商いをし、名主としても村人の信頼を集めていました。伊能家には代々伝わる家訓があり、村人や困っている人たちのために尽くせ、という教えを忠敬も忠実に守ったのです。

例えば天明の大飢饉(ききん)が起きた時のことです。忠敬は武士を雇って村人の打ち壊しを防ぐのではなく、まず蔵を開いて充分な炊き出しをしました。結果、佐原では一人の餓死者も出ず、その危機を乗り越えたといいます。

五十歳で隠居(いんきょ)の身になった時、彼は自分より十九歳も年下だった幕府天文方の高橋至時(よしとき)に弟子入りを志願し、暦学(れきがく)を学びます。そして当時の日本では未知だった地球の大きさを知りたいという大望を抱き、緯度一度の距離を求めて深川の自宅から浅草の司天台までの歩測をくり返しましたが、至時から「そんな近距離では誤差が大き過ぎる。せめて蝦夷位まで行かないと」と言われ幕府に願い出ます。しかし役人にそんな主旨が通じる訳もありません。当時ロシアの船が蝦夷近辺に出没していて、幕府は国防上正確な地図を求めていたので、至時はそれを口実にやっと幕府御用として忠敬の蝦夷測量の許可を得ます。今の金額で千五百万円もかかった実費も殆どが忠敬の私費でした。やがてできあがった地図を見た幕府が、その精密さに驚いて改めて忠敬を見直し、日本地図の作製は国家事業へと発展していったのでした。忠敬は日本全国、豆粒のような島々まで、隈(くま)なく測量をしています。

しかし北海道などの地図には「不測量」、つまり測量していない、という書き入れが出てきます。険しい崖などで、どうしても測れない箇所があったのでしょう。普通であれば大体の見当で線を繋いでしまいそうですが、忠敬はそれを絶対に許しませんでした。いわばその「不測量の精神」を貫いた点に、科学者としての矜持(きょうじ)が窺(うかが)えます。

忠敬が大事業を成し遂げた理由の一つに、「夢の持続」が挙げられると思います。忠敬は五十代になって急に天文をやろうと考えたわけではないはずです。海辺で育った彼は、幼少期に満天の星空を眺めながら、天体に対する興味を抱いたのではないでしょうか。そして若い頃からずっと勉強を続けていた。さらに当時、名主として大勢の人間を動かしていたことが、後に測量隊を指揮するのに役立った。要するに忠敬の前半生と後半生は別のものではなく、一つに繋がっているということです。そして経験したことのすべてを取り込んで、何一つ無駄にしない生き方をした人だと思います。私は忠敬のことを、決して突出した才能を持つ人だったとは思いません。けれども彼には抜群の根気があった。一歩一歩の歩みは微々(びび)たるものでも、それを十七年間繋いでいって日本列島を一周するに至ったのだと思うと、改めて感慨を覚えます。

いまを生きよ！　いまを生き切れ！

田坂広志
多摩大学大学院名誉教授・田坂塾塾長
Hiroshi Tasaka

医者から見放され、自分の命が刻々失われていく恐怖と絶望の日々、両親は私に、ある禅寺に行くことを勧めました。藁にも縋る思いで、その寺に行きましたが、そこには何かの不思議な治療法があるのではとの期待は、すぐに打ち砕かれました。寺を訪れると農具を渡され、ただひたすら畑仕事で献労をすることが求められたのです。

明日の命も知れぬ自分が、なぜこんな農作業をやらなければならないのか。そう思いながら鍬を振り下ろしていると、不意に横から「どんどん良くなる！　どんどん良くなる！」と叫ぶ声が聞こえてきました。見ると一人の男性が懸命に鍬を振り下ろしている。しかし、その足は大きく腫れ上がり、ひと目で腎臓を患っていることが分かりました。休憩時間に声を掛けると、その男性は言いました。

「もう十年、病院を出たり入ったりですわ。一向に良くならんのです。このままじゃ家族が駄目になる。自分で治すしかないんです！」。

その覚悟の言葉が胸に突き刺さってきました。そして、その瞬間、一つの思いが湧き上がってきました。「そうだ、自分で治すしかないんだ！」。それまで自分は、医者が治してくれないか、この寺が何とかしてくれないかと、常に他者頼みであり、自分の中に眠る無限の生命力を信じていませんでした。それが最初の気づきでした。

それから数日後、山の中腹の畑を耕しに行くことになりました。当番になった私が仲間に農具を配り終え、先に出発した仲間を追って山道を登り始めると、思わず言葉を失う光景を目にしました。それは、足を患っている献労仲間の老女が、鍬を杖にして、山道を必死に登っていく姿でした。農作業はおろか、歩くことすら困難なのに、不自由な足で、鍬にすがりながら、山道を登っている。しかし、その後ろ姿から、その老女の覚悟の声が聞こえてきました。「たとえ畑に辿り着けなくとも良い！　私は全身全霊、この命を振り絞って登り続けます！」。私は思わず心の中で手を合わせ、「有り難うございます。大切なことを教えて頂きました」と念じながら、横を通り過ぎていきました。

その献労の日々を続け、寺の禅師との接見がかなったのは、ようやく九日目の夜でした。長い廊下を渡って部屋に入り、一対一で向き合った禅師は、力に満ちた声で、私に聞きました。「どうなさった」「はい、実は……」。私は堰を切ったように苦しい胸の内を吐き出しました。重い病気を患っていること、医者からもう命は長くないと言われたこと、一縷の望みを抱いてこの寺へやってきたこと……。禅師はきっと、何か励ます言葉をかけてくれるに違いない。そう期待しながら語りました。私の話を聞き終えて、しばしの沈黙の後、禅師は言いました。「そうか、もう命は長くないか」「はい……」。その後、禅師は、腹に響く声で力強く、こう言ったのです。

「だがな、一つだけ言っておく。人間、死ぬまで命はあるんだよ！」「過去は無い。未来も無い。有るのは、永遠に続く、いまだけだ。いまを生きよ！　いまを生き切れ！」

10月20日

サバイバルとは生きる望みを失わないこと

小野田寛郎
小野田自然塾理事長
Hiroo Onoda

私は終戦の知らせが届かずに三十年近くルバング島で戦い続け、いまから約三十五年前に日本に帰ってまいりました。帰ってきますと、早速明日から自分の生計を立てていかなければなりません。外国の人からすると、国が間違えて三十年間も戦場に残したんだから、国に補償を請求して然るべきだ、と言いますが、そんなケチな料簡はもともと持っていません。同じように苦労して死んでいった仲間たちがいるんです。「そんなことをしたら死んだ人間に化けて出られるよ」と私が笑うと、「サムライの気持ちは分からない」というのが彼らの一様の感想のようです。

さて、ルバング島で戦い続けてきた三十年間、何が私を支えたか。これがきょうの結論になるわけですが、やはり自分の生きる目的がはっきりしていたということであります。私たちには米軍に日本が占領された後、何年でも日本軍が反撃するまでルバング島からマニラの米軍基地を精神的に牽制するという任務がありました。目的のない限り、私たちは努力できませんね。目的があるからいろいろと創意工夫もするし、発見もする。また、何としても目的を達するという覚悟があるから、どんなに苦しくても歯を食いしばれる。そのためなら死んでもいい、命を捨ててもいいという覚悟があるから成し遂げられるのです。一見、矛盾しているようですが、これのためなら死んでもいいというほどの覚悟がないと、私たちの全力は出ないんですね。

アメリカの軍隊に『サバイバル・マニュアル』という教本がありますが、これは極寒地、あるいは灼熱地で本隊から離れてしまった兵隊が、自分の部隊に生還するためにどうすべきかを具体的に書いた分厚い本です。幸い翻訳本があったので読んでみたところ、最初のページにこうありました。「サバイバルとは生きる望みを失わないこと」

本当にそのとおりだと思いますね。さらにページを進めていくと、「サバイバルでは現在自分が置かれている位置を迅速かつ正確に把握することが必要で、そうして決定した方法を断固として実行する。つい逡巡して実行が遅れるとますます不利な方向に流れていってしまう」とあります。

やはり、状況の悪い時に百％安全だとか、百％成功するなんていう案は出ません。どうやっても、なんとか五十％、よくて七十％です。失敗する可能性があることは十分理解しながらも、それ以外に案がないんだから、思い切ってそれに懸けるしかないわけです。それを「もう少し時が経てば安全で確実な案が思いつくんじゃないか」なんて考えていると、状況はますます悪いほうへ流れていってしまいます。

思い切るということも覚悟がなければできません。目的を持ち、覚悟を決めなければ難関は打破できないということを、この教本では教えているのだと思います。

10月21日

伸びてくる人の共通点

藤沢秀行 囲碁九段・名誉棋聖

Hideyuki Fujisawa

努力すれば、自分がいかにわかっていないかがわかる。碁もわからない。人生もわからない。経営もわからないし、女性もわからない。そういうことがわかる。自ずと謙虚になる。その謙虚さが、人物を、物事を見抜く目になるのです。

「三歳の童子たりとも導師たり」という言葉があります。初心者に指導碁を打つでしょう。打ち終わって一緒に対局を振り返る。すると、対局中は思いつかなかった最善手が必ずある。自分にも相手にもね。最善手を打てなかったという点では、へたもうまいも関係ない。だから、相手がどんなにヘボでも、対局をおろそかにはできない。たとえ相手が子どもでもね。どんな相手であれ、もう教わるものはないなどと思ったら、それは碁打ちとしておしまいだということです。

だいたい、自分はほとんどのことは知っている、もう人から教わるものはほとんどない、などと思う人間は、進歩や成長がどういうものであるかを知らないのです。「士別れて三日なれば、即ち当に刮目して相待つべし」という言葉が中国の古典にあります。優れた人物は別れて三日後に会った時は、目を擦って見直さなければならない、なぜなら必ず何らかの進歩を遂げているからだ、という意味です。

伸びてくる人間というのは発奮するエネルギーがすごい。

去年だったか、電車に乗ったら、元名人の小林光一君が車内にいた。見ると、棋譜を開いて一所懸命研究している。一流と言われる人は、自分の未熟をよく知っているから、下の人よりももっと勉強するのですね。だから、下の人はなかなか追いつけない。だからこそ一流なのです。

10月22日

教え過ぎない、押しつけない指導の力

小川良樹　下北沢成徳高等学校バレーボール部監督

Yoshiki Ogawa

日本一になるためにはどうしたらいいか、そのことだけを四六時中考えていました。当時はどこの学校のバレー部も厳しい練習が徹底されていたんですけど、強豪と同じ練習を追求しても、選手の能力に差がある以上、敵わないだろうと。それにやっぱりしごきの形だと放課後練習に行くのが嫌になるんですね。

そこでまず、選手たちが嬉々として練習できる環境をつくろうと。要はどうやってバレーを好きにさせるか、バレーの練習を自分から積極的にやるようにするか。やらされている意識ではなく、早くバレーの練習がしたいと思ってくれたら、もしかすると強豪を逆転できるんじゃないかと考えました。それで、部員の上下関係をなくしましたし、練習方法も変えました。

バレーボールは「できるまで」っていう練習がすごく多かったんですね。例えば、十本レシーブが上がるまでとか。ところが、バスケットやラグビーなど、他のスポーツの練習を見に行くと、時間制にしている。この発想が私にはなかった。練習を時間で区切る。あるいは、数字をしっかり記録して、昨日よりきょうのパーセンテージが上がるようにする。そうやって成果を目に見えるようにすることで、選手たちのモチベーションを高めていったんです。周りの監督からは、「そんな甘い練習はダメだ」「何でできるまでやらせないんだ」って随分言われましたけど、それを繰り返しやって精度を高めていくことで、少しずつ勝てるようになりました。そんな中、二〇〇〇年四月に大山加奈や荒木絵里香といった優秀な選手たちがゴソっと入部してきたんです。大山は身長一八七センチ、成徳の付属中学で全国優勝したエースでしたし、荒木もバレーの経験は少なかったものの、一八六センチと高い身体能力を持っていました。

これほどの選手は当時日本中を見回してもいませんでしたし、日本のバレー界にとって大きな宝でしたので、この子たちを潰してはいけないと。指導者としての責任をものすごく感じました。それまでは「俺が、俺が」っていう気持ちがすごく強くて、自分が上から選手を引っ張るんだと思っていたんですけど、彼女たちが入ってきた頃から、逆に自分は下から選手を支えようという考え方に変わりました。

そして二〇〇二年、大山と荒木が三年生の時に春高、インターハイ、国体で優勝し、三冠を達成することができたんです。この時、私は多くのことを選手から教わりました。選手が主体的に取り組んでいたり、選手たちだけで上手くチームが回っている時には、監督は口を出すべきではないと。もちろんすべて選手たちだけではできないので、私は常にコートに立って選手を観察します。ただ、教え過ぎない、押しつけないということをしながら、選手たちが自分で工夫する環境をつくっていくようにしているんです。やっぱりコートで戦う選手自身が自立しないと頂点には立てない。自分で自分のスイッチを入れられない、常に監督からスイッチを入れられて頑張るという状態では、本当の意味で強くならないのだと思います。

10月23日

どうか主人の遺志を継いでください

神崎紫峰 信楽焼陶工

Shiho Kanzaki

翌日、取引先の五十万円の入金を当て込んで、私は当日付けで手形を切っていました。ところが「送金は来月二十日まで待ってほしい」との断りの電話がかかってきたのです。午後三時までに銀行に入金しなければ不渡りです。あちこち駆け回ったものの、これ以上借金を頼めるところがありません。その時、なぜ松田社長のことが思い浮かんだのか？昨日会ったばかりで、それも無理なお願いを聞いていただいたのに……と躊躇(ちゅうちょ)しながらも、結局会社を訪ねていました。話を聞いた松田社長は、奥さんに「あの袋を応接室まで持ってきて」と言われました。袋の中には五十万円が入っていました。

松田社長が笑って言われるには「うちはすべて銀行振り込みなのに、今朝現金で五十万円を持参して支払いに来た人がいる。滅多にないことだから、この五十万円は誰かが必要なんだろうと思って、かあちゃんにきょう一日だけ袋に入れておくように言っといたんだ。さあ、早く銀行に行きなさい」。またも嬉し泣きしながら銀行に急ぎました。

だが、社長は資金に余裕があったわけではなかったんです。ずっと後になって、会長をしておられた松田社長のお父さんから、あの五十万円を私が約束の日に返済しなかったら、会社は不渡りを出していたと聞きました。五十万円には会社の存亡がかかっていたのです。なぜそれほどまで肩入れをしてくださったのか。お父さんに尋ねました。「きっと自分の苦労した過去と二重写しになっているのでしょう」ということでした。後日、松田社長の体験を聞いたことがあります。

社長の会社の製品が時代遅れになって倒産しそうな状態に追い込まれた時、取引先のK社長が新製品の開発を進め、図面まで提供してくれました。ところが、松田さんが試作品を何度持っていっても突っ返される。「今度だめなら会社を解散しよう」と思い詰めて新商品を持参すると、K社長は「立派なものができましたね」と喜んでくれ、その場で設備投資のお金まで与えられた。だがK社長は昭和四十一年、旅客機の墜落事故で亡くなってしまうのです。葬儀の後、松田さんは社長夫人に導かれて大きな倉庫に行きました。倉庫には松田さんが納品した新製品が山のように眠っていました。奥さんはこう言われました。「いままで納品されたのは全部残しています。『松田君の信用を落としてはいかん。絶対に売るな』。これが主人の言葉でした。主人はいつも言っていたんですよ。『あの人は必ず何かを残す、立派なことをする。だからこれぐらいの投資は安いもんや』って」。

奥さんは、最後にこう言われたそうです。「どうか主人の遺志を継いでください、立派なものをつくってください。相手の立場に立ってものを考えてあげてくださいね。それは自分を捨てることですよ。たとえ何事が起ころうと、一所懸命、誠実に生きてさえいけば、道は必ず開けます。これおを、うちの人の遺言やと思って、うちの人の分まで生きてください」。

日本海海戦でなぜ勝利できたのか

岡田幹彦
日本政策研究センター主任研究員
Mikihiko Okada

かくて明治三十七年、日露開戦を迎えました。詳細は割愛しますが、当時のロシアはイギリスと覇権を争う大国で、その軍事力は陸軍が世界一、海軍は世界第三位で、到底日本に勝ち目はないと思われていました。

東郷平八郎は旗艦「三笠」に乗り、旅順港攻撃、黄海海戦などを指揮。苦しい戦いの末、太平洋艦隊を全滅します。しかしその間、六隻しかない連合艦隊の戦艦のうち二隻が機雷に沈められてしまうという打撃を受けるのです。次には、圧倒的戦力を持つバルチック艦隊との決戦が控えていました。「これでは勝てるわけがない」と皆、お通夜のように意気消沈していたといいます。翌日、東郷は各艦を見回り、将兵を励ましました。驚いたことに、東郷の態度は、昨日の大惨事は本当だったのかと思うほど穏やかでした。それを見た将兵はようやく落ち着きを取り戻し「ああ、長官がこの様子なら、大丈夫」と自信を取り戻したといいます。東郷がただならぬ人物だと将兵が気づいたのはこの時でした。

一軍の将は、勝った時よりも負けた時にその真価が試されるといいます。東郷ほど感情を面に出さず抑制しうる海将は他にいないといわれますが、強情で意地っ張りな少年期の性格が、修養の結果、こうなったのです。バルチック艦隊との戦い、いわゆる日本海海戦は明治三十八年五月二十七日に始まり、翌日には日本軍の大勝利で終結しました。日本側の戦艦四隻で戦艦八隻のバルチック艦隊を迎え撃つのに東郷がとったのは「丁字戦法」といわれています。一列になって進む敵の艦隊を、日本艦隊が「丁」の字のように横一列に塞ぎ、主将が乗る先頭の戦艦から順に砲撃を加えるという戦法です。

相手に対して丁の字になるには、こちらの主力艦隊を次々に大回転させねばなりません。東郷がこれを指示したのは相手との距離が八千メートル、すでに敵弾が十分に届く距離に来た時でした。相手に隙を見せるかのような「敵前回頭」に誰より喜んだのはロシア海軍でした。当然、情け容赦ない攻撃を加えてきます。実際、この戦法は敵、味方からも「大胆、冒険を超えた乱暴な措置」と見られました。

しかし、すべては東郷の慎重な計算どおりでした。数分間、撃たせるだけ撃たせ敵を決戦に誘い込んだ後、反撃に出て、日本海軍の高い射撃能力により八隻のうち六隻を撃沈、残る二隻は白旗を立て降伏するなど空前絶後の大勝利をおさめたのです。はじめは撃ち込まれたとはいえ、わがほうの被害は小規模に止まりました。

日本海決戦に備えて、東郷が日々射撃の猛訓練を督励していたことも、勝利の一因と言えるでしょう。主将として東郷がいることが、将兵の士気と練度を百二十％に高め上げたのです。丁字戦法は、早ければ相手に逃げられる、遅すぎたらこちらが沈められるという危険極まりない戦法です。そこには瞬時の判断力、決断力が求められます。しかも、肉を切らせて相手の骨を断つ覚悟で臨み、ほとんど無傷で奇跡的勝利をおさめたことを思うと、東郷がいかに卓越した海将だったかが窺えます。

絶望の果てに聞こえたベートーベンの言葉

佐野 孝
白根緑ヶ丘病院理事長
Takashi Sano

平澤興先生（元京大総長）は大正九年、金沢四高も首席で卒業し、京都大学の医学部へ進学。この時、平澤先生はご自分で一つの決意をします。大学ではまず講義を聴き、次に先生の示された外国の参考書を読み、第三に講義と参考書とで十分考え、独自のノートをつくろうという、自分自身への誓いです。

しかし、実際授業が始まると、講義と実験、そしてそのまとめで精一杯。とても外国の参考書など読む時間はないのです。「自分に約束したこともできぬようで、果たして人間の名に値するのか――」。煩悶は日ごとに激しくなり、神経衰弱（ノイローゼ）になり、不眠症がつのり、大学へも行かなくなってしまいました。そして、大学をやめて蒸発しようか、などと途方もない迷いの闇へ入り込んでしまったのです。

その年、先生は冬休みを待たずに故郷へ帰省します。失意のまま家の裏へ出て、寒風の中、堆く雪が積もった平原をさまよっていました。もう死んでしまおうと思ったそうです。

すると突然、先に読んだ伝記『ベートーベンの生涯』の一節が突如としてドイツ語で聴こえてきたといいます。

「勇気を出せ、たとえ肉体に、いかなる欠点があろうとも、我が魂は、これに打ち勝たねばならぬ。二十五歳、そうだ二十五歳になったのだ。今年こそ、男一匹、本物になる覚悟をしなければならぬ」

それは、耳の病気で絶望的になろうとする自己に対して、二十五歳のベートーベンが日記に記した言葉でした。

「ベートーベンの偉大さを以ても、かかる嘆きがあることを思うと、自分ごときのものが、煩悶し迷うのはむしろ当然ではないか」。そう感じて先生はすぐさま京都に引き返し、夜十時就寝、午前二時起床、他の時間はすべて勉強にあてる生活を送りました。

そして翌大正十年の元旦、自分の覚悟を「座右之銘」として、実に一メートル六十センチにもなる巻物に毛筆で認めました。

「常に人たることを忘るること勿れ　他の風俗に倣うの要なし。人格をはなれて人なし
ただ人格のみ、永久の生命を有す。
常に高く遠き処に着目せよ　汝若し常に小なる自己一身の利害目前の小成にのみ心を用ひなば必ずや困難失敗に会へて失望することあらん　然れども汝もし常に真によく真理を愛し　学界進歩のため人類幸福のため全く小我をすててあくまでも奮闘し努力するの勇を有さば如何なる艱難も如何なる窮乏も汝をして失望せしむるがごときなからん　真之大業真に生命ある事業はここに至ってはじめて正しき出発点を見出したりといふべし
進むべき道は一筋世之ためにいそぐべからず誤魔化すべからず（全文は四〇八頁）」

平澤先生はこの巻物を持って京都・八坂神社にお詣りし、生涯学問の道に生きることを誓いました。後に偉大な研究者となられた先生の原点は、死を考えるまでの煩悶と、その末に行き着いた覚悟にあると思うのです。

10月
26日

お客様に心から言葉を発するとどうなるか

櫻田 厚
モスフードサービス社長
Atsushi Sakurada

私は二十七歳で店長になってチェーンもだんだん拡大していったわけですが、創業者はまだ七店舗くらいの時に「俺たちの手で五十店舗にするんだ」と言うんですね。それで店数が二十、三十と増えてくると「前に言ったのは修正。百にするぞ」と。国民の中に〇・一％はフランチャイズをやっている自分たちと同じ考えの人がいるだろうから、そういう人とすてきな会社、集団をつくれるはずだとも言っていましたね。

モス（MOS）には、MOUNTAIN（山のように気高く堂々と）、OCEAN（海のように深く広い心で）、SUN（太陽のように燃え尽きることのない情熱を持って）という意味があります。創業者は人間・自然への限りない愛情と、このような理想の人間集団でありたいという願いを込めて、この社名を付けました。

そう考えると、労働集約的な外食産業はこれからも機械化が進むでしょうけれども、機械化できることと、人間が関わることのバランスが大事なんですね。愛情とか夢とか言葉では上手に伝えられないアナログな部分、ファジーな事柄ってあるじゃないですか。そういうものをいかに適切に分かりやすく伝えるか。これが二十一世紀に外食に求められるものだと思います。

三十二年間やっていれば、お客様が私たちに何を期待しておられるかは分かります。それは価格を半分に下げるとか、そういうことではないんですね。むしろスローフードの流れを受けて、食材にこだわった健康的なメニューを提供してほしいというのが多くのお客様の声です。それを全店でどれだけブレなくやるか。これもその一つだと思っています。

私がモスでアルバイトを始めた頃のことですが、高校の時からお店の経験があったので割合仕事をパッパッと覚えていくわけです。つきっきりで指導してくれた吉野さんという創業メンバーの方がいましてね。私の仕事ぶりを見ながら「厚さん、あなたは器用だし作業の手際も他の人よりいい。ただお客様に対する心配りは、はっきり言って百点満点の十五点だね。心から言葉を発しているようには聞こえない」と言うわけです。ガーンときまして「そんなことないですよ。おはようございますってちゃんと挨拶しているじゃないですか」と反論すると、「だから表面的なんだよ。プロが見ると分かるんだ」「どうして分かるんですか」

「だって、あなたが現場にいてお客様にありがとうございますと言ったって、お客様は一人も振り向かないよ」と。言われてみたら、確かにそのとおりなんですね。「本当に頭を下げた時は、非科学的かもしれないけれども、人間の発する気が相手に伝わって『ごちそうさま』とか『また来るからね』という言葉が必ず返ってくるものなんだ。それがプロの力だ。あなたがやっていることは小学生でもできることなんだよ。それだけこの商売は奥が深いんだよ」と諭されましてね。お客様に振り返っていただくために何をしたらいいのか。これは技術ではありません。外食産業の心を学んだのはそこからですね。

十年周期で違うことをせよ——糸川英夫博士の教え

垣見恒男
垣見技術士事務所所長
Tsuneo Kakimi

糸川英夫さんが東大教授を辞めて組織工学研究所をつくられてからも、十年ほどはお手伝いをしていましたから、三十年近くにはなるでしょうね。

糸川さんは「日本の宇宙開発の父」と呼ばれた人ですから神様のように思っている人もいますが、一緒に仕事をしているとやっぱり人間ですよ。いいところもあるが、欠点もいっぱい見えてきました。

ロケットが計画開始から一年半で実験に成功したのは、糸川さんの強力なリーダーシップと行動力の賜(たまもの)だと思います。政治家や官僚を相手にロケットとはどういうものか、なぜ必要なのかということを絶妙な喩(たと)えを用いながら、実に分かりやすく説明されました。それは子供たちを相手にした時も同じです。一方で、気にくわないと思えば、たとえ長年活動をともにしてきた糸川研究室の仲間でも平気で切り捨ててしまうような非情な一面もありました。

私が糸川さんから好かれたのは厳しい要求を必死に形にしてきたからでしょうが、尊敬する思いの一方で、腹の底では「絶対に負けない」というある種の競争意識を抱いていたからついていけたのだと思います。

私自身もロケットは自分の人生そのものだと思っていました。ただ、ロケット開発はいくら苦労して開発してもそれだけでは会社の利益には結びつかないんです。ある時、富士精密の経理課長に呼び出されて「あんた、給料はちゃんと払うから、会社には来ないでくれ。あんたが来れば来るほど赤字が増えるから」と言われたことがありました。このひと言は私の闘争心に火をつけました。糸川さんが師匠であり同志であるという思いが強固になったのは、そこからだと思います。

糸川さんはよく「十年周期」とおっしゃっていました。十年周期で違うことをやると、見識がより広まるという意味でそうおっしゃったのでしょう。私もサラリーマン時代、この言葉を実践してきました。設計だけをやっていたのでは狭い人間になると思ったものだから、物作りから営業から生産技術から海外駐在からいろいろなことをやりました。十年周期で立ち止まって「このままでいいのか」と考えると、自分の課題というものがはっきりと見えてくるんですね。

そういえば、私が東大時代の工学部長が卒業前に「君らは何かの役割を与えられた時に、それは自分の専門じゃないから、と断る人間になってはならない。もし習っていないことがあったなら、勉強して石に齧(かじ)りついてでもやり遂げよ」と話してくれました。糸川さんの十年周期という言葉に同調できたのも、ロケット開発に執念を燃やせたのも、この工学部長の言葉がベースにあったからかもしれませんね。

私は糸川研究室の人間ではありませんから、厳密に言えば「師と弟子」という間柄とは言えません。しかし、いまの宇宙工学の基礎を糸川さんと二人、苦労しながら築いていったことは、私にとって生涯の誇りですね。

10月28日

榊原仟の医療信条

龍野勝彦
タツノ内科・循環器科院長
Katsuhiko Tatsuno

私は昭和四十二年、大学を卒業した後、女子医大の心研（東京女子医科大学附属日本心臓血圧研究所）外科に入り、榊原仟先生の門下生となりました。当時、あんぱん会というのがありましてね。朝七時半くらいに集まって、あんぱんを齧りながら若い人たちの研究結果を聞くという会でした。

入局二年目の時ですかね。ある日、私の同僚がファロー四徴症という難病の治療に関する実験について理路整然と話をして、最後にこう言いました。「榊原先生がおやりになっている手術では、患者は助かりません」と。榊原大先生に対して、二年目の医者がそんなことを普通は言えません。

確かに、同じ病気の方が個室に五人入院していたのですが、榊原先生が順番に手術をして順番に亡くなっていった。だから彼が言ったことはその通りでした。

しかし、榊原先生の高弟の人たちは、とても我慢できない。ナンバーツーの先生が「謝りなさい。榊原先生に失礼なことを言って何ですか」と大きな声で怒鳴って、私はビクビクしていたんですけど、彼は全然意に介さず、「いや、その通りなんです」と断言した。

榊原先生はどうされるのかなと思っていたら、何とこうおっしゃったんです。「じゃあどういうふうに手術したらよろしいんですか」。彼がまた堂々と持論を展開すると、「分かりました。明日からあなたの言う通りに手術しましょう」と。

その場にいた人たちがみんな、榊原先生のこの対応に感動しちゃってね。私は当時、千葉から通っていたんですけど、朝五時半に家を出て、七時に病院に着く。夜は十一時頃に出て、夜中に帰る。で、また朝五時半に家を出るという生活で、給料も安いし、辞めようと思っていたんです。でも、榊原先生のその言葉を聞いて、辞めようという思いは完全に吹き飛びました。この人についていこうと。

榊原先生の「あなたの言う通りに手術しましょう」という言葉が頭から離れず、いつか心臓外科の責任者になったら、ファロー四徴症の患者を絶対に死なせないようにしようと決意したんです。それで高橋幸宏先生たちが来てから一緒に取り組み、百例やって一例も死なせなかった。

いまでこそ死亡ゼロにするのは不可能ではありませんけど、当時は一般的な施設だと五％の死亡率、よい施設でも二％の死亡率でしたから。その結果をある外科の総会で発表した際、会場にいた並み居る心臓外科の専門医たちから「ホウ」と声が上がった。その感嘆の声はいまだに耳に残っています。

榊原先生の優しさというか相手に対する深い思いやり、変なプライドやこだわりがなく、聡明なところ。常識を覆す大胆さ。まさに真の指導者だと思います。榊原先生はもったいぶった教えや訓戒を垂れるとか俺についてこいと言うとか、そんなことは一切しません。自ら実践し、行動で示される。まさに率先垂範のリーダーでした。

10月29日

あなたは仏様に論文を書かされたんだよ

村木厚子　元厚生労働事務次官

Atsuko Muraki

取り調べを受けた二十日間も含めて、勾留は百六十四日に及びましたが、まず自分に対して問い掛けをしました。一つは、自分は変わったのか。もう一つは、自分は何かを失ったのか。一つ目の答えは、私は変わっていない。検事もマスコミも私がやったと言っているかもしれないけど、私はやっていないし、やるような人間に変わったわけでもない。二つ目の答えは、確かに失ったものもあるかもしれない。でも家族はもちろん、友人や職場の人から「信じている」というメッセージをたくさんいただいた。自分はこんなに持っているものがあったんだから、いいじゃないかと。この二つの答えを見出して、相当落ち着くことができました。

二人の娘の存在も大きかったですね。将来困難に出遭った時、あの時お母さんも頑張ったんだから、私たちも頑張ろうと思ってくれるように、最後まで負けちゃいけない。結果は神様しか分からないけれども、とにかく諦めない姿を娘たちに見せようと思いました。娘たちのためと思うと意外に強くなれて、最後まで頑張り通せる自信が湧いてきました。

職場復帰してから、東日本大震災の後に、当時防災担当大臣だった蓮舫さんが郡山に行って、現地の方々を励まして歩いたんです。その随行として大臣の後を歩いていたら、皆さんが私のことに気づかれて、「よかったね、頑張ってね」って肩を叩かれたり、ハグされたり。激励に行ったはずが逆に励まされたんですけど、帰って来てさわやか福祉財団の堀田力さんから、「村木さん、いいことをしたね」って言われたんです。人間は励まされるばかりでなく、自分から誰かを励ましたり、助けたりすると、もっと元気になれる。だから、あなたが被災地で皆さんの励ます相手になってよかったんだよって。

勾留が百六十四日続いた後、平成二十一年十一月二十四日に保釈されました。年が明けて始まった裁判では、検察側の証人として出てくれた人たちが次々と供述調書の内容を覆して私の関与を否定する証言をしてくれ、平成二十二年九月二十一日に無罪判決が下りました。すぐ後に、大阪地検特捜部主任検事の証拠改竄事件も発覚して、検察が控訴を断念して私の無罪が確定したんです。ありがたいことに、酒井雄哉大阿闍梨に、事件後にお目にかかる機会に恵まれましてね。なぜ私にあんな事件が降りかかってきたのかって聞いてみたんです。そうしたら大阿闍梨は、「あなたは仏様に論文を書かされたんだよ」って穏やかな笑顔で諭されて深く納得しました。勾留中に読んだサラ・パレツキーという作家の本に、生きていれば、自分が何をしても、何の罪もなくても、たくさんのことが降りかかってくる。そのことは避けようがないけれども、それを自分の人生にどういう形で付け加えるかは、自分で決められるんだとありました。勾留中は、もし有罪になったらと不安になることもありました。でもその言葉が説くように、もしそうなっても、それをどう受け止めて生きるかを考えればいいと思い直して、気持ちを立て直すことができました。

10月30日

集団の力が組織を強くする

小菅正夫　旭山動物園前園長
Masao Kosuge

旭山動物園の再建にあたっては、いろいろな試みを行いましたが、その中の一つにワンポイントガイドというのがあります。お客さんに動物たちを身近に感じてもらえるように、各自担当している動物を三十分で紹介しようというものです。私が提案すると、誰も反応がありません。全員一致で賛成です。

さて、十人いる飼育係の中には、動物を、特に小動物を扱わせたら天下一品でも、人に関してはめっぽう苦手な人がいました。あいつは絶対にやらないぞ、とも囁(ささや)かれました。三日前になって、彼の奥さんから電話がありました。「すいません、うちの主人、下痢してしまいました」。次の日もまだ治りませんとの連絡を受けました。前日、また電話がかかってきたので、私は次の日のガイドの件を念押しして受話器を置きました。

当日、彼はやってきました。見るも無残。顔は真っ青です。それでも、私は気にしないようにして、舞台に立たせました。彼はしゃべる前からスタンドマイクの前で震えています。今回はカモの話だったので、マガモを抱かせてあげました。少しは安心したようで、用意したメモを読み上げようとするんですが、それがもう汗でグショグショで読めません。もうシドロモドロの話で、何を言ってるんだか分かりませんでしたが、時間はちゃんと経ってくれるんですね。「これで終わります」の声に、お客さんから大きな拍手。なかには、「よかったね倒れなくて」なんて声もありました。

一番心配していた彼の姿は、残った人たちに大きな刺激となりました。彼がやったんだから、自分は絶対に休めないと。私は組織というものはこういうものだと思うんですよ。絶対にスターをつくってはいかんのです。スターをつくると、みんなその人に頼る。

私は学生時代ずっと柔道をやっていました。十五人戦の団体戦です。それも抜き試合。スターをつくって、一人で五人も六人も抜いてくれれば、残りが引き分けにして勝てるだろうと計算し、そしてみんなその一人に頼る。これをやると絶対駄目です。

私は主将になった時、こんな話をしました。北大柔道部は一頭の虎をつくるのではない、十五頭の狼(おおかみ)をつくるんだ、と。要するに集団で勝つということです。みんな俺がやらねばという気持ちにならなければ、集団力なんて出ないんですよ。あいつにやってもらって俺がサポートする。これでは絶対に駄目。一回も柔道の試合に出たことのない私の同期が、死ぬほど稽古をしてくれたから他のメンバーが自分以上の力を試合で出すことができたのです。そういうことを経験しているので、私は常にこう考えてきました。

様々な試みの結果、年間三百万人のお客さんに来ていただくことができる動物園にまで成長しました。最初のスタートは、このままでは駄目だという強い危機感です。たった十人でしたが、それぞれが自分の考え方を変えていく中で動物園を甦(よみがえ)らせることができたのです。

10月31日

戦地で私を奮い立たせた『養生訓』の教え

川島廣守 本田財団理事長
Hiromori Kawashima

海軍時代、二度にわたる空爆で死と直面した。南方で敗戦を迎えた時は主計大尉として三千五百人の大部隊を率いる立場にあった。英国軍の捕虜となり、いつ日本に帰れるとも分からぬ状況の中、南方最後のこの部隊を無事日本に帰還させ、最後に自分が帰国するまでの二年四か月間の苦悩は到底言葉で言い尽くせるものではない。

そういう状態の時、私の心に強烈に響いたのは『養生訓』の冒頭の一節だった。

人の身は父母を本とし、天地を初とす。天地父母のめぐみをうけて生れ、又養はれたるわが身なれば、わが私の物にあらず。天地のみたまもの、父母の残せる身なれば、つゝしんでよく養ひて、そこなひやぶらず、天年（天寿）を長くたもつべし。

『養生訓』の著者・貝原益軒（一六三〇―一七一四）は人間の命は天からの授かり物だと説く。これが『養生訓』を貫く精神であり、この短い文章で人たるの道を説き去り、説き来っているといって過言ではない。『養生訓』のこの一節で、私の魂は奮い立っていった。それは今日もなお新鮮である。

『養生訓』は単に健康法を説いた書物ではない。益軒が様々な病気や苦労を経て掴んだ、人はいかに生きるかという深い哲学の書とでも言うべき内容なのである。

『養生訓』には「身をたもち生を養ふに、一字の至れる要訣あり」とある。その一字とは何か。

益軒は「畏」こそがまさに身を守る心法であると記す。人間の命が天からの授かり物であるとしたら、これを粗末にすることは許されない。つまり、生を養うためには、まず生命、天地自然を畏れることから始めよ、そして畏れる心から「慎み」と「惜しむ」心が生まれるのだという。この「畏れ、慎み、惜しむ」こそが養生の根本である。

天から生かされている存在であることを忘れ、己の欲望をほしいままにする現代人には頂門の一針ともいうべき言葉ではなかろうか。

米寿を迎え、これから自分の人生をいかに完結させていくかが一大関心事である私にとって、『養生訓』の言葉は、説得力をもって胸に迫ってくる。

楽しみは是人のむまれ付たる天地の生理なり。楽しまずして天地の道理にそむくべからず。つねに道を以て欲を制して楽を失なふべからず。楽を失なはざるは養生の本也。

「四苦八苦」に象徴される仏教思想に馴染んだ日本人にとっては意外な感じを受ける言葉かもしれないが、この「人生の楽しみ」を一貫して説いたところは『養生訓』の神髄といってよい。人生はそもそも楽しいものだと語って憚らない益軒に、私の関心は尽きることがない。

11月 November

谷口全平（PHP総合研究所参与）
坂本博之（日本ライト級元チャンピオン）
山崎 倉（マグロ漁師）
鶴澤友路（女流義太夫節三味線演奏家）
小島直記（作家）
中井政嗣（千房会長）
堀 威夫（ホリプロ創業者）
北尾吉孝（SBIホールディングス社長）
井本勝幸（ミャンマー政府認可NGOグレート・メコン・センター代表）
木下唯志（木下サーカス社長）
舩津知穂（大同生命保険セールスレディ）
小田真弓（和倉温泉加賀屋女将）
村田兆治（野球評論家）
吉田悦之（本居宣長記念館館長）
一坂太郎（萩博物館特別学芸員）
宇津木麗華（女子ソフトボール日本代表監督）
高見澤潤子（劇作家）
近藤欽司（サンリツ卓球部監督・元卓球女子日本代表監督）
松岡修造（スポーツキャスター）
山下俊彦（松下電器産業相談役）
大沢敏郎（横浜・寿識字学校主宰）
野村順男（人事アドバイザー・日本電産元取締役）
福嶋正信（東京都立小山台高等学校野球部監督）
徳増幸雄（福岡県警元総務部長）
及川 眞（社会福祉法人真愛会元理事長）
若林克彦（ハードロック工業会長）
工藤進英（昭和大学横浜市北部病院消化器センター長）
八子弥寿男（野口英世記念館館長）
世阿弥（能役者・能作者）
二宮尊徳（農政家）

11月1日

すべての人が「お得意さん」

谷口全平　PHP総合研究所参与

Zenpei Taniguchi

私が研究所に入った頃は『PHP』の雑誌を一般向けに普及し始めようとしていた頃でした。しかし所員が取り次ぎ店を回り、取り扱いをお願いしてみても、いい返事はもらえない。市場調査も行いましたが、雑誌の認知度はわずか二%にしかすぎず、我々はがっくりと肩を落としました。しかしその報告を受けた松下幸之助は、ぱっと目を輝かせながら「二%ならよう知ってるやないか！」と言うのです。「十軒回って取り扱ってもらえたのは一軒でした」と普及先からうなだれて帰ってきた所員に対しても「君、それはいけるやないか」と嬉しそうにしている。

事業経営をしていく上で、幸之助にももちろん大変な危機感はあったはずです。しかし根本には、大自然は生成発展していくものだ、という考え方があった。だから、その大自然の一部である人間の為すことも、必ずうまくいくようになっているはずだという揺るぎない信念――、いわば「大楽観」とも呼べる物の見方があったからこそ、いかなる物事も前向きにとらえることができたのでしょう。

昭和三十年頃、新しいテレビの試作品の検討会が行われた時のことです。「テレビはブラウン管が邪魔をして同じようなデザインになってしまうんです」と説明をする担当者に幸之助はこう言いました。

「地球の人口は何十億といるやろ。顔はだいたい八寸丸くらいで、目も鼻も口の位置も、ほとんど変わらんわな。そんな制約があるのに、人の顔は全部違うやないか。神さんは凄いデザインをしはるな」

担当者は頭にガツンと衝撃を受け、事業部に戻ってすぐに見直しを行ったといいます。

幸之助自身はある所で「自分にはユーモアなんかありません。陰気な男ですわ」と述べているものの、こうした独特のユーモアに溢れる発言は、一体どこから生まれてくるものなのでしょうか。

私はその一つが、幸之助の持つ「素直な心」によるものだと考えています。自分を飾らず、何にもとらわれない心があるから、他の人が見落としている物事の本質を突き、それが時にユーモアを含んだ言葉となる。そしてもう一つの要素が、相手に喜んでもらいたいという強い「サービス精神」だと思います。

ある大学の学生に講演をした時のことです。「私はきょう皆さんと初めてお目にかかりますが、しかし考えてみると初めてではない。皆さんと私とは非常に大きな繋がりがあり、親しみを感じるんだ」と話を切り出した幸之助は「皆さんの勉強部屋にはスタンドがあるでしょう？　そうやって何かの形で当社の電気器具をいつもご使用いただいている。だから大変なお得意先なんだ」と後を続け、会場は大きな笑いと拍手に包まれました。

11月2日

きつい時こそ一歩前に出る

坂本博之
日本ライト級元チャンピオン

Hiroyuki Sakamoto

結局、僕たち兄弟は小学生の頃、施設を出て母親と共に上京します。本格的にジムに通い始めたのは高校を卒業してすぐの頃で、二十歳でプロデビューを果たしました。そこから十九連勝し少しずつ注目を集めるようにはなりましたが、僕の中でどうしても拭いきれないものがありました。

僕は福岡が大嫌いでした。あの大人たちと同じ空気は二度と吸いたくないと思っていました。しかし、日本チャンピオンが目前に迫ってきた時、ふとこう思ったんですね。「俺が夢を見続けるきっかけを与えてくれたのは、和白青松園だ。この施設がなかったらいまの俺はない」と。

それで「施設はまだあるのだろうか。子供たちはいるのかな」という本当に軽い気持ちで密かに訪ねてみることにしました。そうしたら庭で遊んでいた子供たちが鋭い目つきで僕を睨むんです。職員以外の大人を知らないんですね。「俺も前、ここにおったんよ。二階の菊部屋で生活していた」と話すと親近感が湧いたのか、皆が集まってきて、当時の生活などいろいろなことを聞いてきました。「いまはプロボクサーなんだ」と話したら「手を見せて」「おなか触らせて」とちょっとした人気者になって、最後に「チャンピオンになったら、また帰ってくるけん」と言って別れたんです。

その十か月後の一九九三年十二月、僕は二十二歳で日本ライト級チャンピオンになったのですが、その時は堂々と施設の玄関から入って、園長先生にそのことを報告しました。子供たちも僕のことを覚えてくれていてチャンピオンベルトの周りはたちまち人だかりができました。その時、僕は皆に「このベルトを僕は世界のベルトに変える」と約束したんです。その頃、僕は自分自身との約束として、いつもこう言い聞かせてきました。

「いいか、坂本。おまえ、このリングの上で敗北を味わったら、あの惨めな生活に戻るよ。周囲からの暴力、ご飯も食べられない。あの時代に逆戻りしてしまう。戻りたくなかったら勝ち続けろ。勝ち続ける以外に道はない」

でも実際には世界は広いです。二十戦目にして初めての敗北を味わいました。だけど、惨めな生活には戻りませんでした。その時、僕は自分が育った和白青松園の子供たちと文通を続けていたんです。子供たちからは「兄ちゃん、世界チャンピオンになると言ったやんか。頑張れ」「きつい時、辛い時こそ前に出て」という熱い手紙が何通も届きました。これらの言葉はすべて僕が子供たちに言ってきたことだったんです。

自分が止まってしまったら大人として先輩として申し訳ないと、そこから再び走り始めました。「きつい時こそ前に出るんだ。一歩がきつかったら半歩でもいい。それが無理なら摺り足でもいい。それもできないと思ったらそこでじっと踏ん張って生きるんだ」

子供たちに言っていたその言葉を僕は自分自身に言い聞かせていました。

11月3日

どんな一日でも「これで満足」と思う

山崎 倉　マグロ漁師

Osamu Yamazaki

この前、どうしても一週間だけ密着取材をしたいといって、テレビ局が船に入りました。六日経って釣れたのは小ぶりなマグロ一本。彼らは「もっと大きなものを撮りたいから、あと一週間延長したい」と言い出した。俺は、「一週間という約束で引き受けたんだから、ダメなものはダメだ。しかも、〝一週間〟にはあと一日ある。明日精いっぱいやったら、それが結果だから」

と断りました。映像が撮れなかったら困るんでしょう、若いスタッフの一人が、「山崎さん、餌を変えたらどうですか？　他の船はイナダとか使って釣っているみたいですよ」と言ってきた。

何、もう一回言ってみろ、と。俺はあんたたちに給料をもらってやっているんでないよ。これでなければやらないと突っぱねました。

そうして七日目の昼前かな、八十キロを超えたマグロが釣れました。前のよりも大きかったから、もういいだろうと思って、「もう映像は撮れただろうし、船を下りてもいいよ。俺はまだやるけれど」と聞いたら、「いや、まだ乗っていく」と。

そうして日も暮れかかった頃、ポーンと餌を投げたら、すぐに食いついてきたマグロがいて、引き上げたら百キロを超えていました。「いやぁ、山崎さんはすごいね。〝明日結果を出す〟と言って本当に出した」ってディレクターが驚いていたけど、俺が出したのではなくて、マグロが出してくれたんです。

テレビの人は釣れたから結果が出たって言うけれど、たとえ釣れなくてもそれが結果。七月から十二月まで漁に出て、一匹も釣れなくても、それが俺の六か月の勝負の結果です。

だからどんな一日でも「これで満足」と思うようにしています。大きなマグロが上がろうが、まったく釣れなかろうが、せっかく沖に出たのに時化（しけ）で一時間しか漁ができなくても、「沖に出ただけで満足」。そうやって一日の漁を満足して終えることが、予測できないこの仕事を続けていくための心の調え方かと思います。

11月4日

一度決めたことは何があっても貫く

鶴澤友路　女流義太夫節三味線演奏家

Tomoji Tsuruzawa

昔の寒稽古は吹き曝しの物干し台に立たされてやらされたものです。手は凍ってしまって、撥を持ってるのにその感覚もない。三年目に、心配した親から「帰れ、帰れ」と何度も手紙がきたけれど私は帰らんかった。そのうち「母が病気で危篤だ」と知らせが来たけれども、それでも帰らなかったら、とうとう親類が来て、泣く泣く淡路島へ連れ戻された。母が危篤というのも方便。でも、他でもない母の弟が義太夫節三味線のお師匠さんで、その人に私の三味線を聴かせたところ、「これはやめさせたら惜しい！　続けさせせんとあかん」ということになった。それ以来、叔父師匠の一座の旅興行について回るようになったんです。

興行先の野立て小屋には多い時で二千人ものお客さんが集まり、その前で語りと三味線をやったけど、劇場と違ってちっとも音が響かない。だから毎回腕がつりそうになりながらも、力いっぱい撥をさばき、腹の底から振り絞るようにして声を出した。きっとあれで力がついたんやろな。そしてある時、三味線の宗家である鶴澤友次郎師匠の舞台を見る機会があって、その人がとても気品高く音色が抜群によく、その上ハンサム、私もこんな人に習えたらなぁ、と思ったんや。縁あってその兄弟弟子の師匠に弟子入りし、一年ぐらい一所懸命通い続けた頃、友次郎師匠に習いたい、とお願いしてみたんです。

友次郎師匠は「俺は女子の弟子はとらん。しかし、覚えのよい子なら一度連れてこい」と言ってくださったとかで、師匠に連れられ、その場で弟子にしていただけました。師匠の稽古はそりゃもう厳しくて、泣かん日はなかったよ。稽古には月の半分、船に乗って通ったけれども、師匠は一回教えてくれたら、二回は言うてくれんからな。「違う、違う」「違う言うたら、違うっ！」。それで終わりや。細かいことは言わん。でもそうやって、なんでも自分で研究さすんやな。教えてもろたらすぐ忘れるけれど、若い時に自分で苦労したことは生涯忘れへん。

うまく語れん時は、ほんの数分で稽古が終わる日もありました。そんな時はそのまま家には帰らず、先輩の稽古を一日中聴かせてもらう。襖一枚隔てた三畳間で全神経を集中し自分の耳を肥やしていく。毎日毎日がとにかく必死でした。やめようと思ったこともしょっちゅうでしたよ。でも半月もすると、行きたくなって体がウズウズしてきよる。それと、私は稽古に一日として、休んだことも、遅刻したこともなし、どんな嵐が来ようとも、欠航しない限り十二時間かけて船で通った。それだけ長く続いたのは、女、男、通じて、私が初めてと師匠が感心。私が六十歳になってからはある方に「大阪まで教えに来てくれ」と頼まれて、淡路島から毎日二十年間通ったけれども、これも一日として稽古の時間に遅れた日もなければ、休んだこともない。それだけは真似できん、と連中さんが舌を巻くありさま。どんな嵐でも「行く」と言うたら必ず行くのやな。人間、一度こうと決めたら、何があっても貫き通さなあかん。

11月5日

一燈を提げて暗夜を行く

小島直記　作家

Naoki Kojima

努力プラスアルファーということについては、住友の総理事だった伊庭貞剛という人がいい例を遺しておられます。

普通、わわわれが決裁する、決断するというときには熟慮断行するといいます。それが決裁するときの根本的な秘訣であるといいますけれども、伊庭さんはそれでは足らないというんですね。熟慮はする、と。徹底的に考えるというんです。しかし、人間の知力、能力には限界がありますから、できるだけのベストを尽くしたのならば、今度は祈念する。祈るというんです。どういう祈りの言葉か知りませんが、神に必死になって祈る。そうしておいて次は放下をする。考え抜いて、祈り抜いて、あとはさっぱりと捨ててしまう。そうするとふっとそのことについての結論が出るので断行するというんです。

熟慮・祈念・放下・断行という四つの過程が要るということをいっておられる。努力プラスアルファーというのは、この祈念と放下でしょうね。人力を超えたものがある。人間の才知というものにはあまり全面的な信頼はおけない。つまりヨーロッパ的な知性の限りを尽くしても、本当の真理には到達できないのではないかということだと思います。

さらにもう一つ別な見方があります。伝教大師が「一隅を照らす、これ即ち国宝なり」と書いておられますが、「一隅を照らす」ということはいわゆる立身出世的な志向を全部捨てることであって、田舎なら田舎で自分のベストを尽くすということですね。

志は天下国家を云々するということが原形にはなっておりますけれども、それとは違う志ですよね。出世をするという発想を捨てる。出世とか栄華、栄達を捨てた境地、それが本当の一隅を照らすという境地であるとすれば、伊庭さんがいわれる熟慮・祈念・放下・断行の四つの中で放下、何を捨てるかということに根本がかかってくる。

じゃあ何を捨てるかというときに私がいつも思うのは『言志四録』にある「一燈を提げて暗夜を行く」という言葉です。一本の灯火を提げて暗い道を行く。これは人生は旅だということの、旅する姿です。

いまさら道が暗いとか、人生が儚いとか、人間の力は脆いとか、そういうことをぼやいたところで始まらない。そういう暗さをぼやくよりも自分が提げている一本の灯火に頼れということです。その一灯は何かということ。それが道というものに到達する根本のものだということですね。一灯なんです。五灯も十灯も持っているわけではないんです。

普通の人なら出世もしたい、金もためたい、子孫の繁栄も見たいというように灯が幾つもありますよ。しかし、それを全部捨て去って「あなたの一灯は何ですか」と聞かれた場合に何と答えるか。そこに道に至る選択というか、捨てる過程において道に到達する可能性が生まれてくるのではないかと思います。

11月6日

金を追うたらあかん。人を追いなさい

中井政嗣　千房会長

Masatsugu Nakai

私が千房を創業して大きな借金を抱えていた頃、常盤薬品創業者の中井一男さんから「政嗣さん、あんたは大きな借金を抱えているけれども、金が欲しい時に金を追うたらあかん。人を追いなさい」と言われました。人を追えというのは人を捕まえるのではなく、人を喜ばせること・人を集めることに専念しろという意味なんですね。この一言に救われたことは、いまも忘れられません。

　では、どうしたらお客様に喜んでいただけるかを考えると、その前提となるのはやはり従業員がニコニコとお客様に接してくれることですし、従業員が幸せだと感じてくれる会社でなくてはいけません。と同時に会社自体の発展もなくてはいけない。お客様の満足、従業員の幸せ、会社の発展。経営とはこの三本柱だと思っています。

　よく「ピンチはチャンス」と言われるじゃないですか。でもピンチはピンチです。誰が何と言っても。

　私が経営でピンチに陥った時、もし「千房物語」が映画だったらどうだろうかと考えたことがあるんです。私が直面するピンチは、言ってみたら映画の一番おいしいところですよね。そこでドラマの主人公や脇役の人たちが悲愴な顔をして愚痴や文句ばかり言っていたら、そんな映画は面白くも何ともないじゃないですか。

　逆に能力があるなしにかかわらず、皆が一所懸命にやっているドラマは面白い。つまり大変な状況に直面したとしても「自分たちは人生の中で一番面白い局面にいるんや。もっとドラマチックにしよう」と考えを切り替えることが大事です。私自身、そう頭を切り替えてから、責任が重いのと心が重いのは全く別だということに気づきました。責任は重くても心、つまり考え方は軽くなかったらいけません。

11月7日

ホリプロのスカウト基準

堀威夫　ホリプロ創業者

Takeo Hori

昔自分でスカウトしていた時は基準がありました。それが歯と目と声。

歯はビジュアルの面での美しさもそうだけど、もう一つ重要なのは咀嚼力です。健康じゃないとてもこの仕事は勤まらない。二番目は目。何か事を成すっていう人の目はキラキラしていますよ。イワシの腐ったような目はしていない。そして最後は声です。声っていうのは、大きければいいんです。スピーカーでも出力が大きいスピーカーで小さい音を出すと、聞こえがいい。小さいスピーカーで大きな音を出そうとすると耳障りなわけですね。それに、でかい声を出す人はネアカな人が多いし、根暗の人の声は小さい。

僕も最初は他所の力を借りてスカウトをしていたんですが、そのうちにホリプロスカウトキャラバンといって自前でやるようになった。何千人という候補の中から新人を選ぶわけです。

五十人くらいを一つの部屋に入れて、一人ひとりマイクの前に立たせるんだけど、僕は「マイクの前に立った時の顔なんか見ても意味がないぞ。待っている時の目を見るんだ。キラキラしたやつがいるから目をつけとけ。そうやって素の顔を見なきゃダメだ」と言っていました。これはうちの伝統になっています。あんまりネタをばらすとまずいんだけどさ。

若い頃は自分が育てたと思い上がっていた時もあったけど、そうではなかったんですね。要するに、結局は世の中のニーズに相応しい、その時のタイミングに合った人が育っちゃうんだ。だから自分たちが育てたなんて思ったら大間違いですよ。

ただ、時代の潮目が変わるところを見逃すとダメなんですね。例えば、芸能界を主導してきた舞台とか映画が、ある時からテレビに取って代わられた。この時、あっ潮目が変わったと僕は思ったのね。

美空ひばりちゃんの全盛時代はまだテレビがなかった。で、ある日、彼女はデパートに行って物の値段が分からなかった。それが美談として新聞に出たことがあるんです。今度はテレビが主導になって、ホリプロで言えば森昌子とか山口百恵がデビューしてきた時、僕は言いました。「いいか、テレビ局に入るまでは絶対に学校の制服で来いよ。楽屋に入ってからステージ衣装に着替えるんだ」と。大衆は偉大なもので、彼女たちに社会的な感覚が身についているか、その匂いを嗅ぎ分けるんですね。

ひばりちゃんの時代に美談とされてきたことが、昌子や百恵のテレビの時代には美談ではなくなる。でも、それは誰が決めたわけでもない。世の中の潮目が変わっただけなんですね。そういうタイミングは、できるだけ感覚的に捉えて手を打ってきたつもりです。

11月8日

常に三つの側面で考える

北尾吉孝　SBIホールディングス社長

Yoshitaka Kitao

野村證券の入社試験の最終面接で、当時の伊藤副社長から「君たちはうちに入って何がしたいんだ?」と聞かれた時、一緒に面接を受けた学生たちは「○○部で働きたいです」「営業をやりたいです」と希望の部署を伝えていた。

そんな中、私は「先輩諸氏からいろいろなお話を伺いましたが、実際に働いてみるまではどこで何をやりたいという希望はありません。ただ、どの部署で働いても、世界経済の中の日本経済、日本経済の中の金融機関、金融機関の中の野村證券というように、常に三つの側面で考えていたい。そして、与えられた場所で粉骨砕身(ふんこつさいしん)頑張ります」と返事をした。

いま考えると非常に大人びた答えをしたと思うが、そういうことができたのもやはり学生時代に多くの古典を読んできたからだろう。

私の二十代の頃は仕事で徹夜をするなど日常茶飯事で、プライベートで友人に会ったり、女性とデートをしたりする暇もなかった。入社後、総合企画室に二年近くいた後、ケンブリッジ大学に留学し、卒業して帰国すると今度は海外投資顧問室に配属。その後ニューヨークに勤務するなど、土日祭日もなく、とにかく働き詰めに働いた時期だったといえる。

若い時期に目立った活躍をすると、周りからおだてられ慢心に陥ってしまう人が多いが、私はそういうものとは無縁だったと言ってよい。

とにかく自分から次々と仕事を創り出していったため、やることは山ほどある。そしてある時期から、野村證券を世界に冠たるインベストバンクにするのだと考え、海外企業に勝ち抜くためにはどうするかといったことばかりを考えていた。要するに傲慢(ごうまん)や驕慢(きょうまん)に陥る人間は、自分の見ている世界が小さいだけで、大きな志を持てば、そんな状態になる暇がないのである。

特に東洋哲学を学んでいると、人間の存在が、この宇宙の創造者に比べていかに小さなものであるかを痛感させられる。会社に入ると、同期の給与やボーナスの額などを気にする人が多いが、相対観を持つことなど何の意味もない。しかしそのくだらない考えのもとに嫉妬(しっと)心を覚えたり、人の足を引っ張るようなことをしてしまっているのである。

私の場合は自分は自分、人は人、自分の実力をつけることが何よりも大事だという思いでずっと生きてきたため、そんなことを気にする必要は一切なし。上司に胡麻(ごま)を擂(す)ったり、媚(こ)びへつらったりする必要もない。

おかげで私のことを生意気な奴だと思った人も中にはあったろうが、私は自分で正しいと思うことを言い続けてきたし、どんな立場においてもそれを常に明確にしてきたつもりである。

11月9日

信頼関係の築き方

井本勝幸
ミャンマー政府認可NGOグレート・メコン・センター代表
Katsuyuki Imoto

ミャンマーの少数民族は全人口の三分の一に相当します。彼らが大同団結して一枚岩になって、ミャンマー政府と和平に向けた話し合いの場を持てるようにしたい。内戦を解決するにはそれしか道がない、という大枠の考えはありましたが、じゃあそれらをどう結びつけるかは、全くもって手探りの状態でした。まずは少数民族武装勢力が集結しているチェンマイという町に行き、仲間のもとで活動を始めました。最初に行ったのはモン族のエリアで、何の利害関係もない一人の日本人僧侶としてボスに面会を求めたんです。ボスは皆、怖い顔をして偉そうにしていますから「お願いします」と頭を下げたところで話を聞いてはもらえません。そこで僕は一計を案じ、ボスを挑発することにしました。

　話の途中で面と向かって「あなたは、ボスの役割を果たしていない」とけしかけるんです。相手は当然面喰らって怒り出しますね。そこで間髪を容れず「本当のボスなら、地域住民の面倒を見ているはずだ。だけど、あなたは何もやっちゃいないじゃないか」。それから「あなたは自分の権利ばかりを主張しているが、これは少数民族が共同で解決しなくてはならない問題ではないのか」と質問しました。「共通の問題って何だ?」「ミャンマー政府と向き合うことだ。目を覚ましてそういうことを考えなきゃ駄目だ」と。

　だけど、一方的に相手を説き伏せるだけでは駄目なんですね。僕は自分にできる地域の農業支援を約束し、実際にそれをやりました。そこはやはり人間なんですよ。相手を励まし、勇気づけることは言っても、可能性を潰されたり、挫いたりするようなことは言ってはいけない。相手を批判するなら、それ以上のことをやろうという意気込みでやってきました。

　そうやって少しずつボスとの信頼関係を築いていき、紹介状を書いてもらって次の武装勢力を訪ねていったんです。いくつかの部族に認められると、あとは早いんですよ。噂のほうが先に伝わりますから。

　おかげさまで、武装勢力地域で一人で密かに始めた農業支援のほうも、和平実現に尽力した見返りとしてミャンマー政府から正式な許可をいただくことができました。

　一方でいい思い出もたくさんあります。最近の遺骨収集での話ですが、インド国境のものすごく貧しい村で一人のお婆ちゃんから生卵をいただいたんです。その土地で卵といったら最高級品です。何で卵なのだろうと思ったら「これは父からの遺言です」と。お婆ちゃんの父親はビルマ独立義勇軍の兵士でした。日本軍と一緒に苛酷なインパール作戦に参加したのですが、日本の兵士から「おまえは軍服を脱いで故郷に戻れ。後のことは俺たちに任せろ」と言われ、後にその日本兵は亡くなるらしいんですね。父親は落ち延びて地元の女性と結婚し、そのお婆ちゃんが生まれる。そして亡くなる時に「この土地に必ず日本人がやって来る日が来るから、自分たちにとって最も高価な卵をあげてくれ」と言い残したんです。

11月10日

一日一死

木下唯志　木下サーカス社長

Tadashi Kinoshita

確かに病を得たことは一つの関だったかもしれませんが、やはり本当の関は社長就任時と同時に直面した経営危機でしょうね。

とにかく十億円の負債ですから、中小零細企業にとっては倒産寸前といってもよく、これはもう大変な状況だと。

そこで私がまず基本に据えたのが、父がよく言っていた「一場所、二根、三ネタ」でした。つまり、興行はどこでやるかという場所が一番大事で、たとえ同じ場所でもシーズンによってお客様の入りが大きく違ってきます。「天の時は地の利に如かず」とあるように、やはり我われにしてみれば、いかに地の利を得るかが大きな鍵を握っているんですよ。

二番目の「根」というのは根気の「根」で、これは営業です。サーカスは各地を転々としていくので、その土地その土地での地道な営業なくしてはお客様に足を運んでもらうことはできません。

そして三番目の「ネタ」というのは、ショーそのものです。同じことをずっとやっていても進化はないので、常に新しいものを取り入れようとしてきました。

もっとも、そうした取り組み以前に、別の問題もありました。社長就任当時、私は四十代半ばにも達しておらず、古参の幹部からすれば小僧みたいなもので、何かと父や兄と比べられるんですよ。それに幹部がそんな状態だから、社員も身勝手とまでは言わなくても、皆それぞれ自分が偉いと思っているから組織はキチッとされていない状態でした。そういう中でやっていくのは、大変なわけですよ。でもどんな辛い時でも、「一日一死」の思いでやってきました。

私は明治大学時代、剣道部に所属していました。最初は全くの初心者だったので、当時師範だった森嶋先生というすごい方がいることも知らずに入ったんです。その先生はとにかく厳しい方で、出身大学の国士舘には学生時代に使っていた血の滲んだ木刀が飾られていて、警視庁では首席を取られていたんですよ。当然、指導もものすごく厳しくて、最初の頃は同輩たちも道場に行くのが嫌なわけです。足が竦む。それくらい厳しい稽古でしたから。

そんな私に、ある先輩が教えてくれたのが「一日一死」という言葉でした。とにかく道場に一歩足を踏み入れたら、きょう一日で自分は死ぬんだと覚悟を決めろと。

それまでの私は、その日の稽古をしながら、明日も明後日もこんな苦しい日が続くのかと思っては、気が滅入っていたんですよ。ところが先のことを思い煩うことなく、一瞬一瞬を生きればいいんだと思ったら、何だかものすごく心が救われましてね。そのおかげで二十人いた同期のうち、卒業まで残った四人の一人になることができたんですよ。

11月11日

仕事の結果は、熱意×行動力×知識

船津知穂
大同生命保険セールスレディ
Chiho Funatsu

その日の夜、転機が訪れました。私の長女はアトピーが酷くて、毎晩お風呂から上がった後に私が薬を塗っていたんです。いつもは「早く治るといいね」って言いながら、塗り残しがないよう丁寧に塗っていたのですが、その日は気持ちがささくれ立っていたので、「早くお母さんの前に座りなさい」「はい、もうこれでいいでしょう」と、つい乱暴にやってしまったんですね。そうしたら、小学一年生の娘が私の気配を察したのか、突然「お母さん、こんな体に生まれてごめんね。お薬代もかかるでしょう？　毎日朝から晩まで私たちのために一所懸命働いてくれてありがとう」って言ったんです。

私ものすごく申し訳なくなって娘を抱きしめて謝りました。「ごめんね。いまね、自分に腹が立ってたの。あなたに八つ当たりしてごめんね」と。ああ、これではいけない。いままでは全然売れなかったけれども、明日からは売れるセールスレディーにならなきゃいけないと思いました。

その時に、以前上司に言われた「熱意と行動力と知識の掛け算」の話を思い出したんです。「船津さんは、熱意は三だ。子供を二人連れて、長崎から一旗揚げようと東京に出てくるなんてなかなかできない。行動力、これも三だ。朝礼が終わると一番に鞄を提げて会社を出ていく。夕方には一所懸命働いてきたことが顔に滲み出ている。でも、知識が足りない。

足し算であれば知識がゼロでも六になる。しかし、掛け算というのが味噌なんだ。知識がゼロだと結果もゼロになってしまう。だから、保険の知識を積みなさい」

私は次の日から勉強することに決めました。最初は、子供たちが寝た後にやろうとしたんですけど、もう朝から晩まで百軒回っていますので、疲れ果てて眠くなってしまうんですね。で、電車やバスの移動時間を使って提案書に書いてある内容を暗記していきました。そうすると、お客様と対面した時に、お客様の目を見て話ができるんです。「理解してくださっているかな」とお客様の呼吸を感じながら、時々大事なところだけ書面を見ていただく。そういった話法を確立していきました。

あとは、お昼休みの一時間ってお客様のアポが取れませんし、外でランチを食べるお金もないので、毎朝おにぎり二つ作ってお茶を水筒に入れて、公民館で食べていたんです。五分くらいで済んでしまうので、公民館のお手洗いに行って、鏡を見ながらロープレをしていました。

もうね、初めて自分の顔を見た時は愕然としました。五か月間も成績出ていないから必死でしょう。表情に滲み出ていてすごく怖いの。「このお客様、保険に入ってくれるかしら」「契約を取ろう、取ろう」って顔をしているんですよ。その時に思いました。私がお客様の立場だったら、こんな人の保険に入りたくない。ああ、契約を取れない理由はこれかと。そこから毎日公民館の鏡の前でロープレして、表情や間の取り方、声のトーンなどを研究していったんです。

11月12日

先代女将に学んだ仕事の心構え

小田真弓
和倉温泉加賀屋女将
Mayumi Oda

加賀屋の若女将になることへの不安や迷いは、そりゃあ、ありましたよ。その思いを払拭できたのは、嫁いだ翌年、お正月明けに一度里帰りをさせてもらったのですが、東京から戻ってくる時のことでした。

ちょうど三八豪雪と呼ばれる大雪に見舞われてしまい、列車は十何時間と遅れ、ようやく金沢に着いたのは深夜でした。主人のいとこがトラックで迎えに来てくれたものの、ちょっと走っては雪を掻き分けて、また進むということを延々と繰り返す。お腹が空いてきて、「何か食べるものない」と聞いたら、「後ろに白菜が積んであるからそれをかじれ」って。まあ、散々な目に遭って、東京に舞い戻りたいと思いながら帰ってきたんです。

で、加賀屋の前に着いた時に、車のライトの先にフーッと何かが浮かんだ。よく見たら義母が大雪の中、毛布をたくさんかぶって、私の帰りを外でずっと待っていてくれたの。「ああ、帰ってきたか。帰ってきたか」って言ってね。その義母の気持ちにものすごく感動しまして、やはり私はここで義母についていこう、背中を見て勉強していこうとつくづく思ったんです。

それからは義母の何分の一かでも近づけるようにと思って、靴磨きからお茶淹れ、掃除、布団敷きなど、客室係が当たり前にやっている仕事を一つひとつ覚えていきました。

義母にはすごく可愛がってもらいましたけど、仕事の面では決して手抜きをしない厳しい人でした。

例えば、大掃除。いまみたいに電気掃除機がある時代ではありませんから、まず箒で掃いて、雑巾がけして、乾拭きする。最後のほうの部屋になると疲れてくるんですよね。適当にこのくらいにしておこうかとやっていると、義母が回ってきて、「はーい。みんなご苦労さん。ありがとうね」って言いながら、「後はここだけやね」って手抜きしたところをパッと見つけるんです。

あと、お客様をお見送りしている時に、すごく寒い日だったので、お客様がいらっしゃらない隙を見て、手を着物で隠すような仕草をしたらパチンって叩かれました。寒くても寒くないような顔をして、ちゃんと普通に立ってお見送りしなさいと。

そんな義母も嫁いできた時は、他に有名な旅館がたくさんあって、加賀屋は和倉で一番小さな旅館だったそうです。当時は鉄道がありませんから、お客様は船でお越しになる。ある日、小さい子供を抱えて朝早くから仕事をしていたため、疲れてうつらうつらとしてしまったらしいんです。

ちょうどその時に船が着いて、慌てて波止場まで行くと、他の旅館の出迎えはみんな揃っていて、お客様から、「和倉で一番小さな粗末な旅館の女将が、最後に迎えに来るとは何事か」と怒られたそうです。その時に、「いまに見ていろ。必ず日本一にしてみせる！」って思ったと。私が嫁いできてからも事あるごとに、「日本一にしたいね」「もっと頑張らなきゃね」って言っていました。

11月13日

人生先発完投

村田兆治
野球評論家

Choji Murata

私が全国の離島を回って少年野球の指導を続けているのも、自分のためというよりもなんとか次の世代を育成したいというのが先にあるわけですね。子どもたちが、野球教室での経験を励みとして、何かの壁にぶつかったときに乗り越えてくれたらという思いからです。それにはまずこちらが本気にならないと。本気になるというのは手抜きをしないことだと私は思っています。

自分に正直になって、いかに納得する生き方をするかということですね。私もそれがあったから現役四十一歳まで二十三年間頑張ってきたんです。特に引退のときは一番決断が難しかった。涙が止めどもなく流れるんです。

私は三十三歳のときにひじを故障し再起不能とまでいわれました。三十三歳といえば、野球の世界ではもう引退を考える時期です。でもそれから三年間のブランクがありましたけど、もう一度、立ち向かって出てきたんですね。

このとき、私が考えていたのは、人間は最後の一花というものがあるだろう、ということです。それをずーっとイメージしながら、三十になったら三十五のことを考え、三十五になったらあと二年先、三年先のことを考えながら「まだくたばらんぞ」とトレーニングを積んできたのです。

そして、四十一のときに、プロとしてお金をもらっている以上、お客を裏切るわけにはいかない、自分と正直に向き合おうと思って引退を決断しました。その代わり十月まで戦って、意地でも二ケタ勝って俺は終わる、と心に決めた。そして、いい終わり方ができたら、それからがまた勝負なんです。

それまで私は色紙を求められると「挑戦」とか「努力」とか「忍耐」とかいう言葉を書いていましたけど、引退して初めて「人生先発完投」と書きました。つまり私は引退後も、自分が手掛けたことを他人に委ねないで成し遂げることにこだわってきた先発完投の生き方を貫こうと思っています。自分の人生は自分で全うしないといけないわけですから。

11月14日

本居宣長の学問的姿勢

吉田悦之　本居宣長記念館館長
Yoshiyuki Yoshida

賀茂真淵との「松坂の一夜」での対面から半年、正式な入門手続きが完了し、そこから五年半にわたって江戸と松坂の質疑応答が続きました。宣長は師を崇めつつ、批判もしました。宣長の問いは理詰めで執拗でした。時には師を師とも思わぬかのような態度もありました。

真淵はそんな弟子をたしなめ、また厳しく叱りながらも、熱心に自分の知る限りを伝えようとしました。しかし、どうにも折り合いをつけかねる問題もありました。目標は同じでも、真淵と宣長の隔たりは大きかったのです。

「一つの本は、二十年の学を積まねば究めることはできない。古のことを論ずる私の説の中には瑕瑾もあるかもしれないが、全体を見極めた上での発言であることを思え。信じる気持ちのない者に答えることはできない」

事実上の破門です。師の言葉に深く反省した宣長は、謝罪をして、その深い信頼関係は、真淵が七十三歳で亡くなるまで続きます。真淵の訃報が宣長の元に届くのは、亡くなって一か月余り経った頃でした。その日の宣長の『日記』には「不堪哀惜（哀惜に堪えず）」と書かれています。この四文字に宣長の悲しみが込められています。

宣長は、契沖や真淵がどのような態度で学問に向かってきたかを絶えず考えていました。彼らの遺志を継ぎ、一歩でも前に進めたいと思っていました。宣長が目の敵のように真淵説を批判するので友人の荒木田久老が「先生に失礼だろう」と怒った時、宣長は「学説に私情を交えることは徹底排除し、逆に、師説を乗り越えていけというのは他ならぬ真淵先生の教えなのだ。だから先生は偉大なのだ」と言い返しました。事実の究明と師への尊敬の念とは宣長の中できちんと区別されていたのです。

宣長が『古事記伝』最終巻、巻四十四を書き終えたのは寛政十年六月十三日、いまの暦では一七九八年七月二十六日、暑い夏の盛りでした。この年、宣長六十九歳。京都で『古事記』を買ってから四十二年、「松坂の一夜」で真淵と会ってから三十五年の歳月が流れていました。

『古事記』解読という宣長の仕事は終わりましたが、その研究はまだ緒に就いたばかりでした。『古事記伝』全四十四巻を開くと、「名義は未だ思ひ得ず」という言葉があちこちに出てきます。「分からない」というのです。決して全部が解決したのではない、分からないことが分かった、ようやく研究の入り口に立ったのだ、と。

宣長は学問の未来、そして人間の未来を信じています。次の人がこの謎を解き、「私の『古事記伝』を越えていってくれるはずだ」と信じているのです。

11月15日

高杉晋作の志

一坂太郎
萩博物館特別学芸員
Taro Ichisaka

下関を制圧した高杉晋作は、次に二十人ほどの浪士からなる決死隊を率いて瀬戸内海の三田尻（現・山口県防府市）に走り、海軍局を襲撃、軍艦を手に入れました。明けて一八六五年一月六日、晋作に成算ありと踏んだのか、傍観していた奇兵隊や諸隊も立ち上がります。

そして、鎮圧に乗り出した「俗論党」藩政府の軍勢と山間部の大田や絵堂（現・山口県美祢市）で激しい内戦を繰り広げた末、晋作らが勝利。「俗論党」は藩政府から退けられました。晋作の機を見た決起が突破口になり、長州藩の進む方向を倒幕一本に転換させた意味は大きいといえるでしょう。

晋作は、最初から奇兵隊や諸隊への呼応も勝利も、すべてを計算していた「天才革命家」だったと評する人がいますが、私はそれは結果論にすぎないと考えます。

晋作が決起した時、藩政府には動員できる兵力が二千人もいました。二千人を相手に、八十人で喧嘩を売ろうとする人間が、果たして計画など立てるでしょうか。

かつて晋作は、吉田松陰に「男児たるもの、どんな時に死ねばいいでしょうか」という問いを発したことがあります。そして「安政の大獄」に連座し、伝馬町の獄に入れられていた松陰は、「世に身、生きて心死する者あり。身亡びて魂存する者あり。心、死すれば生くるも益なきなり。魂、存すれば亡ぶも損なきなり」「死して不朽の見込みがあらば、いつでも死ぬべし。生きて大業の見込みあらば、いつまでも生くべし。僕の所見にては生死は度外におきて、ただ、言うべきを言うのみ」との死生観を晋作に遺し、刑場の露と消えました。

おそらく晋作は、松陰の教えに従い、「機」を見た瞬間、成算の有無は度外視し、真っ先に戦いに身を投じることで決意を示そうとしたのではないでしょうか。人間はどうしても「いま行動して勝てるだろうか、負けるだろうか」という打算で物事を判断してしまいがちですが、晋作は心の中から己の損得を取り除き、そこに残る「志」を決断の拠りどころとしたのです。

そして晋作のように、志をフィルターにして一つの目的を直視する者にのみ、行動の「機」を見ることが許されるのだと思います。

また、晋作には、たとえ挙兵し討ち死にしても、志は残り、自分の屍を乗り越えて誰かが後を継いでくれるはずだ、という考えもあったのだと思います。そして、命を懸けて挙兵しても、誰も立ち上がらないような世の中ならば、晋作はこれ以上、生きている意味はないと考えていたのでしょう。

11月16日

世界に挑戦する上で影響を受けた人

宇津木麗華　女子ソフトボール日本代表監督

Reika Utsugi

私の人生において、影響を受けた師が二人います。一人は何と言っても（宇津木）妙子さん。ソフトボールだけでなく、日本に来たばかりで右も左も分からない私に、生活を共にしながら日本文化を教えてくれた大恩人です。妙子さんはきっちりしていて非常に厳しいんですけど、「人に迷惑をかけるな」など、人として当たり前のことを徹底して教えてもらえたからいまの私があると思います。

それから、世界に挑戦する上で影響を受けたのが女子プロゴルファーの岡本綾子さんです。妙子さんと親しかった関係で二十七歳の時に初めてお会いしたんですけど、岡本さんから〝風格〟とでもいうのか、世界で戦う人のかっこよさやオーラを学びました。

特に、一九九六年のアトランタオリンピックの時、私は帰化して二年しか経っておらず、中国側の了承が得らなかったためにオリンピックに出場できませんでした。その時三十三歳だったこともあり、本気でソフトボールを辞めようかと悩みました。そんな私を察してか、岡本さんがわざわざ群馬県高崎市の寮に立ち寄ってくださったんです。そして一緒に食事をしていた時にふと、この行き場のない思いを消化するためにピアスを開けたいと口にしました。

妙子さんはチームのルールとしてピアスを禁止していたんですけど、岡本さんは「開けたらいいじゃん」とサラっと言ってくださって。たったそれだけですが、そのひと言で吹っ切れました。ピアスを開けてからは次どんなピアスをつけようかなどピアスに気を取られて、悲しいことを忘れることができたんです。

五年前に再度全日本の監督を引き受けるかどうかを相談した時も、「十人中九人は足を引っ張ってくるよ。そう覚悟して大任を受ければ、何も怖いものはない」とさらりと声を掛けてくださいました。それにどれだけ背中を押されたことか。本当に何気ないひと言で救われるのだと感じて、私もそういう言葉を掛けてあげられる指導者になりたいと思っています。

11月17日

兄・小林秀雄から学んだ感受性の育て方

高見澤潤子　劇作家
Junko Takamizawa

兄に感受性を養い育てるにはどうしたらいいかと聞いたとき、兄はこう答えた。

「始終、怠ることなく立派な芸術をみることだな。そして感じるということを学ぶんだ。立派な芸術は、正しく豊かに感じることをいつでも教えている。先ず無条件に感動することだ。ゴッホの絵だとかモーツァルトの音楽に、理屈なしにね。頭で考えないでごく素直に感動するんだ。その芸術から受ける何ともいいようのない解らないものを感じ、感動する。そして沈黙する。その沈黙に耐えるには、その作品に強い愛情がなくちゃいけない」

感じるには、理解力とか判断力とかいうものではなく、心の才能というものが必要なのである。子供のような純粋な謙遜な気持ちがなくてはならないのである。

いろんな知識を得、経験を重ねると、こういう素朴な心を、私たちはみんな失ってしまう。人間は心の底から感心し、感動しなければよいものは創れないし、よい考えもおこらないと思う。また、個性について兄がこんなことを言ったのを覚えている。

「人間は、自分より偉い、優れた人に出会ったら、その人を心から尊敬できるようなナイーブなものを持っていなくちゃ駄目だ。他人への信頼と無私な行動とが一番よく自分の個性を育てるものだ」

私はこの言葉を聞いた時、正直なところ、本当にそうなのかと疑問を持った。個性というものは自分に与えられているものだから、自分が育てなければならない、自分の個性と思われるものを努力して、苦労して、自分で磨き上げなければならないと思っていた。しかし年をとるとともに、この言葉が真実であることが分かってきた。個性を育てるのにたいていの人は私のように誤解して間違った方向をとってしまう。

ことに、人を尊敬するとか、他人を信頼し、無私になることは却って自分を殺してしまうと思って、俺が俺がという気持ちを持とうとする。そうすれば、ますます個性を育てることは難しくなるであろう。兄のいうように「心から尊敬できるナイーブなもの」が大切なのである。私は兄から随分助言を受けた。いまから考えると頭が下がるほどありがたい、尊い助言であった。親身になっていってくれた助言を、愚かな私は親身になって聞かなかった。ちょっとは実行してみたが、長く続けようと努力はしなかった。助言について兄は書物の中で次のように言っている。

「どんな助言も人に強ひる権利はない。助言を実行するしないは聞く人の勝手だ。それよりも先づ大事なことは、助言といふものは決して説明ではない、分析ではない、いつも実行を勧誘してゐるものだと覚悟して聞くことだ。親身になって話しかけてゐるとき、親身になって聞く人が少い。これがあらゆる名助言の常に出会ふ悲劇なのだ」。兄が人に助言をする時、兄自身が実行しなかったものは一つもなかった。しかしたいていの人は私と同じように、いい助言でも、真剣にその通り実行しないのである。「実行を勧誘してゐるものだと覚悟して」聞かないからである。

なぜ中国の卓球は強いのか

近藤欽司
サンリツ卓球部監督・元卓球女子日本代表監督
Kinji Kondo

いま卓球の世界では中国が非常に強いわけで、なぜそんなに強いのかと研究していますが、そのヒントとなる諺があるんです。

最初に「人無我有」と書いて、人にないものが自分には有る、つまり他の人にはない技術や戦術を持つ、ということです。でも時間が経てば、それまで自分しか持っていなかったものが真似をされてしまうので、「人無」ではなく「人有」になって自分の技が通用しなくなってしまう。そこで今度は「人有我高」、つまりその技をどんどん高めていく。

さらに相手も同じように高めてきたら我は磨く、「人高我磨」いたら我は創、そしてさらに人が磨けば自分は新しい技を創り出す。つまり「人磨我創」。要は新しい技を創り出すという意味で、これが中国の戦いにおける必勝の諺なんです。

中国と戦う上では技を磨くだけでなく、それまでにない新しいものを持って挑まなければ勝つことはできません。

勝負の世界というのは、勝つか負けるかしかないわけで、卓球には引き分けはありません。僕は長いこと高校生を指導してきましたけど、よい結果を出すためには「一剣を持して起つ」、つまり相手チームより一歩先の練習を心掛けてきました。

そしてナショナルチームの監督になると、日本代表の選手をとにかく勝たせなければいけない。では、どうしたら勝てるかと言えば、こちらは世界大会に向けて、新しい技術を密かに準備する。例えば、福原愛選手が次の世界大会までにどのような戦術で臨むかは大事なテーマでしたけど、一度使ってしまったことは、手品の種明かしと一緒で次は通用しません。

中国の場合、国内にコピー選手をつくるんです。つまり福原愛なら福原愛のコピー、平野美宇なら平野美宇のコピーといった具合に、同じような戦い方をする選手をつくった上でその対策を練ってくる。

なんせ中国には指導者と選手のプロが三万人はいますから、そういったことも可能なんです。日本には三十人くらいしかプロはいませんから土台からして違う。

ですから、たとえ一つの大会で勝ったとしても、次の大会ではニュー福原、ニュー平野を持っていかなければ勝てない。僕はナショナルチームの監督だった頃には、秘密兵器という独特なスタイルの選手を日本代表にしました。

そしてその上で、選手一人ひとりには個性というものがありますから、それに応じた点の取り方というのをしっかり持つことですね。そうやって一剣を持して起たなければ、国際大会で勝つことはできませんね。

11月19日

世界の頂点に立つ選手に共通するもの

松岡修造　スポーツキャスター

Shuzo Matsuoka

羽生結弦さんは平昌五輪の約三か月前に靱帯を損傷する大きな怪我をされました。治療やリハビリのために直前の大会を欠場していてブランクがあった上に、痛み止めを打たないとジャンプも跳べない状態だったにもかかわらず、勝たないと意味がないとの覚悟で本番に臨み、二位と十点以上の差をつけ、男子シングルで六十六年ぶりとなる五輪二連覇を果たしたんです。そして、優勝直後に、「どんなオリンピックでしたか」と尋ねてみると、彼は、「とにかく捨てて、捨てて、捨てる作業をしたオリンピックでした」と。

一つは、勝つために「技」を捨てたわけです。羽生さんは努力を重ねて習得した四回転ルッツや四回転ループという大技を封印。もう一つは、自分の日常的な「欲」を捨てたと。友だちと遊ぶことや大好きなゲームをやめた。これら数々の「幸せ」を捨てたのです。すべては金メダルのために。そんな羽生さんがオリンピックで最後に何をつかんだのか伺うと、「幸せをつかみました」と。人は何かを捨てることによって、掛け替えのないものを得られるんだなと感じました。彼の感性と勝負感覚にはいつも勉強させてもらっています。同じ日本人として本当に誇らしい。二十三歳（二〇一八年現在）にして既に男の中の男です。

また、スピードスケートで金メダルと銀メダルを獲得した小平奈緒さんは平昌五輪に出場した選手の中で一番日本人らしいアスリートだと思います。彼女は昔、本番に弱くて、ソチ五輪でも本来の力を発揮できなくて負けてしまった。自分には何が必要かと考え、強豪のオランダにスケート留学に行ったんです。そこで「勝つためには相手を殺すくらいの闘争心を持ちなさい」と教わったそうです。普通だったら分かりましたと言って、そのとおりやると思うんですが、彼女は違いました。私は人を殺してまで勝ちたいと思わない。だったら、自分に克つ方法を徹底的に研究しようと決意。そこで何に目をつけたかと言うと、コーナリングです。直線コースはパワーのあるオランダが強いけれども、曲線コースは技術を磨けば自分の武器にできると。そこから日本独特の古武術を学んでいきました。日本には古きよきものがたくさんあるのに、それを見ようとせず、欧米から学んできたものでよしとするのは実にもったいない。日本人には日本人らしい考え方、体の鍛え方、戦い方があるわけで、それを証明してくれたのが小平さんです。ご承知のとおり、平昌五輪では日本女子スピードスケート史上初の金メダル、かつ冬季五輪で日本人最年長の金メダルという快挙を打ち立てました。

オリンピックで世界の頂点に立つような選手に共通していることの一つは「挫折」した経験があるということだと思います。しかも、途轍もない挫折です。それが最終的には一番の力になる。だから、挫折を愛している人ほど強いですね。トップクラスの選手たちは、皆さん本当に大きな挫折を経験しています。でもそこから逃げない。認めたくない自分の弱さを受け入れて前向きに頑張ることが本当の強さを得るための条件なのかなと思います。

11月20日

商売は真剣勝負と同じ

山下俊彦 松下電器産業相談役

Toshihiko Yamashita

創業間もないころ、近所に松下幸之助と同じように電気屋を始めた人がいました。結局、その人は会社を駄目にしてしまうのですが、数年後、再会したときにその人が幸之助さんに、

「私も一所懸命仕事をしたが、どうも思うようにいかなかった。たまたま少しうまくいきかけると、売った先が金をくれなかったり、頼りにしていた工員が辞めたりして、挫折してしまった。同じように商売を始めた君が、何の支障もなく発展していくのが、不思議だ」

それに対して、幸之助さんはこう答えています。

「君ほど熱心にやっていながら、なお仕事が成功しないのが、私には不思議だ。商売というのは大小の差があってもやっただけは成功するものだと思う。よく世間では商売だから儲けるときもあれば損するときもある。得したり損したりしているうちに成功していくというが、自分はそうは思わない。絶対に損をしてはいけないのである。

商売というのは真剣勝負と一緒だ。首をはねたり、はねられたりするうちに勝つというようなことはあり得ない。活動すれば、それだけの成功が得られなければならないのだ。

もし、それができなかったら、それは環境でも、時宜(じぎ)でも、運でも何でもない。経営の進め方に当を得ないところがあるからだ。それを『商売は時世時節(ときよじせつ)で得もあれば損もある』と考えるところに根本の間違いがある。商売というのは、不景気でもよし、好景気であれば、なおよしと考えなければいけない。商売上手な人は、不景気に際してかえって進展の基礎を固めるものだ」

このエピソードは幸之助さんの企業経営というものに対する厳しい姿勢をよく表していると思います。

11月21日

識字教室の生徒さんに教わったこと

大沢敏郎　横浜・寿識字学校主宰

Toshiro Osawa

文字のよみかきのできなかたときは　まいにち　かべにむかて　にらめこしていましたこころがさみしくてしかたなかた——この文章は、私が識字教室を始めた頃、四十歳の男性が書いたものです。子どもの頃から当たり前のように読み書きのできる人間にとっては、理解し難い心境でしょう。

私が横浜・寿町の識字教室に携わるようになったのは、いまから二十五年前のこと。会社を辞めた頃、市の職員をしている方から誘われたのをきっかけに、五十九歳になるこの年齢まで講師役を務めてきました。授業は毎週金曜の夜に三時間、公共施設の会議室を使って行います。参加は中学生以上なら誰でもでき、日雇い労働者や在日外国人など、約十名が参加します。

通常の授業では五十音の読み書きや短文作りなど、基礎的なことを教える他は、特にこれといった指導法はありません。当初は正しい字や文章の書き方について教えていたのですが、ある出来事をきっかけに、そうしたことは一切やめてしまいました。

当時、六十歳近かったその男性は、自分の母の世話を七年間続けたというので、それを書いてみてはと勧めたところ、原稿用紙二十枚もの文章を五日間かけて書き上げたのです。

その文章は、病気のお母さんに辛くあたったことや自分のしてあげられなかったことに対し、とにかく謝り続ける内容でしたが、文中に一つだけ、どうしても読み方の分からない部分がありました。

お母さんが亡くなっていく様子を綴った後半部での、「おかさんと大きなこえでおもいきりなきました」という〝おかさん〟の読み方です。私は彼に読み方を尋ねようとしましたが、その書く勢いに圧倒されて、結局聞けず終いになっていました。

やがて皆の前で発表する日となり、涙で声を詰まらせながらも読み続けた彼は、問題の箇所まできた時、そのひらがな四文字を「おっかさーん！」と、部屋が割れんばかりのもの凄い声で叫んだのです。おそらく実際に彼はそれと同じ声で叫んだのでしょうが、私は大変なショックを受け、自分のこれまで受けてきた学校教育は、足元から崩されてしまったと思いました。

仮に私が目を通した時、「小さな〝っ〟が抜けているよ」などと指摘をしていたら、彼はその時点で、書くことをやめてしまっていたかもしれません。ああ、聞かなくてよかった。心底そう思いました。それ以来、私は書き方のコツなどを教えるのをやめ、当人が生きてきた歴史を決して妨害することなく、その人が書き、自分で読む文章の「声」を聞いていけばいいと思ったのです。なお、彼はその後しばらくして、教室には来なくなりました。

私が思うに、彼の中で引っかかり続けていたことを文字にし、皆の前で「おっかさーん！」と叫んだことにより、彼にとっての大きな「仕事」を終えることができたのではないかと思っています。そしてそのために、二十枚もの文章を書いたのだと解釈しています。

成長する会社の共通点

野村順男　人事アドバイザー・日本電産元取締役

Norio Nomura

会社を大きくする夢を持つ経営者のもとで働きたい――。上場会社の子会社に勤めていた私が、周囲が反対する中、まだ創業からわずか九年、社員百五十人ほどの規模だった日本電産に入社したのは、昭和五十七年のことでした。永守重信社長は、一対一の面接で、何年後には会社をこれこれの規模にし、東証に、そしてニューヨーク証券取引所にも必ず上場する、と三時間近くにもわたり、初対面の私に夢を語り続けてくれました。こんな経営者は他にいない、と瞬間的に思いました。四十歳を過ぎての転職でした。

その後、会社はどんどん成長し、面接時の話が現実となりました。私は二十余年、採用や社員研修などを中心とした、人事・教育に携わってきました。いまは退職し、研修の講師などをしていますが、これまでの経験をもとに私が訴えていること、また、これから会社を選ぼうという若い人、転職しようという人に伝えたいことは、「恐竜の親になった会社を選ぶな。恐竜の子供、あるいは卵の会社を選べ」ということです。

すでに「恐竜の親」になっている会社に入ると仕事の範囲は限られ、しかも尻尾からスタートして頭まで上り詰めるのは難しいものです。しかし恐竜の子供、あるいはその卵の会社であれば、本人の努力の結果を会社の成長の中で見ることができると同時に、将来は頭のところで活躍できる可能性は高いと思うのです。ただ、いつまでも子供のままで大きくならない会社もあります。親にまで成長していける会社と、そうでない会社はどう見分ければよいのでしょうか。私自身の体験から、成長する会社とはある規模に達するまでは、トップが直接「会社をこうしたい」という夢を熱く語る会社です。そう訴える経営者の会社は恐竜の親になる確率が高いといえます。

もちろん夢だけでは会社は成長しません。親になる会社にはもう一つ大切なものがあります。それが「人の質」です。そして人の質において一番のポイントとなるのが、他人を感動させるマナーです。職場管理のスローガンとして、整理、整頓、清潔、清掃、躾（しつけ）の「5S」がよくいわれますが、日本電産ではこれに作法が加わっていました。躾、作法ができれば、ほかの四つも自ずとできるもので、それが人の質につながり、品質の向上につながり、会社の発展につながっていくのです。私は人事担当として様々な上場会社をはじめ多くの企業を訪問しました。その結果、社員のマナーと会社の業績や成長とが、不思議なほど一致していることを見届けてきました。

マナーを身につけ、自分自身に「味つけ」をすることが大切であると私は思います。人の味は「知性」と「雅性」のバランスから生まれます。知性は幅広い知識の吸収によって得られるものであり、具体的には年間一万ページ程度の読書をすること。その中から自分の心の糧（かて）になる言葉を見つけなさいと、私は説いています。また、雅性を磨くには、仏教の教えにある「無財の土地」を徹底することでしょう。

11月23日

エブリ　デイ　マイ　ラスト

福嶋正信　東京都立小山台高等学校野球部監督

Masanobu Fukushima

忘れもしない、あの事故が起こったのは、私が野球班（部）監督として東京都立小山台高校に赴任し、二年ほど経った二〇〇六年六月三日のことでした。

「福嶋先生、夏の大会も一か月に迫ったので新しいバットを買いに行きたいのですが、大輔も連れていっていいですか?」

市川大輔は、当時二年生唯一のレギュラー。派手さはないけれど、何事にもコツコツと一所懸命に取り組む、誰からも信頼される選手でした。私は、「いいぞ、大輔も先輩といっしょに行ってこいよ」と、練習が終わった後に、子供たちを近くのスポーツ店に送り出したのです。しかし、それが大輔との今生の別れになるとは、夢にも思いませんでした。皆で購入したバットを手に帰宅の途に就いた大輔は、自宅マンションに設置されていたシンドラー社製のエレベーターに挟まれる事故に遭い、帰らぬ人となったのです。大輔は手にバットを握り締めたまま亡くなっていたといいます。

あの時、大輔を買いに行かせなかったなら……。事故後、私も生徒たちも、大輔のことが悔しくて、悲しくて、大粒の涙が止めどなく溢れ、練習することさえままなりませんでした。そんな私たちに、再び前を向いて一歩を踏み出す力を与えてくれたのが、大輔のお母さんから届いた、「皆さん、悲しい顔で練習をしていたら大輔が泣きます。だから笑顔で練習してくださいね」というお手紙。そして大輔が野球日誌に書き残した次のような言葉の数々でした。

「当たり前のことを当たり前にやる。でもそれが難しい」「一分一秒を悔いのないように生きる。精いっぱい生きる」「エブリ　デイ　マイ　ラスト」

泣いていてはいけない、大輔のためにも笑顔でプレーしよう、毎日を精いっぱい生き、絶対に甲子園にいこう——。小山台は都内有数の進学校で練習スペースも時間も限られており、甲子園はおろか上位進出さえ難しいのが現実でしたが、大輔の事故をきっかけにしてチームとしての絆が深まり、必死に練習に励むようになったのです。

私もまた、大輔が遺した言葉をもとに、「日常生活に野球の練習がある」「何事もコツコツ努力する先に光があるんだ」と、選手たちに心の持ち様や、日常の基本姿勢の大切さを、以前にも増して強調するようになりました。そのような〝大輔のために〟という私たちの思いが、天国の大輔に届いたのでしょうか。事故から四か月後に行われた千葉経大附高との試合中、ベンチに座っていると一匹の赤トンボが私の膝に止まり、じっと動こうとしません。私はハッとして、思わず「大輔か?」と手を伸ばすと、赤トンボは私の指にしっかり止まったのでした。さらに指から離れていった赤トンボに「おい、大輔!」と呼び掛けると、またぴゅーっとベンチに舞い戻ってくる。その瞬間、私も選手たちも涙が溢れて止まらなくなりました。奇しくも大輔が最初に活躍してレギュラーを勝ち取ったのがこの千葉経大附高のグラウンド。大輔は赤トンボに姿を変え、私たちのもとに戻ってきたのです。

11月24日

遺体とともに発見された一枚の写真

德増幸雄　福岡県警元総務部長

Yukio Tokumasu

私が福岡県のC警察署で署長を務めていた平成十八年の出来事です。管内の山中で三十歳代の女性の自殺遺体が発見されたとの報告を受けました。家出人捜索願が出ていたので、すぐに身元が判明しました。その方は家庭内の不和で、悩んだ末に幼い二人の娘さんを残して家出、マイカー内で練炭自殺を図ったのです。

警察は、医師が看取った遺体以外、病死、自殺、事故死などすべての遺体を検視しなくてはいけません。犯罪の疑いがある場合は司法解剖をします。核家族の増加により一人で亡くなる方も増え、私たちの管轄する地域でも年間三百体以上を検視してきました。

綺麗な遺体ばかりではありません。焼死体、轢死体、腐乱死体、水死体など思わず目を覆いたくなるものもありますが、刑事たちは礼を失することなく淡々と検視に当たります。検視のたびに感情移入していていてはPTSD（心的外傷後ストレス障害）になってしまいますし、冷静さを失えば犯罪死体を見逃すことになりかねないからです。警察官は誰に教わるともなく、心に鎧を着せて、この辛い仕事と向き合うことを覚えていきます。

ところが、この練炭自殺を図った女性を検視した時、いつも冷静な刑事課員たちの様子が少し違いました。皆目を真っ赤にしているのです。いぶかしく思った私は、責任者の係長に「どうしたんだ」と聞きました。

刑事係長は、女性の遺体とともに発見された一枚の写真を差し出しました。

「署長、これを見てください」

遺体発見直後、女性が右手に何かを力強く握りしめていることに気づいた刑事課員が硬直した指を広げると、ビニールに丁寧に包まれたプリクラ写真があったといいます。そこに写っていたのは、自殺した女性と二人の娘さんの笑顔の姿だったのです。

「このお母さん、いったいどんな思いで死んでいったのでしょうか」

係長は泣きながらそう説明しました。刑事も自分の子や母のことを思ったに違いありません。一枚の写真が刑事たちの心の蓋を外してしまいました。私もその写真を見た途端、すべてを理解し涙が溢れました。

私は「このことをご遺族、とりわけ二人の娘さんには必ずお知らせするように」と指示して遺体安置室を出ました。自分たちを置いて家出をしたお母さんを恨んでいるかもしれない娘さんたちに、少なくとも母親が子供たちのことを思いながら死んでいったことを知ってほしいと思ったのです。

11月
25日

ぜんざいには塩がいる――田村一二の教え

及川 眞
社会福祉法人真愛会元理事長
Makoto Oikawa

私が三十代の時に職場で突き当たったのが障がい児の問題である。当時、重度障がいのある子を持つ家庭では、人目に触れないようひっそりと暮らしているケースがまだあった。その家庭を一軒一軒回ったが、いくら私が慰め励ましても、踏み越えられない境界線がある。障がいのある子を持つ親の苦しみはその立場にならないとなかなか理解し難いものなのである。

私は「知的障がい児教育の先駆者」といわれた田村一二(いちじ)先生にも相談し、これは親同士が励まし合い、支え合わなければ駄目だと考え、管内に「手をつなぐ親の会」をつくり、その動きが県全域へと広がっていった。

一方、親の会を運営する中で、大変な苦労をして育てた我が子を施設へと預ける時の、親の深い悲しみを感じとった。

皆さんのために自分ができることはなんだろうと考え、大津市内につくったのが真愛保育園だった。その根底にあったのは「どの子にも保育の機会が与えられる」という視点と、「障がいのある子どもたちが障がいのない子どもたちを教育する」という視点であった。

昭和四十二年の開園以来、延べ百五十名以上の障がいのある子どもを預かってきた。

障がいのある子どもが障がいのない子どもたちと楽しそうに遊んでいる姿を見て、同じ取り組みをする保育園が近隣にも現れ始めた。その動きが大津から滋賀、滋賀から全国へと広まっていったのである。

そしてこの障がい児保育は、私たち職員や園児たちにも思いがけない力を与えてくれた。私たちは子どもたちと触れ合うことで、純粋な気持ちや、優しさ、温かさといったものをいただくことができた。田村一二先生はそれを「障がい児の教育力」と表現し、障がいのある子が障がいのない子を変革させる力を持つと説いておられた。

先生は生前「人間、差あって別なし」とよく言われた。勉強のできる人間とできない人間、障がいのある人とない人といったように、それぞれに「差」はあるが、人間としての「別」はない。

当園の応接室には「ぜんざいには塩がいる」という田村先生の言葉が飾ってあるが、これは四十年間保育園を運営してきた中で私自身がつくづく実感することでもある。

「ぜんざいをつくるのには砂糖がいる、しかし砂糖だけではほんとうにうまいぜんざいはできない。砂糖の逆の塩がいる。砂糖を健常者とすると、塩は障がい者、塩はからいから駄目だと鍋の外へ放り出しては、ぜんざいはできない。塩を抱き込み溶かし込んだ時、このぜんざいは、つまり社会は本物の味になる」

これは先生の著書『賢者モ来タリテ遊ブベシ』にある一節。料理は少量の薬味や隠し味があることによって、元の材料がより生かされることがある。少量だからといって切り捨ててしまうのではなく、用い方によっては全体を変革してしまうほどの力を持つのである。

11月26日

絶対にゆるまないネジ

若林克彦　ハードロック工業会長

Katsuhiko Wakabayashi

私が大阪で経営するハードロック工業は、社員数百人に満たない中小企業です。しかし当社の製品は、新幹線、瀬戸大橋、東京スカイツリーといった国の重要建築物を陰で支え、海外でも高速鉄道などに数多く採用され注目を集めています。当社が製造するのはネジ。しかも絶対にゆるまないネジです。

正確には、ボルトと組み合わせて締めるナットの部分をつくっていますが、当社の「ハードロックナット」は、その仕組み上必ずゆるむというネジの常識を覆すことに成功しました。おかげさまで、人命に関わるため絶対にゆるみの許されない様々な建築物に採用され、創業来四十八年、一度も赤字を出さずに経営を続けてきました。

私はもともと大阪のバルブメーカーで技術者として働いていました。二十七歳の時に訪れた国際見本市に、ゆるみ止めのナットが出品されているのを見た時、もっと簡単で安いものがつくれると確信した私は、すぐに最初のゆるみ止めナットを試作して特許を出願。一年後に周囲の反対を押し切って独立しました。ところがサンプルを持って売り込みに行くと、軒並み門前払い。私のナットは工業製品が守るべき項目を定めたＪＩＳ規格に違反しているというのです。ほとんど給料も出ない状態が続き、会社を続けるか否か、随分迷いました。それでも続けたのは、わずかでも私のネジを使ってくださるところがあったからです。

設計や購買の担当者には相手にしてもらえないため、私は電話帳でコンベアを造っている会社を調べ、片っ端からその製造現場を訪問しました。お金は結構ですからと置いてきたサンプルを、たまたまある会社が使ってくれ、それが初受注に繋がったのです。そうした実績を少しずつ積み重ねていくうちに、自動化、省力化のブームが到来、コンベアは飛ぶように売れ、私どものナットも生産が追いつかないくらいの勢いで売れるようになったのです。

ところが、納入先が増えるとともにクレームも舞い込んでくるようになりました。絶対にゆるまないことを謳い文句にしていたにもかかわらず、削岩機や杭打ち機など、強い衝撃が持続する機械で使用すると、次第にゆるみが出てしまうのでした。何とかせねばと必死で知恵を絞りましたが、なかなか妙案は浮かんできません。

ヒントを得たのは、神頼みのつもりでお参りした近所の住吉大社でした。鳥居を見上げると、継ぎ目の要所要所が離れないよう楔が打ち込んでありました。この楔の原理を応用すれば強いゆるみ止め効果が得られる。そう確信した私は、そこから一年試行錯誤を重ね、ついにハードロックナットが完成したのです。

初期の営業では苦労しましたが、関西私鉄の脱線防止レールでゆるまないことが実証されてからは、他の鉄道会社でも次第に利用されるようになりました。特にＪＲでは、一度でも不良品が出れば利用差し止めとなる厳しい条件をクリアしてきたことで、大きな信頼を得ることができました。

11月27日

世界の常識を覆すがん治療

工藤進英　昭和大学横浜市北部病院消化器センター長

Shinei Kudo

初めて陥凹型早期がんを見つけた瞬間はいまでもよく覚えています。興奮のあまり足がガクガクと震えていました。実際、粘膜の変化がとても微妙で、従来の検査方法では患部を見つけられなかったのも無理はないというのが実感でした。

早速学会に発表してみたところ結果は散々でした。大腸がんといえばポリープ型であると信仰する学会からはまったく相手にされず、海外では「アジア病」と囁かれ、日本にあっては「秋田の風土病」「工藤病」だなどと揶揄される始末です。なんとかこのがんに対する認識を医学界に広めていきたいという思いを仲間内に明かしても、「お前がやろうとしていることは一般病院でやることじゃない。ここは大学じゃないから無理だ」とにべもありません。部下もおらず、すべてを自分一人でこなさなければならないという孤独な闘いが続きました。

限られた時間内でより多くの診断をこなすためには、大腸に挿入する内視鏡をいかにうまく操れるかが至上命題です。初めて内視鏡を使った頃を思い出すと、患者一人に対して三人がかりでおよそ二時間を要し、なおかつ患者に与える苦痛は相当なものでした。

ある時、ドクター新谷という米国で内視鏡検査の第一人者による講演会を目の当たりにした際には、その圧倒的なスピードに衝撃を受けました。彼は内視鏡の挿入から操作まで、すべてを一人でこなしていたのです。それからというもの、私は何が何でもという思いで一人操作法の習得に没頭。以来現在に至るまで二百回以上の改良を重ね、さらに軸保持短縮法という独自の技法を編み出してからは、操作のスピードアップに拍車がかかりました。いまだに検査に一時間もかける医者が多くいる中で、私は一人あたり五分もあれば診断を終えることができ、患者が痛みを感じることはほとんどなくなりました。

患者の負担を最小限にとどめるためにも少しでもうまくなりたい——。およそ十七万例を見てきた私の技術的進歩の原点は、常にこの一点にありました。

一九九六年、フランスの学会で行われた診療実演ライブが、私にとって大きな転機となりました。ニュースで行われたライブの真っ最中に目の前の患者の大腸から陥凹型早期がんが見つかり、その映像が瞬時に衛星中継を通じてパリの学会会場のスクリーンに流れたのです。思わず息をのむ瞬間でした。そして、これがきっかけとなり欧州をはじめ、各国で陥凹型早期がんへの関心が高まり、招かれた海外講演はすでに二百五十回を超すまでになりました。

初めて陥凹型早期がんを見つけてからすでに二十五年、その間私は大腸がんの分野で常に世界のトップを走ってきました。一所懸命に一つのことに打ち込むことで、結果的に多くの患者を大腸がんから救い出すことができたのです。

11月28日

野口英世博士の手紙

八子弥寿男　野口英世記念館館長
Yasuo Yago

私が館長を務める野口英世記念館には、野口博士が、小学校時代の恩師である小林栄先生や、同級生だった私の祖父などに宛てた手紙が所蔵されています。その中の一つに次のような文言があります。

「平素小生の心掛けは人となること、学問は第二と存申候。小生は性質に数多くの大切なる弱点と欠点を有し居申候。然し始終人としての錬修に心留め、幾分なり補正し行く決心に御座候。時々猛省して苦しく思うこと有之申候」

二十四歳で渡米して二年後の明治三十五年に小林先生に送ったものの一節で、博士が優れた先輩研究者たちと米国で接する中で、人間として磨かれてきたことをうかがわせる内容です。

渡米するまでの博士は、自らが学問を修めることを第一としていました。

順天堂医院に籍を置く二十一歳の時、私の祖父に出した手紙に、「まて己れ咲かで散りなば何が梅」とあります。何があろうと、学問の世界で花を咲かせてみせる、という強い気持ちが表れています。また、伝染病研究所にいる時に、やはり祖父に宛てた手紙には、研究所にいるエリート研究者に対して、「あの連中と同じに見ないでくれ、自分は違う」といった大言壮語とも見えることを書いています。

同級生に対してだからこそ、他の人には言えない本音を書いているのでしょうが、博士には、学問に対してそれだけの野心と気概がありました。

冒頭の手紙のように、渡米後はその刺々しさはなくなり、人格が陶冶されていったようですが、それでも、学問に対する気概だけは終生変わりませんでした。それはどこから生まれてきたのでしょうか。

博士は別の手紙で、「自分のいままでの勉励は母に報い母を慰めんとするのがその目標であった。将来もまたそうである」と書き、「小子の最大の快楽は故山（故郷）の恩人を喜ばせ奉るに有候」と書いています。この二つの思いが、博士の根底にはあったのです。

周知のように、農家に生まれた博士は一歳半の時、左手に大やけどを負い、将来も農業に従事することができない体になりました。母・シカは、自分の不注意でそうさせてしまったという悔悟の念から、どんな苦労をしてでも息子を学問の分野で一人前にしたい、という気持ちを強く持っていました。博士はその母の気持ちを痛いほど感じていたからこそ、自分は頑張らなければという思いが、人一倍強かったのだと思います。

母を喜ばせたい——その一心で博士は学問に邁進しました。睡眠時間を減らしてまで研究に没頭し、なぜそこまでするのかと尋ねられた時、「いまこの時間に世界のどこかで同じ研究をしている人がいるはずだ。その人に勝つには休んでなどいられない」と答えたといいます。母の気持ちに応えようという思いに根ざした、学問への強い気概で研究に励んだのです。

11月29日

「時分の花」と「誠の花」

世阿弥 能役者・能作者

Zeami

この年齢（二十四、五歳）は、生涯における芸の質が定まってくる初めの段階になります。よって稽古のあり方も、大きく変わる境目です。声もすでに安定し、体格も確定してきます。

能の道を究めるには、二つの秀でた力が必要ですが、それがまさに声と体格なのです。これが二四、五歳という年齢に決まるのですから、この歳になると「これから盛りの年代に向かうに当たり、やっと芽が出てきた芸を完成させるための時期」になってくるでしょう。

だからこそこの年齢になると、世間からも「ああ、上手な役者が現れたぞ！」と、注目される役者が出てきます。

もともと名声のあった役者が近くにいても、新しく生まれた花というのは、新鮮な魅力を持っているものです。競演したときにたまたま若い役者のほうがより注目を浴びてしまうと、周囲の人間は彼を過大評価し、本人も自分が上手だと思い始めるでしょう。

こうした傾向は、かえすがえす本人にとって良くないのです。まだまだ真の意味で、彼の演技は「花」と呼べるようなものでなく、若々しい年齢に新鮮さを感じた観客がもてはやすだけの「たまたま咲いた花」にすぎません。本当の目利きであれば、そんな違いなど見分けてしまうでしょう。

この時期に花があるように見えても、あくまでそれは初心者の花。これをあたかも能を極めたかのように思い込んで、猿楽について見当違いの論説をし、一流の能楽師のような態度を見せているのは非常に嘆かわしいことです。たとえ人が褒め、ベテランの名役者より高評価を得たとしても、これは単に物珍しく思われただけのことと自覚させなければいけません。

自惚（うぬぼ）れず、より一層、ものを真似る演技などを完璧にし、自分より優れた技術を得ている人に演技のことを細かく聞き、さらなる稽古に励ませるべきでしょう。

これまで見てきたように、この若い年代特有の「花」を、誠の花と勘違いする自惚れが、真実の花から当人を遠ざける結果になるのです。多くの人は、この年代ゆえの花に翻弄（ほんろう）され、自身の心のなかにある本来の花が失われてしまうことに気づきません。

能楽の初心者における失敗とは、まさにこの時期に起こることなのです。（現代語訳）

湯ぶねの教訓

二宮尊徳　農政家

Sontoku Ninomiya

　仁というものは人道の極致であるが、儒者の説明はやたらにむずかしいばかりで、役に立たない。身ぢかなたとえを引けば、この湯ぶねの湯のようなものだ。これを手で自分の方へかき寄せれば、湯はこっちの方へ来るようだけれども、みんな向うの方へ流れ帰ってしまう。これを向うの方へ押してみれば、湯は向うの方へ行くようだけれども、やはりこっちの方へ流れて帰る。すこし押せば少し帰り、強く押せば強く帰る。これが天理なのだ。仁といったり義といったりするのは、向うへ押すときの名前であって、手前にかき寄せれば不仁になり不義になるのだから、気をつけねばならない。

　古語（『論語』、顔淵篇）に「己に克って礼に復れば、天下仁に帰す。仁をなす己による。人によらんや。」とあるが、己というのは手が自分の方へ向くときの名前だ。礼というのはこの手を相手の方へ向けるときの名前だ。手を自分の方へ向けておいては、仁を説いても義の講釈をしても、何の役にも立たぬ。よく心得なければいけない。いったい、人のからだの組立を見るがよい。人間の手は、自分の方へ向いて、自分のために便利にもできているが、また向うの方へも向いて、向うへ押せるようにもできている。これが人道の元なのだ。

　鳥獣の手はこれと違って、ただ自分の方へ向いて、自分に便利なようにしかできていない。だからして、人と生れたからには、他人のために押す道がある。それを、わが身の方に手を向けて、自分のために取ることばかり一生懸命で、先の方に手を向けて他人のために押すことを忘れていたのでは、人であって人ではない。つまり鳥獣と同じことだ。なんと恥かしいことではないか。恥かしいばかりでなく、天理にたがうものだからついには滅亡する。だから私は常々、奪うに益なく譲るに益あり、譲るに益あり奪うに益なし、これが天理なのだと教えている。よくよくかみしめて、味わうがよい。

（現代語訳）

12月 *December*

塚越 寛（伊那食品工業会長）
山本昌作（HILLTOP 副社長）
田中辰治（星稜中学校野球部監督）
今野華都子（エステティシャン）
早乙女哲哉（天ぷら「みかわ是山居」主人）
鈴木もも子
織田邦男（元空将）
橋本光明（すみだ北斎美術館館長）
勸山 弘（真宗大谷派真楽寺住職）
中西輝政（京都大学名誉教授）
松岡和子（翻訳家）
中村外二（数寄屋大工棟梁）
我喜屋 優（学校法人興南学園理事長）
舁地三郎（しいのみ学園長）
米倉健司（ヨネクラボクシングジム会長）
加藤丈夫（富士電機会長）
田口八重（柊家旅館元仲居）
渡邊利雄（東京大学名誉教授）
内藤祐次（エーザイ）
黒柳徹子（女優）
田中トシオ（理容師）
村田諒太（WBA 世界ミドル級スーパー王者）
斉須政雄（コート・ドール オーナーシェフ）
塩見志満子（のらねこ学かん代表）
矢入一男（ヤイリギター社長）
山下康博（セミナー青森社長）
川口淳一郎（宇宙航空研究開発機構「はやぶさ」プロジェクトマネージャ）
藤野高明（元大阪市立盲学校教諭）
小山五郎（三井銀行相談役）
山中伸弥（京都大学 iPS 細胞研究財団理事長）
平澤 興（京都大学元総長）

12月1日

企業の価値は永続すること

塚越 寛
伊那食品工業会長

Hiroshi Tsukakoshi

私は、借金が減ってある程度順調に回り始めた時期に、会社はこれからどうあるべきかと真剣に考えていました。それがよかったのだと思います。普通は、いい時には何も迷うことなく拡大主義を取ります。私は、果たしてそれがいいことなのか、寒天のような小さなマーケットで何が企業の価値かと考えた。それが私の重要な転機でした。そこで悟ったのは、企業の価値は決して規模の大小で測れるものではない、大きければいいというものではない、ということです。うちはお菓子業界との取引があるんですが、この業界には立派な老舗（しにせ）がたくさんあります。そういう会社をいろいろ見ていると、学ぶべき点が実に多く、企業のあるべき姿が見えてくるのです。そして企業の真の目的、価値とは、永続することだと実感したのです。

歴史、伝統のある会社というのは、なんとなく品格があって、文化的な薫りがして、社員の態度がよいものです。自社を利することだけでなく、町づくりに携わるなどして地域にも貢献している。そこに会社の理想を見た私は、うちも真の老舗を目指していこうと考えて、次の五項目を目標として掲げました。

一、無理な成長をしない
二、安いというだけで仕入れ先を変えない
三、人員整理をしない
四、新しくよりよい生産方法や材料を常に取り入れていく
五、どうしたらお客様に喜んでいただけるかという思いを、常に持ち続ける

会社を永続させるためには、会社に関わる人々を幸せにして、皆さんから「いい会社だね」と思っていただき、支えていただかなくてはなりません。そのためにも、こうした指針を持つことが大切だと思うのです。そうすれば、大きくはならなくても、強い会社になる。ただ、強くなるのもその目的が大事です。いい会社になるために強くならなければなりませんが、強いだけでなく、同時に優しくなければダメだと私は思います。

私は、一年で急激に伸びるのは否定しますが、時間をかけて大きくなることは否定していません。それはたとえて言えば屋久杉です。一年一年の成長はわずかでも、六千年、七千年と生きるからあれだけの巨木になるのです。年輪を見ると、一年の伸びはわずかですが、だからこそ逆に長生きするのです。私はこの木の年輪から、確実な低成長を続けることの正しさを学びました。

年輪ができない年はありません。寒さや暑さ、風雪などの環境によって太くなる幅は変わりますが、年輪は必ずできて、前年よりも少しだけ成長しています。つまり世の中の景気、不景気のせいにすることなく、たとえわずかでも成長していくこと。自然体とはそういうことです。木は成長を止めません。一年に一輪、年輪を確実に増やします。木の年輪に学ぶこの考え方を、私は年輪経営、自然体経営と呼び、企業のあるべき姿の基準にしています。

12月2日

人生最大の後悔と悲しみを乗り越えて

山本昌作 HILLTOP副社長

Shosaku Yamamoto

一階で騒ぎ声がするので下りていったらモクモクと煙が上がっている。一瞬で火事だと分かり、すぐに消火活動に取り掛かりました。出火元は部品加工の仕上げの工程で、揮発性が高い有機溶剤に引火して火柱が上がっていました。ところが、消えたと思って外に出ると、中ですごい爆発音がする。有機溶剤の引火点が部屋の温度を超えていたんですね。そこで僕は溶剤の入った高熱の容器を素手で外に持ち出そうとしたのですが、消化器の泡で滑って転倒した弾みに溶剤を被り、全身火だるまになって地面を転げ回りました。全身に大やけどを負って病院に搬送されながらも、僕は一か月もすれば退院し、仕事に復帰できるだろうと考えていて、そのことを医師に尋ねました。医師は「はぁ?」という怪訝な顔をして「このまま何もなかったらね」と。

僕はその意味が分かりませんでしたが、案の定、二週間ほど経った正月五日には危篤状態に陥りました。全身水膨れになっていたので、皮膚が剥がれてしまった部分が空気中の雑菌の温床になって、その雑菌が全身を蝕んで合併症を起こしたんですね。しかも気道熱傷、肺炎、肺気腫を併発していましたからスタッフの方も家族も大変だったと思います。

意識がない状態は一か月続きました。その間に心肺停止状態に陥り、三回はいわゆる臨死体験もしました。うち二回は真っ暗な中に真っ白な道が一本通っていて、そこをとぼとぼと歩いている、という同じ映像です。あと一回は、人間とも物体ともつかない得体のしれないものが襲ってくる。ああ、自分はこれで終わると思いましたね。その時、「三年だけ待ってくれ」と言った記憶があるのですが、意識が戻ってからは、自分の命はあと三年だとずっと思って生きてきたんです。三年という人生の期限があると思っていますから、意思決定は恐ろしいほど早くなりました。退院後、新社屋を建てる土地を僅か三時間で決め、それからすぐに建物を建てる計画を立て、三年間でやれることはすべてやろうとしたんです。

ただ、どうしても耐えられないのは、この火事で僕より七歳年上の男性社員が亡くなってしまったことです。彼の死を聞いたのが退院の直前でしたが、僕はたぶんベッドの上で一生分泣いています……。退院日は家に戻らず、彼の家に線香を上げに行きました。人を守るために起こした会社なのに、その人を守れなかったのは僕の人生で最大の後悔であり悲しみなんです。

僕自身はこのまま廃人になっても仕方がないと思っていましたが、何とか立ち直れたのは、僕の席をずっと守ってくれていた社員たちがいてくれて、僕にラブコールを送ってくれたためです。特に元暴走族の社員三人は、火事場泥棒が出ないように、焼け跡にビニールシートを張って、年末の寒い晩でも現場に寝泊まりしながら会社を守ってくれました。機械メーカーとの交渉も、すべて彼らがやってくれました。そういう姿に接していると、「もう駄目だ」と思っていた自分が恥ずかしくなりましたね。

12月3日

花よりも花を咲かせる土になれ

田中辰治

星稜中学校野球部監督

Tatsuharu Tanakata

そもそも指導者になろうと思ったのは、選手時代に山下先生の後ろ姿に憧れたからであり、山下先生との出逢いが私の人生を変えたと言っても過言ではありません。

星稜中学校野球部に入部し、一年生の時から試合に出場していたにも拘らず、二年次に椎間板ヘルニアを患い、選手としての道を断たれてしまいました。高校で部活を続けることはできないと諦めていたものの、「レギュラーになることがすべてじゃない。山下先生に頼んで裏方として入れてもらったらどうか。おまえの人生に必ず役に立つ」という父親の言葉に背中を押されてお願いに伺うと、快く受け入れてくださったのです。

山下先生は生徒の人間力を育むことを主眼に置いた指導法で、県外から優秀な選手を集めることなく、就任時全くの無名だった星稜高校野球部を僅か五年で甲子園初出場に導き、常連校へと押し上げた名将です。

「花よりも花を咲かせる土になれ」という座右銘の通り、決して威張らず謙虚で誠実に私たちと向き合ってくださる山下先生に惚れ込むと共に、その山下先生が野球に集中できる環境をつくろうと、マネジャーとして山下先生が求めるところを先読みし、食事や洗濯などあらゆる面でサポートに徹しました。三年次に夏の甲子園で準優勝できたことは私にとって大きな財産です。

大学の四年間は星稜高校野球部のコーチとして携わり、二〇〇一年、二十四歳の時に校長先生や山下先生から声を掛けていただき、星稜中学校野球部監督に就任しました。一年目から全国大会に出場したものの、当初は批判の嵐。前監督を慕う選手や保護者が多く、突然やってきた素人同然の若造のことが気に入らなかったのでしょう。「あいつの指導じゃ勝てない」「もう星稜もダメだな」と陰口を叩かれ、悶々としていました。

そのプレッシャーもあったのか、二年目に胃潰瘍で半年ほど入院したことがあります。これ以上迷惑はかけられない。そう思い、退院後に辞表を持って学校へ出向いた際、校長先生も山下先生も「私が必ず守るから最後までやり遂げ、田中辰治という人間を見てもらえ」と慈愛に満ちた言葉を掛けてくださったのです。

どこまでできるか分からないけれども、期待に応えるべく精いっぱいやってみよう。自らにそう誓い、次の日から毎朝五時半に練習場へと足を運び、一人黙々とグラウンド整備や草取り、部室の掃除、近隣のゴミ拾いを始めました。

するとどうでしょう。その姿を見た生徒が一人、二人と手伝ってくれるようになり、近隣の方からも「監督、倒れんといてよ」という励ましの声や差し入れが届き、そっぽを向いていた保護者も、「田中先生は生徒たちのために一所懸命やってくれている。皆で監督を男にしないか」と保護者会長の方が音頭を取ってくださったことで、協力者へと変わっていったのです。

12月4日

まゆみの法則

今野華都子 エステティシャン

Katsuko Konno

「まゆみの法則」の「ま」は「待つ」ということ。私たちは二十歳を過ぎるまで、親にご飯を食べさせてもらうのは当たり前、学校に行かせてもらうのは当たり前、服を買ってもらうのも当たり前、そうやって一人前になるまで待ってもらうことで育ててもらいました。そしてある日、社会に飛び出していきます。

では会社ではどうか。私たちの多くは自分が待ってもらったことを忘れてしまっています。本当はいろんな失敗を重ねる中で、技術など様々なことを身につけてきたのに、新しい人に教える立場になると、なんで一回でできないんだって怒ります。私たちはみんな待ってもらうことで育ててもらってきたんです。そしてある時がくればほとんどみんな普通にできるようになっていく。できる人がリーダーになります。そうするとできない人がなんでできないのか、ほとんどよく分かりません。歌のうまい人は一回曲を聴いただけで、すぐ歌えるようになります。その人にとっては、なぜ音痴な人がいるのかがよく分かりません。自分がもらった能力が高ければ高いほど、できない人のことが分かりにくかったりすることがあるのです。その時に「待つ」ということが必要なんですね。

次に「ゆ」は「許す」こと。自分の小さな正義で人を許せない時があります。でも、私たちはみんな許してもらってここにいるんだと思います。ほとんどの人が、人様に迷惑をかけているなんて思ってもいないかもしれない。でも、人様を傷つけたりするような行動や言動があると、私たちはいつも自分が被害者になった時だけそのことに気づきます。例えば、AちゃんとBちゃんがいて、私はAちゃんと意見が合わないとします。Bちゃんと「Aちゃんってどう思う?」「おかしいよね」と言っていてもこれということはありませんが、AちゃんとBちゃんが二人だけで、「今野ってどう思う?」って聞こえてきたら、それだけで非常に傷つきますよね。自分が発している言葉には気づきません。でも、他の人がそれと同じことを言っていたら自分は気づく。ですからそういう時に、「許す」ということを思い出してみてください。

最後の「み」は「認める」こと。人はいくつになっても、自分のよさに気づけないままでいることがあります。もっと背が高かったらとか、いろいろと思うことがありますね。自分のよさというものについて、なかなか知る機会がなかったりすると、それが悩みにもなったりします。私たちはみんな三十八億年かけてここにきました。その間誰一人同じ人はいなかった。そんな自分が果たしてこれでいいのか、分からない時がある。そこにもし、あなたが持っているものが一番素晴らしいと、その人のよさを教えてくれる人がいれば、それがどんなに心の支えとなることか。その人が人生の師匠、もしくは会社の上司であったり、その人が自分にとって一番素晴らしいと思える人だったら、どんなにかその人にとっての人生の目標になっていくか。相手を「認める」ということはそういうことに繋がっていくんですね。

12月5日

仕事を覚えるとは、我慢を覚えること

早乙女哲哉　天ぷら「みかわ是山居」主人

Tetsuya Sotome

本店の店長を任されるようになったのは二十二歳の頃でしたが、当時の私は深刻な悩みを抱えていました。

我ながらノイローゼではないかと思うほど小心者で、カウンターに立つだけで手が小刻みに震え、お客さんにまで笑われてしまう。誰もいない所だったらできるのに……、と自分に対する慰めや、失敗した時の言い訳ばかりを考えていました。

しかしある時、こう考え直すことにしました。失敗したのも自分なら、うまくいったのも自分。自分で自分のしたことの責任を取らない人間が、人の上に立っていけるわけがない。ここは一番、恥をかいてもいいから、なんとか前に進もうと。

しかし、やはりお客さんの前に立ち、一所懸命にやろうとすればするほど手の震えは酷(ひど)くなる。その時に、もう震えてもいいやと開き直り、逆に手を揺すってみようとしたところ、今度は思うように手が動かない。そうか、震えを止めようなんて気を起こしたからダメで、逆に揺すろうとすればいいんだ。要するに、ええ格好しいだった自分を解き放ち、恥をかくのが一体なんだ、という心境になれた時、悩みは解消されていました。

ただ、私はいまでも、自分ほど気の小さな人間はいないのではないかと思います。誰にも負けない小心者であるからこそ、常に万全を期そうという意識が働く。この臆病(おくびょう)さと繊細さこそが、私に天ぷらをつくらせている気がしてなりません。

恥を知る人間は、失敗することの怖さを知るからこそ、あらゆることを自分のものにしようとするのかもしれません。

私のところにも料理人志望の若い子たちがよく訪ねてきて、寿司屋でも西洋料理屋でも「どこかいい店を紹介してください」と言ってきます。私はいくらでも紹介はしますが、その前に必ず次のことを言って聞かせます。

「あんたたちは仕事を覚えに行くんじゃないんだよ。その店へ〝我慢〟を覚えに行くんだ。我慢を覚えたら、もうその時にはちゃんと仕事も覚えているから。店のオヤジさんが気分よく寿司が握れる、快適に料理ができる、あいつの掃除は凄いなと感心される。そうやってオヤジさんにとって気分のいい掃除ができるか、気持ちのいい皿洗いができるか。それができた時には、オヤジさんと同じリズムで仕事ができているということで、オヤジさんを超える気配りがあなたにあるという証拠だ」

そう言って送り出すと、途中で辞める人はほとんどいません。駆け出しの頃に店を移りたくなる理由のほとんどは、「上の人が何年経(た)っても仕事を教えてくれないから」というもの。そうではなく、五年我慢したら五年分、十年我慢したら十年分、ちゃんと仕事を覚えているものだと、私の経験からもそう思います。

12月6日

神様と交わした命の取り引き

鈴木もも子

Momoko Suzuki

ＪＲ福知山線の脱線事故直後、安置所に白い上下と真珠のネックレスをした身元不明の二十～三十代の若い女性が大阪の総合医療センターに運ばれている、という情報が入ったんです。最初はピンとこなかったのですが、電話だけしてみようと思って掛けてみました。するとお宅の娘さんかどうか分からないけれど、一度来てください、と。

雨の降る中、大阪まで車を走らせましたが、もしこれが人違いだったらどこを探したら順子は見つかるんだろうと思いながら向かいましたね。そして病院の方に「どうぞ」と案内された先に娘がいたんです。脳にセンサーを入れられたり、開腹手術をして脾臓を摘出するなど、いろんな処理を終えた後でした。

「間違いないです、うちの娘です」と言うと、「こちらへ来てください」と。そこで見せられたのが脳のＣＴスキャンです。「これはもう無理です。万が一、助かったとしてもお父さんやお母さんの顔は分からないでしょう」とか「ＭＲＳＡ（メチシリン耐性黄色ブドウ球菌）に感染した」とか、もう最悪なことばかり言われ続けました。聞くたびにへにゃへにゃとなるんですけど、なぜか「絶対に助かる」と思っている自分がいたんです。会社を出る時から「最悪な状況になっているかもしれないけれど死んでない」という確信はありました。

その後、この子の容態は一進一退しまして、私は神様と取り引きしたんですね。神様、命だけは助けてください。私の残りの命を半分この子にあげてください、と。全部あげたら看病する人がいなくなるでしょう。だから、半分あげるので助けてくださいとお願いしたんです。

そしてラジオで村上和雄先生の話を聞いて、愛が遺伝子を活性化させるなら、この子が活性化しないのは私の愛が足りない証拠じゃないですか。もう必死ですよね。私の愛はどこまで届くのか。これで亡くなったら私の愛が足りなかったと自分を責めることになるので、なりふり構わず「絶対治る」と信じ切ることを決めたのです。

最初は集中治療室にいたので、帽子をかぶってエプロンして、手袋をしてしかこの子に触れられないんですよ。だから許可が出て、この子の肌に触れることができた時は嬉しかったですね。

それから声を掛け、脳には鼻からの刺激がいいと聞いたので、グレープフルーツの香りを嗅がせたり、香水を振ったりとか。それで「おかあさん」と言ってくれたのが四～五か月後です。私、長い間、この子の声を忘れてしまっていたんですよ。ああ、この声で仕事に行く時、「行ってらっしゃい」と言ってくれていたんだと思って……。

なかったものがあるようになると、本当に幸せなんですね。逆に、すでにあるのに「欲しい、欲しい」と思っているうちは幸せになれないのでしょうね。

12月7日

危機管理のイロハ

織田邦男 元空将
Kunio Orita

危機管理の大切な原則は、「情報の集まるところに権限を委任する」ということです。

前例のない危機において、情報が最も入ってくるのはやはり現場です。ですから、一番何をすべきかを知っている現場に対応を一任し、責任はトップが取るというのが危機管理のあり方なのです。

米国連邦緊急事態管理庁（FEMA）には「FEMAの原則」という対応原則があります。これは1「腹心（信頼できる部下）を現場に派遣せよ」

2「現場に裁量の権限を委任せよ」

3「日頃から信頼できる部下を育成せよ」

という有事におけるシンプルな対応原則です。実際、アメリカで自然災害が発生した時など、FEMAは現場に派遣した腹心に白紙の小切手を持たせ、現場に大きな裁量を与えています。危機においては、現場の状況が分からない人間が外からとやかく意見を言っても、混乱を招いてしまうだけです。

その点、二〇二〇年に起きた「ダイヤモンド・プリンセス号」の政府の対応に対する一部メディアや識者の無責任な批判は、いかに日本人が危機管理に疎いかを示しているといえるでしょう。自らは安全な場所にいながら、「乗員・乗客を早急に下船させるべきだ」などと、コメンテーターと称する素人が現場の苦労も何も知らないまま無責任な批判をする。そのような批判は、国民を不安にし、現場の士気を落とすだけです。また、船内に数時間滞在しただけで、政府の対策の不具合を批判する動画を流した大学教授もいましたが、全く危機管理が分かっていないと言わざるを得ません。

ダイヤモンド・プリンセス号の現場には、厚生労働省担当者、医師団、自衛官などが投入されました。「FEMAの原則」に則り、一度現場に人員を投入したら、自らの危険を顧みず、寝食を忘れて危機対応に最善を尽くしている現場を信頼し、すべてを任せるべきです。そして対応の成否に関しては、事後に徹底して検証を行い、教訓を引き出せばよいのだし、もし直ちに不具合を修正する必要があると思うなら、対策本部を通じて現場の医師団に意見具申し、改善を促すのが正しい方法です。

とにかく危機管理の最中は、実情を知らない外野があれこれ批判や責任追及するのは厳に慎む。それが危機管理のイロハです。

葛飾北斎の真骨頂

橋本光明　すみだ北斎美術館館長
Mitsuaki Hashimoto

還暦を迎えた葛飾北斎は「為一」という画号を名乗るようになりました。いままでの意識を捨て一と為る、つまり原点に戻るという意味を込めたものです。北斎が為一を名乗っていた十四年間は、彼の人生の中でも様々な出来事が起きた時期でもありました。妻を亡くし、自らも中風で死ぬ寸前にまで追い込まれます。さらには長女が離婚し、孫が引き起こす様々な問題にも頭を悩まされるのです。

北斎は、それまで画業にのみ向けてきた意識を、家庭にも向けなくてはいけなくなりました。そのために作品数はぐっと減り、他から依頼された摺物の制作が増えました。しかしその中で、デザイン集を発刊するなど、これまでにない画家としての挑戦を始めています。注目すべきは、そういうゆったりした時間の流れの中で、北斎最大の浮世絵となる「冨嶽三十六景」が誕生していることです。

人々の求めに応じて絵を描いてきた北斎が、絵師としての原点に返って人生を振り返り、家庭の問題にも向き合い、様々に発想を膨らませる中で、この歴史的名画が生まれたのは非常に興味深いことです。

もう一つ興味深いのは、北斎が為一を名乗った十四年間の中で、一八二二年の一年間だけ「不染居為一」と称した時期があることです。不染居とは「居に染まるな」という意味の言葉です。ここまで見てきたように、北斎はその時の状況に自在に応じて独自の世界を創り上げていきました。つまり、北斎のいう不染居とは、「判断力」のことだと私は思うのです。時流に乗る時は乗るし、危ないなと判断すれば別の道を行く。おそらく北斎は、目の前の出来事に右往左往せず、自分の判断力を基にそれらを取捨選択し、自らの絵に生かしていったからこそ、偉大な人物となったのではないでしょうか。

そういう北斎を五つの「自」という言葉で纏めてみることにします。

最初は「自省の念」。晩年の北斎が「満足に猫を描くことすらできない」と身悶えするほど苦しんだのは、この自省の念ゆえです。満足してしまったらそれ以上の成長はない。北斎は自分に常にそう言い聞かせていたことでしょう。

二つ目は「自持の念」。北斎はいかなる時も自分で考えて判断し、行動する力の持ち主でした。自分がこうだと納得しない以上、たとえ藩主の求めであったとしても応じないという姿勢は、そのことを端的に物語っています。

三つ目は「自己開発」、つまり旺盛なチャレンジ精神です。

四つ目もそれと関連することですが「自己実現」。目的や理想を持っていて、それに向けてどこまでも突き進む執念があったからこそ、多くの名画は誕生しました。

そして最後は「自己韜晦」。決して傲慢にならず、自慢をしないこと、謙虚であり続けることです。

12月9日

百人のわれにそしりの火はふるも

勸山 弘
真宗大谷派真楽寺住職
Hiromu Susuyama

アイバンク運動とは、角膜による視覚障害者を、献眼による移植で救う活動のことをいいますが、これもある一つの出逢いがきっかけでした。忘れもしない昭和三十九年七月五日。その日は野坂清太郎さんという当時八十九歳の檀家の方が亡くなられて、ご自宅までお通夜に出かけました。

お経を終えてお暇しようとした帰り際に、これからお医者さんがお爺さんの目を取りに来るということをお聞きしましてね、あぁなるほどと。私はアイバンクという言葉だけは何かで読んで知っていたんです。それで私の歳の倍くらいはあるお爺さんの所に、わざわざ東京・信濃町の慶應病院から先生が来るというので、見学させてもらうことにしたんです。夜の十一時頃に若いお医者さんがタクシーで到着すると、ご遺体の前に来て畳に手をついて深々とお辞儀をされてね。「お爺さんこれからいただきます」って、まるで生きている人に話し掛けているみたいに言うんです。

いよいよ目を摘出する段になってどんな手術かと目を皿のようにして見ていたんですが、なんのことはありません。三十分くらいで目を取り出して代わりに義眼を入れて瞼を縫合するだけ。暑い盛りでしょう。一眼ずつ冷凍保存用の瓶に入れて、今度は慌てて病院に戻るわけです。当時はまだ高速道路もない時代で、箱根の険を越えるのに片道だけで優に五時間はかかるわけだから大変ですよ。

病院では二人の患者に間髪を入れずに片目ずつ移植すれば、回復度合いは人によって違いはありますけど、本当に見えるようになる。しかもこの一連の流れが「善意」だけで成り立っていたんです。つまり一円のお金の受け渡しもない。お爺さんが善意で登録し、ご遺族はその意思を実行に移し、医師も無償で取りに来る。善意のバトンタッチで片目ずつ二人の失明者の目に光が戻る。これは凄いなと。

ならば私もそのお手伝いができないものかと、早速ライオンズクラブに奉仕活動として取り上げてほしいと持ち掛けました。私が熱心に言うものだから、なんとか了承は得ましたが、ほとんどの方は全然関心がありませんでした。そのうちに、無関心だけならいいんだけど批判が始まったの。この辺りでは亡くなった方のことを仏様といいますが、髪の毛一本ゆるがせにできない仏様から目をくりぬくなんてそれが坊主のやることかと。あれは売名行為で選挙に出る下心があるんじゃないかと言われました。もう何度やめようかと思ったか分かりませんが、その時に私を支えてくれた一つの歌があるんですよ。九条武子さんという西本願寺のお嬢様の歌で、「百人のわれにそしりの火はふるもひとりの人の涙にぞ足る」。百人が自分を非難する矢を注ごうとも、一人の人が涙を流して喜べばそれでいいじゃないかという意味です。こんなことで挫けるなんて、お前は本当に坊主かと言われているようで、どうにか批判の中を突破することができたんですよ。

前からこの歌は知っていたのですが、自分が困難に直面して初めてこの歌がどんなに奥行きの深いものかが分かったのです。

12月10日

サッチャーに学ぶ将の条件

中西輝政　京都大学名誉教授

Terumasa Nakanishi

マーガレット・サッチャーは自らの回想録に「私の出自や経歴は伝統的な保守党の首相とは違っていた。私は彼らほど黙っていても敬意を抱かれることを期待できる立場ではなかった」と書いている。

続けて、首相官邸に入ると一国の首相としての重圧から、最初の数週間は眠れなかった。しかし、〝国家統治の連続性〟がどうのこうのと言うが、それらはすべてこけおどしである。政権につく前の自分の信念を国民へぶつける。それでダメなら潔く退く。信念を百二十％明確にしなければ、国民は付いてこないと気づいた、と記している。

信念——これがサッチャーのすべてだったと言ってもいい。サッチャーが命の危機にさらされたのは一度や二度のことではない。なにせＩＲＡ（アイルランド共和軍）のテロリストから命を狙われ、実際秘書も二人死んでいる。泊まっていたホテルが爆破され、たまたまサッチャーのフロアだけが瓦礫に埋もれ、鉄筋が落ちてこなかったということもあった。遺書も何度も書いたという。それでも決して相手の要求に屈することなく、自らの政治信条を貫き通した。

民衆が支持したのは、サッチャーの政策そのものではなかったのではないだろうか。「いつ死んでも本望」という、捨て身で政治に臨んだサッチャーの心意気に国民は感動し、支持したのである。市民の多くは難しい政策の話は分からない。しかし、いつの頃からか「サッチャーの言うことなら」と、信頼を寄せるようになったのであろう。

サッチャーが我々に教えてくれているのは、国をよみがえらせるにはリーダーが「捨て身」になって自らの理念を説くことだ、という点に尽きるかもしれない。技術的な政策論では決して国はよみがえらない。理念こそが国の活力となるのである。

12月11日

覚悟がすべてだ——シェイクスピアの至言

松岡和子　翻訳家
Kazuko Matsuoka

シェイクスピアは金言や格言を意図して書いたのではなく、すべてが芝居の台詞です。その言葉が吐かれた状況や人物から切り離して言葉だけを抜き取ることはあまりやりたくないのですが、それでもバーンと心に響く言葉があるんですね。私にとって、その最たるものが『ハムレット』の「The readiness is all.」という言葉です。私はこれを、

「覚悟がすべてだ」

と訳しました。この作品にはハムレットを殺す目的で剣術の試合が開かれるシーンがあります。それに気づいた親友のホレイショーが「この試合、負けますよ」と忠告したところ、ハムレットは「死というものは、いま来なくてもいずれ来るものだ」と話し、その流れの中で「覚悟がすべてだ」という言葉を口にするんです。

私は自身の翻訳が『ハムレット』で使われる度にこの言葉を読んできました。しかし、それが自分の問題として突き刺さったのは、二〇一八年、夫の食道癌が見つかった時です。夫が食事の時に違和感を覚えるようになって調べたところ、それが悪性の腫瘍であることが分かったんです。医師から宣告を受けた時、この言葉が私の頭にバーンと飛び込んできました。「大変だ。でもバタバタしないで、次のことを考えなきゃ」って。

手術をして以来、一進一退を繰り返して一年後に亡くなってしまうんですけど、その間、私はこの言葉をおまじないのように唱えていました。「覚悟がすべてだ、覚悟がすべてだ」と口にしているうちに、折れそうな気持ちがシャンとなり、シェイクスピアの言葉の力を教えられる思いでした。

『リア王』の第四幕第一場のエドガーの台詞も好きですね。

「運命に見放され、どん底まで落ちきれば残るのはそこから這い上がる希望だけ。不安の種は何もない」

「最悪の状況から帰るところは笑いしかない」

これらは弟の奸計にはまり、父グロスター伯爵に追っ手をかけられたエドガーの台詞です。この直後に、盲目になった父親に出会う。

どん底まで落ちれば残るのは希望だけとは逆説的な素敵な発想だし、辛さ、悲しみ、苦しみ、そういうものに沈んでいても、上を見て笑っていれば、いいところに辿り着けると思わせてくれる。希望というと何か一所懸命探さなきゃいけないと思いがちですけど、笑うだけでいいんだ、と思ったら気持ちも楽じゃないですか。

12月12日

〝あと一歩〟は自分で掴むしかない

中村外二 数寄屋大工棟梁

Sotoji Nakamura

この道で生きていこうと思ったら、材木を知ることが一番の根本。材木を知らずに家は建てられません。百年もつはずやと思っても、五十年ぐらいで腐ったり折れたり傷んだりするんです。建てたものが長持ちする、長持ちさせるということは、できたものがいいということです。

ただ、そういったことは、もちろん最初はわからんしね、朝早く起きたり、夜中に現場に忍び込んで、他人の仕事のやり口を盗んだわけです。大体、大工の仕事というのは、本で読んだり、口で教えられるものではない。身体で覚えるものなんです。

自分で苦労して習得したものはいつまでも残る。私も、六十年以上たった今でもね。十五歳で大工の道に入って、何にもわからんから、しょっちゅう親方から殴られたり、ボロクソにいわれたりしましたよ。

昔はね、間竿（けんざお）というのがあってね、二メートルとか四メートルとか長さを測る棒みたいなものだけれども、親方はいつもそれを持ってるもんだから、なにかというと、尻をひっぱたかれたもんですよ。何遍も叩かれたけど、叩かれりゃあ、痛いわな。痛いから、二度と間違えんようにするわけです。私も弟子も叩きますよ、兄弟でも叩いたね。痛い思いをせんとなかなか覚えられませんよ。

それにね、誰も一番大事なことはなかなか教えてくれませんよ。私だってね、自分で苦労して苦労して、あと一歩というところまでいっても、その〝あと一歩〟はなかなか教えてくれない。また、口で教えられてもわかるものではないんです。第一、他人から教えられた受け売りでは役に立たない。材木だって、自分で使ってみて初めてわかるものだし、また、実際に五十年、六十年経たものと、自分が使ったものとを比べてみて、どういうふうに傷んでいるか、自分のやり方とどう違うのか、それを比較してみてわかるものだし、そうやって身につけていくわけです。

だから私も、夜、仕事が終わったあとからね、他の人がどんな仕事をやっているかをのぞきに行くわけですよ。あいつは今日は、早く仕事をやりよったけど、どんなふうにしてあんなに早くできたんだろうかとか、今日は全然仕事が進んどらんけど、なんでこうなったんだろうとかね。常に自分にライバルを当てごうて、始終その仕事を見ながら、それに近づくように努力してきたわけです。

口や本がものをいうのは、身体で技術を覚えたあとからのことですから。

逆境は立ち向かえば友達になる

我喜屋 優
学校法人興南学園理事長
Masaru Gakiya

選手指導に携わった駒大苫小牧高校の決勝戦を観戦し、熱戦の余韻に浸っているところへ舞い込んできたのが、母校・興南高校からの監督就任の打診でした。実はそれまでも幾度となく打診を受けていたものの、会社での立場や家族のことを考えて断り続けていました。しかしその時は妻の強い後押しもあり、私は三十四年間過ごした北海道を後にし、故郷沖縄に帰郷することを決意。一からチームづくりに取り組み、三年後の平成二十二年に史上六校目の甲子園春夏連覇を果たすことができたのです。

困難を乗り越え、不可能と思われることに立ち向かっていく力は、幼少期からの道程の中で養われたものと思います。

私は昭和二十五年に沖縄南端の玉城村（現・南城市）という田舎に生まれました。父親の体が不自由で家計が苦しかったため、子供の頃から家の手伝いをするのは当たり前でした。しかしそのおかげで都会の子供にはない体力や忍耐力が養われ、陸上選手として誘いをいただいた興南高校へ入学しました。あいにく体格に恵まれず、陸上は三か月で断念して活路を野球へ求めましたが、途中から入部した自分にはなかなかチャンスが巡ってきません。球拾いなど雑務に明け暮れ、野球らしいことはほとんどさせてもらえなかったものの、幼い頃から家の手伝いを務めてきた私には、些かも苦ではありませんでした。

そうした私の姿勢を先輩方はちゃんと見てくれていました。入部した年にチームが地方大会で優勝を果たすと、お手伝い要員の一人に選ばれ、レギュラーに帯同して甲子園に行けることになったのです。「皆のため嫌な顔一つせず雑務を引き受けてくれている我喜屋を連れて行ってほしい」と三年生が監督に進言してくれたのでした。

実際にこの目で甲子園を見たことで、今度は選手として訪れたいとの夢が膨らみました。その夢に突き動かされ、私は三年生の時にキャプテンとして再び甲子園の土を踏み、そして沖縄県勢初のベスト4を果たしたのです。

大昭和製紙の野球部に入部した時には、あまりの練習の厳しさにいつ辞めようか、いつ辞めようかと、逃げ出す理由ばかり探していました。しかしある時、嫌だ嫌だと思っていたら何もかも嫌になる。嫌なものに立ち向かっていこう、と気持ちを切り替えてから自分の可能性が開けていったのです。

北海道という過酷な環境も、マイナスに捉えたままでは決して優勝という快挙は成し遂げられなかったでしょう。私は、逆境にめげることなく、逆境に立ち向かうことで全国優勝を果たすことができました。逆境は自分を育んでくれる宝。逆境は立ち向かえば友達になるというのが、体験を通じて確立された私の信念なのです。

12月14日

アユを食べながら考えた人間の幸福

昇地三郎　しいのみ学園長

Saburo Shochi

昭和二十九年四月。「しいのみ学園」の開園式を迎えました。手足が不自由であるばかりでなく弱視、難聴、発作と何重もの「苦」を背負っている子供もおりました。こういう不運な子供たちを私はしいの実になぞらえました。山の中に捨てられたしいの実は落ち葉の下に埋もれて人や獣に踏みにじられているけれども温かい水と太陽の光を与えれば必ず芽を出す。「しいのみ学園」という名前はそのような願いを込めて命名されたものです。

開園を一番喜んだのは、退学を余儀なくされてから、家の中で悶々とした日々を過ごしていた中学生の長男でした。園舎の建設工事が始まってから、開園したら長男を「小使」にするということを約束していたからです。

小使になるからには名刺が要るというので、名前と所在地だけの名刺を作ってやると「肩書がない」といいます。そこで「しいのみ学園 小使 昇地有道」という名刺を作ってやりました。開園式には福岡芸術大学学長、福岡県知事のご臨席を得ましたが、なんと長男は来賓の方々を回って名刺交換を始めたのです。

それを見て私は胸がいっぱいになりました。医師に見放されて、悄然とした思いで乗った列車の中で私は二つの願いを立てました。一つは親の愛情で何としても歩かせてみせる。もう一つは一人前にしてみせるという思いでした。意のままに歩くことはできませんでしたが、笑顔で名刺交換をしている長男を見て私は一人前になったと感無量の面持ちでした。

小使さんの仕事は朝の鐘を叩くことでした。最初は入園者が十二人だったので、皆に聞こえるようにと十二の鐘を叩き二十三人になると二十三の鐘を叩きました。自宅から通園している子供が遅刻しそうになると、わざとゆっくり叩くという子供思いの小使さんです。

しかし、この小使さんは無給でした。このことを知った俳優座の岸輝子さんが「日本一の小使さんのお月給を私に出させてください」といわれ、毎月二十一日にお金の入った励ましの手紙をくださるようになりました。

そんな中、ある小学校が創立八十周年を迎えるのを機に、戦時中に供出されて、台座だけが残されていた二宮金次郎の銅像を復元しようという話が持ち上がりました。四万円かかるということでしたが、当時の私にはそんなお金はありません。残念な思いでいたところに、長男から思いがけない申し出がありました。毎月岸さんから送られてきている月給を寄付しようというのです。除幕式の当日、その日はウイークデーだったので、「鐘叩きがあるから行けない」といい張る長男をなだめて岩国へ連れて行きました。式の後、墓参を終えて錦帯橋近くの旅館に泊まり、夕食に錦川で捕れた若アユが出ました。アユを食べながら、私は幸福とは何だろうと考えました。

人間の幸せは、夏の入道雲のように、ある日突然、むくむくと現れてくるのではない。幸福とは、苦しみのふちに游いでいるアユの如きものである。その苦しみのふちが深ければ深いほど大きなアユがおり、その苦しみのふちが広ければ広いほどたくさんのアユがいるのだと気づかせていただきました。

12月15日

どんな生活を送っているかで勝負は決まる

米倉健司 ヨネクラボクシングジム会長

Kenji Yonekura

川島郭志(ひろし)はね、高校生の時に全国大会で優勝してプロになっています。スターですよ。

ところが、プロ入りしてすぐ、二回のKO負けをするんです。ボクシングをやった人間ならわかるけれど、KO負けというのは、肉体的にも精神的にも、大変なダメージを受ける。判定負けとは訳が違います。

KOされるとね、「負けた」という事実だけではなく、ボクシングが怖くなる。次に戦うのが怖くなる。自分のアゴが砕かれてマットの上に寝ているシーンがよみがえるんです。十人に九人以上は、ここでボクシングを辞めます。しかも川島は、この前引退したWBA世界ジュニアバンタム級前チャンピオンの鬼塚勝也選手と同じ年の同じ月の生まれです。

川島は高校総体で鬼塚選手に勝っている。ところが、プロに入ってからは、立場が逆転しました。川島が二回KO負けをして遠回りしている間に、鬼塚選手はKO勝ち街道まっしぐらで、あっという間に無敗で日本チャンピオン。そして、やはり無敗で世界チャンピオンです。川島というのは三歳でボクシングを始めてボクシングだけを考えて生きてきた男でしょう。鬼塚選手を横目で見ながらね、つらかったと思いますよ。世界王者になる前におふくろさんを亡くして、すごく優しいおふくろさんでね。川島は勝たないわけにはいかなかった。執念と情熱が、ほかとは比較にならないんですよ。

昔もいまも、ボクシングは、本質的には何も変わっちゃいない。リングの中には、ウソはないんです。その日まで、その選手がどうやって生きてきたかの、すべてが出る。不まじめな生活を送っている人間は、絶対に通用しない。長続きもしない。

世界にはね、強いやつがゴロゴロいる。勝つか、負けるか。トップレベルでは実力差はないから、その日のコンディションで決まるんです。つまり、その選手がどんな生活を送っているかで勝負は決まる。

それを知っているから、世界チャンピオンクラスは実に謙虚ですよ。みんな、謙虚でまじめに生きている。どんなに強くても、才能があっても、素直さと謙虚さをもって努力していない人間は、勝てません。そして謙虚さを失わないでいる選手は、たとえ負けても、引退をしても、次の人生をちゃんとやっていく。しっかりと前を見すえてね。

そう、今度、会場でもテレビでもいい、世界のトップ同士が戦う試合を見てごらんなさい。一流同士はね、試合中に、決して相手の目から視線を外しません。自分が殴られている瞬間ですら、相手の目を見ています。真正面からボクシングに取り組んでいる。それと情熱、執念ね。それをもって続けていると、これは私の経験からいうのだけど、必ずどこかでチャンスが回ってくる。その一回か二回のチャンスを物にするかどうかが、チャンピオンになれるかの分岐点です。これは、ボクシングだけではなく、どんな人生でも同じではないでしょうか。その世界で、情熱と執念、そして謙虚さをもって努力している人間にはかなわないものです。

アメリカ海兵隊に学んだ組織のあり方

加藤丈夫 富士電機会長
Takeo Kato

社風とか、組織のあり方という点で、私が参考にしているのが、世界最強の組織といわれるアメリカ海兵隊でしてね。アメリカ海兵隊というのは、独立戦争以来、二度の世界大戦、朝鮮・ベトナム・湾岸戦争などで重要な任務を遂行して、ついにはアメリカの国家意思を示威するエリート集団へと成長しました。初めは海軍内で取るに足らないならず者だった彼らが、自らの存立を懸けて新たな戦術を考案し、組織の自己変革を成し遂げて、世界最強といわれる組織になったんです。

これは、当社から転身して一橋大学の教授になられた、野中郁次郎（いくじろう）さんの本の受け売りになるんですが、その最強組織を支える根本が、仲間同士の信頼だというんです。組織に信頼という風土が深く浸透していることが、彼らの強さの秘密だと。そして、その仲間同士の信頼のもとになっているのは、戦場で倒れた仲間の遺体を決して置き去りにしないこと。それが仲間同士の信頼のもとだと言っています。それが組織を強くする。

実は私のところもリストラをやりましたけど、厳しい経済情勢のなかでやむを得なかったとはいえ、いまでも心の痛むつらい選択でした。あれを繰り返すと日本の企業が昔から持っている強みを失ってしまうことにつながりかねない。組織の力ということでいえば、やはり、仲間を大切にすることが信頼を生み、組織を強くする、と私は思いますね。小さな例で言えば、みんなが忙しくしているときに、デートの約束があったり家族が風邪を引いて寝込んでいる。そんな時にどちらを選ぶかといえば、われわれの世代は職場のほうを選んだんです。私用より仕事が忙しい仲間を助けることを優先する。そういう結束というのが、組織力の一番のもとになるんじゃないかと思いますね。

野中さんは、海兵隊のそういう忠誠や自己犠牲は、言葉を換えて言えば、利己主義ではなく、利他主義にあると書かれています。海兵隊出身の作家ウィリアム・マンチェスターは、沖縄戦で戦傷を受けながらも病院を抜け出して前線に復帰した経験を、次のように回顧しているそうです。

「それは『愛』の行為だったのだ。戦線にいる人間はすべて私の家族だった。彼らは、言葉で言い表せないほど私に近かった。(中略)私の信頼を彼らは決して裏切らなかった。そして私もそうだった。(中略)今、私はわかった。人間は旗や国のため、海兵隊や栄光やその他の抽象的な物のために戦うのではないということが。彼らは仲間のために戦うのだ。戦闘で仲間のために喜んで死ぬような戦友のいないやつは、まったく人間じゃない。クソッタレ野郎だ」

海兵隊というのは、いったん結束したときの戦闘力というのは強い。その結束を可能にしているのが、組織に深く浸透している仲間意識なんですね。結局、「仲間のために」という利他主義が確立できた組織が、最も強いということです。

12月17日

「いつもいつも」が自分を鍛えてくれる

田口八重　柊家旅館元仲居

Yae Taguchi

私は頭ようない。人が一しはるなら自分は十する、人が十しはるなら自分は百する、これで釣り合う思うてました。そうして身につけたんは、めったなことで体から離れまへん。なんでもそうです。人の十倍する。百倍する。そうすれば、身につかんものはあらしまへん。なんでも自分のものになる。字もそうでしたね。私は小学校六年しか出てませんから、字があまり読めしまへん。それで新聞で読めん字を一字一字辞書を引いて覚えていきました。新聞はありがたいものです。字が読めるだけでなく、世間のことがわかって、お客さまのお話のお相手もできるようになります。だから、新聞は広告まで全部読みました。いまでも新聞を隅々まで読まんと、一日の決まりがついたような気になりまへん。

その根源となったものは、意地でしょうねえ。ピシャリ叩かれる。頭ごなしにしかられる。いじめられることもあったし、いけずされることもありました。そら、腹立ちますがな。けど、腹立てただけではなんにもならへん。腹立てて、同じようにいじめ返す。いけずを仕返す。そんなんは、私の言う意地とは違います。そういうのは自分が百％と思うところから出てくる。

人に百％などあらしまへん。いじめられる。いけずされる。それかて向こうが百％悪うて自分が百％ええいうことはあらしまへん。自分にも一か二、あるいは二割か三割あかんところがあります。それならあかんところを改めて、二度と繰り返さんようにすることです。そしたら、向こうは手も足も出んようになる。あかんところを改めて繰り返さんようにする。それが意地ですがな。

仲居として最も心掛けてきたことですか。お客さまは仕事で張り詰めた毎日を送ってはる。そこからちょっと離れて、くつろごうとされる。それが旅であり、旅館の役割ですがな。なら、お客さまに心からくつろいでいただく。それだけを心掛ける。それに尽きます。

細々と身の回りをお世話して差し上げて、お話のお相手もして。そんなんを好まれるお客さまもいらっしゃれば、あまり仲居がうろちょろせんと、一人でおられるほうが好きなお客さまもいらっしゃる。でも、押さえる勘所は同じですね。それは、お客さまがしてほしいと思われることを先に察すること。いわれる前に、喉（のど）が渇かはってお茶欲しいんと違うかな、と察する。これが肝心ですね。

相手の身になる。相手の目で物を見る。いつもその気持ちでいると、次第に勘いうんでしょうか、目の動き、表情のちょっとした変化、仕種（しぐさ）などでお客さまのお気持ちが感じられるようになる。でも、相手を察しようとする気配がピリピリと伝わったら、逆さまになってしまいますわね。お客さまが何をしてほしいか、してほしくないかを自然に感じるようになるには「いつもいつも」が大事や思います。いつもいつも心掛けていると、特に心掛けるいうことがなくとも、気持ちが自然にそう動くようになる。ほんま、いつもいつもほど大事なものはない。いつもいつもが自分を鍛えてくれる。

12月18日

フランクリン「十三の徳目」

渡邊利雄 東京大学名誉教授

Toshio Watanabe

ベンジャミン・フランクリンの『自伝』の中に、世界でも広く知られた「十三の徳目」があります。

フランクリンにとって「十三の徳目」は「道徳的に完璧な域に達しようという、大胆で困難な計画」でした。『自伝』にはその実践法が細かに記されています。

彼はまずこれらの徳目を習慣化するために手帳に表をつくり、各徳目についての達成度を厳格に点検していくのです。例えば、最初の週は一番目の徳目の「節制」に意識を集中させ、節制に関することは、どんな些細な失敗も目を光らせる。夕方に一日の過ちを黒点で記録する、というものでした。

一週間で節制に黒点がなければこの徳目は達成。それを確認した上で、次の週は二つ目の「沈黙」の徳目に移る。若き日のフランクリンは、このようにして「十三の徳目」を次々に実践しました。

全部を一度にやるよりは、まずは特定の徳目に注意を集中させ、それを一つずつ広げるのが効果的だという、いかにも合理主義者らしい彼の考え方が読み取れます。

一、節制　頭が鈍るほど食べないこと。酔って浮かれだすほど飲まないこと。

二、沈黙　他人または自分自身の利益にならないことは喋らないこと。つまらぬ話は避けること。

三、規律　自分の持ちものはすべて置く場所を決めておくこと。自分の仕事はそれぞれ時間を決めてやること。

四、決断　やるべきことを実行する決心をすること。決心したことは必ず実行すること。

五、節約　他人または自分のためにならないことに金を使わないこと。即ち無駄な金は使わないこと。

六、勤勉　時間を無駄にしないこと。有益な仕事に常に従事すること。必要のない行為はすべて切り捨てること。

七、誠実　策略を用いて人を傷つけないこと。悪意を持たず、公正な判断を下すこと。発言する際も同様。

八、正義　他人の利益を損なったり、与えるべきものを与えないで、他人に損害を及ぼさないこと。

九、中庸　両極端を避けること。激怒するに値する屈辱をたとえ受けたにせよ、一歩その手前でこらえて激怒は抑えること。

十、清潔　身体、衣服、住居の不潔を黙認しないこと。

十一、平静　小さなこと、つまり、日常茶飯事や、避けがたい出来事で心を乱さないこと。

十二、純潔　性の営みは健康、または子孫のためにのみこれを行って、決してそれに耽って頭の働きを鈍らせたり、身体を衰弱させたり、自分自身、または他人の平和な生活や信用を損なわないこと。

十三、謙譲　キリストとソクラテスに見習うこと。

12月19日

偶然の発見をするのは、えてして凡人である

内藤祐次　エーザイ社長

Yuji Naito

特攻隊員として、零戦の操縦士となりました。九死に一生を得たクチですよ。逡巡なく特攻隊員の道を進んでいましたが、率直にいってお国のために死ぬという気にはなかなかなれなかった。私たちは戦争を起こした人間ではない、という考えももっていました。ただし、この戦争に一刻も早くピリオドを打てたら、肉親や知人は喜ぶだろうと考えていました。ですから、華麗なピリオドの打ち方をどうすればいいか、そればかり考えていたのが本音のように思う。ただ不思議と死は怖くありませんでしたよ。

その頃、印象に残ったのは某パイロットの言葉です。その人は、予科練あがりで、兵学校を出ていないたたきあげのパイロットでね、階級は兵曹長。少尉である私の部下ですよ。

そのベテランパイロットが、自分たちの体験をいろいろ聞かせてくれるんですよ。

その一つに「あなたたちは、数機あるいは数十機の列機を率いて、攻撃に出ていくだろう。もし、そのとき、たまたま天候が悪くて、水平線が見えない場合、そのまま引き返すのも、一つの勇気である。しかし、飛行機が進む方向に、たとえ一点でも明るいところがあったら、それを信じて突っ込むのも一つの勇気である」という話をしてくれました。この言葉は、私が社長になってからも非常に役に立っています。

どんな業界にも、何年間かに一度は、にっちもさっちもいかなくなることがありますよ。売上は低下し、それを打開する新製品の開発も、まだだいぶ先のことだ、といったときにね、このベテランパイロットの言葉を思い出すんです。こういうときは無理して新しいことをせずに、ぐっと耐えていけばそのうち花の咲く日もくるだろう。その忍耐も、一つの勇気だということです。

逆に、不況のどん底にいても、ピカッと輝く新製品の開発があれば、それに全社運を賭けてみるのも経営者としての勇気だということです。決断の勇気です。

このことを私に教えてくれたのは、学歴のない、しかし実力（実務）のある熟練パイロットでね、彼は空を飛ぶこと以外、たとえば経営・マネジメントをやらせたら全く駄目な人間だったかもしれない。しかし、いってみればこういう凡人こそ、本当の意味での素晴らしいことをやってのけると私は思いますよ。それは、新製品の開発をしている製薬メーカーの研究者でも同じです。凡人こそ非凡なことをやりますね。

我われ製薬業界での新製品一品が世に出るには十五年前後の歳月と百億円近い費用がかかるものなんです。で、その新製品は、必ずしも研究に研究を重ねた結果、順序だててきちんと登場するというものではない。全くの偶然に発掘されることもあります。その偶然の発見をするのは、えてして凡人です。専門家は専門なるが故に何か見失っているものがある。それに比べて素人は、わずかな疑問や可能性にも驚く感覚をもっている。そのせいか偶然の発見へのアプローチをする本能は素人のほうにあるということです。

12月20日

本当の幸せはどこにあるか

黒柳徹子　女優

Tetsuko Kuroyanagi

家族がちょっと顔を見合わせたり、いまが幸せだということに気付いてはいなかった」と姑に言うんです。

昔、私もエミリーの役を演(や)ったことがあって、演っているうちに涙が出てきてしまうようなお芝居なんですが、幸せって何だろうと考えるとき、そのときそのときの自分が幸せだと感じられればいいんだけれども、親と顔を見合わせる暇もないほどに忙しくしてしまって、なかなか気が付かないんですね。

ちょっとでも立ち止まって親の顔を見るとか、友達のこと、親切にしてくれる人のことを少しでも思ってみることができれば、生きているうちに幸せをかみしめることができるんじゃないかと思います。

ソントン・ワイルダーというアメリカの作家が書いた『わが町』というお芝居があります。

主人公はエミリーという女の子ですが、彼女は自分の子どもを産んだあと、二十何歳かで死ぬんです。お姑さんたちは先に死んでいて、舞台の右と左にこの世とあちらの世界があるという終わりのほうのシーンで司会者が、「自分が一番幸せだったと思う日、たった一日だけこの世に帰らせてあげる」というんです。エミリーは十二歳のお誕生日の日を選びます。

お父さんお母さんはもちろん若いですよね。エミリーは「パパとママがこんなに若かったなんて知らなかった」なんて初めて気が付くんですね。家の中やお庭には懐かしくて素敵なものがいっぱいある。でも、皆素敵だから当時はわからなかった。

そして再び死んだ人の世界に帰って、「本当の幸せが、わかっていなかった。命が何万年もあるみたいに思い込んで。人間って、生きているときって、何も見ていないんですね。

12月21日

理容日本一への道

田中トシオ　理容師

Toshio Tanaka

フリーの部門ですと、例えば失敗して多少毛先がハネていても、審査員によっては感性が素晴らしいと評価してくれます。でも、「規定」では指定されたヘアスタイルを作るので、感性の素晴らしさより技術力が評価されます。技術を追求するといかに奥が深いかが見えてきました。

それがわかるにつれ、お客様の顔をパッと見ただけでどういうヘアスタイルがよく似合うのかがわかるようになったのです。自分がどれだけ浅いところで満足していたのかがわかりました。だから当初の原点に戻り、基礎を勉強し直そうとの考えから、こんな難しい技術なら頂点を目指したいと考えるようになり、日本一が目標になったのです。

しかし、日本一になりたいとは思っても、まったく歯が立ちません。練習しても、練習しても負ける。負ければさらに練習するようになるわけです。

日本一になるためには、日本一の練習をしなければならないと思い、営業時間が終わって、夜の九時、十時半、十二時と、一日三人のモデルに来てもらって練習することにしました。ときには後片付けをして、布団に入れるのが明け方の三時か四時になるときもありました。練習後は興奮していますから、なかなか寝つけません。子どもが小さくて夜泣きをするので、不眠症に悩まされるうちに、とうとう三年目に体が言うことを聞かず、立っていられなくなってしまったのです。医者に行って血圧を測ったら、上が七十ちょっとで、下が三十いくつ。三十代で前立腺(せん)肥大、胃潰瘍(かいよう)、神経痛、腰痛……。

「あなた、老人のような体をしてますよ。このままいったら死んじゃいます」と宣告されました。日本一になろうと練習を重ねてきたのにとてもショックでしたね。

計画を変え、それまで一日三人だったモデルを一人に減らし、しかし内容を充実させ、どんなことがあっても毎日欠かさず練習しよう、精神力だけはしっかり保ち続けようと思いました。

結局、僕が三十七歳で日本一になるまでの二年間は三百六十五日、一日も休まずに練習しました。本気になる前は遊びが好きでしてね、ゴルフや釣り、麻雀、競馬、パチンコ、何でもやっていたのですが、コンディションを崩すだけの楽しみごとや賭けごとはやめました。コンテストで負けるごとに、自分の楽しみごとを一つずつ削っていって、テレビすらほとんど見ることがなくなりました。

僕が優勝した昭和六十年の全国大会の直前は、ここまで練習したんだから、絶対優勝できるという確信めいたものがありました。しかし、優勝を告げられた瞬間は、さすがに涙がボロボロこぼれてきて、すべての感情が解き放たれる思いでした。

コンテストが終わったら、やっと休めると思っていたのでしたが、日本一になった戸惑いが大きくて、次に何をしたらいいかわからない。結局三か月間ほどそのまま練習を続けていました。それくらい、練習が生活の一部になっていたんですね。

12月22日

人の痛みを知る人間になれ——恩師の教え

村田諒太　WBA世界ミドル級スーパー王者

Ryota Murata

中学三年の夏休みに、通っていたジムで僕を指導してくれていた元日本チャンピオンの桑田弘(ひろむ)さんから、「高校でボクシングやる気があるんだったら、南京都に行け」と言われ、桑田さんに連れられて強豪の南京都高校(現・京都廣学館高校)ボクシング部の練習に参加しました。その時初めて武元前川(まえかわ)先生にお会いしたんですけど、「試験で零点取らなかったら入れてあげるよ」と言ってくれたんです。

授業にはほとんど出ていなかったので不安はありましたが、その武元先生の顔を見て、子供ながらに、「あっ、この人だ」「ここに行きたい」と。もう直感です。

武元先生から学んだことはたくさんあるんですけど、選手の持っている可能性を否定しなかったですね。新入生向けの部活紹介で、僕らボクシング部は希望者を舞台に上がらせて即興で対決させる余興を恒例にしていました。高校三年の時、僕が一発殴(なぐ)っただけで相手を病院送りにさせてしまったことがあるんです。その時、普通だと「何やってんだ、この野郎」って鉄拳制裁が飛んでくるでしょう。僕も殴られるなと思っていたら、武元先生は「おまえの拳は人と違う。腰も回るし、体重も乗る。そんなことに使うんじゃない」と窘(たしな)めてくれました。おまえの拳には可能性があるんだから、上を目指すために使えという意味だったと受け止めています。

「謙虚であれ」というのが武元先生の一貫した教えだったと思いますね。例えば、試合前の計量の時に生意気なやつがいるんですよ。そういうやつを試合でノックアウトして「ほれ見たことか」と思ってガッツポーズした瞬間に、僕らは「やばい、やってしまった」と。ガッツポーズは絶対に許してくれなかったです。負けた選手に対して失礼だと。

汗水垂(た)らして同じように練習しても、全国大会に出場できる人とできない人がいるわけじゃないですか。悔しい思いをしている選手たちの上に立っていることを忘れるな、人の痛みを知る人間になれとよく言っていました。だから、適当な試合も許されませんでした。たとえ負けても前に出て戦う姿勢を失っていなければ励ましてくれましたし、反対に、勝っても気持ちが乗っていなくて消極的な時には、容赦(ようしゃ)なく叱られました。苦しい時こそ前に出るんだと。勝ち負けよりも、逃げるという気持ちの弱さが見えるボクシングが大嫌いでしたね。

学校は人間教育の場であるし、ただ強くなればいいっていうものじゃない。それが武元先生のスピリットでした。

12月23日

夢は全力の向こう側にしかない

斉須政雄　コート・ドール オーナーシェフ

Masao Saisu

私自身の二十代を振り返ってみて、つくづく思うのは「夢は全力の向こう側にしかない」ということだ。

全力を尽くさない人は夢に至らない。ここからずり落ちたら、もう後はないという危機感の中で走り続けるからこそ、人は水準を越えることができる。安全圏にいたまま人並み以上のことをやろうとしても、それは無理な相談だ。

このことは最近の大相撲の世界を見ていても感じる。モンゴルと日本の力士を比較してみると、体力や体格はさほど変わらない。しかしなぜいまモンゴル勢が活躍しているかといえば、それはおそらく志や背負っているものの違いだろう。泣いては故郷に帰れない。自分の勇姿をテレビを通じて皆に見せてやりたい。そういう強い気概と、後がないという覚悟こそが彼らを突き動かしているのだと思う。

母親は、学校の成績が悪く、引っ込み思案の私にいつもこう言ってくれていた。「人にできたら、あんたにもできるよ。皆と同じように体は一つ、頭は一つ、腕と足は二本ずつある。後はやるかやらないかの問題だ」と。

私は三十五歳でフランスから帰国し、東京でコート・ドールの料理長に就任した。四十一歳の時にはオーナーから店を譲り受けたが、その時に決意したのは「〝コート・ドールの斉須政雄〟ではダメだ。〝斉須政雄のコート・ドール〟と呼ばれるようにならなければ。スタッフの中の一人ではなく、この人がコート・ドールをつくっているんだと思われるような人間にならなければいけない」ということだった。

もともと精神的にも弱い部分のあった私だが、二十代の頃に多くの辛酸を嘗(な)め、そういう気概が養われたのではないかと感じている。

12月
24日

本当の悲しみは涙が出ない

塩見志満子
のらねこ学かん代表

Shimako Shiomi

私はそれまで長く、教師として子供たちに人権教育を行ってきました。いじめはいけない、差別はいけないと。だけど、ひとたび学校を出て家庭の主婦に戻った途端に対岸の火事でした。自分がその身になれないんです。「これではいけない。養護学校に通う、あの子らに本気で学ばなんだったら、きっと一生後悔するだろう」と痛烈に思いましたね。教員になりたい人はいっぱいいます。だけど、この子らの将来を支える人がいない。この子らには卒業しても「おめでとう」と言ってあげられない。次に行くところがないわけですから。私はこの子らと一緒に生活できる人になろうと思いました。それで五十七歳の時、教員を辞めて、知的障害者のための通所施設「のらねこ学かん」を立ち上げる決意をしたんです。

主人も納得してくれました。主人は跡継ぎと思っていた男の子二人を病気と事故で失ったショックから一時、重度の鬱病(うつびょう)を患っていましたが、六十歳の定年まで見事に教員を勤め上げましたよ。でも、その主人も六十二歳の時に亡くなってしまうんです。国道を挟んだところにある畑に草を刈りに行く途中、二トントラックに撥(は)ねられたんですね。近くの人が私を呼びに来てくれて、救急病院に行った時は、もう顔に白い布が掛けられていた。

本当の悲しみは涙が出ない、というのはそのとおりですね。主人が横たわっている座敷で天井を見ながら一日中ボーッとしていました。そうしていたら若い男の人が訪ねてきたんです。トラックの運転手さんでした。「僕が事故の相手です。許してくださいなんて言いません。殺されても仕方がありません。どうか奥さんのいいようにしてください」と土間に土下座しましてね。

二男が死んだ後、人を許すということを主人は教えてくれました。世界で一番憎たらしいその人が玄関に土下座した時、私がなんであんなことを言ったのか、自分でも分かりません。だけど私の口からこういう言葉が出たんです。

「あなただけが悪いんじゃないの。車と人が喧嘩をしたら車が勝つに決まっています。あなたは若いから、主人の分まで生きて幸せになってくださいよ。そうしたら主人も成仏できる。私が警察に嘆願書を出すから、どうかそうしてくださいね」

その人は「そんな優しいことを言うてもろうたら、僕は生きられん」と大声をあげて泣きました。「でもね。あなたを訴えてお金をもろうても死んだ者は帰らない。死んだ者が帰らないんだったら、生きている者が精いっぱい生きるしかない。私はあなたを許すことからしか次の一歩が踏み出せないのだから、職場に復帰して幸せになってください」。そう言って許したんですけどね。だけど、許した後で親戚が家に集まってきて「おまえの良識はおかしい」「それじゃ死んだ者は浮かばれん」と散々詰め寄られました。その時、私は一人、親戚と闘いながら心の中で主人に静かに語り掛けていたんです。「お父さん、これでよかったよね」って。

12月25日

材料は命

矢入一男 ヤイリギター社長

Kazuo Yairi

私は二度アメリカでギター作りの修業をしました。ヨーロッパも旅してクラシックギターの工房を見て回りました。その結果気づいたのは、日本のメーカーが次々に機械化する中、欧米では手作りにこだわっていることでした。私も最初は「そんな無駄なことばかりやって」と思いましたよ。ところが、だんだん見ていくと、本物はそんなにあわてて作るものではない、いい材料を集めて、時間をかけて取り組んでいかないといけないと分かったんですね。

私は学校は出ていません。だから学問ではなくすべて経験学です。自分の目で見て、触って本当に大事なことは何かを確かめていきました。

一九七〇年、アメリカの大手楽器商セントルイス・ミュージック社（SLM）と契約を結ぶことができました。最初から認められたわけではありませんよ。何度もチャレンジして、うちの製品を気に入ってもらえるまで、改良に改良を重ねたんです。そのうちに一貫した物作りへの姿勢が評価されるようになりました。SLMと契約したことで、インターナショナル・ミュージックショーに出品させていただき、数々のミュージシャンとコンタクトをとったり、オーダーをもらえるまでになったんですね。ちなみにSLMの輸出用ブランド第一号として取り扱ってもらったのが、ポール・マッカートニーが愛用した「アルバレズ・ヤイリ」でした。

こだわりについては、一つには材料です。大量生産時代、多くのメーカーはベニヤの合板を使っていましたが、私はいち早くそういうところから脱して、ギターの表板はアラスカやカナダ産の蝦夷松（スプルース）を、裏板には赤道付近でとれるマホガニーやローズウッドを用いてきました。軟らかい表板と堅い裏板を組み合わせることで、最高の音の響きが出せるんですね。ところが、生まれも育ちもまるっきり違う男女を結婚させ、新しい環境に馴染ませるには、やはり時間がかかります。

いい音で長持ちさせるには、できるだけ長く木材を乾燥させ、この気候風土に馴染ませないといけません。水が抜けないと、木が曲がってひずみが生じるんですね。乾燥といってもイカをスルメにするのとは違います。木の細胞が落ち着くまで自然に枯らすわけです。長いものになると二十年間寝かせます。

材料は命ですから、高級ブランデーやウイスキーと同じように寝かせなくちゃね。いい木があると聞くと世界中から取り寄せます。ギターで使うのは樹齢何百年という木のほんの一部分です。いつ使うとも分からん、どれだけまともに使えるかもしれん木材を大量に買い集めて、広い土地に何十年も置いておくわけだから、材料費はかかるし固定資産税も馬鹿にならない。見る人が見たら道楽みたいで、こんな非効率なことはないでしょうね。

だけど、私は社長ではあるが職人の親方なんです。ガス欠しないように経営バランスも損益も原価計算も大事だが、効率ばかり意識するといいギターはできません。

12月26日

八甲田山の明暗を分けたもの

山下康博　セミナー青森社長
Yasuhiro Yamashita

地吹雪が荒れ狂い、一面が真っ白な雪片の乱舞となり、目も開けられず息もできないほどになる。その上、一月の雪は柔らかくたちまち身体が埋まってしまう。進むには歩くのはかなわず、泳ぐような状態になってしまう。青森隊はまさにそのような状態に置かれたのだ。おまけに青森隊は食糧を積んだ橇を予備も含めて十五台編成していた。これがどうしても遅れがちになる。その救援のために本隊が引き返す。疲労した身体はなおのこと体力を消耗した。そして凍傷。疲労困憊が窮まると、意識が混濁してくる。それでも二十キロ近くを行軍したのは、大変な頑張りと言うべきだろう。しかし、田代という地域の手前でどうしても動けなくなってしまった。神成は露営を決意した。雪を二メートル四十センチ掘り下げ、六畳ほどの穴を掘った。疲れ切った身体でそれだけの作業をするだけでも大変だった。しかも、その穴に全員が入るのだから座る余地はない。立ったまま夜を過ごすことになる。神成を不安が襲った。不安は迷いになった。隊員の蒼白な顔。紫の唇。焦点を失った目。このままでは全員がだめになってしまう。大隊長の山口は、引き返そうと穴を出るように命令する。帰営行軍途中、一人の特務曹長が、自分はこの近くの温泉に行ったことがある、すぐそこだから進んだほうがいいと言う。錯乱した状態での発言だった。だが、これを聞いた山口が取り上げたのだ。そして、逆方向への行軍を命令したのである。

曹長の進言を編成外の大隊長が直接聞き、しかもそれを咎めもせず取り上げて、指揮官を飛び越えて命令をくだす。そこにはもう、命令系統も組織もなかった。その時、青森隊の命運は決まったと言えるのかもしれない。

弘前隊も逆コースで同じ状況に見舞われ、進退窮まっていた。八甲田山麓で地吹雪に包まれ、一面の白い世界に立ち往生してしまったのだ。道案内の地元の村人は引き返そうと言う。しかし、引き返そうにも方向が定かではない。その時、福島は声を張り上げて部下に訓示した。

「我らにもし天に抗する力がなければ、天は必ず我らを滅ぼすだろう。諸君、天に勝とうではないか」

この叫びを聞いて弘前隊は発奮、敢然と前進し難関を突破するのである。福島の強烈な使命感から出た高い目的意識。それが意志を明確に伝達し、目的を貫徹する力になったのだ。また、弘前隊にはリーダーの意思を正確に受け止めて奮起する人間関係ができていたということである。

のちに、青森隊の生き残りの一人が神成文吉の最後の訓示を証言している。神成はこう言ったという。「天は我らを見捨てたらしい。露営地に戻って枕を並べて死のう」

神成は諦めたのだ。その諦めはやはり使命感の希薄さ、そして目的意識の曖昧さに由来する、と言わなければならない。神成のこの言葉を聞いてガックリきた、と生き残りの兵は述懐している。リーダー、上に立つ者が諦めた時、その組織、集団はたちまちだめになるのだ。

12月27日

高い塔を建てなければ新しい地平線は見えない

川口淳一郎
宇宙航空研究開発機構「はやぶさ」プロジェクトマネージャ

Junichiro Kawaguchi

大事になるのは、やはり具体的で分かりやすい目標を共有していること。「はやぶさ」でいえば、「ゴールは地球へのサンプルリターン」ということを全員一致で理解していた。これが大きかったと思います。

また、その上でどんな時でも私が最後まで目標をブレさせずにいたのが良かったと思います。リーダーでしたからね。それは闇雲に妄信するということではなく、状況を客観視して打つべき手を打っていく。誰よりもです。だけどどんな状態であっても、「もうダメだ」とか「この辺で十分じゃないか」と思わず、最終ゴールを指し示すことが大事だったのではないかと思います。

そして、いい意見であれば立場にとらわれず、積極的に採用する土壌がチーム内にあったことも、チームの強さに繋がったかなと感じています。コアなメンバーは二十人程度ですが、このチームの大きな特徴は皆が創意工夫をし、自主的に取り組んでくれたことです。もちろん全体を推し進める指示は出しますが、それぞれが自分の役割をよく理解してくれていました。

もともと誰かが何かをしなければいけないという義務で始まったプロジェクトではないですから、何か課題があると、皆で知恵を出し合い、進んでいくメカニズムがありました。長い長いプロジェクトでしたが、認識のベクトルをまとめる苦労は無く、その分このミッションに集中できたのがありがたかったです。「はやぶさ」プロジェクトのミッションを通じて、改めて大事なのは独創性、発想の発揮だな、と思いました。同じことを繰り返すのではなく、新しい方法を考える。これを実現していくことが科学技術の醍醐味です。私自身、この計画を描き一つひとつ成功していく過程で、その喜びを実感しました。ともすると、日本は「最強の二番手でよし」とする風潮があります。新しいものをつくり出すよりは、先駆者に学んで、それを洗練させることのほうが得意ですよね。それはそれですごく大事なことですよ。でも、そうしているうちは歴史に名を刻むことはできません。

私はよく「高い塔を建ててみなければ新しい水平線は見えない」と申させていただくのですが、いまのレベルに安住して、足元を固めることばかりに一所懸命になっていたら、絶対にその先にある地平線は見えません。私たち「はやぶさ」プロジェクトも客観的に見れば成功するかどうかは未知数でした。まして途中ではいろんなトラブルがあって、帰って来られる可能性はものすごく低かったわけです。失敗するかもしれない。途中で壊れてしまうかもしれない。それでも前人未踏の境地に挑戦しようと発心し、一度やると決めたら挫けずに、ゴールを目指し続ける。それがこのプロジェクトを成し遂げられた要因ではないかと思います。

「未来」とは「未だ来ない」と書きます。未来は見えないわけです。その水平線の向こうの、見えないものを自分たちの手で見ようとする活動が未来をつくるのです。

12月28日

文字の獲得は、光の獲得でした

藤野高明
元大阪市立盲学校教諭
Takaaki Fujino

自殺したい、死んでしまおうと思ったことは、ないことはないんですよ。でも、母親がどんなに辛い思いをするだろうかと思うとそれもできませんでした。ただ、それでも十八歳の時、医者から「藤野さん、あなたの視力が回復することはない」と宣言された時はさすがに荒れましたね。

私のような障害があると、自暴自棄になってもぐれることができないんです。夜の街をほっつき歩くことも、不良になることもできない。そういう鬱屈した状態をただ耐え忍ぶ他ありませんでした。

目の治療で入院していた十八歳の頃、熊本敏子さんという三つ年上の看護学生が私の病室によく遊びに来てくれていました。実習生ですから患者さんとよくコンタクトを取りなさいと言われていたのでしょう。話す内容としては他愛のない世間話ばかりで、彼女は高校を出て一年間福岡市内のデパートに勤務し、もっと違う仕事がしたいと看護の道を志していました。「私も回り道したんよ」と言われた時は、親近感が増すのを感じました。

ある時、熊本さんが「私、藤野さんに何かしてあげられることはあるかな」と聞くから、「できたら本を読んでほしい」と答えたところ、彼女が持ってきて読んでくれたのが北條民雄の『いのちの初夜』という小説でした。北條民雄はハンセン病患者の作家で、死にきれずに療養所に辿り着くまでの苦悩から患者さんの実態まで細かく書き記しています。とても重たい内容でしたが、惹き込まれるように朗読に聴き入りました。

熊本さんはハンセン病に関する本を他にも取り寄せてくれ、その中のある記述に私は大変な衝撃を受けました。舌や唇を使って点字を読む人がいるというんです。このことは、ぐれかかっていた自分を反省するというか、いやそんな月並みな言葉では表現できないほどの衝撃でしたね。

病院に入院していた盲学校の生徒が私が点字に関心を持っていると知って、教えてくれました。一つ点があったら「あ」、二つ点が縦に並んでいたら「い」、横に並んでいたら「う」……。このように点字はシンプルで明快ですから、五十音を覚えるのに二～三時間しかかかりませんでした。しかし、それを唇で読み取るのは大変な苦労が必要でした。練習を重ねる中で幾つかの文字の塊が言葉となり、文章となっていきました。やがて島崎藤村の『千曲川旅情の歌』などの難しい文章も読めるようになり、スピードも少しずつ速くなっていったんです。

自分の力で一つの文章を読めたのは、それこそ光でした。私は「文字の獲得は光の獲得でした。光は希望です。希望は生きる力に繋がります」とよくお話ししますけれども、それは私の実感そのものなんです。

若かったですから、かっこよく生きたいと思っていましたが、かっこよくではなく、しっかりと生きなくちゃいけない。生きることにもっと真面目にならなくてはいけないと思ったのもその頃です。

12月29日

ウルマンの詩「青春」が教えること

小山五郎　三井銀行相談役

Goro Koyama

つくづく思うんですが、若さっていうものは、単に年齢だけじゃ推し量れないものだなあ、と。マッカーサーが座右の銘にしていた詩をね、私はリーダース・ダイジェストを読んでいて知ったんですが、サミュエル・ウルマンというアメリカの詩人の詩なんですね。「青春」というんですが、ちょっと読みますよ。

青春とは人生のある時期をいうのではなく
心の様相をいうのだ
すぐれた創造力
燃ゆる情熱
怯懦をしりぞける勇猛心
安易をふり捨てる冒険心
こういう様相を青春というのだ
年を重ねるだけでは人は老いない
理想を失う時に初めて老いがくる
歳月は皮膚のしわを増すが
情熱を失う時に精神はしぼむ
苦悶や孤疑や不安、恐怖、失望
こういうものこそ　あたかも長年月の如く
人を老いさせ
精気ある魂をも芥(あくた)に帰せしめてしまう
年は七十であろうと十六であろうとその胸中に抱き得るものは何か
いわく「驚異への愛慕心」
空にきらめく星辰(せいしん)
その輝きにも似たる事物や思想に対する欽仰(きんぎょう)
事に処する剛毅な挑戦
小児の如く求めてやまぬ探求心
人生への歓喜と興味
人は信念とともに若く　疑惑とともに老ゆる
希望ある限り若く　失望とともに老い朽ちる
大地より、神より、人より
美と喜悦、勇気と壮大、偉大と霊感を受けている限り
人の若さは失われない
この霊感が絶え
悲嘆の白雲が人の心までおおいつくし
皮肉の厚氷が
これを固く閉ざすに至れば
その時こそ
人は全く老いて
神に憐(あわれ)みを乞うるほかはなくなる

こういう詩なんです。バターンで負けた時も、この詩を小脇にかかえて豪州へ去った。例の有名な「アイ・シャル・リターン」というね。そのあと日本へ来た時も、GHQの机の上にこれが置いてあったということですね。

12月30日

会社経営は常に全力疾走である

山中伸弥
京都大学iPS細胞研究財団理事長
Shinya Yamanaka

対談というと、対等に語り合うイメージが強いですが、稲盛和夫さんと私の場合は当然そんな世界ではありません。稲盛さんは雲の上の人ですから、私が一方的に教えを請いたいところです。ただそれだとさすがに出版社の方に申し訳がないので、普段心掛けていることについて概略こう話しました。

「僕はもともと走るのが趣味で、体力をつけるため、研究に対する寄付を呼びかけるためにフルマラソンを走っています。同じ走るにしても、百メートル走を走るのと四十二・一九五キロのマラソンを走るのとでは、走り方が全く違ってきます。百メートル走では死に物狂いで全力疾走しますが、それをマラソンでやると必ず途中で力尽きてしまう。

ですから、いいタイムで完走するためにはペース配分をきちんと考えて、途中で水分や栄養も補給しながら、ペースを乱さずに走り切ることが大切です。実際、体力も走力も高かった二十代の時よりも、いまのほうがマラソンのタイムは速いんです。研究開発もそれと同じで、特に医学の分野では二十年、三十年という長い歳月を要します。途中で息切れしないように、ペース配分を考えて毎日頑張っています」

すると稲盛さんは、

「僕は違う。いつも全力疾走だ」

とおっしゃったのです。初日の対談が始まって間もなかったこともあり、その後何を話していいのか分からなくなってしまいましたが、これは私にとって強烈なひと言で決して忘れられません。稲盛さんはその後、次のように続けられました。

「会社経営はマラソンと同じで、全速力で走っては長く続かないと皆さん言いますが、それでは本当の競争にはなりません。会社経営の経験のない素人がちんたら走っていたら、自分では走っているつもりかもしれないけど、全然勝負にならないでしょう。だから僕は、走り切れなくてもいい、最初の数キロだけでも一流選手に伍していこうという思いで、常に全力疾走してきました。周りはいつまで続くかと見ていたのでしょうが、走っているうちにそれが自分の習い性となり、今日まで続いている。最初から全力で走ろうと決めて、必死になって先頭集団に追いつこうと意気込んで走り続けてきたからこそ、実を結んだと思っています」

長年月にわたって実践し続け、先頭を走り続けてこられている方の言葉は重みが違います。私自身、iPS細胞研究所所長として数百人を擁する組織のトップを務めているとはいえ、まだまだアマチュアなのだ、勘違いしてはいけないと痛切に感じました。根本的な考え方の違いや実力の差をまざまざと思い知らされたのです。同時に、プロの世界の厳しさやプロとはどうあるべきかを示してくれた教えでもあります。

自分では一所懸命走っているつもりでも、それは稲盛さんから見たらジョギングをしているようなレベル。遥か彼方の目標ですが、稲盛さんにほんの少しでも近づくことを夢見て、最大限努力をしています。

12月31日

二十歳の座右之銘

平澤 興　京都大学元総長

Ko Hirasawa

常に人たることを忘るること勿れ　他の凡俗に倣ふの要なし　人格をはなれて人なし　ただ人格のみ永久の生命を有す

常に高く遠き処に着目せよ　汝若し常に小なる自己一身の利害目前の小成にのみ心を用ひなば必ずや困難失敗に会へて失望することあらん

然れども汝もし常に真によく真理を愛し学界進歩のため人類幸福のため全く小我をすててあくまで奮闘し努力するの勇を有さば如何なる艱難も如何なる窮乏も汝をして失望せしむるが如きことなからん

真之大業真に生命ある事業はここに至ってはじめて正しき出発点を見出したりといふべし　進むべき道は一筋世之ためにいそぐべからず誤魔化すべからず　頑健なる身体強固なる意志及不断の努力は成功の三大要素なり汝は常に節制を重んじ健康に注意すべし汝の一身如何はやがて世界人類の幸福学界進歩の如何に関す真に強固なる意志の所有者は何時如何なる場合にも挫折するが如きことなく常に困難或は失敗をして成功の暗示たらしめ動機たらしむ

the word "im possible" is only to be found in a fool's dictionary. といへしNapoleon の意気　何ぞそれ壮なる身をすててEnamel の発明に努力し奮闘し遂にその初志を貫徹せるpalissy の意気に見よ

或は又その主義のために不惜身命の大勇猛心を以て最後まで奮進し猛進せる日蓮が意気に鑑みよ　能はざるにあらず為さざるなり

汝の身はすでに学界にささげたる身なり

汝は汝が最後の一息まで汝が目ざす大理想大目的に向って突進せよ直進せよ　努力奮闘を措きて目的に達する近道なし　能はざるにあらず為さざるなり　大なる愛を有せざるものに大なる事業なし涙なきは人にあらず

偉人に共通の特色は実にこの百折尚且つ撓はまざる強固なる意志とあくまでやさしきあたたかき心情とに存す　一見矛盾のごとき観あるこの二性格は実際に於て何等の矛盾を見ざるなり　常に天地衆生の恩　君の恩親の恩師の恩等を思へ　かりそめにも報恩感謝の念を忘るることなかれ　事はすべて誠心誠意を以て行ひ人に対しては親切に寛大に己を持する厳格恭倹責任を重んじ常に一人をつつしみ いやしくも表裏あるべからず　之を要するに汝は善と気づきたることは必ずこれを行ひ悪と気付きたることは必ずこれをやめよ克己は最大の勝利なり口実を設けて己を欺き人を欺くが如きことはゆめあるべからず　他人の批評顔色等によりて行を二三にするが如きは最もいやしむべきことなり大言壮語を以て事をすべからず

すべては実行に存す実行をはなれて修養なし　天命に安んぜよ　汝もし不幸にして知己をこの世に求むる能はずんば則ちこれを百世の後に求むべし　世の凡俗にすてられたりとて何等憂ふるの要なし　何時如何なる場合に際しても　自尊自重の念は決してこれを忘るべからず

（大正十年一月一日、二十歳の時に記し、生涯の座右とした言葉）

あとがき――『1日1話、読めば心が熱くなる生き方の教科書』発刊に寄せて

それ天地は万物の逆旅（はたごや）
光陰は百代の過客（たびびと）なり

李白の有名な詩です。東洋学の泰斗・安岡正篤師はその著『経世瑣言』の中でこの詩に触れ、自分もまた多くの人間や事件、書物などの逆旅であり、同時に過客でもあった、と述懐しています。

これに擬えれば、今年の九月で創刊四十四周年になる人間学誌『致知』もまた、多くの人の逆旅であったと言えます。各界各様、年齢も職業も実にさまざまな人が立ち寄ってくださり、置き土産に素晴らしいお話を残してくださいました。

それらは何れも貴重で忘れ難いものばかりですが、その中から三百六十五篇を選び出して編纂、『1日1話、読めば心が熱くなる365人の仕事の教科書』と題して令和二年十一月に発刊いたしました。すると、全国各地から毎日のように、たくさんの読者の皆様の感想文がメールやハガキなどで届くようになったのです。一つ一つに熱い思いのこもったその数量は、私どもの想像をはるかに超えるものでした。その感想文のほんの一部をここに紹介します。

▲タイトル通り、読んで「心が熱く」なります。仕事に向き合うエネルギーをいただいています。
▲素晴らしい書籍に出会ったと思っています。日々仕事に打ち込む姿勢を心から奮い立たせられています。
▲含蓄のある言葉ばかりで感動の連続でした。何回も繰り返し読みたい。
▲様々な分野での一流の方の言葉から、勇気とたくさんの気付きを頂き、一生大切にできる本だと感じている。
▲私にとって古今東西の知者、リーダーが毎晩、眠りに入る前に枕元に来て人生の何かを講義してくれる一冊。
▲真剣に生きて、さまざまな困難を乗り越えた人たちの言葉は心を強く打つものがあります。食事は身体を作るものとしたら、本書は心の栄養となるもの。
▲日々何気なく過ごしている自分にとって、どのページの話もすごく衝撃的だった。著者一人一人が生を必死に全力で駆け抜けているようで、何れも人生訓として心に刺さった。
▲この春、新社会人となりますが、このタイミングで本書に出会ったことに本当に感謝しています。勇気をもらいました。
▲一日一ページということの手軽さ。短いようで凝縮された言葉たち。一言一言胸にしみます。毎日新しい人と一人でも出会

うなんて無理なことですが、私にとって三百六十五人のアドバイザーができたようです。

このような読者からの熱い後押しが大きかったのでしょう、本書は、本の要約サービス フライヤーとグロービス経営大学院が主催する「読者が選ぶビジネス書グランプリ２０２２」で総合グランプリと自己啓発部門賞に輝きました。加えて令和三年十月に発刊した『稲盛和夫一日一言』も政治・経済部門賞を獲得。一社が賞をトリプルで取るのは初めてとのことです。「仕事と人生に真剣に生きる人の心の糧となる」――この理念を創刊以来四十余年、いささかも揺らぐことなく貫いてきたことへの表彰であると信じます。このことを多くの人に評価していただいたことを何よりも嬉しく思います。

「第二弾をぜひ」との声が読者から寄せられるようになったのは、第一弾を発刊して間もなくでした。書籍編集部・小森俊司次長を中心にプロジェクトチームを組み、『致知』創刊二十周年以前の記事にも思いを馳せ、選を重ね、今回の出版となりました。大海に真珠を探すような難しい営みでしたが、メンバーにとっては心弾む日々でもありました。

第一弾の巻頭に、「人生で真剣勝負した人の言葉は、詩人の言葉のように光る」という言葉が載っています。実は、これに続く言葉があるのです。

「人生で真剣勝負した人の言葉は、詩人の言葉のように光る。
哲学者の言葉のように深い」

本書が多くの人の人生にとって詩人の言葉のように光り、哲学者の言葉のように深く響くものとなれば、編集子としてこれに過ぎる喜びはありません。

最後に、本書の出版に際し掲載を快くご承諾下さった皆さまに心よりお礼を申し上げます。

令和四年二月

致知出版社代表取締役　藤尾秀昭

【あ行】

【か行】

【さ行】

【た行】

【な行】

【は行】

【ま行】

【や行】

【わ行】

出典一覧……いずれも致知出版社刊

【1月】

五木寛之……『いまをどう生きるのか』（松原泰道氏との共著）
稲盛和夫……『致知』二〇一八年五月号　インタビュー
浅利慶太……『致知』二〇〇三年六月号　対談
桂 歌丸……『致知』二〇一七年二月号　対談
宇津木妙子……『致知』二〇〇三年八月号　対談
瀬戸内寂聴……『致知』一九八九年一〇月号　対談
柳井 正……『致知』二〇〇一年八月号　対談
森 進一……『致知』一九九八年四月号　インタビュー
松井守男……『致知』二〇〇四年七月号　インタビュー
渡部昇一……『致知』二〇一四年二月号　講演
山崎直子……『致知』二〇一五年三月号　鼎談
道場六三郎……『致知』二〇一六年七月号　インタビュー
野村忠宏……『致知』二〇一五年九月号　インタビュー
佐々木 洋……『致知』二〇一九年三月号　対談
鈴木宣之……『致知』二〇〇七年二月号　対談
小林研一郎……『致知』二〇二〇年六月号　対談
比屋根 毅……『致知』二〇〇六年二月号　対談
宮本 輝……『致知』二〇二〇年三月号　対談
中村芝翫……『致知』二〇一〇年五月号　インタビュー
大橋秀行……『致知』二〇〇三年九月号　対談
谷井昭雄……『致知』二〇〇九年一〇月号　対談
平尾誠二……『致知』二〇〇五年六月号　対談
相田一人……『致知』一九九四年一月号　インタビュー
永守重信……『致知』二〇一二年一〇月号　対談
三遊亭圓歌……『致知』二〇〇一年二月号　インタビュー
米長邦雄……『致知』二〇〇八年五月号　対談
藤田喬平……『致知』二〇〇一年二月号　インタビュー
長渕 剛……『致知』二〇一二年四月号　インタビュー
岸田周三……『致知』二〇〇八年七月号　インタビュー
小川三夫……『致知』二〇一〇年二月号　対談
宮脇 昭……『致知』二〇〇四年二月号　インタビュー

【2月】

井村雅代……『致知』二〇一八年一月号　特別講話
岩井 虔……『致知』二〇一三年三月号　対談
林 南八……『致知』二〇一九年七月号　インタビュー
髙嶋 仁……『致知』二〇一〇年七月号　インタビュー
内田勝規……『致知』二〇一〇年四月号　対談
田中健一……『致知』二〇一三年七月号　インタビュー
原田隆史……『致知』二〇一二年五月号　インタビュー
横田南嶺……『致知』二〇二〇年六月号　連載
金澤泰子……『致知』二〇一〇年二月号　対談
福島令子……『致知』二〇一〇年二月号　対談
山本益博……『致知』二〇一〇年一月号　インタビュー
前原正浩……『致知』二〇二〇年六月号　対談
内藤多四郎……『致知』二〇一二年八月号　インタビュー
澄川喜一……『致知』二〇一三年三月号　対談
加藤三三……『致知』二〇〇〇年一〇月号　インタビュー
永田勝太郎……『致知』二〇一二年二月号　対談
幸田露伴……『努力論』夏川賀央・現代語訳
陳 建一……『致知』二〇一七年四月号　対談
米倉 満……『致知』二〇一二年二月号　随想
稲田 明……『致知』二〇一三年四月号　対談
矢野弘典……『致知』二〇一二年七月号　インタビュー
津田 晃……『致知』二〇一二年四月号　インタビュー

山口由美子……『致知』二〇〇九年五月号　インタビュー
田下昌明……『致知』二〇〇四年二月号　インタビュー
藤原てい……『致知』一九八七年二月号　インタビュー
山本　亮……『致知』二〇二二年五月号　インタビュー
門馬敬治……『致知』二〇二二年八月号　対談
藤元聡一……『致知』二〇二二年八月号　対談

【3月】

篠沢秀夫……『致知』二〇一二年三月号　インタビュー
長野安恒……『致知』二〇一三年九月号　インタビュー
境野勝悟……『日本のこころの教育』
島田久仁彦……『致知』二〇一四年一月号　インタビュー
長井鞠子……『致知』二〇一四年八月号　インタビュー
里岡美津奈……『致知』二〇一七年二月号　対談
榊　莫山……『致知』一九九一年三月号　インタビュー
青山俊董……『致知』二〇一八年二月号　対談
鈴木鎮一……『致知』一九八七年二月号　特別対談
田辺昇一……『致知』一九八一年一〇月号　対談
松野三枝子……『致知』二〇二〇年四月号　インタビュー
西澤潤一……『致知』一九九一年一〇月号　インタビュー
広岡達朗……『致知』二〇〇一年一〇月号　対談
佐藤文悟……『致知』二〇〇七年七月号　随想
西端春枝……『致知』二〇一六年九月号　対談
宮尾舜助……『致知』二〇一一年一〇月号　インタビュー
栗田大輔……『致知』二〇二一年二月号　インタビュー
安藤忠雄……『致知』二〇〇三年二月号　対談
中條高德……『致知』二〇〇九年四月号　巻頭の言葉
貴城けい……『致知』二〇一〇年三月号　インタビュー
安井義博……『致知』二〇〇四年六月号　対談
坂村真民……『致知』一九八七年八月号　インタビュー

王　貞治……『致知』二〇〇一年五月号　対談
渕上貴美子……『致知』二〇〇九年三月号　インタビュー
張　富士夫……『致知』創刊四十周年特別記念号　講演
吉田栄勝……『致知』二〇一三年四月号　対談
渡辺　尚……『致知』二〇〇七年二月号　随想
岡村美穂子……『致知』二〇一七年六月号　対談
片田敏孝……『致知』二〇一二年八月号　インタビュー
玄侑宗久……『致知』二〇〇四年一月号　対談
日野久三郎……『致知』二〇〇四年三月号　インタビュー

【4月】

松原紗蓮……『致知』二〇〇九年三月号　随想
濵田総一郎……『致知』二〇二二年四月号　インタビュー
久松シソノ……『致知』二〇〇六年二月号　随想
新　将命……『致知』二〇一七年六月号　インタビュー
林　覚乗……『致知』一九九八年一〇月号　インタビュー
行徳哲男……『いまこそ、感性は力』（芳村思風氏との共著）
田村三一……『致知』一九九〇年七月号　インタビュー
畑　正憲……『致知』一九九二年七月号　インタビュー
碇　浩一……『致知』二〇一二年六月号　インタビュー
柏木哲夫……『致知』二〇〇八年一月号　対談
野村　萬……『致知』二〇二〇年九月号　インタビュー
上月照宗……『致知』一九九一年九月号　インタビュー
山元加津子……『致知』一九九七年二月号　インタビュー
朝比奈　隆……『致知』一九八八年三月号　インタビュー
平　光雄……『致知』二〇一五年二月号　対談
太田　誠……『致知』二〇一五年一月号　対談
伊波敏男……『致知』二〇二二年四月号　インタビュー
安積登利夫……『致知』二〇二二年三月号　随想
佐野俊二……『致知』二〇一七年二月号　対談

齋藤 孝……『致知』二〇二二年二月号　インタビュー
森光孝雅……『致知』二〇一三年二月号　インタビュー
小澤竹俊……『致知』二〇一五年三月号　対談
海老名香葉子……『致知』二〇〇五年八月号　随想
田中寿雄……『致知』二〇〇五年二月号　インタビュー
国分秀男……『致知』二〇〇五年二月号　インタビュー
田中真澄……『致知』二〇一五年四月号　インタビュー
星野富弘……『致知』一九八八年二月号　インタビュー
山本征治……『致知』二〇一四年二月号　対談
織田友理子……『致知』二〇一四年一月号　インタビュー
古巣 馨……『致知』二〇二三年二月号　インタビュー

【5月】

岡本喜八……『致知』一九九四年七月号　随想
加藤淑子……『致知』一九九四年七月号　随想
井坂 晃……『致知』二〇〇四年二月号　随想
藤原咲子……『致知』二〇〇六年九月号　随想
西田文郎……『致知』二〇一一年三月号　対談
原田和明……『致知』一九九八年六月号　随想
中川一政……『致知』一九八二年六月号　鼎談
田内 基……『致知』二〇〇八年六月号　随想
光永圓道……『致知』二〇一五年二月号　対談
沢 知恵……『致知』二〇一二年二月号　随想
杉山まつ……『致知』一九九〇年六月　インタビュー
芳村思風……『致知』一九九九年三月号　インタビュー
津田雄一……『致知』二〇二二年一月号　インタビュー
栗田純司……『致知』二〇〇六年五月号　随想
佐藤久男……『致知』二〇〇九年八月号　随想
素野福次郎……『致知』一九八三年七月号　対談
寺田寿男……『致知』二〇〇五年二月号　対談
漆 紫穂子……『致知』二〇〇六年五月号　対談
大塚正士……『致知』一九九二年二月号　インタビュー
大八木弘明……『致知』二〇二二年五月号　インタビュー
古橋廣之進……『致知』一九八一年二月号　インタビュー
三橋國民……『致知』二〇一二年二月号　インタビュー
森 士……『致知』二〇一三年九月号　随想
相馬雪香……『致知』二〇〇一年四月号　インタビュー
鎌田善政……『致知』二〇一二年二月号　随想
吉冨 学……『致知』二〇一二年二月号　随想
山口 勉……『致知』二〇一二年二月号　随想
板津忠正……『致知』二〇〇四年五月号　インタビュー
鈴木尚典……『致知』二〇一二年一月号　随想
酒井大岳……『致知』二〇一三年一〇月号　インタビュー
山川宏治……『致知』二〇〇七年五月号　随想

【6月】

村田吉弘……『致知』二〇一四年一〇月号　対談
上柿元 勝……『致知』二〇一五年八月号　対談
中村勝宏……『致知』二〇一五年八月号　対談
中 博……『致知』二〇一八年三月号　随想
高田都耶子……『致知』二〇一八年六月号　インタビュー
古賀稔彦……『致知』二〇一四年八月号　随想
髙島宏平……『致知』二〇〇九年二月号　随想
戸澤宗充……『致知』二〇一八年二月号　対談
伊調 馨……『致知』二〇二二年六月号　対談
奥田 透……『致知』二〇〇九年七月号　随想
桜井邦朋……『致知』二〇一五年二月号　鼎談
桑村 綾……『致知』二〇二〇年二月号　対談
堀内志保……『致知』二〇一〇年二月号　インタビュー
金沢景敏……『致知』二〇一三年一〇月号　随想

森 信三……『修身教授録』
樋口廣太郎……『致知』一九八八年七月号　インタビュー
西堀榮三郎……『致知』一九八一年九月号　インタビュー
小久保裕紀……『致知』二〇一三年三月号　対談
渡辺和子……『致知』二〇〇二年三月号　対談
山田風太郎……『致知』一九八八年四月号　インタビュー
千 玄室……『致知』二〇一三年一月号　対談
高野 登……『致知』二〇〇六年五月号　対談
和地 孝……『致知』二〇〇九年三月号　インタビュー
工藤恭孝……『致知』二〇一二年七月号　インタビュー
吉田忠雄……『致知』一九八二年一月号　インタビュー
上山保彦……『致知』一九八七年一月号　対談
鈴木治雄……『致知』一九八六年二月号　インタビュー
二子山勝治……『致知』一九八九年二月号　インタビュー
鈴木 武……『致知』二〇〇七年二月号　インタビュー
浦田理恵……『致知』二〇一二年二月号　対談

【7月】

三宅宏実……『致知』二〇一七年七月号　対談
大山泰弘……『致知』二〇〇九年三月号　インタビュー
市江由紀子……『致知』二〇〇七年六月号　インタビュー
川上哲治……『致知』一九八六年一月号　インタビュー
杉山芙沙子……『致知』二〇一六年一月号　インタビュー
平田雅彦……『致知』二〇一八年四月号　対談
飯尾昭夫……『致知』二〇一三年二月号　インタビュー
北里英郎……『致知』二〇一三年六月号　インタビュー
桑原晃弥……『致知』二〇一七年九月号　インタビュー
畠山重篤……『致知』二〇〇八年三月号　対談
數土文夫……『致知』二〇一〇年二月号　対談
中村征夫……『致知』二〇〇八年三月号　対談
番匠幸一郎……『致知』二〇〇六年一月号　インタビュー
豊田良平……『致知』一九八九年二月号　インタビュー
芹沢光治良……『致知』一九八九年二月号　インタビュー
西舘好子……『致知』二〇二〇年五月号　インタビュー
西園寺昌美……『致知』二〇〇四年六月号　対談
越智直正……『致知』二〇〇四年一〇月号　インタビュー
飴 久晴……『致知』二〇〇三年一〇月号　インタビュー
丹羽耕三……『致知』二〇〇一年八月号　インタビュー
杏中保夫……『致知』二〇〇一年二月号　インタビュー
城島慶次郎……『致知』一九八九年一二月号　随想
寺田一清……『致知』一九九四年三月号　インタビュー
村上和雄……『致知』一九九八年四月号　インタビュー
三浦綾子……『致知』一九九四年二月号　インタビュー
田口佳史……『致知』一九八八年四月号　インタビュー
坂田道信……『致知』一九九〇年二月号　インタビュー
杉原幸子……『致知』一九九三年五月号　インタビュー
川喜田二郎……『致知』一九八四年六月号　対談
谷田大輔……『致知』二〇〇〇年八月号　インタビュー
五十嵐勝昭……『致知』一九九九年二月号　随想

【8月】

佐藤幸夫……『致知』二〇一七年一〇月号　インタビュー
秦 恒平……『致知』一九九四年二月号　インタビュー
北御門二郎……『致知』一九九四年二月号　インタビュー
平櫛弘子……『致知』一九八六年七月号　インタビュー
鳥羽博道……『致知』二〇一八年三月号　対談
柴田和子……『致知』二〇〇一年二月号　インタビュー
田中繁男……『致知』一九九七年二月号　インタビュー
加藤楸邨……『致知』一九九〇年八月号　インタビュー
高 史明……『致知』一九八九年四月号　インタビュー

桑島常禎……『致知』二〇〇三年六月号　インタビュー
岡本綾子……『致知』一九八九年二月号　対談
中村信仁……『致知』二〇一五年二月号　インタビュー
鳥濵初代……『致知』一九九七年九月号　講演
野沢錦糸……『致知』一九八八年六月号　インタビュー
東井義雄……『自分を育てるのは自分』
杉良太郎……『致知』二〇一二年三月号　インタビュー
三浦朱門……『致知』二〇〇二年二月号　対談
角谷俊雄……『致知』二〇一六年二月号　インタビュー
叡南俊照……『致知』一九八一年八月号　鼎談
村上信五……『致知』二〇二〇年九月号　対談
北田典子……『致知』二〇二〇年九月号　対談
小西浩文……『致知』二〇二〇年七月号　インタビュー
香田誉士史……『致知』二〇一三年二月号　随想
大田嘉仁……『ＪＡＬの奇跡』
渡辺利夫……『致知』二〇二〇年九月号　インタビュー
大西宏……『致知』二〇一二年五月号　対談
石井頼子……『致知』二〇一三年五月号　インタビュー
西澤真美子……『致知』二〇一二年九月号　対談
窪田慈雲……『致知』二〇一二年八月号　対談
宮田正彦……『致知』二〇一八年二月号　インタビュー
安岡正篤……『青年の大成』

【9月】

松月清郎……『致知』二〇一四年二月号　随想
櫻井健悦……『致知』二〇一二年六月号　随想
尾車浩一……『致知』二〇〇三年九月号　対談
羽田登喜男……『致知』一九八九年二月号　インタビュー
大村智……『致知』二〇二〇年二月号　インタビュー
堀澤祖門……『致知』二〇一七年七月号　対談

大島修治……『致知』二〇〇三年六月号　講演
川崎和男……『致知』二〇〇三年七月号　インタビュー
木田元……『致知』二〇〇三年七月号　対談
陰山英男……『致知』二〇〇三年七月号　インタビュー
清水義光……『致知』一九八九年八月号　インタビュー
橋本保雄……『致知』二〇〇三年八月号　対談
五十嵐薫……『致知』二〇一二年五月号　インタビュー
菊池恭二……『致知』二〇〇四年三月号　インタビュー
矢野博丈……『致知』二〇〇四年四月号　対談
佐藤愛子……『致知』二〇〇四年五月号　対談
吉田玉男……『致知』一九九〇年一月号　インタビュー
浜田和幸……『致知』二〇〇四年七月号　インタビュー
西村滋……『致知』二〇〇四年二月号　対談
松井幹雄……『致知』二〇〇四年二月号　インタビュー
鷺珠江……『致知』二〇一二年七月号　インタビュー
山口良治……『致知』二〇〇五年三月号　インタビュー
後藤俊彦……『致知』二〇一二年一月号　対談
松尾新吾……『致知』二〇一〇年八月号　インタビュー
鈴木秀子……『致知』二〇〇五年六月号　インタビュー
北川八郎……『致知』二〇〇三年七月号　インタビュー
山廣康子……『致知』二〇〇五年七月号　インタビュー
日野原重明……『致知』二〇一二年一月号　対談
遠藤功……『致知』二〇一二年一月号　インタビュー
古森重隆……『致知』二〇一二年一月号　対談

【10月】

井原隆一……『致知』二〇〇五年八月号　連載
清川妙……『致知』二〇〇五年九月号　インタビュー
鍵山秀三郎……『致知』二〇〇七年二月号　巻頭の言葉
青木十良……『致知』二〇〇五年二月号　インタビュー

松本明慶……『致知』二〇一〇年五月号　対談
島袋勉……『致知』二〇〇六年一月号　インタビュー
安永蕗子……『致知』二〇一二年三月号　随想
山本一力……『致知』二〇〇六年四月号　対談
野中郁次郎……『致知』二〇〇六年一二月号　対談
津曲孝……『致知』二〇〇七年一〇月号　インタビュー
伊與田覺……『致知』二〇一五年一一月号　巻頭の言葉
上甲晃……『致知』二〇一八年八月号　インタビュー
松原泰道……『致知』二〇〇九年四月号　インタビュー
堀地速男……『致知』二〇〇八年五月号　インタビュー
渡邊剛……『致知』二〇一五年六月号　インタビュー
白鷹幸伯……『致知』二〇〇三年九月号　インタビュー
正垣泰彦……『致知』二〇一二年一二月号　インタビュー
伊能洋……『致知』二〇〇八年一〇月号　インタビュー
田坂広志……『致知』二〇一二年一二月号　インタビュー
小野田寛郎……『致知』二〇〇九年一〇月号　講演
藤沢秀行……『致知』一九九八年四月号　対談
小川良樹……『致知』二〇一四年八月号　対談
神崎紫峰……『致知』一九九八年四月号　インタビュー
岡田幹彦……『致知』二〇〇九年一二月号　インタビュー
佐野孝……『致知』二〇一〇年一二月号　インタビュー
櫻田厚……『致知』二〇〇六年四月号　対談
垣見恒男……『致知』二〇一七年七月号　インタビュー
龍野勝彦……『致知』二〇一二年一〇月号　対談
村木厚子……『致知』二〇一七年六月号　対談
小菅正夫……『致知』二〇一〇年七月号　講演
川島廣守……『致知』二〇〇九年九月号　インタビュー

【11月】

谷口全平……『致知』二〇〇九年六月号　インタビュー
坂本博之……『致知』二〇二〇年三月号　対談
山崎倉……『致知』二〇一二年九月号　インタビュー
鶴澤友路……『致知』二〇〇九年九月号　インタビュー
小島直記……『活学叢書　読書尚友のすすめ』
中井政嗣……『致知』二〇一五年六月号　対談
堀威夫……『致知』二〇一五年七月号　対談
北尾吉孝……『致知』二〇一二年七月号　インタビュー
井本勝幸……『致知』二〇一六年一月号　インタビュー
木下唯志……『致知』二〇一六年六月号　インタビュー
船津知穂……『致知』二〇一六年六月号　インタビュー
小田真弓……『致知』二〇一七年四月号　インタビュー
村田兆治……『致知』二〇〇二年二月号　対談
吉田悦之……『致知』二〇一七年四月号　インタビュー
一坂太郎……『致知』二〇一七年五月号　インタビュー
宇津木麗華……『致知』二〇一三年四月号　対談
高見澤潤子……『致知』二〇〇一年一〇月号　インタビュー
近藤欽司……『致知』二〇一七年一二月号　対談
松岡修造……『致知』二〇一八年七月号　対談
山下俊彦……『致知』一九八九年八月号　インタビュー
大沢敏郎……『致知』二〇〇五年一二月号　随想
野村順男……『致知』二〇〇九年一〇月号　随想
福嶋正信……『致知』二〇一六年四月号　随想
徳増幸雄……『致知』二〇一二年五月号　随想
及川眞……『致知』二〇一三年五月号　随想
若林克彦……『致知』二〇一二年七月号　随想
工藤進英……『致知』二〇一二年五月号　随想
八子弥寿男……『致知』二〇一〇年七月号　随想
世阿弥……『風姿花伝』夏川賀央・現代語訳
二宮尊徳……『二宮翁夜話』佐々井典比古・訳注

【12月】

塚越 寛……『致知』二〇〇八年二月号　インタビュー
山本昌作……『致知』二〇一九年一〇月号　対談
田中辰治……『致知』二〇一九年五月号　随想
今野華都子……『致知』二〇一一年一月号　講演
早乙女哲哉……『致知』二〇一三年七月号　インタビュー
鈴木もも子……『致知』二〇一〇年四月号　インタビュー
織田邦男……『致知』二〇一〇年六月号　インタビュー
橋本光明……『致知』二〇一〇年一〇月号　インタビュー
勸山 弘……『致知』二〇一二年三月号　インタビュー
中西輝政……『致知』二〇〇八年二月号　インタビュー
松岡和子……『致知』二〇一二年一月号　インタビュー
中村外二……『致知』一九八八年一月号　インタビュー
我喜屋 優……『致知』二〇一〇年一二月号　対談
昇地三郎……『致知』一九九五年一二月号　インタビュー
米倉健司……『致知』一九九五年六月号　インタビュー
加藤丈夫……『致知』二〇〇一年七月号　インタビュー
田口八重……『致知』二〇〇二年七月号　インタビュー
渡邊利雄……『致知』一九九八年三月号　インタビュー
内藤祐次……『致知』一九八六年一月号　インタビュー
黒柳徹子……『致知』二〇〇〇年九月号　対談
田中トシオ……『致知』二〇〇〇年一月号　インタビュー
村田諒太……『致知』二〇一二年一月号　対談
斉須政雄……『致知』二〇一二年八月号　インタビュー
塩見志満子……『致知』二〇一四年七月号　インタビュー
矢入一男……『致知』二〇〇六年四月号　インタビュー
山下康博……『致知』二〇〇六年九月号　インタビュー
川口淳一郎……『致知』二〇一〇年一二月号　インタビュー
藤野高明……『致知』二〇一二年一〇月号　インタビュー
小山五郎……『致知』一九八六年七月号　対談
山中伸弥……『致知』二〇一二年四月号　インタビュー
平澤 興……『経本折 平澤興「座右之銘」真筆』

〈監修者略歴〉

藤尾秀昭（ふじお・ひであき）

昭和53年の創刊以来、月刊誌『致知』の編集に携わる。54年に編集長に就任。平成4年に致知出版社代表取締役社長に就任。現在、代表取締役社長兼主幹。『致知』は「人間学」をテーマに一貫した編集方針を貫いてきた雑誌で、平成30年、創刊40年を迎えた。有名無名を問わず、「一隅を照らす人々」に照準をあてた編集は、オンリーワンの雑誌として注目を集めている。主な著書に『小さな人生論1～5』『小さな修養論1～5』『心に響く小さな5つの物語Ⅰ～Ⅲ』『小さな経営論』『プロの条件』『はじめて読む人のための人間学』『二度とない人生をどう生きるか』『人生の法則』（いずれも致知出版社）などがある。

1日1話、読めば心が熱くなる365人の生き方の教科書

令和四年三月二十五日第一刷発行

監修者　藤尾　秀昭

発行者　藤尾　秀昭

発行所　致知出版社

〒150-0001東京都渋谷区神宮前四の二十四の九

TEL（〇三）三七九六―二一一一

印刷・製本　中央精版印刷

落丁・乱丁はお取替え致します。　（検印廃止）

ISBN978-4-8009-1261-9 C0034

ホームページ　https://www.chichi.co.jp

Eメール　books@chichi.co.jp